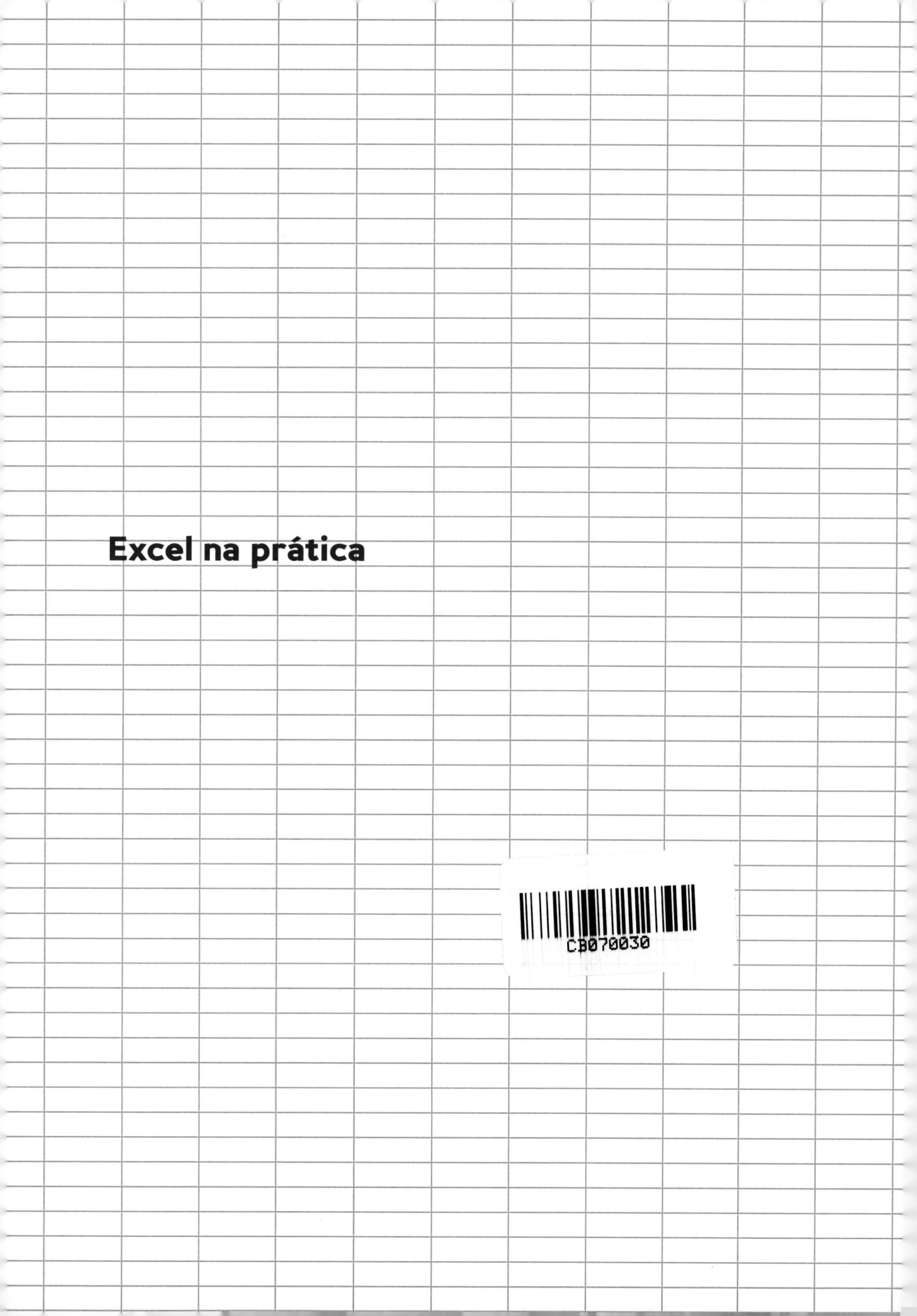

Excel na prática

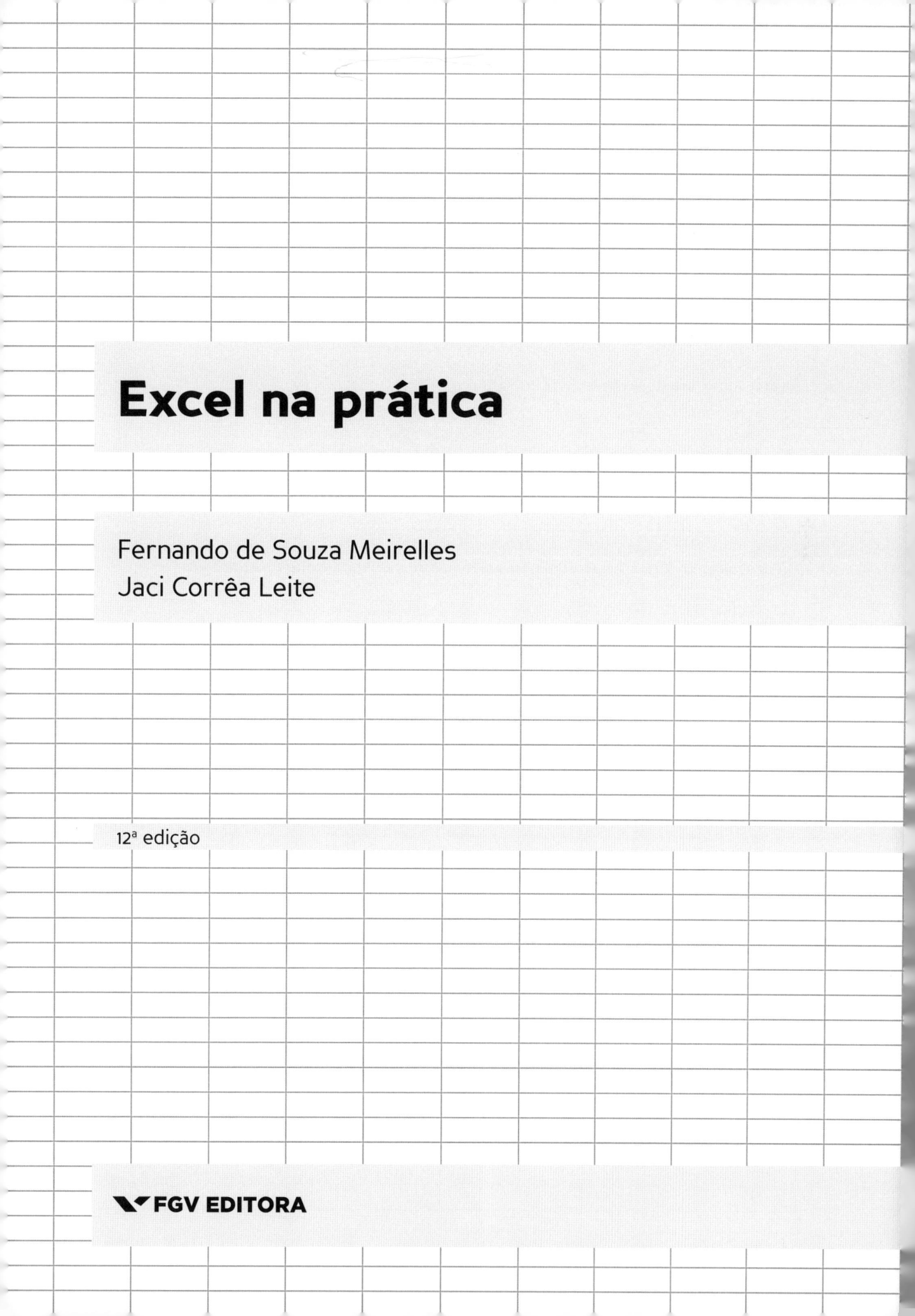

Excel na prática

Fernando de Souza Meirelles
Jaci Corrêa Leite

12ª edição

FGV EDITORA

Copyright © 2014 Fernando de Souza Meirelles; Jaci Corrêa Leite
Direitos desta edição reservados à Editora FGV

EDITORA FGV
Rua Jornalista Orlando Dantas, 37
22231-010 — Rio de Janeiro, RJ — Brasil
Tels.: 0800-021-7777 — (21) 3799-4427
Fax: (21) 3799-4430
editora@fgv.br pedidoseditora@fgv.br
www.fgv.br/editora

Impresso no Brasil | *Printed in Brazil*

Todos os direitos reservados. A reprodução não autorizada desta publicação, no todo ou em parte, constitui violação do copyright.
(Lei nº 9.610/98).

Os conceitos emitidos neste livro são de inteira responsabilidade dos autores.

12ª edição — 2014; 1ª reimpressão — 2016; 2ª reimpressão — 2020.

Revisão: Frederico Hartje
Capa, projeto gráfico e diagramação: Letra e Imagem

FICHA CATALOGRÁFICA ELABORADA PELA BIBLIOTECA MARIO HENRIQUE SIMONSEN/FGV

Meirelles, Fernando de Souza, 1951-
 Excel na prática / Fernando de Souza Meirelles, Jaci Corrêa Leite. – 12. ed. – Rio de Janeiro : Editora FGV, 2014.
 212 p.

 ISBN: 978-85-225-1476-2
 Inclui bibliografia.

 1. Excel (Programa de computador). 2. Planilhas eletrônicas. I. Leite, Jaci Corrêa. II. Fundação Getulio Vargas. III. Título.

CDD – 005.3

Sumário

1. Introdução **11**

2. Primeiros passos com o Excel **13**
    2.1. Entrando no programa 13
    2.2. Usando o recurso de Ajuda 17
    2.3. Movimentando-se pela planilha 20
    2.4. Explorando o conteúdo da barra de menu 21
    2.5. Acionar comandos via teclado 22
    2.6. Entrar com dados na planilha 23
    2.7. Desfazer operações no Excel 25
    2.8. Personalizar a barra de ferramentas de acesso rápido 25

3. O valor da quantificação e dos modelos **27**
    3.1. Administração: arte e ciência 27
    3.2. A importância dos modelos quantitativos 28
    3.3. Situações que exigem o uso de modelos quantitativos 28
    3.4. Benefícios no processo de desenvolver modelos 29
    3.5. Modelagem 30
    3.6. Abordagens no desenvolvimento de modelos 30
    3.7. Prototipação 31
    3.8. Planilhas eletrônicas: ferramentas voltadas à prototipação 32
    3.9. Cuidados básicos no desenvolvimento de modelos 33
    3.10. Regras básicas de modelagem 33

4. Primeira aplicação – orçamento para as férias **35**
    4.1. Dados do orçamento 35
    4.2. Primeiros passos na construção de modelos 35
    4.3. Estruturação de uma planilha 36
    4.4. Introduzir dados na planilha 37
    4.5. Trabalhando com fórmulas 37
    4.6. Operadores de texto 39
    4.7. Cópia de fórmulas com preenchimento automático 39
    4.8. Gravar uma planilha (Salvar) pela primeira vez 41
    4.9. Abrir uma planilha anteriormente gravada 41
    4.10. Segunda etapa: complementação da estrutura da planilha 42
    4.11. A função Soma 42
    4.12. Formatar células – recursos básicos 43
    4.13. Total e percentuais de participação 44

4.14. Gerar fórmulas com auxílio do mouse 45
4.15. Cópia de fórmulas com endereços absolutos 46
4.16. Formatar linhas e colunas inteiras 48
4.17. Desfazer um comando 48
4.18. Usando estilos de formatação 48
4.19. Regravar a planilha e opções para salvar 50
4.20. Ferias2 – exercício de fixação 52

5. Previsões de receita e lucro 53
5.1. Zoom na tela de trabalho 54
5.2. Personalizar estilos de formatação 55
5.3. Definir nomes de células e de faixas 56
5.4. Copiar fórmulas que foram definidas com nomes 60
5.5. Copiar blocos de células 60
5.6. Copiar células em área não contígua 61
5.7. Localizar e Substituir 64
5.8. Inserir e excluir linhas e colunas 64
5.9. Outros recursos de formatação 65
5.10. Trabalhando simultaneamente com células não contínuas 67
5.11. Movimentação de células 67
5.12. Corrigir ortografia 67
5.13. Atingir meta 68
5.14. Introdução a gráficos 70
5.15. Exercícios de gráficos para TeleVideo 73
5.16. Uso da auditoria e visualizando fórmulas 74
5.17. Imprimir planilhas 75
   Definir a área de impressão 76
   Visualização prévia da impressão 76
   Ajuste de margens e de larguras de colunas 77
   Configuração da impressão 77
   Cabeçalho e rodapé 78
   Impressão de uma planilha e Layout de impressão 79
5.18. O que acontece quando se esquece de salvar a planilha 81
5.19. Preenchimento automático de células 81
5.20. WinnerSports – exercício de fixação 82

6. Explorando novos recursos 83
6.1. Projeções trimestrais para exercícios futuros 83
6.2. Conceito de pasta de trabalho 84
6.3. Estruturação do problema 85
6.4. Preenchimento da planilha – trabalhando com nomes 86
6.5. Preenchimento da planilha fora da sequência convencional 89
6.6. Usando funções 89
   Funções lógicas 90

Combinando funções..91
6.7. Vincular dados de diferentes planilhas da pasta de trabalho............................ 92
6.8. Atribuir nomes para planilhas da pasta de trabalho 94
6.9. Movimentando, excluindo, ocultando e inserindo planilhas 94
6.10. Inserir e consultar comentários (documentação on-line)................................ 96
6.11. Modificar fórmulas sugeridas pelo Excel 97
6.12. What you see is what you get... since you're so lucky! 98
6.13. Recursos de formatação de células 98
6.14. Editar gráficos... 100
6.15. Imprimir, sair do gráfico e voltar para a planilha 103
6.16. Criação de gráficos 103
Componentes do gráfico 104
Melhorando o gráfico 105
Exercícios de fixação 107
6.17. Trabalhando com cenários 108
6.18. Explore as opções de funções.. 110
6.19. Congelar painéis e utilizar áreas auxiliares 111
6.20. Maurício & Patrícia – exercício de fixação 112

7. Trabalhando com funções **113**
7.1. Bancas LeiaBem 113
7.2. Funções estatísticas 115
7.3. Trabalhando com tabelas (procura e referência)... 116
7.4. Mesclar funções com fórmulas 120
7.5. Funções aninhadas: funções dentro de funções 120
7.6. Lojas Classic.. 121
7.7. Caribbean Shop 124
7.8. Médias Finais – exercício de fixação 131

8. Conceitos de bancos de dados... **133**
8.1. O que é um banco de dados 133
8.2. Classificar 133
8.3. Funções de banco de dados 135
8.4. Filtrar dados num banco de dados 139
8.5. Filtrar dados com critérios complexos... 141
8.6. Tabela dinâmica 143

9. Conceitos de otimização – Solver..**147**
9.1. Como instalar o Solver... 147
9.2. Exercício Minimizar 148
9.3. Adicionando restrições 149
9.4. Confeitaria Docella – exercício de fixação 152
9.5. Combinação de produtos ótima – exercício de fixação 153
Especificações do problema 153

9.6. Otimização de rotas de transporte – exercício de fixação..................154
    Especificações do problema...154

10. Automação de processamento – macros 155
    10.1. Gravação de macros 155
    10.2. Execução de macros 156
    10.3. Onde ficam gravadas as macros..157
    10.4. Atribuir um botão para a macro 158
    10.5. Aplicar macros a figuras 158
    10.6. Macro de execução automática 160

11. Desenvolvimento de modelos 161
    11.1. Os sete passos.. 161
    11.2. Organização de modelos 163
    11.3. Modularidade 164
    11.4. Validação e testes 165
    11.5. Simplicidade 165
    11.6. Documentação 166
    11.7. Mais algumas palavras sobre modelos 166
    11.8. Modelagem: Transcontinental Linhas Aéreas..............................167

12. Uso, evolução e tendências das planilhas 169
    12.1. O que é uma planilha eletrônica...169
    12.2. Uso e aplicações de planilhas..170
    12.3. Cenário, ciclos, fases e linha do tempo... 171
    12.4. O visual das planilhas 173
    12.5. Um breve histórico – do VisiCalc ao Excel...................................174
    12.6. Mercado brasileiro de planilhas 178
    12.7. Referências – Meirelles, F... 180

13. Exercícios propostos..181
    13.1. Lancaster 181
    13.2. Eden Store 181
    13.3. Call Center... 182
    13.4. Club Panamá 182
    13.5. Bônus 183
    13.6. Motors 184
    13.7. Comissões 185
    13.8. Panamericana.. 186
    13.9. Cartão Fidelidade 186
    13.10. Margem 187
    13.11. Folha de pagamento 188
    13.12. Exemplos 189
    13.13. Varejo e análise de sensibilidade com tabela de dados 189

14. Soluções e resultados de exercícios 191
    14.1. Ferias2 (04.20) 191
    14.2. WinnerSports (05.20) 191
    14.3. Maurício & Patrícia (06.20) 192
    14.4. Funções (07.05) 193
    14.5. Lojas Classic (07.06) 194
    14.6. Caribbean Shop (07.07) 195
    14.7. Médias Finais (07.08) 196
    14.8. Confeitaria Docella (09.04) 197
    14.9. Combinação (09.05) 198
    14.10. Rotas de transporte (09.06) 199
    14.11. Transcontinental – fretamento de aeronaves (11.08) 200
    14.12. Lancaster (13.01) 202
    14.13. Eden Store (13.02) 202
    14.14. Call Center (13.03) 203
    14.15. Club Panamá (13.04) 204
    14.16. Bônus (13.05) 204
    14.17. Motors (13.06) 205
    14.18. Comissões (13.07) 206
    14.19. Panamericanas (13.08) 206
    14.20. Smiles (13.09) 207
    14.21. Margem (13.10) 207
    14.22. Folha de pagamento (13.11) 208
    14.23. Exemplo de data e hora (13.12) 209
    14.24. Análise de sensibilidade com tabela de dados (13.13) 210

Planilhas e notas de aula em www.fgv.br/cia/excel 212

> As planilhas das etapas dos exercícios e suas soluções estão disponíveis em *www.fgv.br/cia/excel* e sua relação está na última página. Também estão no mesmo endereço as notas de aula – apresentações em PowerPoint do texto.

1.

Introdução

Este livro é uma evolução de diversos textos didáticos inicialmente publicados pelo NPP – Núcleo de Pesquisas e Publicações da Escola de Administração de Empresas de São Paulo da FGV, os quais vêm sendo utilizados há mais de 25 anos nos cursos de graduação, pós-graduação e no Programa de Educação Continuada para executivos da GV. Já foi utilizado por dezenas de milhares de estudantes. É a publicação da GV de maior tiragem e a mais vendida.

Focaliza o Microsoft Excel em geral e em particular o Excel 2010 (do Office 2010), em português, numa abordagem essencialmente prática de aprendizado por meio de exemplos. Compreende um curso básico, especialmente voltado a iniciantes no Excel, pessoas que tenham pouca ou nenhuma experiência no uso de **planilhas** eletrônicas e microcomputadores, ou usuários que desejem começar a utilizar e explorar o Excel até chegar aos recursos mais avançados. Como as diferenças para as versões 2003, 2007 e 2013 são muito pequenas, o texto pode ser utilizado com todas elas.

As planilhas são um poderoso instrumento para o tratamento de problemas quantitativos. Ao lado dos editores de texto e dos programas de apresentação e gráficos, as planilhas estão entre as principais aplicações que se popularizaram com o surgimento dos micros.

Para um estudante universitário, o uso de planilhas eletrônicas vem como um recurso que o auxiliará na solução dos problemas mais diversos, relativos a muitas disciplinas de seu currículo. Mas é depois, na vida profissional, que a sua potencialidade se mostra por inteiro: as planilhas eletrônicas são, nos dias de hoje, o recurso de TI – Tecnologia de Informação mais difundido entre os executivos, que as utilizam como ferramenta de apoio à gestão e ao processo decisório. As planilhas eletrônicas são responsáveis por 16% do total de uso dos micros nas empresas, só perdendo para os navegadores e o correio eletrônico.

Produzido pela Microsoft, o Excel é uma planilha eletrônica de última geração. Isso quer dizer que ele incorpora os mais avançados recursos, tanto em termos de facilidade de uso quanto naquilo que se refere a impressão, gráficos, simulações, troca de dados, compatibilidade com outros softwares etc. Concebido para um ambiente com uma interface gráfica, o Excel trabalha sob o Sistema Operacional Windows ou seus emuladores.

Este texto foi estruturado de uma forma tal que se presta tanto como apoio a cursos regulares quanto como instrumento de autoestudo. Mas, em qualquer dos casos, não deve ser confundido com um manual de referência sobre o uso desse programa. Antes, procura-se fornecer uma sequência lógica, por meio da qual o treinando pode progressivamente tomar contato com as funcionalidades e as facilidades do software. Outro aspecto a destacar é que este material só terá sentido se utilizado diretamente junto ao computador. O enfoque é a transmissão de conceitos mediante exercícios práticos, sendo que a eficácia do aprendizado dependerá fundamentalmente de o aluno seguir as instruções e acompanhar os resultados.

Por ser um curso introdutório, somente serão abordados recursos e funções mais utilizados desse software. O uso dos recursos avançados das planilhas eletrônicas requer um embasamento mais sólido e um pouco mais de prática, situações que ocorrerão naturalmente após algum tempo de contato.

Procurou-se ainda cobrir o que parece ser outra lacuna na literatura especializada: a modelagem. Na maioria dos casos, ensina-se a trabalhar com a ferramenta, mas passa-se ao largo da explicação sobre como se deve estruturar um problema antes de transformá-lo num programa de computador.

O texto começa com os conceitos básicos, ilustrando os primeiros passos com o Excel. No segundo capítulo, aborda o valor da quantificação e dos modelos, para então iniciar a primeira aplicação prática, utilizando um exemplo simples para descrever e aplicar os recursos de construção de modelos.

No quinto capítulo, uma nova aplicação de previsão de lucro conduz o uso, na prática, de novos recursos, que vão sendo ampliados em uma sequencia didática que, aos poucos, percorre a estrutura de planilha e mostra como construí-la, usando funções e gráficos.

No oitavo capítulo, o tema é banco de dados em planilhas, para então mostrar os conceitos básicos de otimização e de automação de processamento nos capítulos 9 e 10. O desenvolvimento de modelos é retomado e ampliado no décimo primeiro capítulo. O seguinte aborda o uso e a evolução das planilhas e conta sua história, desde a criação até o momento atual e as tendências.

No 13º, novos exercícios são propostos e no 14º e último capítulo mostram-se os resultados dos exercícios propostos ao longo do texto. Todos esses exercícios e os principais passos dos problemas abordados e construídos ao longo do livro, desde a planilha com os dados até a sua solução completa, estão disponíveis no endereço www.fgv.br/cia/excel. Lá estão 100 planilhas (Pastas de Trabalho e Notas de Aula) que apoiam a didática utilizada neste texto (veja relação na última página).

Convém observar que se parte do pressuposto de que o leitor já tenha algum contato com o uso de computadores e um mínimo de familiaridade com o ambiente de trabalho Windows. Portanto, aquele que não possua as noções mais básicas quanto a arquivos, diretórios, teclado, mouse etc. talvez tenha, inicialmente, de adquirir esse conhecimento. Isso não quer dizer, absolutamente, que este material se destina a pessoas já experientes no uso de informática. Pelo contrário: o alvo são pessoas de formação modesta na área, que desejem ter um primeiro contato com o mundo das planilhas eletrônicas de última geração.

A edição inicial deste texto foi para o Lotus 1-2-3 em 1986. A 1ª edição para o Excel da Série de Textos Didáticos do GVcia – Centro de Tecnologia de Informação Aplicada da EAESP-FGV (Escola de Administração de Empresas de São Paulo, da Fundação Getulio Vargas), para uso nos cursos de TI – Tecnologia de Informação; Informática e Habilidades Computacionais, foi em 1993 e em 2014 teve sua 48ª reimpressão.

Agradecemos muito as contribuições e sugestões dos diversos professores e estudantes que têm utilizado o texto, em especial os professores Adrian Kemmer Cernev, Chu Shao Yong, Fernando Claro Tomaselli, José Luiz Kugler, Libânia Rangel Paes, Marta de Campos Maia e Wagner Bronze Damiani, no contínuo trabalho de ampliação e atualização das diversas edições.

Sugestões e contribuições para novas edições são sempre bem-vindas.

São Paulo, outubro de 2014

Fernando S. Meirelles
(Fernando.Meirelles@fgv.br)

Léa – Patricia – Isabela – Wanda – Sofia – Amanda – George – Marcio – Arthur

Jaci C. Leite
(Jaci@fgv.br)

A Sonia, amada, cúmplice, amiga e companheira de toda uma vida, e aos nossos tão queridos filhos, Lilian Christiane e Daniel Christian.

2.
Primeiros passos com o Excel

Já foi mencionado que o Excel é um software de planilha eletrônica. O capítulo 12 ("Uso, evolução e tendências das planilhas") é dedicado a uma definição formal, mais detalhes sobre o conceito e um histórico da evolução e da utilização das planilhas.

Para entender melhor o que é uma planilha, imagine uma folha de papel quadriculado. A planilha eletrônica é um conjunto de <u>células</u> definidas como a interseção entre uma <u>linha</u> e uma <u>coluna</u>, como se fosse uma matriz. As colunas são sempre definidas como letras, e as linhas são sempre definidas como números.

Cada célula numa planilha tem um <u>endereço</u>, definido como uma combinação da coluna e da linha onde ela se encontra.

Por exemplo, célula **C8** significa a interseção da coluna **C** com a linha **8** (sempre nessa ordem, ou seja, primeiro a coluna e depois a linha). Note que, qualquer que seja a combinação de letras e números que se faça, sempre haverá uma única célula para o endereço definido.

2.1. Entrando no programa

Se o seu computador ainda não tem o **Excel** ou o **Office**, é preciso fazer a instalação.

Se o Excel já está instalado, você precisa dar um clique duplo sobre o ícone correspondente (ao lado) para abri-lo. Conforme a configuração de seu micro, tal ícone estará dentro do grupo Programas, no subgrupo **Microsoft Office**, ou em um grupo específico **Microsoft Excel**, ou, eventualmente, em algum outro grupo qualquer (esta localização depende de como foi instalado em cada computador).

Uma vez dado o clique duplo no ícone correspondente, aparecerá na tela a identificação da versão do Excel.

Este texto está com as telas do Excel 2010, mas pode ser utilizado pelo Excel 2003, 2007 e 2013, que têm telas e uma estrutura bastante similares.

Depois de segundos aparecerá a tela do Excel propriamente dita, como a mostrada a seguir:

Dependendo de como estiver configurada a versão do Excel, sua tela poderá ser um pouco diferente do formato que está sendo mostrado aqui. Mas não se preocupe com isso. O que interessa agora é identificar as principais partes da tela:

Excel na prática

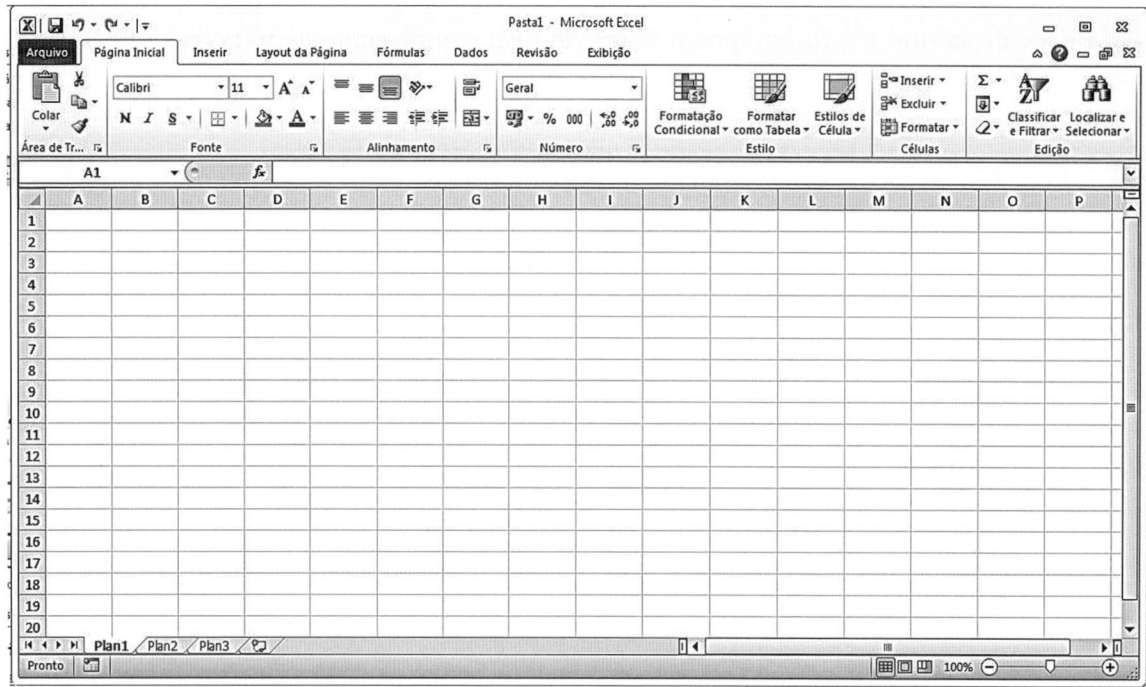

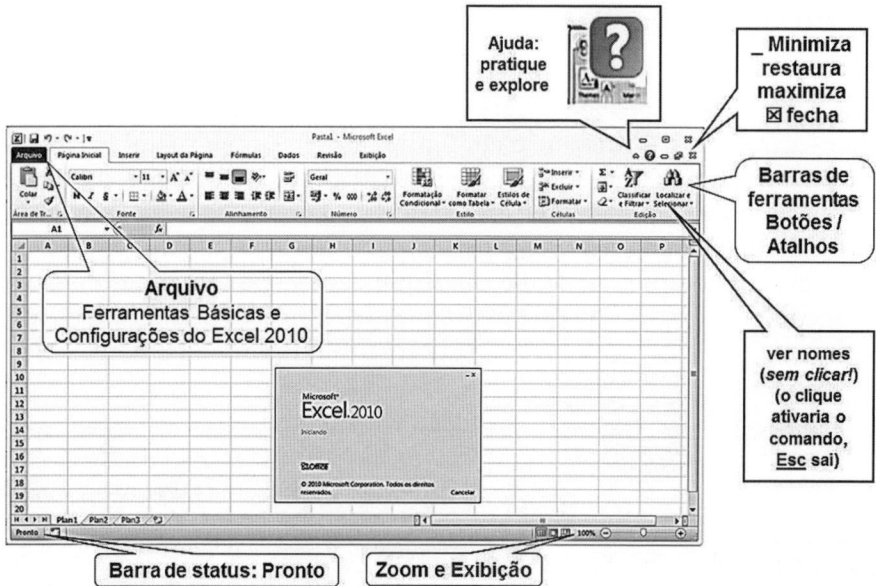

1) Barra de título: é a primeira linha, onde aparece Pasta1 - Microsoft Excel:

- se for dado clique duplo no símbolo do Excel ![] do canto superior esquerdo, encerra-se o programa e volta-se para o Windows (o mesmo ocorre com o X do canto superior direito: Fechar);
- se for clicado o símbolo de Minimizar – sublinhado "_" (primeiro à direita na barra de título) –, minimiza-se o programa (isto é, ele fica em segundo plano, permitindo utilizar outra aplicação qualquer para posterior retomada desta planilha, no estado em que se encontrava quando foi minimizada);
- veja o que acontece clicando alternadamente no símbolo do meio ▢ (Restaurar / Maximizar ou Tela Cheia). Para voltar à situação anterior, clique novamente em ▢ (*note que ele mudou de formato*).

2. Primeiros passos com o Excel

2) Barra de menu: é a linha após a barra de título, onde estão as **palavras** que acionam os diversos comandos do Excel, como será visto adiante.

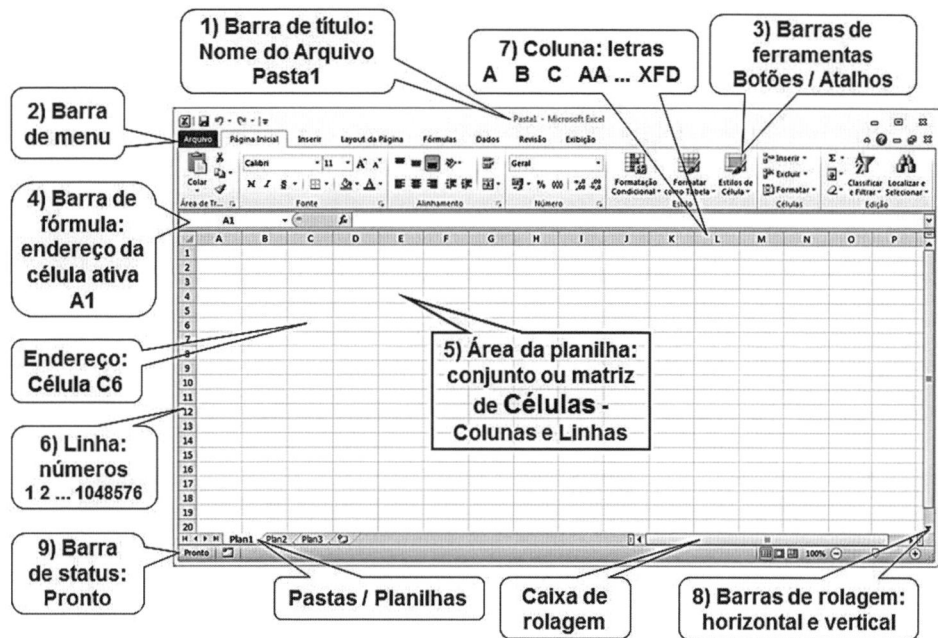

3) Barras de ferramentas e grupos: na primeira linha temos a **Barra de Ferramentas de Acesso Rápido.** Se o mouse for colocado em cima de um ícone (sem clicar), aparece um quadro com o nome do comando ou da ferramenta (e como acioná-lo pelo teclado). Logo abaixo da barra de menu, são mostrados os ícones de ferramentas, também chamados de **botões** de ferramentas. Ferramentas são recursos ou funções do software. Com elas você poderá acionar diretamente os comandos utilizados com maior frequência, sem necessidade de decorar. Os ícones de ferramentas estão arranjados em grupos, como Grupo Fonte (Formatar Células: Fonte) mostrado a seguir:

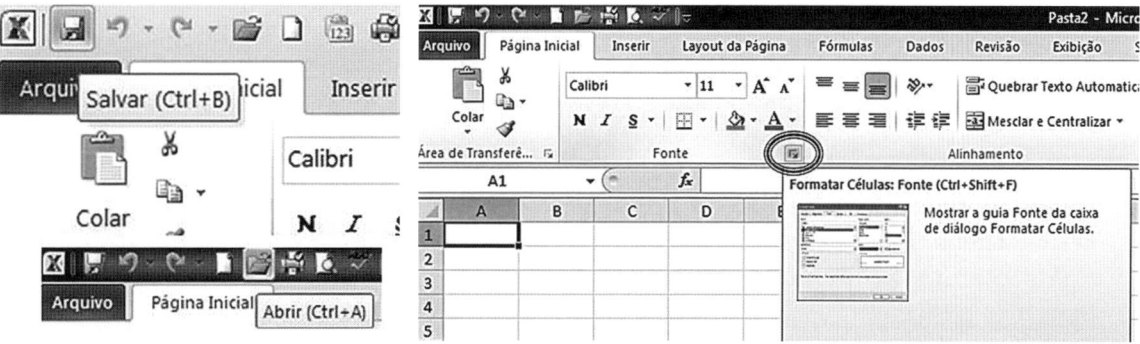

Para ativar uma ferramenta, clique sobre seu botão. Conforme veremos mais à frente, as barras de ferramentas podem ser personalizadas, ou seja, cada usuário define a forma que mais lhe agrada, com menos ou mais ferramentas.

Repare que, saindo da área da planilha, o mouse deixa de ser uma cruz vazada ⊕ e passa a ter o formato de uma seta ↖. Deixando-se o cursor sobre um botão qualquer (*sem clicar*), aparece um pequeno quadro com o nome da ferramenta, conforme mostrado acima:

4) Barra de fórmula: logo abaixo das barras de ferramentas, fica a barra de fórmula, com dois quadros: o da direita está vazio e o da esquerda mostra o endereço da célula ativa **A1** (note que a célula ativa é aquela com o contorno mais realçado).

5) Área de planilha: é composta de um conjunto de **colunas** (indicadas pelas letras **A** a **O**) e de **linhas** (indicadas pelos números **1** a **22**).

6) Cabeçalho de linhas: é a primeira coluna da tela, em negrito, onde aparecem os números **1**, **2**, **3** ..., **22**, que identificam as respectivas linhas.

7) Cabeçalho de colunas: é a primeira linha da planilha, em negrito, com as letras **A**, **B**, **C**, ..., **O**, que identificam as respectivas colunas.

8) Barras de rolagem: ficam nas bordas da tela, abaixo (horizontal) e à direita (vertical). Cada uma tem sua caixa de rolagem, que é o botão que aparece no início da respectiva barra (esse botão é também conhecido como "elevador"). Sua utilização segue o padrão Windows. Se você não está habituado ao uso desse recurso, experimente seguir cada um dos procedimentos descritos abaixo:

- clicando-se sobre as setas existentes em cada canto da barra de rolagem inferior, o movimento horizontal da tela é feito coluna a coluna;
- clicando-se sobre as setas existentes em cada canto da barra de rolagem lateral, o movimento vertical se faz linha a linha;
- clicando-se na área cinza de qualquer das barras de rolagem, o movimento é de uma tela, na horizontal ou na vertical;
- finalmente, arrastando-se a caixa de rolagem ao longo da barra de rolagem, a movimentação é feita livremente dentro da planilha.

9) Barra de status: é a última linha, na parte inferior da tela. Nela aparece, à esquerda, a palavra Pronto, indicando que o Excel está em condições de uso. A barra de status apresenta também, à direita, um quadro flutuante com o status de determinadas teclas quando ativadas / desativadas.

Por exemplo: indicando que a tecla [Num Lock] (teclado numérico) foi ativado.

Tente acionar algumas vezes a tecla [Num Lock] e veja como fica esse quadro. A Barra de Status dá ainda informações sobre operações em andamento, por exemplo, quando for gravar uma planilha.

A Barra de Status pode ser personalizada com um clique no botão direito do mouse sobre ela. Veja as opções ao lado:

Em suma, os três componentes da estrutura de opções ou "Faixa de Opções" são guias ou menus, grupos e comandos, ou botões, como ilustrado a seguir:

1. **Menu** ou **Guia**. Existem sete na parte superior. Cada uma representa tarefas principais executadas no Excel (Página Inicial; Inserir ... Exibição).
2. **Grupo** ou **Conjunto** de Comandos. Cada guia possui grupos que mostram itens relacionados reunidos.
3. **Comando** ou **Botão**. Um comando pode ser um botão (ícone), uma caixa para inserir informações ou um menu de opções.

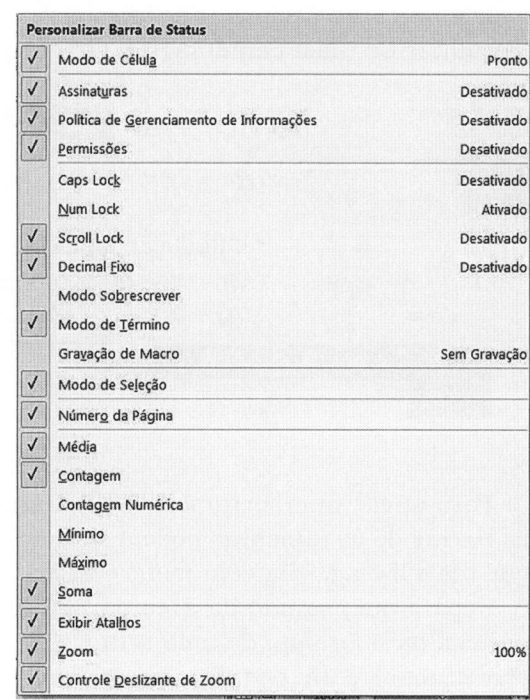

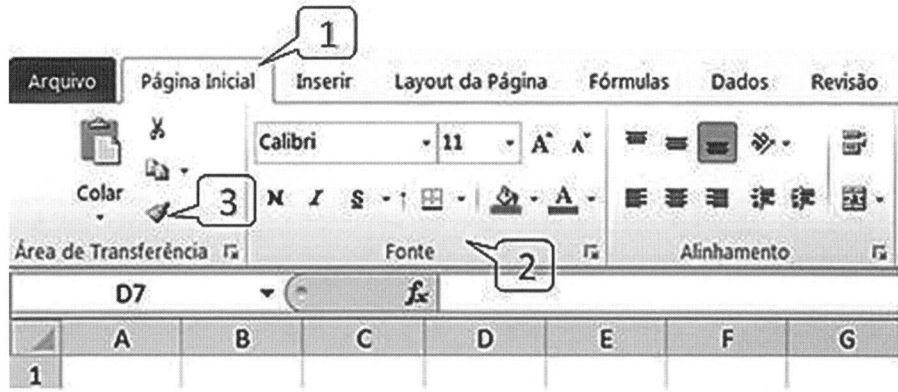

2.2. Usando o recurso de Ajuda

O Excel tem recursos para ajudá-lo durante seu trabalho. Sabendo utilizá-lo, você conseguirá resolver a maioria de suas dúvidas, sem necessidade de consultar manuais ou outros tipos de documentação.

Existem vários caminhos para acessar a Ajuda no Excel. O primeiro é com o comando ajuda, que é acionado clicando-se o mouse na barra de menu, no símbolo **?** (ou acionando **F1**, a tecla de função 1). Aparecerá a caixa de diálogo mostrada ao lado.

Nesta caixa de diálogo, você poderá escolher uma entre várias opções de busca ou pesquisa:

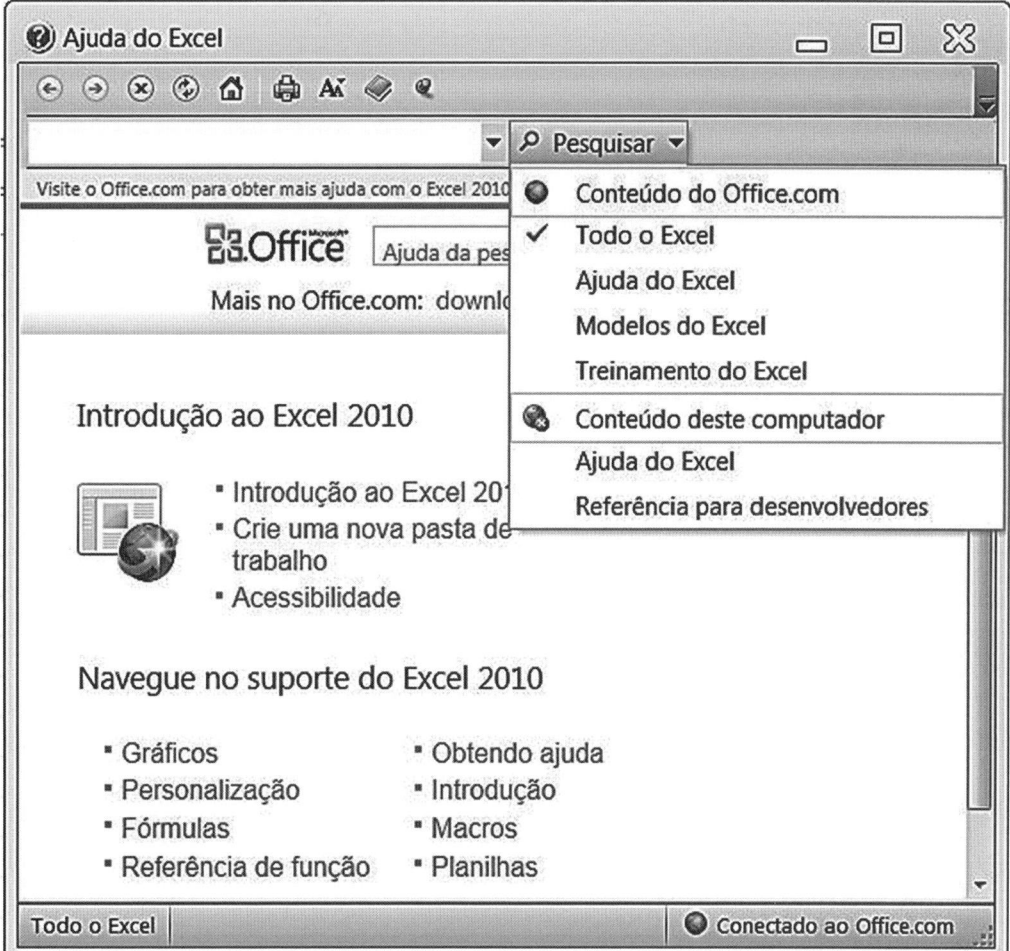

Pesquisa na estrutura de Ajuda de Todo o Excel. Digite uma descrição do que você deseja procurar e clique em Pesquisar. Se pesquisarmos sobre **Fórmulas**, o resultado da pesquisa é mostrado a seguir, e se a Pesquisa for para Ajuda do Excel, teremos a tela seguinte:

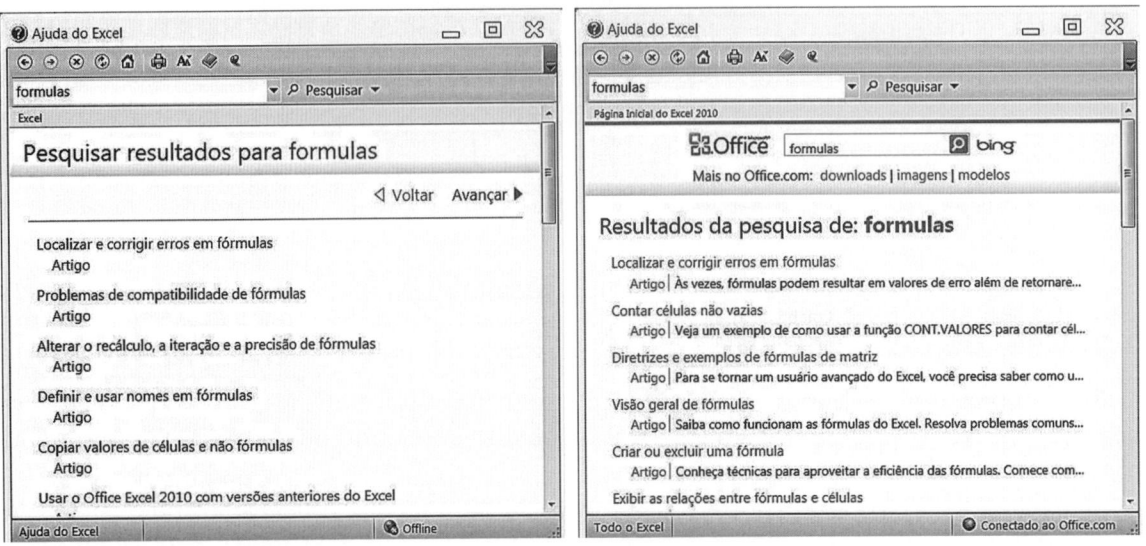

Outra opção é assistir a um **Vídeo de demonstração**. Acione Veja Todos no final da tela inicial de Ajuda. Depois clique na opção Vídeos e selecione Inserir uma fórmula simples para assistir a um audiovisual:

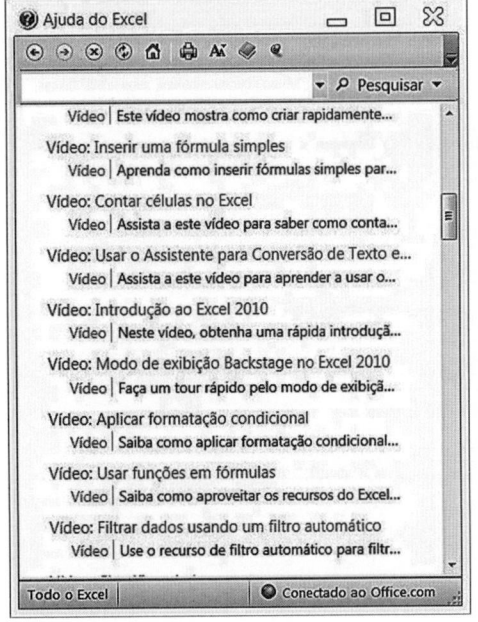
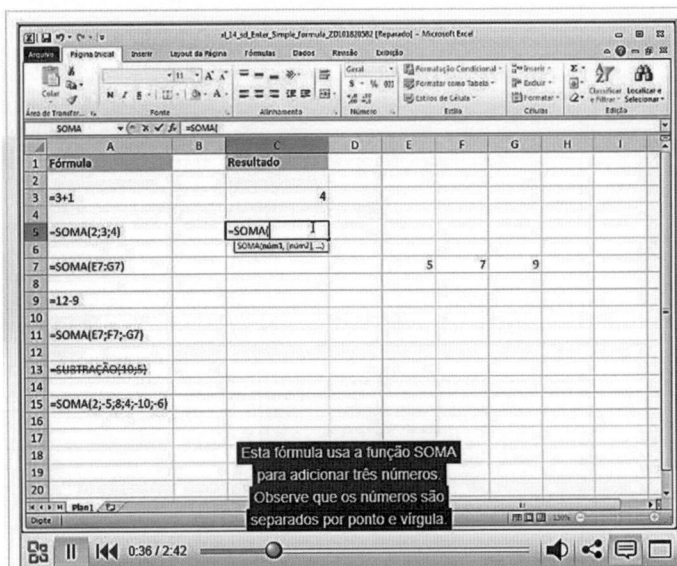

Com a opção de Ajuda do Excel, aparece uma lista de **tópicos** com mais informação e características dos recursos ou comandos, como mostrado a seguir.

O recurso de Ajuda também aparece de forma **localizada**: toda vez que aparecer a opção de F1 numa caixa de diálogo, o recurso de Ajuda pode ser acionado. Por exemplo, no novo recurso de inserir um Instantâneo (cópia digital) de uma tela:

2. Primeiros passos com o Excel

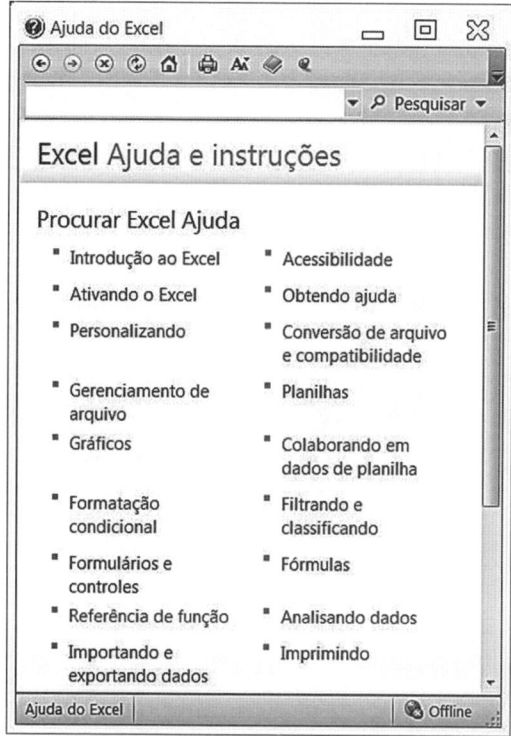
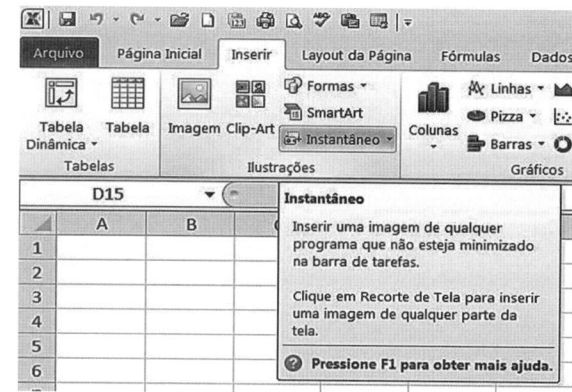

Estão disponíveis também alguns **Cursos de Treinamentos**, essencialmente telas de uma apresentação PowerPoint com alguma interação e até narração. Acione Cursos de Treinamento no final da tela inicial de ajuda (veja todos) e a opção: Conheça o Excel 2010 / crie fórmulas:

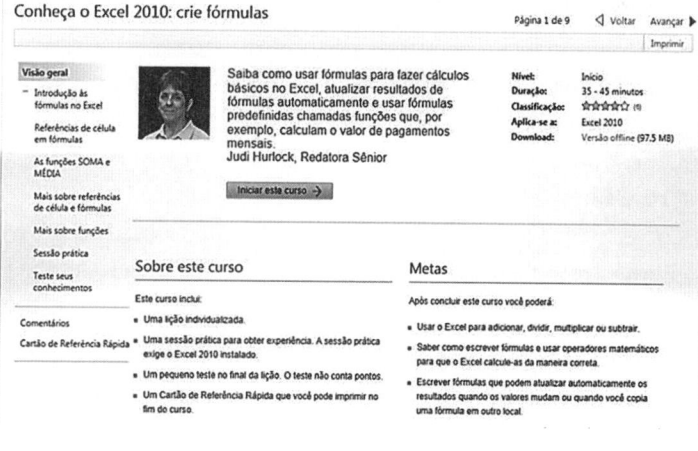

> Invista mais algum tempo explorando e entendendo como funciona a **Ajuda** do Excel. Particularmente, procure entender a lógica dos recursos da navegação. Você certamente vai recuperar logo esse tempo investido agora, pois, no futuro, a maioria das dúvidas poderá ser resolvida em poucos segundos.

2.3. Movimentando-se pela planilha

Você já aprendeu a utilizar a Ajuda. Experimente agora fazer as seguintes atividades:

1. **Observação da barra de fórmula**: utilize as 4 teclas de setas e também as teclas [Page Up] e [Page Down] e veja o que acontece no quadro à esquerda da barra de fórmula. Tal quadro mostra sempre o endereço (coluna e linha) da **célula ativa**, isto é, a célula que está selecionada, demarcada por uma moldura mais espessa. Em seguida, tecle [Alt]+[Page Down]. Note que isso tem, na horizontal, o mesmo efeito que o [Page Down] na vertical: a página inteira rolou para o lado, e a célula ativa passou a **J1**. Tecle [Alt]+[Page Down] mais uma vez. Vá até chegar à coluna **Z**. Você perceberá que, a partir desse ponto, inicia-se uma nova indicação para as colunas, **AA, AB, AC ... AZ, BA, BB, BC, ... BZ, CA, CB, ...ZZ, AAA, AAB ... XFD**. Para voltar tela a tela para a esquerda, digite [Alt]+[Page Up], que é o equivalente a [Page Up] na vertical.

2. **Célula ativa**: experimente agora, em vez de usar as teclas descritas no item anterior, clicar o mouse sobre a barra de rolagem vertical. Veja que, apesar de a tela mostrar outras áreas da planilha, a célula ativa não se altera.

> Você pode rolar a planilha para cima, para baixo e para os lados. Se fizer isso pelas barras de rolagem, a célula ativa não se altera. Mas se fizer isso pelas teclas de movimentação, muda a célula ativa.

3. **Uso do mouse**: experimente clicar o mouse sobre uma célula qualquer. Clique sobre outra e veja o que acontece: a <u>célula ativa</u> é aquela que foi clicada por último. Experimente agora clicar sobre as setas da barra de rolagem: mudou a célula ativa? Em seguida, verifique o que acontece ao clicar sobre a barra de rolagem propriamente dita. E, finalmente, tente clicar sobre as caixas de rolagem, arrastando-as.

4. **Funcionamento do Home**: agora tecle [Home]. Independentemente de onde estava seu cursor, ele voltou para a coluna **A**, na mesma linha.

5. **Tamanho da planilha**: tecle [End] (*observe na barra de status Modo de Término*) e, a seguir, tecle [↓]. Com isso você foi para a última linha da planilha Excel: **1.048.576**. Agora tecle [End] novamente e tecle [↑], indo para a última coluna, XFD (equivalente à **16.384**ª coluna). Você está na célula **XFD1048576**. Multiplicando um número pelo outro, teoricamente, cada planilha pode ter mais de 17 bilhões de células. Mas apenas teoricamente, porque a memória dos computadores atuais não é capaz de trabalhar com planilhas tão grandes. Mesmo assim, você dificilmente será capaz de construir uma planilha que não caiba na memória do computador. Para voltar diretamente à célula A1, digite [Ctrl]+w.

> Por questão de limitação física da tela, você vê somente uma pequena parte da planilha. Da mesma forma que ocorre quando você usa um microscópio para examinar um inseto qualquer, você precisa ir focalizando sucessivas partes para poder ver o todo. ***São 17.179.869.184 células ou 16 G (16 gigas).***

6. **Formatos do cursor**: observe que o cursor do mouse muda de formato conforme o lugar onde ele se localiza. Se estiver sobre a área da planilha propriamente dita, terá a forma de uma cruz vazada ✥ durante a maior parte do tempo (conforme será visto mais

2. Primeiros passos com o Excel

adiante, ele poderá também assumir os formatos de uma seta vazada ⇖ ou de uma cruz preta de linhas finas +). Se estiver sobre qualquer outro lugar, terá a forma de uma seta vazada ⇖. Isso serve como orientação para o usuário da planilha.

7. **Comandos e Ferramentas**: como já vimos, Menus, Guias, Grupos e Botões.
8. **Arquivo**: (**Botão Office** na versão 2007 e como Arquivo na 2003 e na 2013) dá acesso às opções de configuração, de gravação, de impressão entre outras ferramentas. Clicar em Opções do Excel na Barra de Informação do menu Arquivo e ver as opções.
9. **Tecla Esc**: O [Esc] significa sair ou cancelar. Para sair do Menu, [Esc] ou clicar em outra célula.
10. **Scroll**: repita o item 1, agora com o [Scroll Lock] ativado. Veja a diferença na forma de movimentação quando se usam as setas. Desative o [Scroll Lock] e tente novamente (*lembre-se: em condições normais, o Scroll deve estar desativado*).

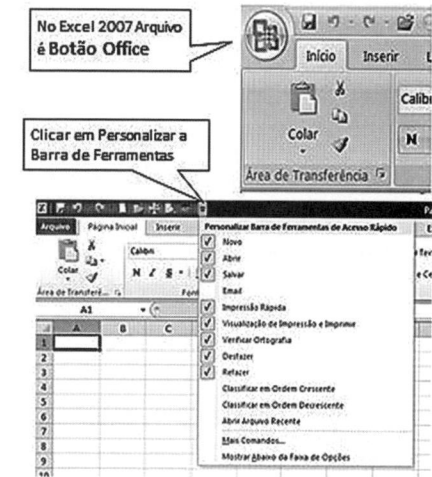

Observação da barra de status: veja o que acontece na barra de status quando você ativa e desativa as teclas [Insert], [Num Lock], [Caps Lock] e [Scroll Lock] (*ao final, deixe todas elas na posição padrão*).

2.4. Explorando o conteúdo da barra de menu

No Menu há duas formas de ativar os comandos do Excel. A primeira delas é pela barra de menu.

Por exemplo, se você quiser imprimir a planilha, clique Arquivo. Você verá que aparece uma caixa de diálogo, isto é, um conjunto de diversas opções, sendo que uma delas é Imprimir... (*resista à tentação: não clique em Imprimir, pois veremos este comando mais tarde*). Observe que, ao lado de algumas opções, há um sinal de reticências. Isso indica que, quando for selecionada aquela opção, será exibida uma nova caixa de diálogo (isto é, outro conjunto de opções).

Outra forma (na verdade, um "atalho") para dar comandos é clicar sobre o botão correspondente na barra de ferramentas.

Utilizando o mesmo exemplo, clicando-se sobre a ferramenta Imprimir 🖨, automaticamente será impressa uma cópia da planilha inteira (*por ora, não faça isso: mais tarde serão vistos os detalhes sobre essa operação*).

A maior diferença entre os dois modos de ativar os comandos é que o primeiro é mais flexível, mas dá mais trabalho, porque existem várias opções a escolher. O segundo, por sua vez, já tem um padrão predefinido, conforme as opções mais comumente utilizadas. Mas, não importa a forma de chegar a determinado comando (via ferramenta ou via barra de menu), o resultado será sempre o mesmo, exceto pela possibilidade de definir algum detalhe.

Por exemplo: note que, no menu Arquivo, existe a opção Sair. Se você clicar nessa opção, o resultado será o mesmo que o de um clique duplo no quadro esquerdo da barra de título, ou o de um clique no botão Fechar X, também na barra de título, no extremo superior direito.

2.5. Acionar comandos via teclado

Há ainda outra forma de utilizar a barra de menu ou de ferramentas, acionando-a via teclado. Para isso, pressione [Alt] (note o que acontece com Salvar, que pode ser acionado com [Alt]+1). Se quiser retornar à planilha, pressione [Alt] novamente, ou [Esc]. Depois de pressionar [Alt], você pode acessar os comandos por meio de seus "atalhos":

Não se preocupe em entender os comandos agora: posteriormente, veremos em detalhes. Por ora, procure concentrar-se em entender os diversos modos de acionar um comando.

Existem **Atalhos** para cada botão ou comando, se você quiser usar mais o teclado do que o mouse. Por exemplo, para colorir uma célula:

1. Pressione [Alt] para fazer com que as Dicas de Tecla apareçam;
2. Em seguida, pressione [C] para selecionar o menu ou a guia Página Inicial;
3. Pressione [R] para ver as opções de Cor de Preenchimento.

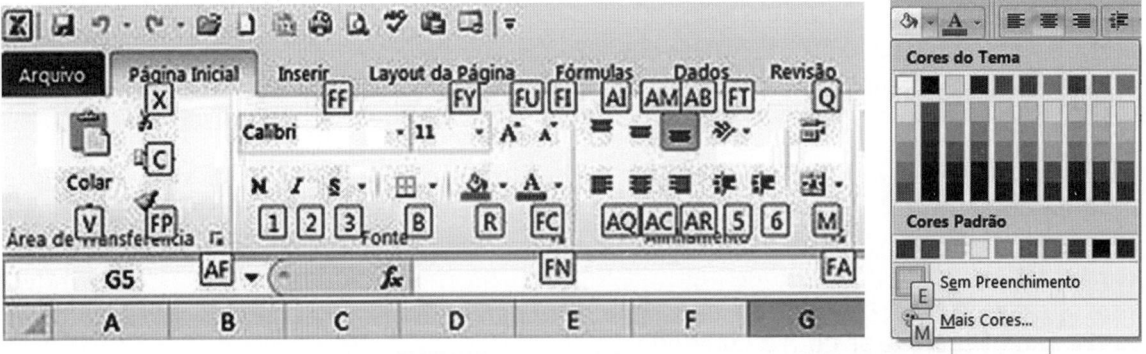

Para abrir um novo arquivo: [Alt]+[A]+[B].

Para centralizar um texto: pressione [Alt] para ver as Dicas de Tecla, em seguida pressione [C] para Página Inicial, [A] para Alinhamento e [C] para centralizar.

2. Primeiros passos com o Excel

Atenção: os antigos atalhos de teclado que começam com Ctrl continuam funcionando. Por exemplo, o atalho Ctrl + C copia um elemento para a área de transferência, e o atalho Ctrl + V cola um elemento da área de transferência. Ctrl + A aciona o comando <u>Abrir Arquivo</u>, e Ctrl + B equivale a <u>Salvar Arquivo</u>, e assim por diante.

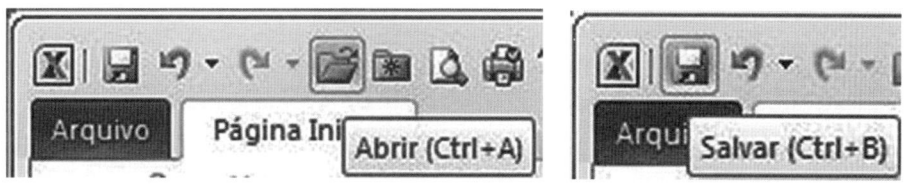

2.6. Entrar com dados na planilha

O próximo passo é entender como preencher e alterar o conteúdo de uma célula:

1. **Seleção da célula**: a primeira coisa a fazer é selecionar a célula desejada. Para isso, você pode clicar o mouse sobre ela, ou, se preferir, movimente-se com o uso das setas. Note que na barra de fórmula aparecerá, no quadro esquerdo, o endereço da célula ativa. Selecione, por exemplo, a célula **B2**.
2. **Entrada do dado – texto**: uma vez selecionada a célula, basta digitar diretamente o conteúdo que deseja para ela. Por exemplo, escreva **Habilidades**. Observe o que acontece na célula selecionada e na barra de fórmula.

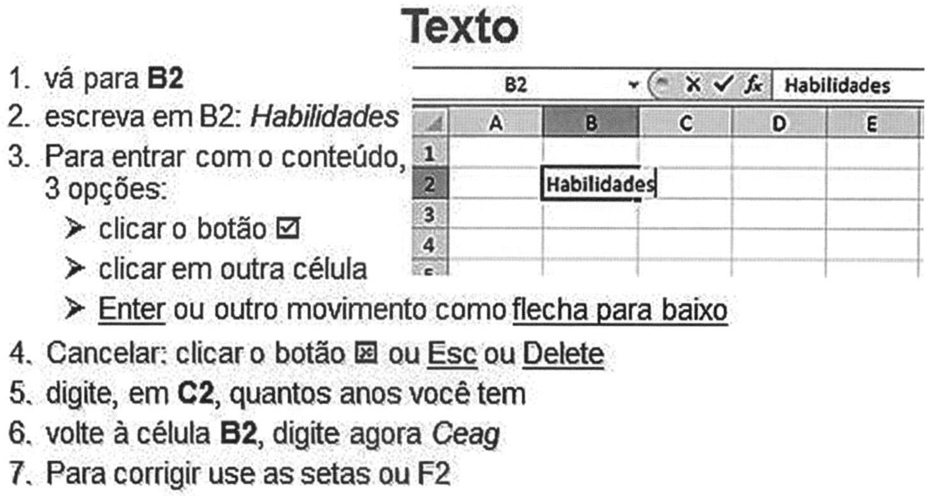

Texto

1. vá para **B2**
2. escreva em B2: *Habilidades*
3. Para entrar com o conteúdo, 3 opções:
   ➢ clicar o botão ☑
   ➢ clicar em outra célula
   ➢ <u>Enter</u> ou outro movimento como <u>flecha para baixo</u>
4. Cancelar: clicar o botão ☒ ou <u>Esc</u> ou <u>Delete</u>
5. digite, em **C2**, quantos anos você tem
6. volte à célula **B2**, digite agora *Ceag*
7. Para corrigir use as setas ou F2

3. **Para entrar com o conteúdo**: no momento em que você digitou a primeira letra, apareceram várias coisas novas na tela. Ao terminar a digitação, você poderá transferir definitivamente o conteúdo da barra de fórmula para a célula selecionada por uma destas quatro opções (o resultado final em **B2** será sempre o mesmo):

- clicar em outra célula;
- clicar o botão ✓ da barra de fórmula;
- acionar [Enter] (após o [Enter], o padrão de movimentação é para baixo);
- acionar qualquer uma das setas. Nesse caso, é como se você acionasse [Enter] e depois a seta – a digitação da célula é encerrada e muda-se para a célula determinada pela direção da seta. Por exemplo, [→] entra com o conteúdo e vai para a célula à direita.

4. **Cancelar:** se, em vez de efetivar a entrada, você quiser descartar o que estava digitando, sem transferir o conteúdo para a célula ativa, basta seguir uma destas duas opções:
   - clicar o botão ✗ ou acionar [Esc].

5. **Entrada do dado – valor**: A seguir, digite, em **C2**, quantos anos você tem. Note que seu nome (dado alfabético – texto) foi alinhado à esquerda; já sua idade (dado numérico – valor) ficou alinhada à direita.

6. **Substituição de conteúdo**: volte à célula **B2** (*observe: além de mostrar o endereço da célula ativa, a barra de fórmula mostra também o seu conteúdo*). Digite agora seu **sobrenome**, como se fosse a primeira vez que você preenchesse aquela célula. A digitação anterior (Habilidades) desaparece, sendo substituída pela última entrada.

7. **Correção de conteúdo**: para modificar o conteúdo de uma célula, dê um clique duplo com o mouse sobre a célula a alterar. O cursor, na forma de uma barra vertical piscante, ficará à direita da última letra do conteúdo da célula, se alfabética, ou à esquerda do primeiro número, se numérica. Usando as setas [←] e [→], vá para o ponto a ser alterado e experimente mudar, por exemplo, seu sobrenome.

8. **Outra possibilidade** é selecionar a célula com o mouse (um único clique) ou com as setas. Feito isso, há duas opções:
   - teclar [F2] (similar ao que acontece quando se dá o clique duplo);
   - colocar o mouse na caixa da barra de fórmula, diretamente sobre o ponto que deve ser alterado, clicando uma vez (ao fazer isso, o mouse deixa de ter a forma de seta e passa a ser uma barra vertical piscante).

Após ter sido selecionado o ponto em que será feita a alteração, existem várias opções:
- para **substituir** um conjunto de caracteres (por exemplo, uma palavra inteira), clique o mouse num dos extremos e arraste-o até o outro, "pintando" a parte a ser substituída. A seguir, digite o novo conteúdo: o trecho anteriormente "pintado" desaparecerá, sendo substituído pelo digitado;
- você pode **apagar** caracteres à esquerda ([Backspace]) ou à direita ([Delete]). Você pode também apagar trechos do texto, "pintando"-os com o mouse e digitando [Backspace] ou [Delete];
- você pode **inserir** caracteres, bastando digitá-los no ponto em que o cursor estiver;
- se preferir, em vez de inserir caracteres, você pode **sobrescrever**. Para isso, acione a tecla [Insert] (*lembre-se de ver o que aparece na barra de status*).

Para finalizar uma alteração, valem as mesmas regras que na entrada de dados:
- ✗ ou [Esc] cancelam a alteração, devolvendo à célula o seu conteúdo original;
- ✓ ou [Enter] transferem o novo conteúdo para a célula.

Há outra forma de alteração: **apagar** todo o conteúdo de uma célula ou de um grupo de células. Para isso, basta selecionar a célula ou grupo de células a apagar e teclar [Delete].

> Para **selecionar um grupo de células contínuas**, existem três caminhos:
> **1) com o mouse, selecione a célula no canto superior esquerdo e arraste** até o canto oposto do intervalo a selecionar. Por exemplo: se você deseja selecionar o intervalo que vai da célula **C5** até **E8**, selecione **C5**, mantenha o botão do mouse pressionado, arraste-o até a célula **E8** e solte o botão do mouse;
> **2) com o mouse, selecionar com um clique** a célula no canto superior esquerdo (no exemplo anterior, **C5**), acionar e manter pressionada a tecla [Shift] e clicar na célula do outro extremo da faixa (no caso, **E8**), soltando o [Shift];
> **3) com o teclado**, você pode selecionar a célula do canto superior esquerdo (no exemplo anterior, **C5**), acionar e manter pressionada a tecla [Shift] e, novamente utilizando as setas, ir até a célula **E8**, soltando o [Shift].

2.7. Desfazer operações no Excel

Para **desfazer** uma operação, o Excel tem a ferramenta que volta para a situação anterior, isto é, Desfazer, ⤺ (*Undo*, nas versões em inglês). Esse comando pode também ser acionado com [Ctrl]+[Z]. Ao utilizar a ferramenta Desfazer, o Excel desfaz a última alteração e restaura a planilha para a situação anterior.

Para desfazer ações recentes, uma de cada vez, clique em Desfazer.

Para desfazer várias ações de uma só vez, clique na seta ao lado de Desfazer e selecione a lista. O Excel desfaz a ação selecionada e todas as ações listadas acima.

Dica: se você quiser refazer uma ação, clique em Refazer, ⤻ (seta curva para a direita).

Esse recurso pode ser muito útil, pois é bastante comum, durante um trabalho qualquer, ocorrer um engano e haver necessidade de voltar atrás em algo que se acabou de fazer, principalmente quando se altera ou se apaga o conteúdo de partes da planilha.

Para entender melhor como isso funciona, experimente fazer o seguinte:
- selecione um grupo qualquer de células que tenham algum conteúdo;
- apague esse conteúdo teclando [Delete] (em caso de dúvida, volte ao tópico anterior);
- clique ⤺ e veja o que acontece com as células que haviam sido apagadas;
- repita a operação de Desfazer, agora teclando [Ctrl]+[Z], e veja o que acontece.

2.8. Personalizar a barra de ferramentas de acesso rápido

A barra de ferramentas de acesso rápido do Excel normalmente vem com um formato padrão. Com esse padrão, você terá à sua disposição as ferramentas indispensáveis para a maioria dos usuários.

No entanto, existe a possibilidade de personalizar essa parte da barra de ferramentas, isto é, acrescentar e retirar ícones de acordo com sua conveniência.

Na barra de ferramentas padrão inicial não aparecem ainda algumas ferramentas bastante utilizadas. Por isso, é interessante aprender a personalizar sua tela.

Para **incluir um ícone**, existem duas opções complementares: na primeira estão os itens mais comuns; na segunda, todos os comandos do Excel.

Na 1ª opção: ative a caixa **Personalizar** (clique na seta para baixo no final dos botões de acesso rápido), para abrir o menu **Personalizar** Barra de Ferramentas de Acesso Rápido, mostrado ao lado, indicando as ferramentas que devem ser exibidas (símbolo ✓, à esquerda das respectivas linhas).

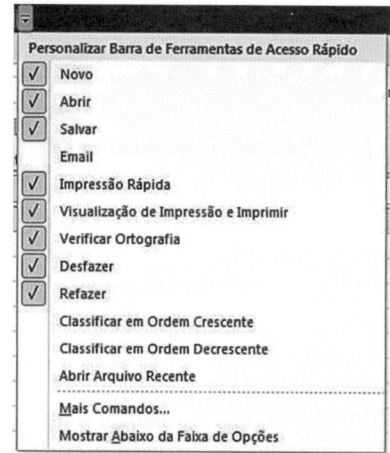

Para fechar, clique na seta que abriu o menu ou em uma célula da planilha.

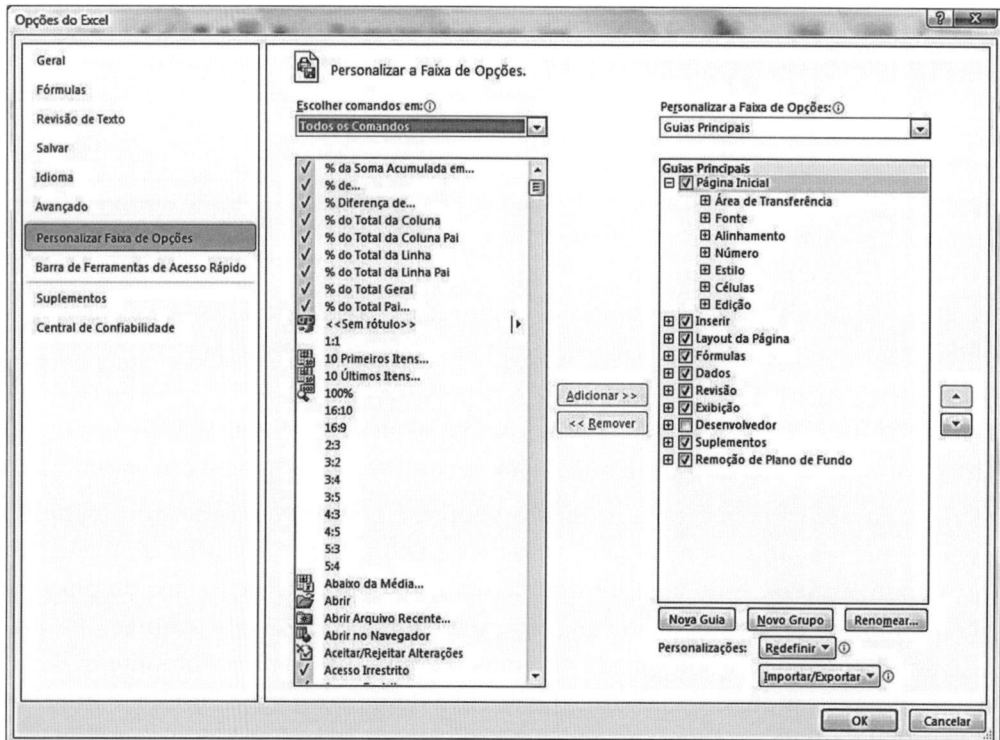

Na 2ª opção: ative o menu **Personalize** Barra de Ferramentas de Acesso Rápido, acione Arquivo: Opções do Excel (na parte inferior das opções do Arquivo): Personalizar. Com isso, abre-se a caixa de diálogo mostrada ao lado.

Faça todos os ajustes necessários para que sua barra de ferramentas de acesso rápido fique como a que está mostrada na figura a seguir. No futuro, ou no seu dia a dia, ela pode ser modificada para conter as ferramentas que você mais utiliza.

Contudo, para este texto é interessante deixar a Barra de Ferramentas como a seguir.

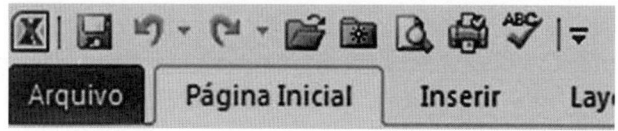

Depois que você fizer todos os ajustes, clique no botão Fechar (canto superior esquerdo: X) para encerrar e gravar a personalização da barra de ferramentas de acesso rápido.

3.

O valor da quantificação e dos modelos

Já na década de 1970, os engenheiros absorveram os impactos das novas ferramentas analíticas e de cálculo. Aposentaram as réguas de cálculo, adotaram as calculadoras e mudaram profundamente a forma de abordar os problemas analíticos e de cálculo por meio do uso dessas ferramentas, as quais incluem os computadores.

Tradicionalmente, análises e cálculos não costumavam constituir a utilização mais comum da TI – Tecnologia de Informação, em especial dos microcomputadores. Contudo, a microinformática tem um grande potencial para continuar a dar uma verdadeira guinada na carreira do administrador e na própria forma de decisão. Em praticamente todos os setores da economia, é muito mais difícil obter lucros ou mesmo sobreviver hoje do que há dez anos. Embora boas ferramentas analíticas, por si só, nunca vão transformar alguém em um bom administrador, é difícil imaginar um bom administrador tratando dos problemas atuais sem realizar uma verdadeira análise das alternativas.

O mesmo fenômeno, já sedimentado entre os engenheiros, ocorreu com a Administração – mudanças significativas começaram com as calculadoras financeiras e com o VisiCalc, no final da década de 1970. Mas foi nos anos 1990, principalmente na segunda metade da década, que o processo se consolidou. Muitas transformações ainda estão em curso, mas já é evidente a mudança da própria natureza de trabalho do administrador.

As ferramentas analíticas para quantificação à disposição do administrador são muitas. Entretanto, uma delas é, de longe, a mais significativa e a mais utilizada atualmente: a planilha eletrônica. Outros programas específicos para análises financeiras e estatísticas estão em segundo lugar, com uma utilização relativa bem menor.

O valor da quantificação e dos modelos para diversas áreas do conhecimento, notadamente para a administração, é inquestionável. Por outro lado, a evolução dos recursos das Tecnologias de Informação e Comunicação, representadas pelos micros e pelas planilhas, vem provocando mudanças profundas no valor da quantificação e na natureza dos modelos. A mudança mais relevante para a área de administração é o advento da chamada modelagem pessoal, na qual o modelo quantitativo é construído pelo próprio administrador. É uma nova abordagem, uma aplicação antes inviável pela falta de tecnologia apropriada.

A quantificação facilita e melhora a administração; os modelos passam a ser poderosas ferramentas de apoio à decisão pessoal. Com isso, o conceito de usuário muda, ao mesmo tempo que o papel do especialista se transforma.

3.1. Administração: arte e ciência

Administradores tomam decisões baseados em sua intuição ou bom senso. Administração é prática, e boa administração é mais uma arte do que uma ciência. Contudo, a maioria dos administradores sentem-se mais confortáveis em exercer seu julgamento quando as decisões são precedidas por algum tipo de análise formal, particularmente análises quantitativas. O valor da quantificação, isto é, a especificação de resultados numéricos e seus relacionamentos, mesmo que de forma muito simples, advém do fato de essa quantificação melhorar significativamente a percepção do administrador quanto às ações disponíveis e seus possíveis resultados.

Administrar é um trabalho complexo, que tem pelo menos três componentes interagindo. De um lado, entra a dimensão **intuição**, aquele componente meio inexplicável, difícil de definir, mas que claramente diferencia a boa administração da gestão medíocre. É essa intuição que leva os administradores brilhantes a saírem do lugar-comum, tomando as decisões que levam suas organizações a posições de destaque. Em outra dimensão, há a **quantifica-**

ção, ou seja, aquela parte de respostas cartesianas, tão comumente presente em problemas como localização industrial, lotes econômicos para produção e reposição etc.

E, finalmente, numa terceira dimensão, entra o fator **bom senso**, aquele sentimento também difícil de explicar, mas que decorre sobretudo da vivência e da capacidade de transportar experiências já vividas, associando-as a situações novas e desconhecidas.

O fator quantitativo é ciência. Intuição e bom senso, por sua vez, são pura arte.

A boa administração combina arte com ciência. Em geral, administradores tomam suas decisões combinado a sua intuição com o seu bom senso.

3.2. A importância dos modelos quantitativos

O ambiente dos negócios está-se tornando crescentemente hostil. As decisões são tomadas sob pressão, envolvendo um número de variáveis cada vez maior, e o administrador se vê, a todo momento, diante de situações complicadas. Mas, não importa quão difícil seja a resposta, ele precisa decidir rapidamente, pois qualquer demora pode significar alguns pontos para a concorrência.

É estressante, sem dúvida. Mas é nesse ambiente que os bons administradores se destacam e brilham. A situação é semelhante ao que ocorre na Fórmula 1, onde os pilotos realmente bons se destacam nas condições mais adversas: chuva forte, pistas ruins etc.

Assim como pilotar, administrar nunca deixará de ser uma arte, e parece ser indiscutível que, num e noutro caso, as piores condições revelam os melhores profissionais.

Mas, sejamos honestos: pelo menos na Fórmula 1, contar com um bom carro ajuda... e como! Quanto mais controle o piloto tiver sobre o veículo que dirige, maiores serão suas chances de tirar o máximo de si e aproveitar todas as suas habilidades.

O mesmo ocorre na administração. As condições difíceis ajudam a revelar o quanto cada um é bom em sua arte. Mas contar com instrumentos adequados é fundamental para que os resultados sejam cada vez melhores. Isso porque, inevitavelmente, todas as decisões são sempre tomadas com base nas informações disponíveis. Ou seja, para que possa melhor exercitar sua arte, o administrador deve ter, à sua disposição, informações que o ajudem a fazer inferências, tirar conclusões, perceber oportunidades.

Por isso, o uso de modelos faz parte do dia a dia dos administradores, e a maioria deles não se sente à vontade quando precisa tomar uma decisão sem o respaldo de simulações e análises quantitativas, mesmo que confiem muito em sua intuição e em seu bom senso.

3.3. Situações que exigem o uso de modelos quantitativos

A necessidade de melhorar o julgamento é evidenciada pela literatura no campo da psicologia cognitiva. Ela demonstra que a mente humana tem fortes limitações quando está adquirindo e processando informações – o que é um problema quando se considera a crescente complexidade das situações que o administrador enfrenta. Quantificação é uma ajuda que podemos utilizar para educar nossa intuição e lidar melhor com aspectos gerenciais e situações complexas. Basicamente, os modelos quantitativos são imprescindíveis em dois tipos de situações:

1. **respostas rápidas para mudanças no ambiente de negócios**: o administrador tem que conviver, no seu dia a dia, com pacotes econômicos, flutuações de câmbio, mudanças de cenários, fatos novos no mercado etc. Ao contar com um bom modelo quantitativo, o administrador pode, por exemplo, fazer uma análise antes de tomar uma decisão com relação ao impacto do custo de insumos importados depois de uma mudança na taxa de câmbio. Ou seja, ao analisar os dados disponíveis, novas informações do modelo podem melhorar a qualidade da decisão;
2. **antecipação e geração das mudanças:** o uso de modelos quantitativos permite ainda fazer simulações e estudos sobre hipóteses. Por exemplo, diante de possíveis cenários

para seus insumos no mercado exterior, o administrador pode traçar, antecipadamente, estratégias alternativas para excesso ou escassez de oferta.

Com o uso de modelos, é possível identificar oportunidades por meio de estudos de mercado ou estruturas de produção. Podem-se fazer simulações para definir estratégias de marketing, delineando possíveis ações de impacto que poderão surpreender a concorrência.

Ou seja, o uso de modelos quantitativos é importante porque ajuda o administrador a reagir prontamente às constantes mudanças. Mas, além, disso, ao ter mais informações disponíveis, o administrador tende a se sentir mais seguro para tomar a iniciativa e produzir, ele mesmo, as mudanças que sacudirão o mercado.

Deve-se tomar cuidado com um detalhe: em geral, os benefícios tendem a ser sempre positivos. Mas avaliá-los *a priori* costuma ser tarefa ingrata. Modelos são desenvolvidos ao longo do tempo, e é praticamente impossível ter-se, antecipadamente, uma ideia razoável com relação ao custo do desenvolvimento e dos benefícios que serão alcançados com seu uso. Ou seja, a tradicional análise de custo × benefício nem sempre é aplicável nesse caso. A própria natureza evolutiva dos modelos faz com que, não raro, seu valor só se revele depois de certo tempo de amadurecimento.

3.4. Benefícios no processo de desenvolver modelos

Não só o uso de modelos é importante para o administrador. O próprio processo de desenvolvê-los pode ser de grande valia. Mesmo no caso de modelos relativamente simples, alguns benefícios são particularmente importantes:

- **Aprendizado** sobre a natureza do problema: melhora a **percepção**; **Conhecimento** das alternativas / oportunidades: melhora o **julgamento** / decisão;
- **Entendimento** da relação causa-efeito;
- **Comunicação**: formaliza, documenta e dá suporte para discutir e entender decisões;
- **Intuição**: a quantificação afere e desenvolve a intuição.

Vejamos como o processo de desenvolver modelos pode ajudar o administrador:

1. **aprendizado sobre a natureza do problema:** ao desenvolver um modelo, o administrador melhora sua percepção e geralmente consegue avaliar com mais precisão as diversas situações da empresa. Além disso, ao se estruturar um problema, formalizam-se avaliações e alternativas de ação, tornando as coisas mais tangíveis. Talvez não se obtenham as respostas definitivas, mas certamente há muito a aprender sobre a natureza real do problemas e as oportunidades para agir;
2. **transferência de experiências e percepções:** a comparação de diferentes situações, o processo associativo de relacionar fatos e aplicar experiências anteriores em situações novas – tudo isso constitui um rico processo de aprendizado, que, por sinal, será útil não só na análise do problema em questão, mas provavelmente também na avaliação de problemas futuros;
3. **melhoria no processo de comunicação:** a formalização implícita dos modelos ajuda a padronizar e consolidar conceitos, de forma que todos passam a falar a mesma língua. Além disso, os modelos ajudam a organizar, materializar e apresentar ideias, transformando propostas verbais em números, estatísticas e gráficos facilmente compreensíveis. Por exemplo, uma proposta de aumento das horas extras para alavancar os lucros pode parecer incompreensível se não houver um respaldo quantitativo. É muito mais fácil discutir sobre gráficos e dados numéricos do que sobre ideias abstratas, expressas verbalmente;
4. **desenvolvimento da intuição:** situações reais e sistemas complexos podem não se comportar como a intuição sugere. A quantificação usualmente ajuda no desenvolvimento da percepção do comportamento de sistemas complexos e, como resultado, auxilia na educação da intuição. Além disso, o uso de modelos libera tempo antes dedicado às tarefas maçantes e repetitivas, de forma que o esforço pode ser canalizado para a identificação dos fatores críticos, aprimorando o *feeling*.

3.5. Modelagem

Modelagem é uma atividade humana comum, intuitiva e fundamental. Por ser uma ferramenta flexível e fácil de usar, seu uso é crescente. Mas alguns ainda veem os modelos como algo complexo, que só deve ser construído por especialistas. Isso talvez fosse verdade no início da era da informática, mas não mais o é. Provavelmente, essa insegurança pode estar na falta de compreensão com relação a uma questão trivial: o que é um modelo?

Podemos definir um modelo como um tipo de descrição quantitativa, geralmente simplificada, de uma situação real. Toda ênfase é dada aos modelos que podem ser construídos diretamente pelo usuário, em particular um administrador. Esses são chamados modelos pessoais. Por pessoal, entendemos uma atividade realizada por um administrador em seu próprio benefício – o que inclui a melhoria de seu desempenho em prol da organização na qual atua. Essa atividade não é necessariamente individual, podendo envolver um grupo de pessoas, mas é privativa dos membros desse grupo e frequentemente única para aquele grupo ou indivíduo.

Em muitas circunstâncias, a modelagem pessoal ajuda um administrador ou grupo a entender e dominar determinada situação. Nesses casos, o modelo costuma ser deixado de lado no momento em que se domina a situação. O aprendizado e a experiência acumulada permanecem, mas o valor do modelo desaparece tão logo cumpra o seu papel.

A modelagem pessoal também ajuda administradores a desenvolver modelos que se tornam de uso comum e se transformam em padrões na empresa: modelos de orçamento, planejamento, custeio etc. Nesses casos, a generalização do uso demandará uma mudança completa na natureza do modelo original, que vai perder seu caráter pessoal e se tornar uma ferramenta operacional para ser usada por uma variedade de pessoas na empresa. Essa transformação é normalmente realizada por especialistas responsáveis por esse tipo de sistemas na empresa. As técnicas e os métodos utilizados diferem significativamente nos dois casos – modelos pessoais e modelos operacionais para uso geral (os tradicionais).

Em suma, a natureza dos modelos desta nova abordagem que estamos estudando é pessoal, em contraste com os modelos tradicionais já conhecidos. Entre as diversas áreas da administração, a financeira é um exemplo repleto de aplicações para os chamados modelos pessoais construídos pelo próprio usuário – o administrador.

Em geral, **o aprendizado de maior utilidade ocorre na modelagem**, ou seja, durante a construção do modelo.

3.6. Abordagens no desenvolvimento de modelos

Uma metodologia é um conjunto de conceitos, normas e regras destinados a orientar determinado processo de trabalho. Geralmente está baseada numa sequência de atividades para gerar produtos predefinidos e de formato padronizado.

Uma metodologia pode englobar diversas técnicas. Sua ênfase é sobre atividades, etapas, recursos e prazos, isso tudo sob a óptica do controle gerencial.

Existe uma grande quantidade de metodologias, métodos, técnicas e ferramentas propostas na literatura técnica para orientar o desenvolvimento de sistemas e ajudar na execução das atividades que o compõem. A maioria enfatiza determinado aspecto e concentra-se nele em determinada fase, estágio ou recurso envolvido na administração da informação.

Muitos analistas confundem diagramas com metodologias, uma vez que os diagramas são a parte mais visível das metodologias em prática e devem ser examinados no contexto de ciclo de vida do sistema, pois investem no projeto para economizar na manutenção.

No desenvolvimento de sistemas de informações de uso geral na empresa (tradicionais transacionais), está sempre presente a necessidade de balancear vantagens e desvantagens das abordagens voltadas para resultados a curto ou longo prazo. Dificilmente será viável não combinar um pouco das duas abordagens.

Na abordagem de curto prazo, o objetivo é construir um sistema que "entre no ar" o mais rápido possível. Pouca atenção é dada a aspectos de integração. É uma abordagem mais barata e com retorno mais rápido. O problema são os custos e as dificuldades na manutenção, a integração com outros sistemas e os aspectos de integridade e consistência dos dados. É utilizada quando resultados rápidos são cruciais e devem ser reconhecidos como sistemas provisórios, que serão substituídos, no futuro, por uma solução de longo prazo.

Na abordagem de longo prazo, os requisitos são analisados no contexto de uma arquitetura para aplicação, dados e tecnologia, alocando esses requisitos a projetos de desenvolvimento de sistemas integrados. Essa abordagem requer um planejamento cuidadoso, ficando mais lenta e cara. Entretanto, costuma ser mais barata no longo prazo, pela simplicidade de manutenção, integração e preservação da consistência e da integridade dos dados.

Existem duas desvantagens óbvias na abordagem tradicional de desenvolvimento de sistemas. A primeira é que os problemas de comunicação entre analista e usuário são bastante conhecidos, ficando muito difícil contornar as perdas que ocorrem com a "tradução" que o analista faz das necessidades formuladas pelo usuário. E a segunda, ainda mais séria, é que essa abordagem é muito demorada – frequentemente, os resultados só começam a se materializar depois de vários meses de trabalho intensivo. Para contornar essas dificuldades, a solução tem sido apontada na direção do conceito de computação pelo usuário final, ou seja, com o modelo ou programa desenvolvido diretamente pelo usuário.

Normalmente, o progresso no desenvolvimento de um programa é medido, especialmente nas fases iniciais, como a porcentagem do gasto de recursos previsto pelo gasto real, em vez de uma medida objetiva de realização. Vários comportamentos padrão no desenvolvimento de programas podem ser observados, mesmo em analistas e programadores experientes, como é o caso da "síndrome dos 90% concluídos", também conhecida como a "síndrome do só faltam 10% para terminar", ou ainda, "mais meia hora e tenho certeza de que termino o programa" – a ilusão é real.

O modelo do ciclo de vida ou técnicas como fatores críticos de sucesso, análise estruturada etc. são exemplos de metodologias com uma sequência de relacionamentos representando a transformação do abstrato na realidade concreta do sistema.

3.7. Prototipação

Contrastando com a abordagem tradicional, temos uma metodologia mais recente e indicada para sistemas de apoio à decisão e, consequentemente, para a construção de modelos quantitativos. Trata-se da prototipação, um método essencialmente evolutivo e adaptativo.

O enfoque de **prototipação** é mais uma filosofia do que uma técnica para desenvolvimento de sistemas. Essa abordagem alternativa tem quatro **objetivos principais**:
1. iniciar o processo de implementação partindo-se do problema do usuário;
2. encurtar o ciclo de concepção, implementação, utilização e avaliação do sistema;
3. possibilitar a evolução do sistema por meio de refinamentos sucessivos (ou seja, é um processo inerentemente evolutivo e adaptativo);
4. intensificar o diálogo entre usuários e analistas para sistemas não pessoais.

Como resultado desses objetivos, a prototipação acaba apresentando algumas **vantagens** em relação à abordagem tradicional:
1. maior garantia de sucesso técnico e psicológico, dado o menor desgaste com atritos, atrasos, mal-entendidos etc.;
2. redução no fator tempo: ainda que precariamente, o usuário pode ver o sistema funcionando a curto prazo;
3. por ser rápida e flexível, é uma abordagem ideal para sistemas gerenciais e de apoio à decisão, nos quais nem sempre se conhecem, *a priori*, todas as variáveis e seus inter-relacionamentos. A flexibilidade permite ajustes progressivos ao modelo;

Por outro lado, a prototipação acaba tendo alguns problemas. Algumas **desvantagens** são:

1. exige elevada capacitação gerencial por parte do usuário ou da equipe de projeto, principalmente quando utilizada para sistemas não pessoais;
2. uma dificuldade com o processo evolutivo e adaptativo é que esse contexto encoraja a construção de um modelo progressivamente complexo. Se não for tomado certo cuidado, o modelo acaba ficando muito mais complexo que o necessário;
3. talvez um dos maiores problemas (e, infelizmente, um dos mais frequentemente esquecidos) seja que o sucesso das partes não assegura o sucesso do todo. Ou seja, por vezes, a organização desenvolve uma série de ótimos modelos independentes, mas eles se resumem a solucionar problemas estanques e bem localizados, passando longe das questões mais críticas da organização como um todo.

Prototipação é mais que uma metodologia de desenvolvimento de sistemas. Trata-se de um modo radicalmente diferente de abordar o problema de desenvolvimento. Existem dois **pressupostos** fundamentais como pano de fundo da prototipação:
1. o primeiro é que os usuários vão rever os requisitos do sistema, para que este reflita o fato de suas necessidades também mudarem, evoluírem e crescerem;
2. o segundo é que um sistema de informações vai mudar, evoluir e crescer como consequência de seu próprio uso, pois a convivência com o sistema acaba despertando percepções sobre novas necessidades e novas potencialidades.

Note-se que esses dois processos de mudança não são independentes – pelo contrário, são fortemente correlacionados. Portanto, em vez de gastar energia na especificação rigorosa e completa do sistema, usa-se um protótipo, construindo-se rapidamente um sistema flexível e mais fácil de ser mudado. O modelo de trabalho, ou protótipo, vai então sendo revisto – os resultados são utilizados como base para o refinamento do modelo. Trata-se, assim, de uma abordagem que enfatiza flexibilidade e iteração. Casos concretos de sistemas de apoio à decisão revelaram ganhos de produtividade em torno de 10:1 em comparação com abordagens tradicionais.

3.8. Planilhas eletrônicas: ferramentas voltadas à prototipação

Por suas características de flexibilidade e facilidade de uso, as planilhas eletrônicas são um recurso inerentemente voltado a processos cíclicos. Ou seja, desenvolve-se um primeiro protótipo no curtíssimo prazo (minutos ou, no máximo, algumas horas), já se sabendo que ele estará fadado ao abandono, pois será incompleto e eventualmente impreciso. A seguir, o próprio uso desse modelo rudimentar fornecerá um *feedback* sobre o que está bem e o que precisa ser mudado. Parte-se então para o aprimoramento do modelo, construindo-se um novo protótipo, agora mais complexo e mais completo. Mas nem por isso esse novo modelo deixa de ser um protótipo. Pelo contrário, ao ser posto em uso, ele também fornecerá *feedback* e revelará indícios de necessidades de ajustes. Parte-se então para a construção de um novo protótipo, mais acurado.

Na realidade, o ciclo "protótipo ⟹ *feedback* ⟹ protótipo" pode repetir-se indefinidamente. Quem já trabalhou com esse tipo de recurso sabe que não há limites para o aprimoramento dos modelos, pois a ferramenta de trabalho é muito amigável e realmente "convida" o usuário a fazer ajustes sempre que alguma necessidade é identificada.

Quando o modelo é desenvolvido com essa filosofia de trabalho, é difícil dizer que um protótipo está "pronto", pois sempre há algo a ser acrescentado. Mas, por outro lado, é igualmente difícil dizer que o modelo esteja "incompleto". Por mais que ainda haja por fazer, e por mais rudimentar que esteja, o modelo está, efetivamente, funcionando.

O interessante é que modelos pessoais que se iniciam como protótipos rudimentares, depois de passarem por alguns ciclos de *feedback* e ajustes, acabam por se tornar algo mais robusto e estável. É nesse momento que eles costumam deixar de ser estritamente pessoais, podendo passar a ser de uso generalizado, disseminando-se por toda a organização.

3.9. Cuidados básicos no desenvolvimento de modelos

O uso de modelos já está incorporado ao dia a dia dos administradores e muitos não se sentem à vontade quando precisam tomar uma decisão sem o respaldo de simulações e análises quantitativas.

Desenvolver modelos é algo cada vez mais fácil e rápido, pois, a cada nova versão, as ferramentas tornam-se ao mesmo tempo mais poderosas e mais amigáveis. Entretanto (ou talvez justamente por isso), o desenvolvimento de modelos requer alguns cuidados especiais, destacando-se:

1. **cuidado com erros no modelo:** pode parecer óbvio, mas nem sempre o usuário percebe que o modelo, por exemplo, não considera certas circunstâncias, e, quando esses imprevistos ocorrem, o resultado pode ser distorcido. Esse tipo de problema é grave quando o modelo está sendo utilizado como base para uma decisão crítica;
2. **facilidade de compreensão:** no caso de modelos que sejam utilizados por terceiros, a facilidade de compreensão é algo essencial. Quanto mais autoexplicativo, melhor. Se o usuário não entender alguma coisa, ele poderá tirar conclusões viesadas e, em consequência, tomar suas decisões com base em pressupostos dissociados da realidade. Ou seja, existe um risco de que o modelo, além de não ajudar, atrapalhe, pois o usuário tende a confiar nas suas análises e esquece que elas podem ser fruto de interpretações equivocadas;
3. **documentação:** um item importante, mas frequentemente negligenciado. A abordagem da prototipação parece ser um convite irresistível para que o usuário faça pouco-caso da documentação. Afinal, o modelo vai mesmo ser revisto e tudo vai mudar amanhã! Mas isso não pode ser assim. A documentação é útil não só para o usuário, mas também para aquele que está desenvolvendo o modelo, pois, se ela for completa, certamente será de grande valia sempre que se fizer algum ajuste no protótipo;
4. **rotinas de segurança:** quando se desenvolvem modelos por meio da prototipação, costuma-se deixar de lado também tudo o que diz respeito à segurança. Porém, acredite: poucas coisas podem ser mais desagradáveis do que perder dados por acidentes e imperícia do usuário. Pode parecer trivial, mas coisas simples, como cópias de segurança automáticas, poderiam ser suficientes para evitar grandes aborrecimentos. Por isso, ao desenvolver um modelo, desde o início devem-se definir rotinas de segurança que podem evoluir junto com o modelo.

Naturalmente, esses não são os únicos pontos que devem ser observados. Por vezes, o uso de modelos pode levar o usuário a supersimplificar os problemas, ou a padronizar demais seus procedimentos, perdendo até sua criatividade. Não raro, o usuário se vê vítima da armadilha de tirar conclusões com base em sistemas relativamente simples, quando a realidade é complexa. Há que se considerar que todas as hipóteses por detrás de um modelo são, na realidade, fatores restritivos, pois, se a situação analisada não estiver de acordo com tais hipóteses, as conclusões da análise provavelmente estarão comprometidas.

3.10. Regras básicas de modelagem

A maioria das pessoas que começa a se dedicar ao desenvolvimento de modelos apresenta certa propensão a se concentrar demais na parte puramente técnica (como se usa cada função, como se faz para incluir determinado comando na macro etc.), deixando de lado os aspectos conceituais e metodológicos. A parte técnica é importante, sem dúvida. Mas o outro lado também merece toda a atenção. Por isso, seguem abaixo algumas dicas que, se observadas, ajudarão muito no desenvolvimento de modelos.

1. **Entenda a situação e as causas**: antes de correr para começar a construir uma planilha, invista algum tempo para entender exatamente o que você vai fazer. Faça um pequeno plano para a análise e tente responder às três questões básicas: qual o resultado, quais os dados e como os trabalhar;

2. **Olhe o problema sob vários ângulos diferentes**: lembre-se de que a abordagem adotada pode determinar o tipo de resultado que será obtido. Por vezes, pode ser uma boa ideia recomeçar do zero, por uma abordagem completamente diferente. Em alguns casos, a nova abordagem serve ao menos para testar os resultados da anterior; em outros, ela mostra maneiras mais rápidas de chegar ao resultado; em outros, ainda, ela pode evidenciar novos aspectos contingenciais;
3. **Pense simples, não complique**: o principal objetivo da modelagem é simplificar o problema, não complicar. Identifique as variáveis-chave do problema e procure concentrar nelas os seus esforços;
4. **Disciplina nas etapas**: realize uma etapa de cada vez. Lembre-se de que você está trabalhando com uma abordagem evolutiva e adaptativa. Procure seguir o ciclo de "protótipo ===> *feedback* ===> protótipo", sem tentar "queimar" etapas intermediárias;
5. **Verifique se os resultados fazem sentido**: a cada novo resultado obtido, não deixe de utilizar seu bom senso e o embasamento teórico para ver se os resultados não são inconsistentes. Procure também a opinião de outras pessoas;
6. **Simulações ajudam a melhorar a sensibilidade**: use sua capacidade para analisar outros valores e outros parâmetros. Faça perguntas do tipo "e se mudar este valor?";
7. **Traduza os resultados em palavras**: a quantificação é excelente para auxiliar no entendimento da situação e permitir a tomada de decisões. Mas os números em si nem sempre são compreensíveis para todos. Tente interpretar o que significam os resultados numéricos obtidos, de forma que as palavras façam sentido para aqueles que não estão diretamente envolvidos com o desenvolvimento do modelo;
8. **Não caia na tentação do modelo perfeito**: lembre-se de que a modelagem parte do pressuposto de que um modelo nunca estará realmente "pronto". As melhorias devem ser incrementais, ou seja, você deve melhorar um pouco de cada vez, na medida de suas necessidades e com base na própria utilização do modelo;
9. **Restrinja os limites do modelo**: não tente resolver os problemas do mundo com um modelo. Qualquer modelo pode ser estendido para a frente (produzir novos resultados) e para trás (gerar dados, em vez de utilizá-los como entradas externas). Em ambas as pontas não existe fim e o modelo pode ser estendido indefinidamente. Não caia nessa armadilha. Defina claramente seu resultado. Quanto às entradas, a maioria das coisas que você vai utilizar são hipóteses e dados obtidos de outras fontes; considere-os pressupostos e só trabalhe sobre eles no momento em que os demais pontos do modelo já estiverem solucionados;
10. **Protótipos são candidatos naturais ao lixo**: não se apegue ao modelo em si. Uma vez cumprido seu objetivo, vários modelos acabam sendo descartados, e isso não tem nada de mais nem significa que o modelo era fraco ou desnecessário;
11. **Prepare-se para substituir a tecnologia utilizada no modelo**: a tecnologia vem evoluindo. Se o modelo for conceitualmente válido, a estrutura pode até ser mantida, mas a tecnologia deve ser substituída por opções mais atualizadas;
12. **Aprenda a se "desligar"**. Desenvolver modelos é por vezes absorvente ao ponto de fazer com que você perca muito tempo insistindo em encontrar soluções e saídas para coisas aparentemente simples, mas para as quais você não consegue achar um caminho. Se deixar o problema de lado por algum tempo, é provável que, ao retomá-lo "de cabeça fresca", você possa ver a solução com facilidade.

Questões sobre Modelagem

- ✓ Longo prazo
  - ✓ Planejamento
  - ✓ Ambiente precisa ser estável
  - ✓ Requer visão futura das relações de causalidade
- ✓ Abordagem de curto prazo
  - ✓ Prototipagem
  - ✓ Sequência de melhorias
  - ✓ Conceito de "bom o suficiente"
  - ✓ Evolutivo e adaptativo
- ✓ Cuidados / Armadilhas no desenvolvimento de modelos
  - ✓ Um modelo é sempre uma simplificação da realidade
  - ✓ Quantificar nem sempre é fácil
  - ✓ Percepção pode ser distorcida
  - ✓ Tempo para incluir variáveis nos modelos
  - ✓ Pode ser difícil estabelecer relações de causalidade

4.

Primeira aplicação – orçamento para as férias

A melhor forma de aprender os recursos de Excel é desenvolvendo aplicações. Através delas você poderá compreender melhor como funcionam as fórmulas, as funções e os recursos que o software oferece.

Neste texto utilizaremos diversas aplicações como meio para explorar alguns recursos do Excel. Uma vantagem do aprendizado por meio de exemplos é que, além de facilitar a compreensão dos recursos, eles estimulam o treinando a raciocinar em termos de estruturar um modelo, ou seja, entender as relações entre as diversas variáveis e os resultados de determinado problema.

4.1. Dados do orçamento

Vamos tomar o seguinte exemplo: você pretende sair de férias no fim do ano e quer fazer uma modesta viagem para Porto Seguro, onde deseja passar todo o mês de dezembro.

Para evitar contratempos, você gostaria de prever quanto dinheiro será capaz de guardar desde o início de julho (isto é, quando você recebe seu salário) até o fim de novembro.

4.2. Primeiros passos na construção de modelos

Por mais simples que isso possa parecer, você deve iniciar o desenvolvimento de qualquer modelo a partir de três perguntas:

1. Que **resultados** são desejados?
2. Quais são os **dados** e informações necessários para que eu chegue a tais resultados?
3. Como fazer a transformação, ou seja, o que é preciso fazer com os dados de entrada para que eles produzam o resultado desejado – **estrutura**?

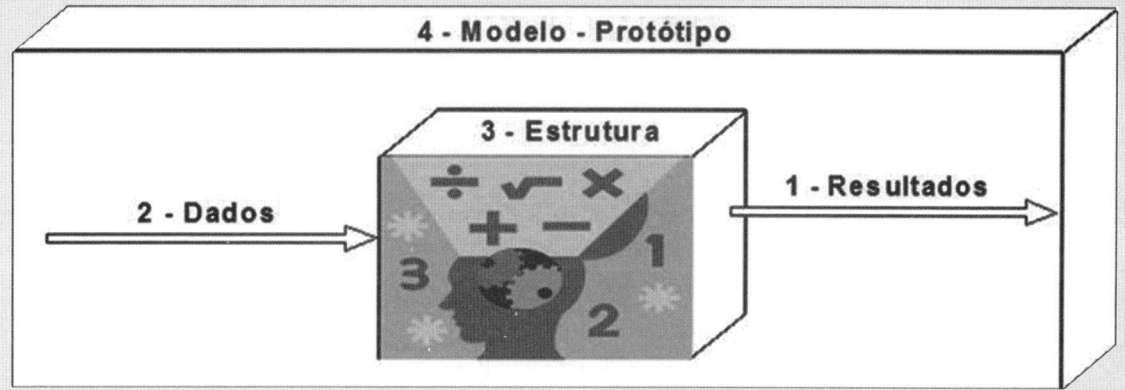

Modelagem básica:

1. Saber quanto conseguirá poupar entre julho e novembro: o saldo final disponível para suas férias;
2. Ganhos e gastos previstos;
3. Mês a mês, calcular quanto vai sobrar e fazer a soma dessas sobras.

Como primeiro passo, identifique o problema central: você deseja saber quanto conseguirá poupar entre julho e novembro. No presente caso, você já sabe qual informação quer obter: o saldo final disponível para suas férias.

Quanto aos dados e informações necessários para utilizar como entrada, você precisa saber alguns detalhes sobre os ganhos e os gastos previstos.

Finalmente, você deve, mês a mês, verificar quanto vai sobrar e, em seguida, fazer um somatório dessas sobras, de forma a chegar ao resultado desejado.

Você precisa de mais detalhes sobre os dados de entrada. Preliminarmente, com base em sua experiência anterior, você estima que:
- os ganhos mensais são variáveis. A previsão é de $ 400 em julho, $ 380 em agosto, $ 370 em setembro, $ 420 em outubro e $ 400 em novembro;
- seus gastos mensais com transporte serão de $ 20;
- seus gastos com alimentação estão previstos em $ 30 no mês de julho e $ 50 mensais durante o período de aulas (agosto a novembro);
- finalmente, com diversão, você vai gastar, nas férias de julho, $ 120; com a volta às aulas, tanto em agosto quanto em setembro você gastará $ 90 e depois, quando chegar o final do semestre (época de provas, trabalhos, exames, etc.), seus gastos mensais serão de $ 60 e $ 40, respectivamente.

4.3. Estruturação de uma planilha

Com base no que já foi apresentado sobre o problema, você pode agora começar a desenvolver o modelo.

Inicie a construção da planilha:

Na linha **1** (células **B1** a **F1**), coloque os meses referentes ao período coberto pelo problema: julho a novembro. Na coluna **A**, nas diversas linhas, deverá ficar o nome de cada variável que você está utilizando (ganhos e gastos mensais), mais o resultado que você deseja encontrar. Lembre-se de que você deve deixar a célula **A1** em branco. Você precisará de linhas individuais para cada uma das seguintes variáveis: **salário, transporte, alimentação, diversão** e **sobras para poupança**.

1. Iniciando por **B1**, digite <u>Julho</u>, em **C1**, <u>Agosto</u>, e assim por diante, até <u>Novembro</u>.
2. A seguir, em **A2** digite <u>Salário</u> etc. Sua planilha deverá ficar como mostrado a seguir:

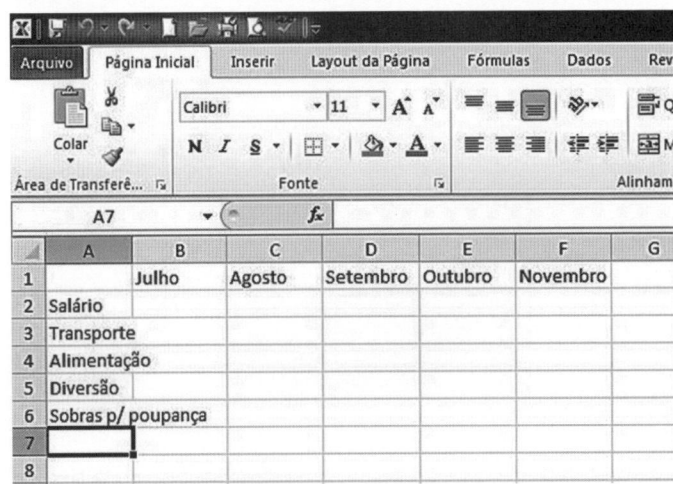

> Embora essa operação pareça simples e intuitiva, é importante ter consciência de que a correta estruturação do problema é imprescindível para que se chegue rapidamente ao resultado desejado.

4. Primeira aplicação – orçamento para as férias

> De nada lhe adiantará conhecer todos os comandos do Excel, se você não for capaz de estruturar mentalmente o problema para, em seguida, iniciar o desenvolvimento da planilha. Por isso, sempre que for fazer algo com o Excel, pense na estrutura do problema, respondendo àquelas três questões básicas sobre desenvolvimento de modelos:
> 1. O que deseja obter como resultado?
> 2. Que dados pode utilizar como entrada?
> 3. Que operações devem ser feitas para que os dados de entrada levem ao resultado desejado?
>
> Pode ter certeza de que o tempo e o esforço investidos nesta primeira etapa serão recompensados com grandes vantagens nas fases posteriores do trabalho.

4.4. Introduzir dados na planilha

Preencha agora as células correspondentes com os dados mensais referentes a salário (linha **2**), transporte (linha **3**), alimentação (linha **4**) e diversão (linha **5**). Experimente não colocar ,00 à direita dos valores para ver o que acontece.

	A	B	C	D	E	F
1		Julho	Agosto	Setembro	Outubro	Novembro
2	Salário	400	380	370	420	400
3	Transporte	20	20	20	20	20
4	Alimentaç	30	50	50	50	50
5	Diversão	120	90	90	60	40
6	Sobras p/ poupança					

4.5. Trabalhando com fórmulas

> Atenção para dois pontos fundamentais:
> 1. **você não deve preencher células com o resultado de contas**. O valor de **B6** deve ser uma conta que será feita pelo próprio Excel. Para isso, em vez de digitar diretamente um valor já calculado, digita-se uma **fórmula**;
> 2. **você não deve também colocar valores em fórmulas**. Talvez pareça mais fácil preencher a célula **B6** com 400 - 20 - 30 - 120. Mas fazer isso será o mesmo que utilizar uma furadeira elétrica desligada da tomada, girando o mandril com a mão: pode até ser que dê resultado, mas certamente não é a melhor forma de se utilizar a ferramenta.

Trabalhando com fórmulas

linha 6?
- *nunca preencher células com o resultado de contas*
- *outra regra: não colocar valores em fórmulas*

1. A célula **B6** é o resultado do conteúdo de B2 (Salário), menos os conteúdos de B3, B4 e B5 (gastos)
2. em **B6**, digitar: *B2-B3-B4-B5* (não coloque espaços intermediários!) Qual o resultado?
3. altere o conteúdo desta célula, incluindo um sinal de igual (=) no início da fórmula =*B2-B3-B4-B5*
4. Modifique o gasto com diversão em julho, de 120 para 65 e volte para 120
5. **Operadores de fórmulas:** + - * / % ^ ( ) e = no início
6. Explore Operadores de texto e Operadores lógicos

	A	B	C	D	E
1		Julho	Agosto	Setembro	Outubro
2	Salário	400	380	370	420
3	Transporte	20	20	20	20
4	Alimentaç	30	50	50	50
5	Diversão	120	90	90	60
6	Sobras p/	b2-b3-b4-b5			
7					

DATA =b2-b3-b4-b5

	A	B	C	D	E	F
1		Julho	Agosto	Setembro	Outubro	Novembro
2	Salário	400	380	370	420	400
3	Transporte	20	20	20	20	20
4	Alimentaç	30	50	50	50	50
5	Diversão	120	90	90	60	40
6	Sobras p/	=b2-b3-b4-b5				
7						
8						

Quanto à linha **6** (sobras para poupança), para compreender melhor, lembre-se de seu conceito: o que sobra no final do mês para guardar do salário é o valor do próprio salário, menos as diversas despesas previstas para aquele mês. Assim, ao final de julho, as sobras para poupança serão iguais ao salário de julho (400), menos os gastos previstos com transporte (20), alimentação (30) e diversão (120).

No caso da célula **B6**, deve-se indicar que ela conterá o resultado de uma operação que será feita a partir de conteúdos de outras células, isto é, uma fórmula. Assim, **B6** deve ser resultado do conteúdo de **B2**, menos os conteúdos de **B3**, **B4** e **B5** (gastos do mês).

1. Experimente digitar, em **B6**, exatamente o seguinte:
   B2-B3-B4-B5 (*não coloque espaços intermediários*). Qual o resultado?

A seguir, altere o conteúdo dessa célula, incluindo um sinal de igual (=) no início da fórmula. E agora, o que aconteceu?

> O Excel "entende" como *fórmulas* as expressões iniciadas por +, -, (e =.

Se você não puser nenhum desses símbolos, o programa vai presumir que se trata de um **texto** (dado alfabético) e vai mostrá-lo como um literal, sem fazer nenhuma conta.

2. Agora modifique o gasto com diversão em julho, passando-o de 120 para 65. Veja que o resultado da célula **B6** muda automaticamente, ajustando-se à nova condição.

> Cada vez que se altera uma variável, todos os resultados são automaticamente recalculados. Essa é uma das principais vantagens das planilhas. É necessário definir as fórmulas corretamente, para tirar proveito desse benefício.

Os operadores de fórmulas em planilhas podem ser livremente combinados entre si, como se faz para escrever uma equação matemática. A título de esclarecimento, suponha que X5 = 3, X6 = 6, X7 = 2, X8 = 4, X9 = 1.

Os principais **operadores de fórmulas** são: + - * / % ^ ( ) e = no início:

= indica o **início** de uma fórmula, pode ser substituído por " ("ou pelos sinais + ou -;

+ indica **soma**. Por exemplo: +X5+X6 produz o resultado da soma do conteúdo dessas duas células, isto é, 9. Resultado idêntico seria obtido com =X5+X6 e (X5+X6);

4. Primeira aplicação – orçamento para as férias

- indica **subtração**. Por exemplo, tanto +X8-X9 quanto -X9+X8 produzirão o mesmo resultado 3, ou seja, subtrai-se de X8 o conteúdo de X9. Resultado idêntico seria obtido com as fórmulas =X8-X9 e (X8-X9);

* **multiplicação**. Exemplo: (X6*X7*X8) resultará em 48, que é o produto dos conteúdos dessas três células. Resultado idêntico seria obtido com as fórmulas =X6*X7*X8 e +X6*X7*X8. O mesmo raciocínio vale para os demais exemplos;

/ **divisão**: -X6/2 resultará em -3, que é o valor negativo da metade do conteúdo de X6;

^ **exponenciação**: =X8^3 produz o resultado 64, isto é, X8 elevado ao cubo.

Além dos operadores, o Excel tem também os parênteses **(** e **)**, para serem utilizados nas fórmulas, como quando se escreve uma expressão algébrica. Mas cabe aqui uma observação: assim como a maioria das calculadoras, as planilhas eletrônicas utilizam somente parênteses, não empregando colchetes e chaves. Por isso, cada vez que for necessário empregar colchetes ou chaves, utiliza-se um novo par de parênteses. Por exemplo, a expressão 3 x 9 - 2 x { 50 - 6 x [2 + 15 ÷ (7 - 4)] } assume, no Excel, o formato 3*9-2*(50-6*(2+15/(7-4))), produzindo o resultado 11.

> Informações sobre o uso de fórmulas no Excel:
> 1) o *cálculo* é iniciado pelos parênteses mais internos, passando progressivamente para os mais externos (é a chamada "onion structure");
> 2) a *sequência* de cálculo é algébrica, ou seja, dentro de um mesmo nível de parênteses, as operações de exponenciação são executadas em primeiro lugar, seguidas pelas de multiplicação e divisão. Ficam por último soma e subtração;
> 3) dentro de um mesmo nível de *parênteses*, operações de igual prioridade são calculadas na sequência em que foram escritas (da esquerda para a direita);
> 4) o Excel não tem radiciação: para tirar a raiz cúbica de 5, a notação é 5^(1/3).

4.6. Operadores de texto

Além dos operadores numéricos, o Excel possui também um operador para concatenação de texto, **&**. Por exemplo, se a célula **G15** tiver o conteúdo Coca- e a célula **M18** tiver o conteúdo Cola, se definirmos uma célula **F15** como sendo =G15&M18, seu conteúdo será Coca-Cola. O uso desse concatenador de textos pode ser muito útil, por exemplo, quando se coloca o sobrenome da pessoa numa célula separada do seu nome. Para juntá-los, pode-se utilizar o operador de texto.

Agora observe uma coisa interessante: selecione a célula **B6** e veja o que aparece na área de planilha e na barra de fórmula.

> Quando se utiliza uma fórmula, na área de planilha a célula aparece com o resultado da conta, enquanto, na barra de fórmula, é mostrada a fórmula da conta que foi feita para chegar a tal resultado. O mesmo vale para o uso de operadores de texto. Pode-se utilizar ' ou " (aspas) para iniciar texto em célula.

4.7. Cópia de fórmulas com preenchimento automático

Continuando no preenchimento da planilha: se em **B6** (mês de julho) o conteúdo é =B2-B3-B4-B5, então na célula **C6** (agosto) o conteúdo será... bem, será a mesma coisa, só que "deslocado" para ajustar a conta. Portanto, em **C6** pode-se digitar a fórmula =C2-C3-C4-C5, em **D6** digita-se =D2-D3-D4-D5, e assim por diante.

Preencher as células uma a uma vai dar certo. Mas existe uma forma bem mais fácil de conseguir o mesmo resultado: preencher uma única célula (no caso, **B6**, que já está pronta) e copiar sua fórmula para todas as outras que sigam as mesmas regras de cálculo.

Para fazer a cópia da fórmula em **B6** para **C6**, **D6**, **E6** e **F6**, siga estes passos:

1. clicando o mouse ou utilizando as setas, **ative a célula** que contém a fórmula que se deseja reproduzir (neste caso, **B6**);
   - note que a célula selecionada tem uma espécie de moldura. No canto inferior direito, há um ponto vazado. Colocando o cursor do mouse exatamente sobre esse ponto, ele deixa de ter o formato de uma cruz vazada ✥ e assume a forma de cruz preta e fina **+**, como ao lado:
   - quando o **cursor do mouse** estiver com o formato de cruz preta **+**, **clique uma só vez e segure o botão esquerdo pressionado**;
   - arraste o mouse (**sem soltar o botão esquerdo**) até o ponto que se deseja preencher com a cópia das fórmulas (no caso, a célula **F6**). Observe que o Excel "pinta" as células que serão preenchidas com a cópia;
   - quando todas as células a preencher estiverem "pintadas", **solte o botão esquerdo do mouse**. Cada célula será preenchida com uma fórmula diferente, mas que obedece ao mesmo padrão de raciocínio lógico da primeira.

Cópia de fórmula

Cópia de fórmulas com preenchimento automático

1. Coloque o mouse no canto inferior direito da célula B6 (aparece o +)
   - ✓ segure o botão esquerdo e arraste o mouse (sem soltar o botão esquerdo) até o ponto que se deseja preencher com a cópia das fórmulas (no caso, a célula F6)
   - ✓ O Excel "pinta" as células que serão preenchidas com a cópia: solte o botão do mouse.

2. Coloque o mouse no meio da célula F6 e dê um duplo clique!

Observe que, ao copiar, o Excel fez todos os ajustes necessários nos endereços das fórmulas. Isso se chama endereçamento relativo. O programa automaticamente "entende" que você quer que ele tome o valor da 4ª célula acima e dele subtraia os valores das próximas três células da mesma coluna (3ª acima, 2ª acima e 1ª acima).

Assim, ao copiar uma fórmula, ele deduz que a nova célula deve conter uma operação cuja lógica de raciocínio seja similar à da célula original. Para entender melhor, selecione cada uma das células preenchida nessa cópia e verifique, na barra de fórmulas, o conteúdo que foi colocado em cada uma delas.

2. Coloque o <u>mouse no meio da célula **F6** e dê um duplo clique</u> *(note as cores das células e das variáveis na fórmula)*. Se tudo estiver correto, sua planilha vai estar como a mostrada no diagrama anterior.

4.8. Gravar uma planilha (Salvar) pela primeira vez

Agora que você já completou esta primeira etapa, é bom **salvar** a planilha, isto é, gravá-la no disco ou num *pen drive*, para uma posterior utilização. Você pode fazê-lo pelo comando Salvar do menu Arquivo, Salvar. Mas é mais prático clicar no botão Salvar [💾], na barra de ferramentas de acesso rápido. Fazendo-se isso, aparece a seguinte caixa de diálogo:

Gravar / "Salvar Como"

Gravação de uma planilha (Salvar) pela primeira vez
1. **Arquivo** / Salvar ou clicar no botão **Salvar** [Disquete azul] No 1º Salvar é automático **Salvar como**: onde e com que nome?
2. **Onde**: no Desktop / Área de Trabalho
3. **Nome do arquivo**: no lugar de Pasta1 escreva FÉRIAS e Clique em Salvar
➢ Note nome do arquivo na Barra de Título do Excel, ✘ (fechar) e depois abrir (clicando direto no arquivo na Área de Trabalho / Desktop do Windows)

Você pode mudar a Unidade (está selecionado: área de Trabalho) ou o Diretório (neste caso não há diretórios) onde será gravada a planilha. O tipo de arquivo (Salvar como tipo) deve ficar como está: Pasta de Trabalho do Excel.

Clique o mouse na caixa Nome do arquivo e digite FERIAS (obs.: evite colocar acentos e cedilhas em nomes de arquivos, pois isso pode causar problemas). Clicando-se no botão Salvar, aparece o quadro para resumo informativo.

Repare que, enquanto o arquivo está sendo salvo, aparece, na barra de status (no rodapé da tela, à esquerda), uma mensagem indicando o progresso da gravação. Veja também que, depois de concluída a gravação, na sua tela não tem mais o nome **Pasta1**, mas sim **FERIAS**. Na realidade, foi gravado o arquivo FERIAS.XLSX. O .XLSX, após o nome dado à planilha, foi colocado pelo próprio programa e serve para indicar que o arquivo gravado é uma pasta de trabalho do Excel versão 2007 ou superior (nas versões anteriores era colocado .XLS).

É hora de encerrar esta sessão. Dê um clique com o mouse sobre o botão do canto superior direito ✘. Outra alternativa para fechar é um clique duplo com o mouse sobre o botão do Excel no canto superior esquerdo da tela, voltando para o controle do Windows.

4.9. Abrir uma planilha anteriormente gravada

Entre novamente no Excel. Automaticamente, vem à tela uma planilha em branco. Ela poderia ser utilizada se você fosse iniciar um novo trabalho. Mas não é o caso. Portanto, feche-a com um clique duplo no quadrado do canto superior esquerdo da área de planilha (*atenção: não confundir com o quadrado no canto superior esquerdo da tela*).

Agora vamos retomar a planilha FERIAS, anteriormente gravada. Para tanto, há três possíveis caminhos alternativos:

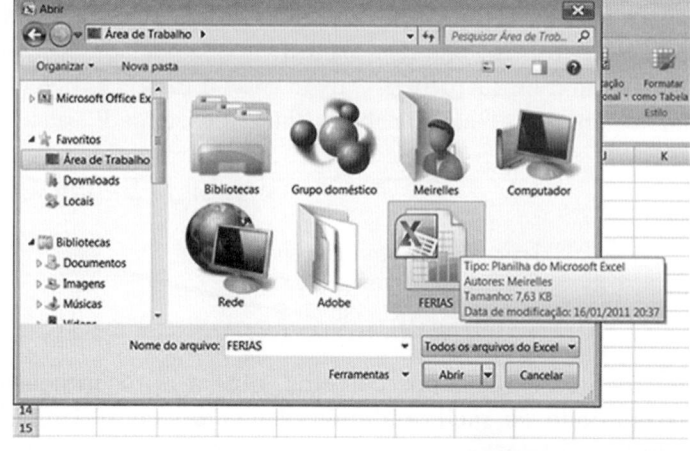

- clicar o botão 📂, que é o comando <u>Abrir</u> da Barra de Ferramentas de Acesso Rápido. Veja o conteúdo dos **Documentos Recentes** da caixa de diálogo: lá estarão listados os últimos arquivos Excel utilizados. Clicando em qualquer um deles (no caso, FERIAS), a planilha é aberta e trazida para a tela;
- acionar o comando <u>Abrir</u> do <u>Arquivo</u>, surgindo a janela ao lado;
- **duplo clique em cima do nome do arquivo**. É o caminho mais direto, pois a planilha FERIAS está na área de trabalho e basta um duplo clique em cima do ícone do arquivo, mostrado ao lado.

Você pode mudar tanto a unidade de disco (está selecionado: área de Trabalho) quanto o diretório. Na parte inferior direita existe ainda a possibilidade de selecionar arquivos de outros tipos (por ora, fiquemos apenas com "Todos os arquivos do Excel"). Lembre-se dos atalhos via teclado: Ctrl + A aciona o comando <u>Abrir Arquivo.</u>

4.10. Segunda etapa: complementação da estrutura da planilha

Você já completou todos os dados referentes ao período de julho a dezembro e também já sabe quanto vai sobrar a cada mês. Mas, na verdade, o que você quer é saber quanto vai sobrar no final desse período.

Portanto, você agora tem um novo tipo de informação, que não havia sido explicitada no enunciado original do problema. Trata-se de um resultado (sobras totais), que será calculado com base nas sobras mês a mês. Você vai precisar abrir uma nova coluna para essa informação. Assim, digite o texto <u>Total</u> na célula **G1**.

4.11. A função Soma

Agora, em **G6** você poderia colocar a fórmula =B6+C6+D6+E6+F6. Mas existe outro recurso bem mais fácil. A forma mais prática e rápida de fazer isso é utilizar a função **Soma** (Somatório ou AutoSoma).

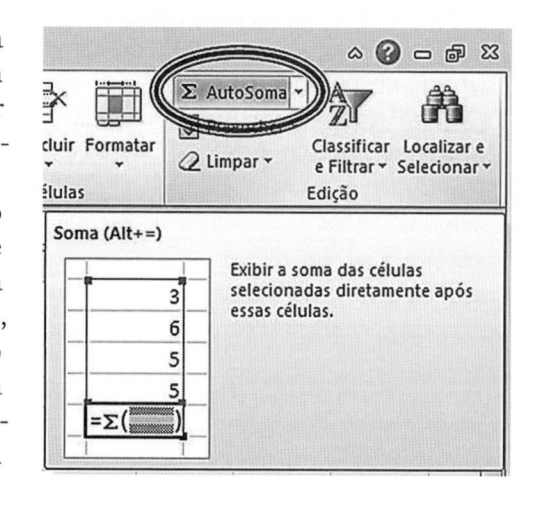

Selecione a célula **G6** (utilizando as setas ou o mouse) e, a seguir, clique no ícone Σ, na barra de ferramentas. Veja o que aparece na caixa da barra de fórmulas: o Excel não só coloca a função <u>Soma()</u>, mas também já sugere a faixa de células que serão somadas. Na maioria dos casos (neste, inclusive), a faixa de células sugerida para a soma estará correta, bastando encerrar a digitação com Enter ou com o ícone ✓.

Dessa forma, **G6** passará então a ter o total das sobras para poupança de julho a novembro.

4. Primeira aplicação – orçamento para as férias

4.12. Formatar células – recursos básicos

Os cálculos estão todos corretos, mas a apresentação dessa planilha (isto é, seu formato visual) pode ser melhorada: os títulos das colunas dos meses estão alinhados da forma errada (estão à esquerda, quando o correto seria estar à direita), os números estão sem casas decimais e sem separação de milhar e a coluna A está com parte de seu conteúdo encoberto etc. Portanto, embora os cálculos em si estejam corretos, seu visual pode ser melhorado.

O Excel tem excelentes recursos para melhorar a apresentação visual, entre eles:

- **Formatação de números**: veja as células **B2** a **G6**. Todas elas têm valores monetários e deveriam ter o mesmo formato: duas casas depois da vírgula e milhares separados por um ponto, pois isso facilita a visualização e a compreensão dos números. Para formatar, selecione com o mouse a faixa **B2:G6** (**:** denota intervalo – essa é a notação que se usa para faixas dentro de uma planilha: indica-se o canto superior esquerdo, seguido de dois pontos, e o canto inferior direito; ou seja, a faixa é identificada pelos limites opostos do retângulo). A seguir, na barra de ferramentas: Página Inicial: Formatação, clique duas vezes no botão para colocar duas casas decimais. Em seguida, faça a separação de milhares clicando no botão . Note: o separador de milhares já teria colocado duas casas decimais. O passo anterior foi didático, mas não teria sido necessário.

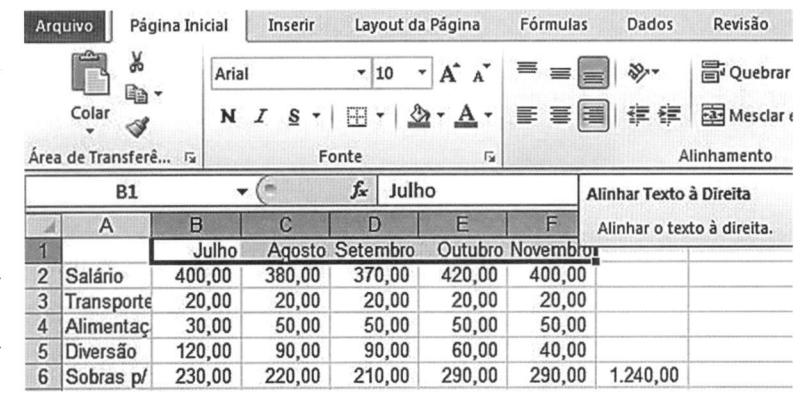

- **Alinhamento de textos**: os títulos das colunas dos meses (julho a novembro) e do total estão alinhados à esquerda. Para acertá-los, selecione a faixa **B1** a **G1** e clique no botão da ferramenta correspondente, 🔲 (alinhamento à direita), na barra de ferramentas.

	A	B	C	D	E	F	G
1		Julho	Agosto	Setembro	Outubro	Novembro	
2	Salário	400,00	380,00	370,00	420,00	400,00	
3	Transporte	20,00	20,00	20,00	20,00	20,00	
4	Alimentaç	30,00	50,00	50,00	50,00	50,00	
5	Diversão	120,00	90,00	90,00	60,00	40,00	
6	Sobras p/	230,00	220,00	210,00	290,00	290,00	1.240,00

- **Largura de colunas**: note que as colunas estão com as larguras desproporcionais aos respectivos conteúdos. Inclusive algumas células, por serem estreitas demais, estão com parte dos dados encobertos. Para dar um visual ajustado às necessidades de cada coluna, o Excel tem um recurso muito prático. Selecione com o mouse as colunas correspondentes à área de dados (**A** a **G**). Leve o mouse até a linha divisória do cabeçalho de duas colunas selecionadas (por exemplo, entre as letras **B** e **C**, no cabeçalho das colunas) e note que o formato do cursor muda para ↔. Dê então um clique duplo e veja o que acontece:

> **Obs.:** para selecionar colunas ou linhas inteiras, você deve clicar com o mouse sobre os respectivos cabeçalhos. Lembre-se do que foi apresentado logo no início do Capítulo 2: o cabeçalho das colunas corresponde à primeira linha, onde estão as letras **A**, **B**, **C**..., e o cabeçalho da linha fica na primeira coluna, onde estão os números **1**, **2**, **3**...

4.13. Total e percentuais de participação

Finalizando sua planilha, seria interessante ter uma distribuição percentual, mostrando qual a parcela de seu salário que foi para cada rubrica. Para isso, o primeiro passo é totalizar todas as linhas, como já foi feito antes com os valores das sobras para poupança.

A fórmula da Soma poderá ser copiada, como já visto:

1. **clique** o mouse sobre a célula **G6** (que contém a fórmula a ser copiada), coloque o cursor no canto inferior direito da moldura da célula, exatamente sobre o ponto vazado, fazendo com que apareça a cruz **+**;
2. quando o cursor do mouse estiver com o formato de cruz +, **clique e segure o botão esquerdo pressionado e arraste o mouse** (sem soltar o botão esquerdo) até o ponto que se deseja preencher com a cópia das fórmulas (no caso, a célula **G2**). Lembre-se de que o Excel "pinta" as células que serão preenchidas com a cópia;
3. com as células a preencher "pintadas", **solte o botão esquerdo**. Cada célula será preenchida com a fórmula de cálculo da Soma da linha correspondente.

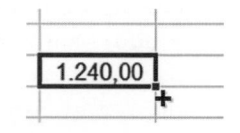

4. Primeira aplicação – orçamento para as férias

Duas observações importantes sobre cópia com preenchimento automático:
- não importa o sentido da movimentação do mouse – seja para a direita ou para a esquerda, para cima ou para baixo, o resultado será sempre o mesmo;
- na cópia, os formatos (separação de milhar, casas decimais, etc.) associados à célula original são copiados juntamente com a fórmula.

Acostume-se a regravar a planilha: clique no ícone Salvar. Torne um hábito: Salvar!

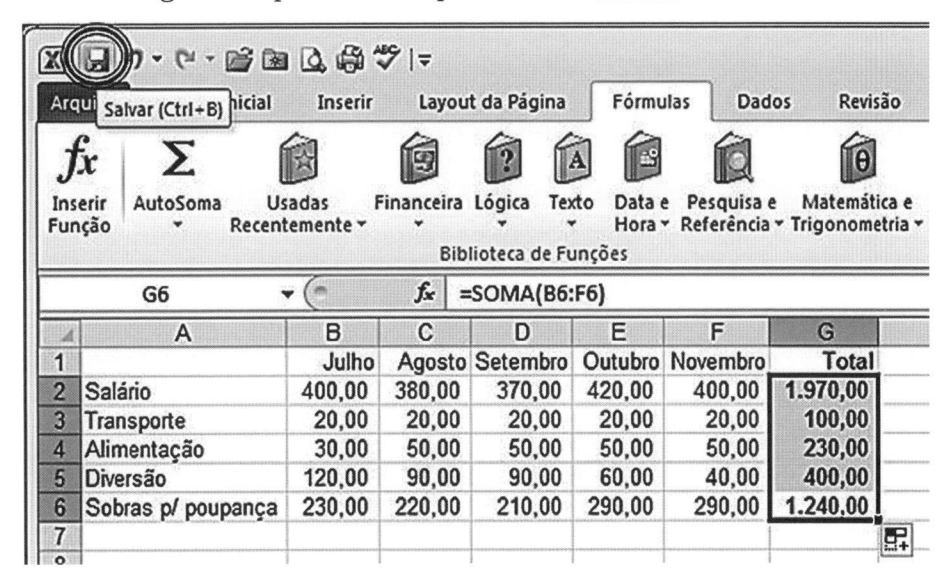

	A	B	C	D	E	F	G
1		Julho	Agosto	Setembro	Outubro	Novembro	Total
2	Salário	400,00	380,00	370,00	420,00	400,00	1.970,00
3	Transporte	20,00	20,00	20,00	20,00	20,00	100,00
4	Alimentação	30,00	50,00	50,00	50,00	50,00	230,00
5	Diversão	120,00	90,00	90,00	60,00	40,00	400,00
6	Sobras p/ poupança	230,00	220,00	210,00	290,00	290,00	1.240,00

Visto que todos os totais já estão calculados, o próximo passo é preencher uma nova coluna para a participação percentual.

4.14. Gerar fórmulas com auxílio do mouse

1. Inicie digitando: Partic.% em **H1** e, a seguir, alinhe essa célula à direita.

Agora, o próximo passo é preencher as células **H3** até **H6** com as fórmulas dos respectivos percentuais de participação em relação ao total dos salários.

Inicialmente, **H6** deve ter uma fórmula =G6/G2. Mas não digite ainda. Há uma forma mais amigável, fácil e segura de definir fórmulas: utilizando o mouse:

2. selecione a célula que vai receber a fórmula (neste caso, **H6**);
3. indique ao Excel que você está iniciando uma fórmula, digitando =;
4. leve o mouse até a célula **G6**, clique uma vez e veja o conteúdo da caixa na barra de fórmula. Note que, ao clicar o mouse, o endereço **G6** foi automaticamente incorporado à fórmula, sem necessidade de digitar nada;
5. digite o próximo operador da fórmula, isto é, o sinal /;
6. leve agora o mouse até a célula **G2** e clique uma vez: acontecerá o mesmo que quando você trabalhava com **G6**;
7. encerre a digitação (com Enter ou com ✓), voltando para G6.
8. use o mouse para fazer a cópia da célula **H6** para **H5** até **H3**, conforme já foi visto.

G	H	I
Total	Partic. %	
1.970,00		
100,00	#REF!	
230,00	#REF!	
400,00	#VALOR!	
1.240,00	0,63	

fx =G6/G$2

C	D	E	F	G	H	I
Agosto	Setembro	Outubro	Novembro	Total	Partic. %	
380,00	370,00	420,00	400,00	1.970,00		
20,00	20,00	20,00	20,00	100,00	#REF!	
50,00	50,00	50,00	50,00	230,00	#REF!	
90,00	90,00	60,00	40,00	400,00	#VALOR!	
220,00	210,00	290,00	290,00	1.240,00	=G6/G$2	

Observe atentamente os resultados de cada linha. Deu certo?

Obs.: Em vez de utilizar o mouse, você pode utilizar as setas para selecionar as células cujos endereços farão parte da fórmula. Nesse caso, ao chegar com a seta ao local desejado, tecle [Enter] uma vez, e o endereço da célula selecionada pela seta será incorporado à fórmula. Mas procure dar preferência para o uso do mouse. Com o tempo, você verá que é mais fácil.

> Procure habituar-se a não digitar as fórmulas por extenso. Dê preferência para montá-las com auxílio do mouse. Pode parecer mais difícil no começo, mas, com alguma prática, você logo se acostumará. Dessa forma, você não somente vai ganhar tempo, mas, acima de tudo, reduzirá a possibilidade de erro. Em especial, no caso de planilhas grandes, com muitas linhas e colunas, o uso do mouse é importante para assegurar a correta definição das fórmulas.

4.15. Cópia de fórmulas com endereços absolutos

Se você for verificar, na barra de fórmulas, o conteúdo de cada célula, notará que o Excel preencheu corretamente o dividendo de cada fórmula com o endereço da respectiva linha. Mas estão aparecendo, como divisores, endereços de células cujos valores não correspondem ao total de salários (**G3**, **G4** e **G5**, respectivamente). Isso porque, conforme explicado anteriormente, o critério normal do Excel é fazer cópias de **endereços relativos**, que mudam de célula para célula conforme um padrão lógico de raciocínio.

A última operação de cópia não deu certo! A tela ao lado mostra as mensagens de erro.

Procure refletir sobre o conceito envolvido nessa operação. Lembre-se de que a participação percentual de cada item corresponde à relação entre o total de tal item e o total de salário.

Assim, **H3** será a relação entre **G3** e **G2**, **H4** será a relação entre **G4** e **G2**, e assim por diante, até **H6**, que é a relação entre **G6** e **G2**. Esse

E	F	G	H
Outubro	Novembro	Total	Partic. %
420,00	400,00	1.970,00	
20,00	20,00	100,00	0,05
50,00	50,00	230,00	0,12
60,00	40,00	400,00	0,20
290,00	290,00	1.240,00	0,63

padrão de raciocínio é uma fórmula em que um dos endereços (dividendo) é variável e o outro (divisor) é constante. Isto é, cada célula H_n deverá conter a fórmula $G_n/G2$.

Nesse caso, a fórmula deveria ser copiada variando o dividendo, mas mantendo-se constante, em todas as células, o endereço **G2**. Ou seja, ao contrário do que acontecia quando se utilizavam endereços relativos, nessa fórmula o divisor é um **endereço absoluto**, constante, que não deve mudar no caso de cópia.

Quando um elemento da fórmula for constante, isso deve ser indicado ao Excel colocando-se o símbolo **$** na frente de sua identificação (isto é, a linha e/ou a coluna).

Para definir um endereço de fórmula como constante (endereço absoluto), siga este roteiro:
1. selecione a célula que contém a fórmula original (**H6**);
2. clique o mouse na barra de fórmulas, exatamente sobre o endereço que deve permanecer constante (isto é, **G2**);
    - neste ponto, se você pressionar [F4] seguidamente, verá que aparecem alterações em **G2**. Cada formato que aparece corresponde a um procedimento (endereço) diferente (veja a explicação detalhada a seguir).
3. acione seguidamente [F4] e escolha a opção G$2 (nesse caso, só precisa fixar a linha);
4. encerre a alteração com [Enter] ou clicando ✓.

4. Primeira aplicação – orçamento para as férias

	C	D	E	F	G	H
	Agosto	Setembro	Outubro	Novembro	Total	Partic. %
	380,00	370,00	420,00	400,00	1.970,00	
	20,00	20,00	20,00	20,00	100,00	#REF!
	50,00	50,00	50,00	50,00	230,00	#REF!
	90,00	90,00	60,00	40,00	400,00	#VALOR!
	220,00	210,00	290,00	290,00	1.240,00	=G6/G$2

fórmula: =G6/G$2

Se estiver em dúvida sobre o que deve ser fixado numa fórmula que será copiada, procure lembrar-se da seguinte regra: ***linha fixa coluna e vice-versa***. Ou seja, se a cópia for feita no sentido de uma linha, fixa-se a coluna; se a cópia for feita no sentido de uma coluna, fixa-se a linha.

Nesse caso, a cópia será feita no sentido da coluna (**H** de **H6** até **H3**). Assim, deve-se fixar apenas a linha, ficando a fórmula definida como =G3/G$2.

A título de exemplo: se a célula **P3** for copiada para **Q4** (ou seja, uma casa à direita e uma abaixo), acontecerá o seguinte, de acordo com o conteúdo da célula de origem:
- a fórmula R3+X2 será transformada em S4+Y3 (cada elemento da fórmula é modificado, para uma linha abaixo e uma coluna à direita);
- a fórmula R3+$X2 será transformada em S4+$X3 (isto é, a coluna X do segundo termo fica preservada, mas a linha 2 é transformada em 3);
- a fórmula R3+X$2 será transformada em S4+Y$2 (ou seja, a coluna X do segundo termo vira coluna Y, enquanto a linha 2 continua preservada);
- a fórmula R3+$X$2 será transformada em S4+$X$2 (o endereço do segundo termo continuará exatamente como está, pois tanto a linha quanto a coluna estão fixadas).

Atenção: ***não crie o hábito de fixar mais do que o necessário em cada fórmula***. Se for preciso fixar somente a coluna, mantenha a linha com endereçamento relativo, e vice-versa.

Fixe só aquilo que for estritamente necessário. Algumas pessoas argumentam que fixando tudo também dá certo. De fato, dá – pelo menos nesse caso. Mas se, posteriormente, for preciso copiar todo o bloco lógico que acabou de criar, você encontrará problemas nas fórmulas transportadas.

Ademais, em diversos casos é preciso usar fórmulas mistas (parte fixa e parte relativa). Aprendendo corretamente e habituando-se desde já a fixar somente o necessário, futuramente você não terá dificuldades.

	C	D	E	F	G	H
	Agosto	Setembro	Outubro	Novembro	Total	Partic. %
	380,00	370,00	420,00	400,00	1.970,00	
	20,00	20,00	20,00	20,00	100,00	0,05
	50,00	50,00	50,00	50,00	230,00	0,12
	90,00	90,00	60,00	40,00	400,00	0,20
	220,00	210,00	290,00	290,00	1.240,00	0,63

fórmula: =G6/G$2

Agora, vamos copiar a célula **H3** para **H4:H6**:
5. em **H3**, com o cursor de cópia, arraste até **H6**;
6. finalmente, mantenha selecionadas as células (H3:H6) e clique no botão %. Em seguida, clique para mais uma casa decimal, e deverão aparecer os valores mostrados na figura anterior.

4.16. Formatar linhas e colunas inteiras

Para concluir sua planilha, convém destacar, em negrito, aquilo que mais lhe interessa, ou seja, os totais e a participação percentual. Você poderia selecionar a faixa **G1:H6** e deixá-la em negrito, conforme foi feito para acertar os alinhamentos e a pontuação.

Mas, em vez disso, selecione a coluna **G** inteira, clicando o mouse sobre o cabeçalho da coluna. A seguir, clique no botão **N**, na barra de ferramentas. Veja que toda a coluna **G** ficou em negrito. Daqui por diante, nessa coluna, até as células que estão em branco também aparecerão em negrito, se forem preenchidas.

4.17. Desfazer um comando

Selecione a coluna H e experimente clicar no botão Desfazer na barra de ferramentas de acesso rápido. Veja o que ocorreu. Agora clique em Refazer e a coluna G volta a ficar em negrito. Com a coluna H selecionada, acione o negrito.

> Habitue-se ao uso das ferramentas Desfazer e Refazer: elas serão úteis quando você estiver trabalhando com planilhas mais complexas.

Finalizando, ajuste a largura das colunas **G** e **H**, conforme visto anteriormente. Se estiver tudo correto, sua planilha ficará com o formato final mostrado a seguir:

	A	B	C	D	E	F	G	H
1		Julho	Agosto	Setembro	Outubro	Novembro	Total	Particip. %
2	Salário	400,00	380,00	370,00	420,00	400,00	1.970,00	
3	Transporte	20,00	20,00	20,00	20,00	20,00	100,00	5,1%
4	Alimentação	30,00	50,00	50,00	50,00	50,00	230,00	11,7%
5	Diversão	120,00	90,00	90,00	60,00	40,00	400,00	20,3%
6	Sobras p/ poupança	230,00	220,00	210,00	290,00	290,00	1.240,00	62,9%

4.18. Usando estilos de formatação

Ao utilizar estilos de formatação prontos (recurso anteriormente chamado de autoformatação), pode-se poupar muito tempo, no que diz respeito à formatação da planilha.

O Excel disponibiliza uma galeria de formatos prontos (automáticos), que são combinações predefinidas de formatos, com: fonte, números, bordas, alinhamento, cor de fonte e de preenchimento, largura de coluna e altura de linhas, filtros, entre outros recursos.

Existem três tipos de estilo:
- Formatar como Tabela;
- Estilo de Células;
- Formatação Condicional.

Vamos utilizar o primeiro tipo: **Formatar como Tabela**. Para tal, siga estas etapas:
1. selecione toda a planilha FERIAS, de A1:F6.
2. a partir do menu Página Inicial: Estilo, selecione o comando Formatar como Tabela. Deverá aparecer a caixa de diálogo ou tabela de opções ilustradas a seguir;

4. Primeira aplicação – orçamento para as férias

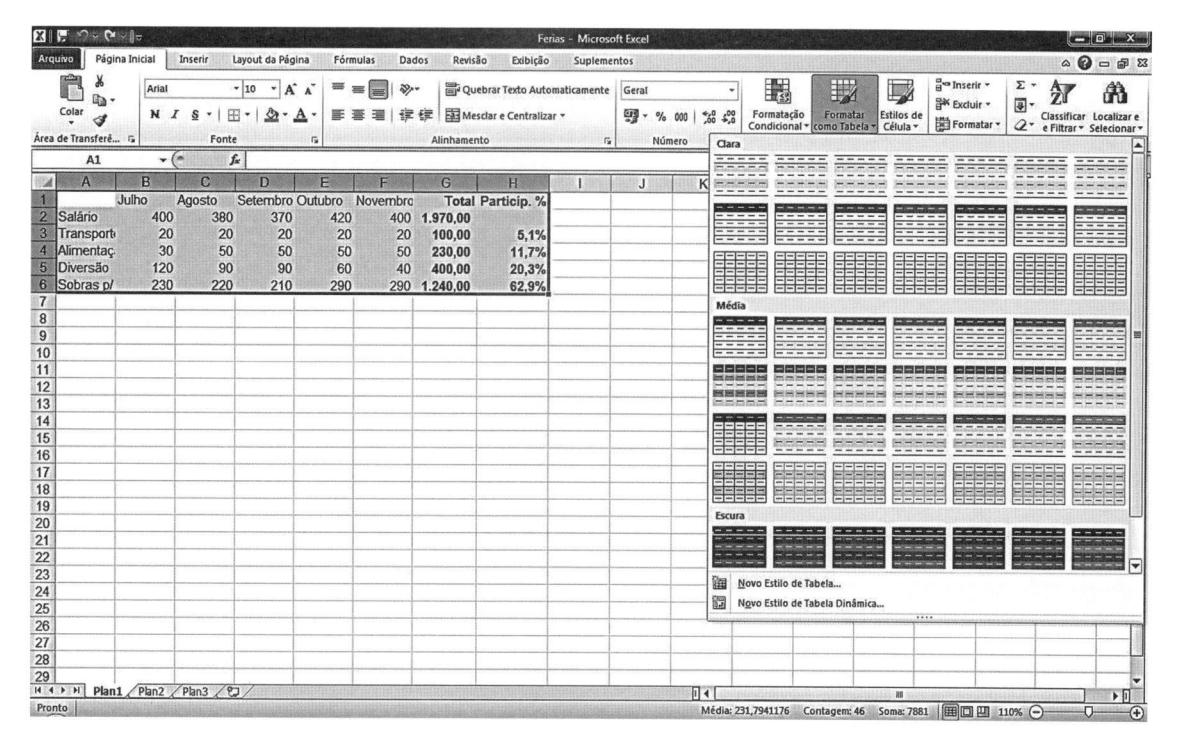

3. selecione o Estilo: Verde Média 11;
4. dê OK para a Faixa de valores "Onde estão os dados da tabela?".
   Note que apareceu um novo Menu (Guia) / **Design** (realçado em cor) com novas opções para formatação da tabela;
5. selecione uma célula fora da tabela para remover o destaque da região atual e ver o efeito das alterações do Estilo.

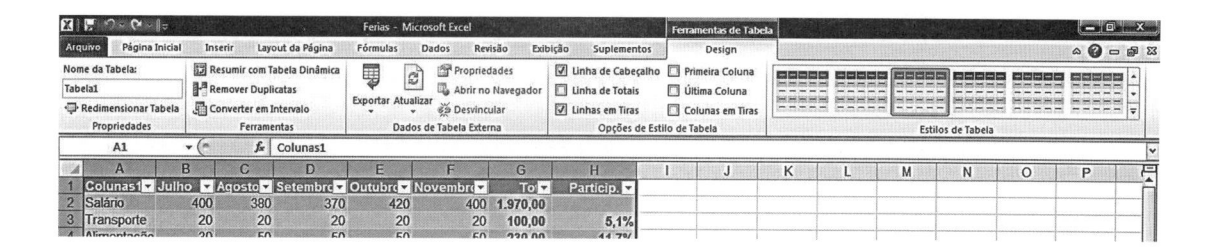

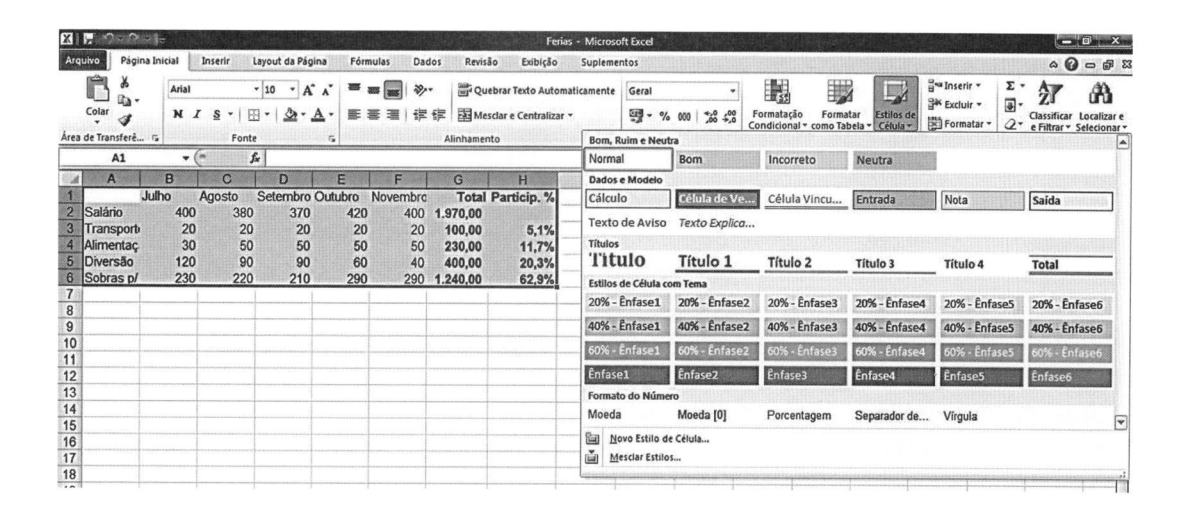

Nesse ponto, selecione novamente **A1:F6** e experimente outras opções de Estilo e recursos do Design, e volte para o Estilo: Verde Média 11.

Além de experimentar outras opções do Estilo Formatar como Tabela, experimente algumas entre as muitas opções prontas de **Estilo de Célula** ilustradas na tela mostrada a seguir.

4.19. Regravar a planilha e opções para salvar

Para gravar uma nova versão atualizada da planilha, você deve clicar no ícone. Veja que o Excel não lhe pergunta mais nada: ele grava uma nova versão de sua planilha, apagando a anterior.

Usando-se o ícone, a caixa de diálogo será aberta somente na primeira gravação da planilha. Nas atualizações, o Excel regrava uma nova versão, atualizada, com o mesmo nome e as mesmas características que foram fornecidas na gravação anterior.

Se você quiser gravar essa mesma planilha com um novo nome, ou em outro disco ou diretório, deve usar o comando Salvar como, do menu Arquivo, abrindo-se então a caixa de diálogo, da mesma forma que ocorreu quando foi feita a primeira gravação. Mas agora já aparece como sugestão o nome dado ao arquivo: FERIAS.

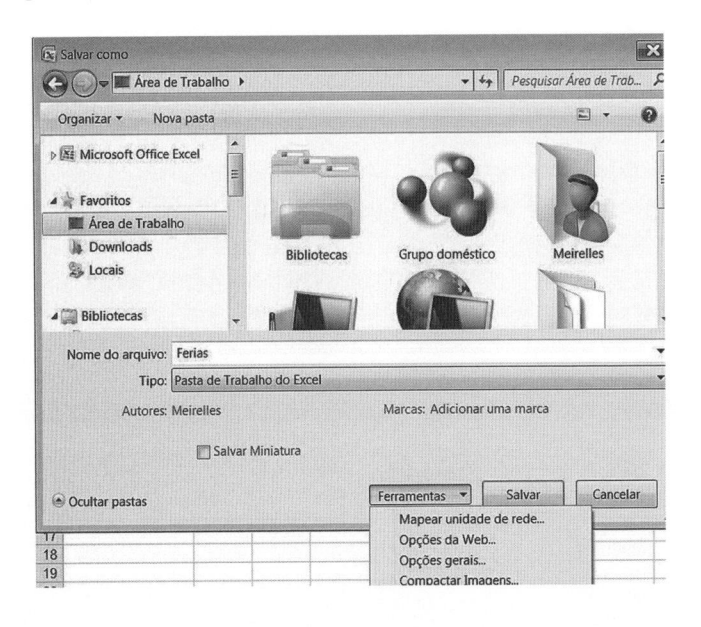

Você deve ter percebido que a caixa de diálogo utilizada na gravação de arquivo (a que apareceu quando você gravou a planilha pela primeira vez) tem um botão Ferramentas. Clicando-o, aparece a caixa de diálogo mostrada acima. Nas **Opções Gerais**, você tem opções para:

- **Sempre criar backup**: se o quadro desta opção estiver marcado com um X, cada vez que você salvar a planilha o Excel grava um arquivo com a situação atual chamado *Planilha*.XLSX e também uma cópia do arquivo com a situação anterior, chamado de ***Backup de Planilha*** *(ou Planilha*.BAK). A não ser que você tenha restrição de espaço em disco muito grande, é sempre interessante criar uma cópia da versão anterior, ou uma cópia de reserva – backup.

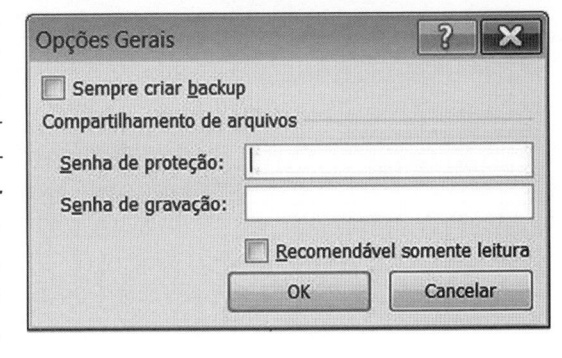

4. Primeira aplicação – orçamento para as férias

- **Senha de proteção**: caso deseje um arquivo confidencial, coloque uma senha qualquer (o Excel pede que você a digite duas vezes para evitar erro na definição). Depois, só diga qual a senha para as pessoas que estiverem autorizadas a acessar essa planilha. Quando o arquivo for lido, abre-se uma caixa de diálogo pedindo a senha, e, sem sabê-la, é muito difícil abrir a pasta de trabalho. Portanto, *cuidado: é muito comum, com o tempo, esquecer a senha; se isso acontecer, você estará em maus lençóis!*
- **Senha de gravação**: vale o mesmo raciocínio, só que com relação à gravação. Se for registrada uma senha para gravação, ela também será pedida já na abertura da planilha. E, naturalmente, vale a mesma cautela quanto ao esquecimento da senha, pois, se você não se lembrar dela, só conseguirá abrir o arquivo para leitura.
- **Recomendado somente leitura**: se esse quadro estiver marcado com X, cada vez que se tentar acessar o arquivo, ele mostrará uma mensagem avisando essa condição. Neste caso, você não será capaz de gravar nenhuma alteração na planilha.

Feitas suas definições, clique no botão OK e volte para a caixa de diálogo anterior.

Não se esqueça de clicar OK também nessa caixa, ou o arquivo não será salvo.

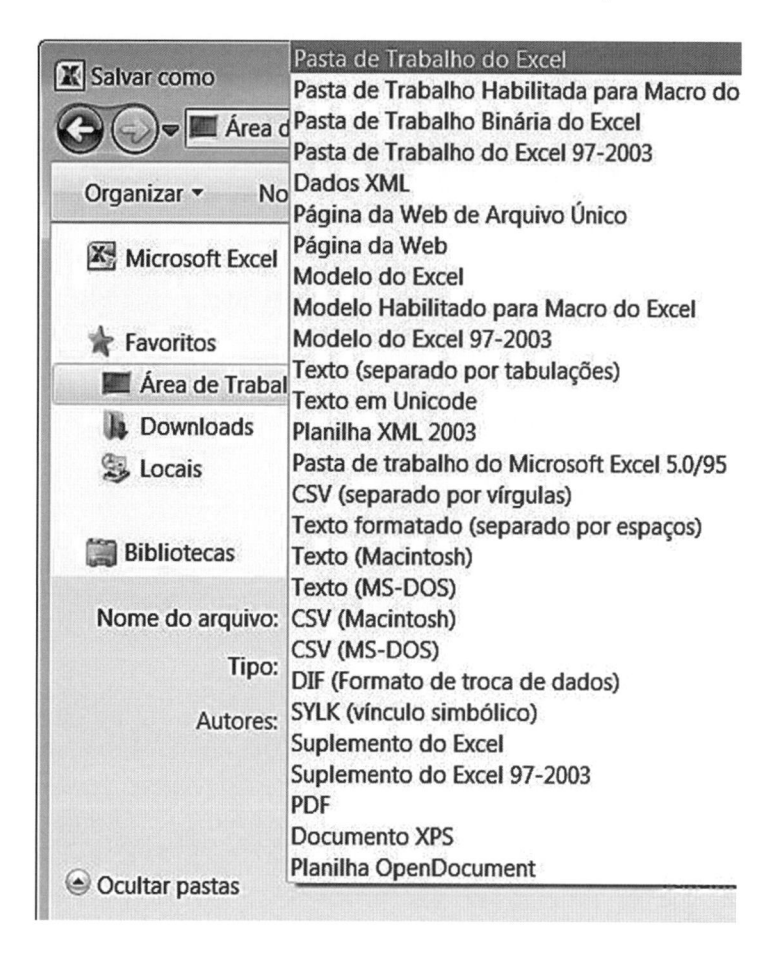

A tabela anterior mostra as opções de formatos de gravação do Excel. Por enquanto, vamos utilizar somente o Tipo padrão (2007; 2010 e 2013): Pasta de Trabalho Excel (formato .XLSX).

Existe uma situação em que pode ser útil gravar com o formato compatível com as versões 97 e 2003 (formato .XLS). Tal formato consome mais espaço e pode não conservar na íntegra alguns dos novos recursos utilizados na sua planilha.

Finalizando, encerre o programa com um clique no quadro do canto superior direito ✖ ou um clique duplo no botão Excel no superior esquerdo da tela.

4.20. Ferias2 – exercício de fixação

Tente resolver a Tarefa descrita no exercício de continuação do FERIAS, que acabamos de ver, descrita no final da próxima tela.

	A	B	C	D	E	F	G	H
1		Julho	Agosto	Setembro	Outubro	Novembro	Total	Particip. %
2	Salário	400,00	380,00	370,00	420,00	400,00	1.970,00	
3	Transporte	20,00	20,00	20,00	20,00	20,00	100,00	5%
4	Alimentação	30,00	50,00	50,00	50,00	50,00	230,00	12%
5	Diversão	120,00	90,00	90,00	60,00	40,00	400,00	20%
6	Sobras p/ poupança	230,00	220,00	210,00	290,00	290,00	1.240,00	63%
7	Participação %							
8	Transporte							
9	Alimentação							
10	Diversão	25%	24%	23%	22%	21%		
11	Sobras p/ poupança							
12								
13	Tarefa:	1) Calcular a % de cada gasto						
14		2) Fazer com que o gasto de Diversão seja calculado como						
15		a percentagem do Salário especificada na **linha 10**						
16		3) Saldo em G6 deve resultar em 1.187,30						
17		4) **Teste**: troque o conteúdo de B10 para 33%, Saldo = 1.155,3						
18								

5.

Previsões de receita e lucro

Suponha agora o seguinte problema: você é o administrador da TeleVideo Ltda., uma empresa que vende televisores e aparelhos de DVD e Blu-Ray. Com a aproximação do Natal, precisa fazer uma previsão de receitas e lucros brutos.

Lembre-se dos três primeiros passos que deve percorrer, respondendo às questões:
1. Qual o **resultado** desejado?
2. Que **dados** ou informações serão utilizados como ponto de partida para obter o resultado desejado?
3. Como trabalhar os dados de entrada para que eles **produzam** o resultado desejado?

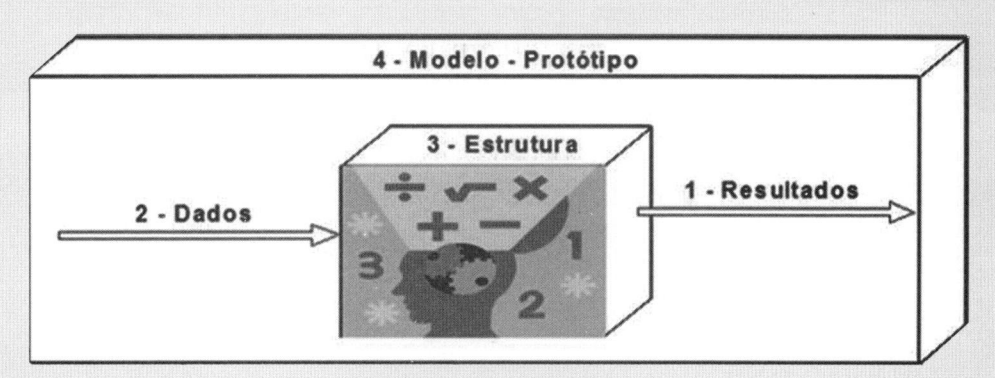

Modelagem básica:
1. **Resultados**: uma previsão de receitas e lucros;
2. **Dados**: detalhes e informações dos ganhos e os gastos previstos. Produtos comercializados e os respectivos custos, preços e previsões de vendas;
3. **Estrutura**: Mês a mês, calcular quanto vai sobrar e fazer a soma dessas sobras.

Bem, a primeira pergunta já está respondida: você quer uma previsão de receitas e lucros brutos. Quanto à segunda, você precisa de detalhes sobre os produtos comercializados e os respectivos custos, preços e previsões de vendas. E quanto à terceira, você precisa conhecer melhor as regras de relacionamento entre essas variáveis.

A linha de produtos é composta por TV LCD de 19 e 22 polegadas, TV LED de 27 e 32 polegadas, DVD simples, DVD com saída HDMI e Blu-Ray, cujos custos unitários são, respectivamente, 260, 320, 600, 680, 200, 310 e 400.

Você trabalha com projeções baseadas em dados estatísticos e em análises de cenário econômico, recebendo de uma empresa especializada as previsões de vendas para cada aparelho da linha de produto. Tais previsões são, respectivamente, 60, 45, 30, 20, 40, 35 e 15 unidades no trimestre. Lembre-se: no seu modelo, essas previsões são vistas como dados externos, e, pelo menos neste momento, você não deve preocupar-se com sua validade ou exatidão.

Finalmente, você define seus preços com base em uma margem fixa em relação aos custos. Sua margem atual, para todos os produtos, é de 28%, ou seja, o preço de venda é definido como sendo igual ao preço de compra, mais 28%.

Com base nisso, você pode detalhar um pouco melhor o resultado esperado, originalmente definido como uma previsão de receitas e lucros. Na realidade, o que você precisa para administrar o seu negócio é de um conjunto de informações que serão geradas a partir dos dados de entrada:
1. saber a previsão do CMV (custo da mercadoria vendida), para cada item e no total;

2. definir o preço unitário de venda (que é dado pelo custo mais a margem de lucro) de cada produto;
3. calcular a receita prevista, por item e no total, a partir de seu preço unitário e do volume de vendas;
4. calcular o lucro previsto de cada item e do total;
5. calcular os percentuais de participação de cada item no lucro total, com uma casa decimal.

Naturalmente, o primeiro passo é estruturar o problema. Nesse tipo de aplicação (vários produtos com diversas rubricas ou itens), **o arranjo mais comum é colocar os itens na vertical e as diversas rubricas ou itens na horizontal**; quanto à margem de lucro, ela é um dado independente e deve ficar numa linha separada (por exemplo, na célula **B12**).

	A	B	C	D	E	F	G	H
1		Custo unit	Volume	CMV	Preço unit	Receita	Lucro	Part.%
2	TV LCD 19"							
3	TV LCD 22"							
4	TV LED 27"							
5	TV LED 32"							
6	DVD simples							
7	DVD HDMI							
8	Blu-Ray							
9	Total							
10								
11								
12	Margem							

5.1. Zoom na tela de trabalho

Entre com os dados do problema: valores e quantidades previstas.

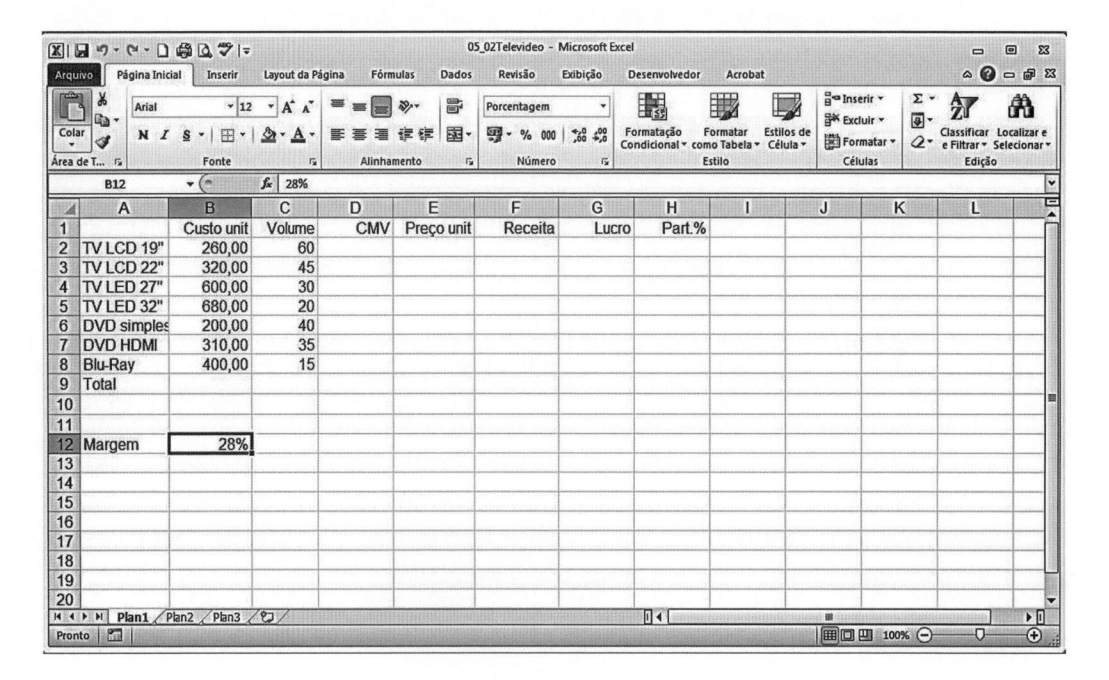

	A	B	C	D	E	F	G	H
1		Custo unit	Volume	CMV	Preço unit	Receita	Lucro	Part.%
2	TV LCD 19"	260,00	60					
3	TV LCD 22"	320,00	45					
4	TV LED 27"	600,00	30					
5	TV LED 32"	680,00	20					
6	DVD simples	200,00	40					
7	DVD HDMI	310,00	35					
8	Blu-Ray	400,00	15					
9	Total							
10								
11								
12	Margem	28%						

Dependendo do tamanho de sua tela e da resolução, você não conseguirá visualizar todas as colunas ao mesmo tempo: a tela pode ser estreita demais para isso.

Assim como a maioria dos programas que trabalham no ambiente Windows, o Excel tem um recurso muito útil para modificar a área visualizada na tela: é o zoom, que funciona mais ou menos como numa filmadora. Conforme sua necessidade, você aproxima e afasta a imagem, diminuindo ou aumentando a área real mostrada na tela.

Para utilizar esse recurso, localize, no canto inferior direito na barra de status, o **Zoom** ilustrado no diagrama anterior.

O número 100% indica que a tela está com um zoom normal, que pode ser alterado acionando-se + ou – na barra de controle do zoom. Para entender melhor, clique no – até o zoom ficar, por exemplo, com 80%. Veja como fica a tela. Note que a área mostrada aumentou, mas o tamanho de cada célula diminuiu, de forma que sua tela ficou com mais linhas e mais colunas (e as letras, naturalmente, também ficaram menores).

Você pode ainda "pintar" o valor 100% na barra de status e substituí-lo por outro valor sugerido na janela do Zoom que se abre ou qualquer outro (por exemplo, 75%), com o mesmo efeito. Pode ajustar uma seleção de células ou personalizar –, para, por exemplo, 120%, apropriado para telas grandes com alta definição, nas quais é possível visualizar áreas mais amplas da planilha e/ou caracteres maiores.

O recurso de zoom é de grande utilidade não apenas para acomodar mais colunas na tela. No caso de planilhas grandes e complexas, usa-se um zoom bastante reduzido (por exemplo, 25%) para facilitar a localização das diversas áreas do modelo e, feito isso, volta-se ao zoom normal de trabalho (algo entre 80% e 120%).

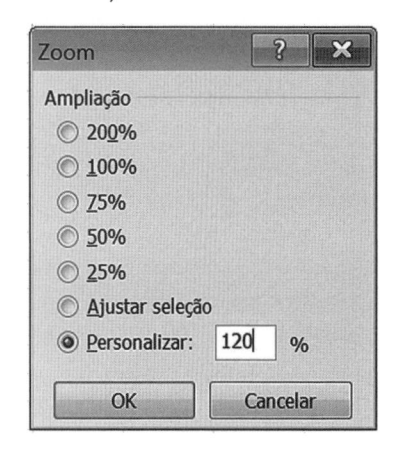

5.2. Personalizar estilos de formatação

No exercício anterior, você digitou seus dados e definiu suas fórmulas. Somente no final é que você selecionou toda a área para formatá-la com separação de milhar e duas casas decimais e aplicou um estilo de formatação pronto. O ruim desse sistema é que, cada vez que você abrir novas células, precisará novamente utilizar o comando de formatação.

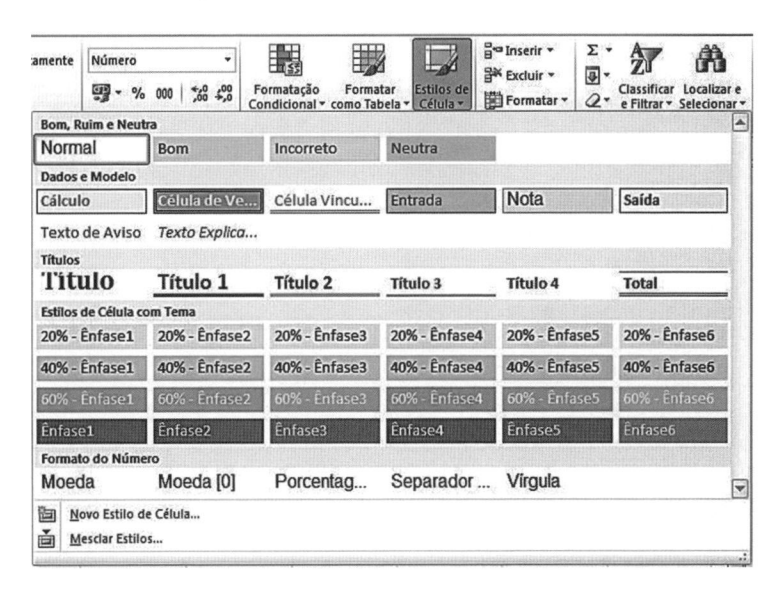

Existe também outro caminho, que pode ser mais prático: você pode deixar toda planilha com formatos predefinidos, criando um **Estilo Personalizado**. Para fazer isso, selecione com o mouse o comando Estilos de Células (na barra de menu Página Inicial), como mostrado ao lado. Pode-se criar outras personalizações.

Explore a opção Novo Estilo de Célula, que mostra a caixa de diálogo, mostrada a seguir, com diversos recursos de formatação de estilo.

Por enquanto, vamos formatar a primeira e a terceira opção para criar o Estilo Personalizado **GV** (nome dado ao estilo) mostrado na tela ao lado.

Para definir o Formato de Número, clique em Formatar na tela de Estilo, abra a guia Número e nela selecione novamente a opção Número com duas casa decimais. No quadro de exemplo do formato aparece -1234,10. Nesse formato, os números negativos serão expressos com um (-) na frente e com duas casas decimais. Você pode modificar também essa opção. Nesse guia Número, você ainda pode escolher se deseja ou não usar separador de milhar. Nesse caso, assinale tal opção e o exemplo passa para -1.234,10, ou #.##0,00 na notação do Excel (o símbolo # indica que os zeros à esquerda não serão mostrados).

Feito isso, pode-se abrir diretamente qualquer uma das opções de estilo (Alinhamento, Fonte, Borda, Preenchimento e Proteção) e modificá-la conforme sua preferência. Experimente, por exemplo, alterar a Fonte para Arial, Normal, Tamanho 12. Quando terminar de definir seu estilo (Estilo GV), clique no botão OK. Veja que o Excel volta para a caixa de diálogo anterior, mas com o estilo já ajustado conforme a modificação que você acabou de fazer. Clique no botão OK para gravar o novo padrão e retornar à planilha.

A seguir, preencha a área **B2:C8** com os dados fornecidos no enunciado do problema e acione o Estilo GV. Veja que todos os números ficam no formato definido em GV, ou seja, Arial 12 e milhares com duas casas decimais.

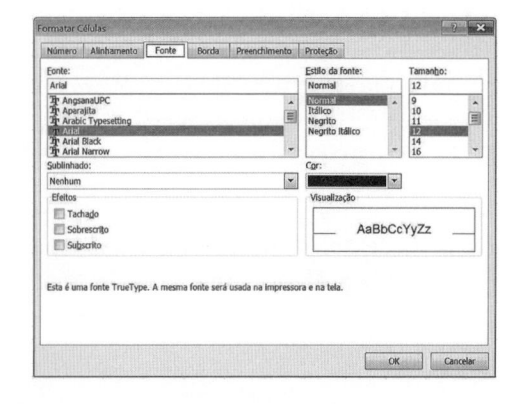

É comum que alguns trechos da planilha tenham outros formatos. No nosso problema, esse é o caso do volume (são números inteiros, sem decimais) e das células com valores em porcentagem. Assim é possível acertar manualmente esses trechos ou criar outros Estilos de Células ou de Formatar como Tabela com tal finalidade.

5.3. Definir nomes de células e de faixas

Você já aprendeu como são feitas as operações com fórmulas em planilhas: basta fornecer cada endereço de célula, e o Excel faz o resto.

Assim, para calcular o CMV em **D2**, poderíamos colocar a fórmula =B2*C2. Estaria correto, mas se outra pessoa for utilizar esta planilha, não será tão fácil entender fórmulas escritas dessa maneira. Por isso, o Excel pode trabalhar com nomes de faixas de dados. Cada nome pode ser associado a uma linha inteira, uma coluna inteira, faixas ou mesmo uma única célula.

Primeiro, vejamos como se faz para dar nome a um conjunto de células de uma só vez:
1. clique o mouse sobre a identificação da coluna **B** (no cabeçalho da coluna) e arraste-o até a identificação da coluna **H**, selecionando por inteiro todas as colunas;
2. selecione na guia Fórmulas, Criar a partir de seleção do grupo: Nomes Definidos;

3. ao aparecer a caixa de diálogo mostrada a seguir, clique no botão OK (o Excel já "entende" que o nome de cada coluna será também o título, na linha **1**):

Definindo nomes de conjuntos de células

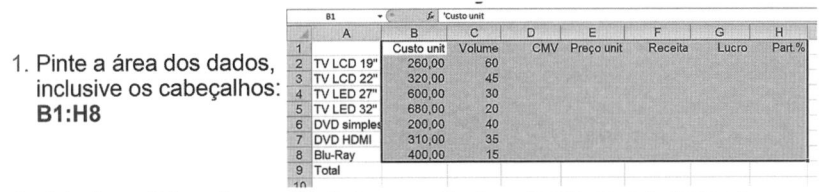

1. Pinte a área dos dados, inclusive os cabeçalhos: **B1:H8**
2. Selecione: **Fórmulas** opção **Criar a partir da seleção** da guia (grupo): Nomes Definidos
3. Na caixa de diálogos clique no botão **OK** (o Excel já "entende" que o nome de cada coluna será o título da mesma, na linha 1: opção Linha superior)

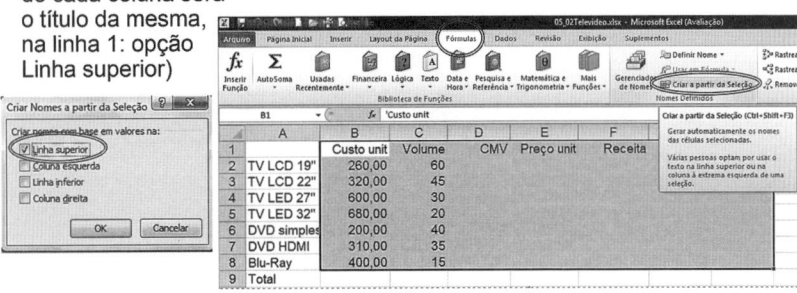

Definir nome para uma única célula

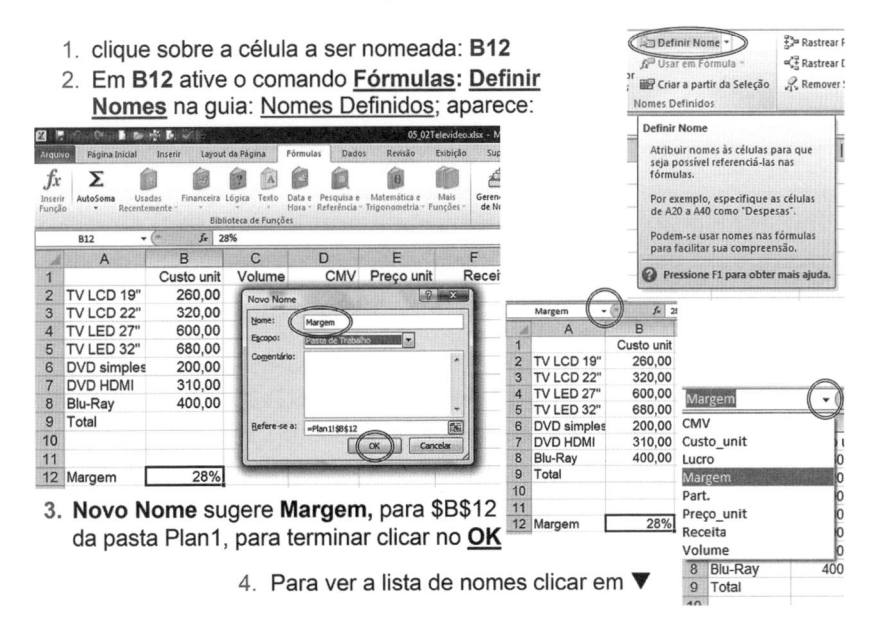

1. clique sobre a célula a ser nomeada: **B12**
2. Em **B12** ative o comando **Fórmulas: Definir Nomes** na guia: Nomes Definidos; aparece:
3. **Novo Nome** sugere **Margem**, para $B$12 da pasta Plan1, para terminar clicar no **OK**
4. Para ver a lista de nomes clicar em ▼

Como já visto, pode ser mais útil raciocinar com nomes do que com endereços de células. Já definimos os nomes das colunas. Falta dar um nome para a célula com o valor da margem.

Para **definir um nome para uma única célula**, os passos são:
1. clique sobre a célula a ser nomeada (no caso, **B12**);
2. ative o comando Fórmulas, Definir Nomes. Lembre-se de que, no procedimento anterior, você havia usado a opção Criar a partir de uma seleção, que é diferente;

3. veja que, na caixa de diálogo anterior, sugere-se o nome Margem e o endereço a que ele se refere (no campo: Refere-se). O Excel sugere o texto que se encontra logo à esquerda ou logo acima da célula que está sendo nomeada. Se tal nome servir (e é o presente caso), basta clicar no botão OK; do contrário, pode-se fornecer o novo nome.

Note que se pode ver a relação dos nomes já definidos, como no diagrama: "Ver definições de nomes de células". Quando você definiu nomes, o Excel passou a "entender" que, além de seu "endereço oficial", cada coluna, linha ou célula pode ter também um "apelido".

Ver definições de nomes de células

Vamos ver como funciona. Na célula **D2**, digite =CUSTO_UNIT*VOLUME, em vez de digitar a fórmula. O nome da primeira coluna tinha um espaço, que foi substituído pelo símbolo _ (sublinhado ou *underline*), representado no bloco do teclado pela tecla à direita do 0 (zero). Observe que, para obter o sublinhado, é necessário acionar a tecla Shift (isto é, Shift -)

Veja agora que o cálculo foi feito corretamente. Note que essa fórmula fica mais compreensível para quem for utilizar posteriormente a planilha.

Quanto a **E2**, deverá conter o preço de venda da TV LCD 19". Tal preço foi definido como o custo unitário mais a margem. Por exemplo, se o custo unitário for 200 e a margem for 28%, o preço de venda será igual a 256 (200 + 28% de 200).

Assim, nessa operação você poderia dizer que o preço de venda seria igual a 1,28 vezes 200. Ou seja, o preço de venda é igual a (margem+1) vezes o custo unitário. Ou, na notação de endereços: **E2** =(1+B12)*B2.

> Lembre-se de ***não colocar um número constante numa fórmula***. Resista à tentação de definir E2 como sendo =1,28%*B2. Se fizer isso, depois você não conseguirá utilizar os recursos do Excel, conforme ficará claro mais à frente.

5. Previsões de receita e lucro

Fórmula com nomes

1. para calcular o CMV em D2 a fórmula seria =B2*C2, mas ao invés de digitar a fórmula, podemos "digitar" nomes:
2. **D2=custo_unit*volume**
Note que ao digitar =**cus** aparece uma caixa sugerindo **custo_unit**, (basta clicar no envelope amarelo para aceitar a sugestão), após digitar ***vo** é sugerido **Volume**, clique no envelope amarelo e temos a fórmula com nomes
3. apague e vamos fazer de outra maneira: escrever a fórmula com a lista de nomes: comece com = e clique em **Usar em Fórmula**: acione da lista:
Custo_unit e digite *
clique novamente em **Usar em Fórmula**:
selecione **Volume** e **Enter**

Feito isso, a célula **B12** passou a ter um nome, e a fórmula em **E2** pode ser definida como =(1+MARGEM)*CUSTO_UNIT. Em **F2**, a fórmula para calcular a receita será =PREÇO_UNIT*VOLUME. E, finalmente, em **G2**, o lucro será definido como =RECEITA-CMV.

Fórmula com nomes de variáveis

1. Preço unit = E2=(1+B12)*B2=(1+Margem)*Custo_unit
2. Receita = F2=E2*C2
F2=Preço_unit*Volume
3. Lucro = G2=F2-D2=Receita-CMV

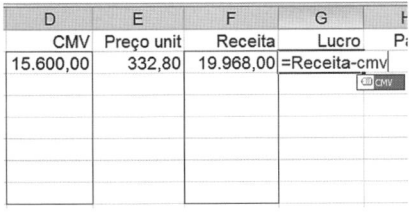

Agora dá para perceber que, usando nomes para as faixas, fica bem mais fácil lembrar e entender o que está sendo feito, não é?

> O uso de nomes em células e fórmulas torna-se crescentemente útil à medida que aumentam o tamanho e a complexidade da planilha.

5.4. Copiar fórmulas que foram definidas com nomes

Você já fez cópias de fórmulas definidas com endereços absolutos e endereços relativos. A cópia de fórmulas definidas com nomes é exatamente igual, mas tem uma vantagem: você não precisa se preocupar quanto ao que deve ou não ser fixado, pois o próprio Excel cuida disso. Veja quais são os passos para este exemplo:

Copiando fórmulas com nomes

Copiar D2 em D3:D8

1. selecione com o mouse a célula **D2**
2. leve o cursor até o quadrado cheio existente no canto inferior direito dessa célula, até aparecer a cruz preta **+**
3. clique nesse ponto e arraste o mouse até a célula **D8**, soltando em seguida.

✓ *Com nomes os endereços relativos e os endereços absolutos são considerados automaticamente.*
Pode ser mais fácil que colocar $, dependendo da sua preferência pessoal!

1. selecione com o mouse a célula D2;
2. leve o cursor até o ponto vazado existente no canto inferior direito dessa célula, até que apareça a cruz preta **+**;
3. clique nesse ponto e arraste o mouse até a célula D8, soltando em seguida.

Veja os resultados nas células que acabaram de ser preenchidas: cada uma delas contém uma fórmula idêntica à original que foi copiada, mas os cálculos estão corretos.

> Além da facilidade de compreensão, o uso de nomes é recomendável porque o Excel faz todos os cálculos considerando automaticamente os endereços relativos e os endereços absolutos. É mais fácil e reduz a chance de erros.

5.5. Copiar blocos de células

Você poderia completar a planilha copiando, uma a uma, as células em suas respectivas colunas, ou seja, **E2** em **E3:E8**, **F2** em **F3:F8**, e assim por diante.

Mas você pode fazer isso com um único comando, copiando todo o restante da linha **2** para o restante das linhas **3** a **8**. Trata-se de fazer uma cópia não mais de uma célula, mas de uma faixa de células para outra faixa de células. No caso, de **E2:G2** para **E3:G8**.

Assim como na cópia de uma célula para outras, a cópia de uma faixa inicia-se com a marcação da área de origem. Para marcar essa faixa de células da área de origem (**E2:G2**), pode-se empregar qualquer um dos procedimentos (*mas lembre-se: o uso do mouse é preferível ao uso do teclado*):

1. clique o mouse no início da faixa (**E2**), segure o botão esquerdo pressionado, arraste até o final da faixa (**G2**) e solte o botão (note que a primeira célula estará marcada com o contorno mais destacado, enquanto as demais estarão "pintadas");
2. clique o mouse no início da faixa (**E2**) e solte o botão esquerdo; pressione a tecla [Shift], mantendo-a pressionada; clique no final da faixa e, em seguida, solte a tecla [Shift]. Funciona como se você estivesse arrastando o mouse, mas este recurso de seleção com a tecla [Shift] é particularmente interessante quando você está selecionando faixas extensas, principalmente se o início e o fim não forem visíveis numa única tela;
3. vá até a primeira célula com uso das setas (**E2** passa a ser a célula ativa); pressione a tecla [Shift], mantendo-a pressionada; utilize as setas para ir até o final da faixa, soltando a tecla [Shift]. O resultado será o mesmo que o obtido com o mouse.

Cópia de blocos de células

1. Pinte **E2:G2**

	A	B	C	D	E	F	G	H
1		Custo unit	Volume	CMV	Preço unit	Receita	Lucro	Par
2	TV LCD 19"	260,00	60	15.600,00	332,80	19.968,00	4.368,00	
3	TV LCD 22"	320,00	45	14.400,00				
4	TV LED 27"	600,00	30	18.000,00				
5	TV LED 32"	680,00	20	13.600,00				
6	DVD simples	200,00	40	8.000,00				
7	DVD HDMI	310,00	35	10.850,00				
8	Blu-Ray	400,00	15	6.000,00				
9	Total							

2. leve o cursor até o quadrado cheio no canto inferior direito dessa faixa, quando aparece a cruz preta **+**, clique nesse ponto e arraste o mouse até a célula **G8**, soltando em seguida

3. Pronto

	A	B	C	D	E	F	G	H
1		Custo unit	Volume	CMV	Preço unit	Receita	Lucro	Pa
2	TV LCD 19"	260,00	60	15.600,00	332,80	19.968,00	4.368,00	
3	TV LCD 22"	320,00	45	14.400,00	409,60	18.432,00	4.032,00	
4	TV LED 27"	600,00	30	18.000,00	768,00	23.040,00	5.040,00	
5	TV LED 32"	680,00	20	13.600,00	870,40	17.408,00	3.808,00	
6	DVD simples	200,00	40	8.000,00	256,00	10.240,00	2.240,00	
7	DVD HDMI	310,00	35	10.850,00	396,80	13.888,00	3.038,00	
8	Blu-Ray	400,00	15	6.000,00	512,00	7.680,00	1.680,00	
9	Total							

Quando a faixa de origem estiver marcada, coloque o mouse sobre o ponto vazado que há no canto inferior direito da faixa (isto é, célula **G2**), fazendo com que apareça a cruz preta **+**. A partir daí, o procedimento é o mesmo já conhecido: clicar e arrastar o mouse até chegar ao final da faixa (**G8**). Procure agora examinar o conteúdo das células resultantes; veja o que acontece quando são copiadas fórmulas definidas com nomes.

Observe como ficaram as células **E2:E8**. Repare que, embora houvesse uma única célula para a Margem, o Excel fez todas as contas corretamente, sem que você precisasse se preocupar com a fixação de endereços absolutos (nesse caso, bastaria fixar somente a linha).

5.6. Copiar células em área não contígua

Falta colocar os totais das colunas CMV, Receita e Lucro. Inicialmente digite, em **A9**, Total. A seguir, você precisa preencher os cálculos de totais na mesma linha. No primeiro deles, em **D9**, selecione a célula, clique o mouse sobre a ferramenta [Σ] e tecle [Enter].

Agora você deve copiar essa fórmula para **F9** e **G9** (note que, no meio, há a célula **E9**, que deve permanecer em branco). Para fazer a cópia em células não contínuas (isto é, quando existe um espaço entre a célula de origem e a de destino), há várias alternativas.

A alternativa mais direta é copiar a "célula" e colar nos locais desejados.

Essa operação pode ser realizada com o Copiar da **Página Inicial** ou com a mesma opção que aparece com o **botão direito do mouse.**

Inicie o processo selecionando a célula de origem, clicando sobre ela, e acione Copiar direto na **Página Inicia**l ou com o botão **direito** do mouse – nesse caso, na caixa de diálogo que se abre, escolha a opção Copiar.

Veja que a célula de origem fica marcada com tracejados, indicando que ela foi copiada para a área de transferência ou de trabalho.

A seguir, sobre a célula de destino **G9** clique em Colar direto na **Página Inicia**l ou clique o botão **direito** do mouse e, na nova caixa de diálogo que se abre, selecione a opção Colar. Veja qual foi o resultado.

A opção de Colar permite copiar blocos de células para outros blocos, assim como células para blocos.

A diferença é que, ao selecionar os blocos (tanto de origem quanto de destino), você precisa primeiro marcar as faixas com o botão **esquerdo** do mouse.

Cópia em área não contígua

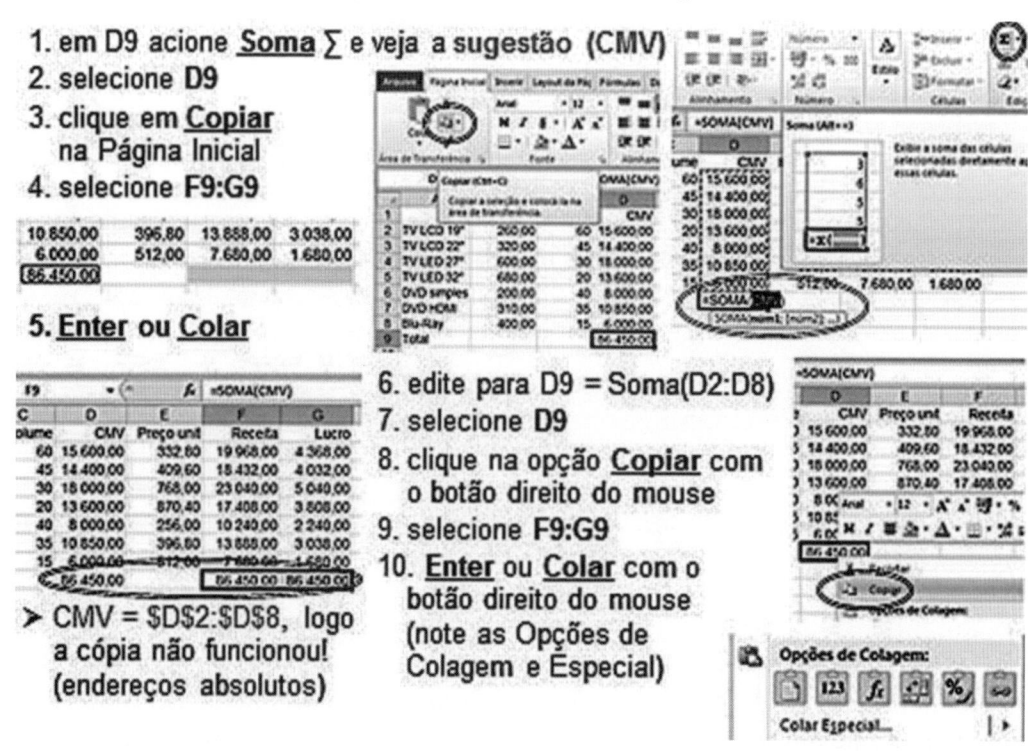

Para entender melhor, siga estes passos para as duas opções:
1. D9 = Soma(CMV);
2. clique sobre a célula de origem **D9**, selecionando-a;
3. clique em Copiar na Página Inicial;
4. selecione a faixa de destino **F9:G9** com o botão **esquerdo** do mouse;
5. tecle Enter para efetivar a cópia. O resultado seria o mesmo acionado Colar.

A cópia não funcionou!

Os totais de F9 e G9 ficaram iguais aos de D9. O motivo é que definimos CMV como $D$2:$D$8, isto é, uma faixa absoluta que quando copiada se mantém.

Para resolver esse problema precisamos redefinir D9 = Soma(D2:D8), isto é, uma faixa não absoluta. Assim, edite D9 e refaça os passos 2 a 5 anteriores, que funcionam:

5. Previsões de receita e lucro

6. D9 = Soma(D2:D8);

Agora repita as mesmas operações, só que agora com o botão do mouse, e veja qual das duas lhe parece melhor para cada contexto ou suas preferências:

7. clique sobre a célula de origem **D9**, selecionando-a;
8. clique o botão **direito** do mouse sobre **D9** e, na caixa de diálogo, escolha Copiar;
9. selecione a faixa de destino **F9:G9** com o botão **esquerdo** do mouse;
10. tecle Enter para efetivar a cópia.

Nesse último passo, o resultado seria o mesmo com o Colar que aparece se acionarmos a tecla direita do mouse. Note que nesse caso apareceriam várias opções de colar.

Ainda está faltando uma última coluna, referente ao percentual de participação de cada item no lucro total. Você pode fazer isso com uma fórmula de endereçamento fixo, como visto no exercício anterior.

Ou, se preferir, pode definir um nome para a célula **G9**, da seguinte forma:

Cópia da participação

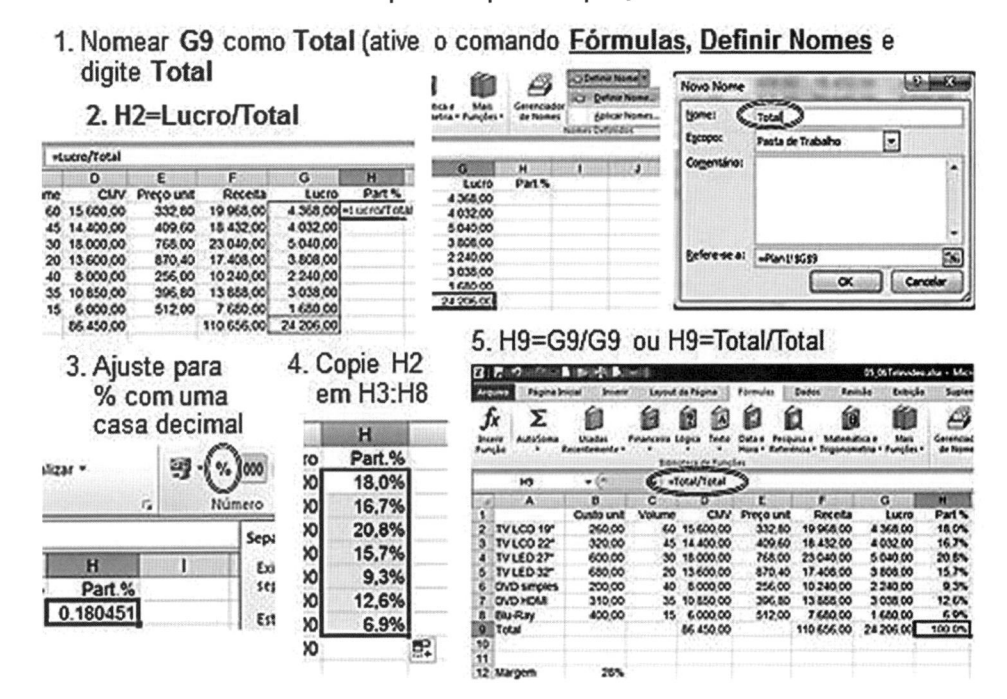

1. selecione a célula **G9** e o comando Fórmulas: Definir Nomes;
2. veja na caixa de diálogo: no bloco central, a relação de todos os nomes já definidos anteriormente; embaixo, aparece o endereço da célula selecionada; e, logo acima, está o cursor na caixa identificada como Nomes com o Escopo: Pasta de trabalho:
   - na caixa Nomes, digite o nome da célula: TOTAL (nesse caso, o Excel não propôs um nome porque as células próximas estão em branco ou são valores numéricos); clique o botão OK ou tecle Enter.

Note que, nessa caixa de diálogo, você pode não só definir novos nomes, como também alterar ou excluir os já existentes;

3. defina agora a fórmula em **H2** como =LUCRO/TOTAL. Veja que o resultado mostrado não está no formato desejado, ou seja, percentual com uma casa decimal;
4. ajustar para formato percentual clicando na ferramenta %. Para percentual com uma casa decimal, você também precisa clicar uma vez na ferramenta;
5. copie a célula **H2** para **H3:H8**, finalizando esta parte;

6. preencher **H9** com **TOTAL/TOTAL**. Após a cópia, repare que o formato (percentual com uma decimal) também foi copiado. Verifique o conteúdo das células **H3:H8** e veja por que é mais fácil trabalhar com nomes nas fórmulas.

5.7. Localizar e Substituir

Suponhamos que você tenha construído uma planilha muito grande e agora precise localizar algo, como as ocorrências de certos caracteres ou de um valor. O comando Localizar pode ser utilizado inclusive para encontrar nomes e referências de células dentro das fórmulas. Este comando é particularmente útil para localizar valores de erro como #NOME? ou #REF!. E, para corrigi-los, você pode usar o comando Substituir, para sobrescrever células ou fórmulas localizadas. Entre no menu Página Inicial e selecione o comando Localizar e Selecionar. Abre-se a caixa de diálogo:

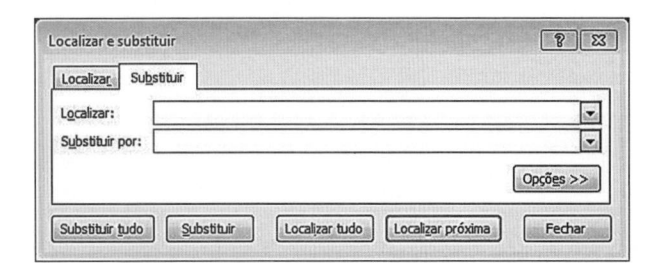

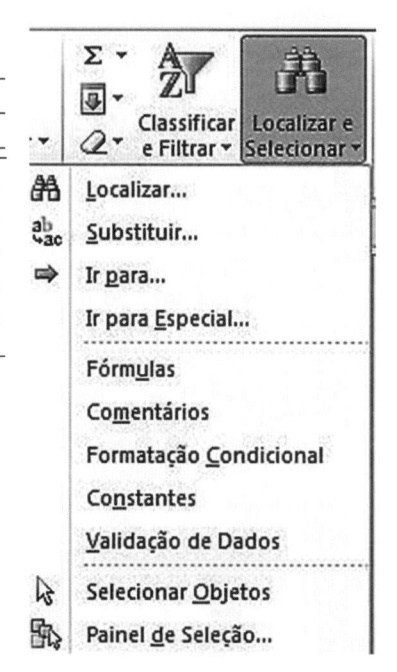

Observe as várias opções para realizar a pesquisa, como procurar por linha ou coluna, ou informar se você está procurando uma fórmula, valores ou comentários inseridos nas células. Após ter localizado o que deseja, se for necessário clique no botão Substituir e faça a substituição que você quiser.

5.8. Inserir e excluir linhas e colunas

Seria bom que a planilha tivesse um título com o assunto a que se refere o trabalho.
Para incluir essa linha, faça o seguinte:
1. selecione a linha **1**, clicando o botão **direito** do mouse no quadro indicativo do número da linha, à esquerda da célula **A1** (clicando no cabeçalho lateral da linha, pinta toda a linha);
2. na caixa de diálogo que se abre, escolha a opção Inserir e veja o que acontece: o Excel insere uma linha em branco imediatamente acima da área selecionada.
Se você quisesse inserir mais de uma linha – por exemplo, três –, o procedimento seria o seguinte:
- selecionar todas as linhas **1 a 3 e** clicar o botão **direito** do mouse sobre a área selecionada;
- escolha a opção Inserir. O Excel insere tantas linhas quantas estiverem selecionadas, sempre logo acima da área "pintada";
- alternativa para a mesma operação seria: Página Inicial, Inserir, Inserir Linhas na Planilha.

Inserindo e excluindo linhas e colunas

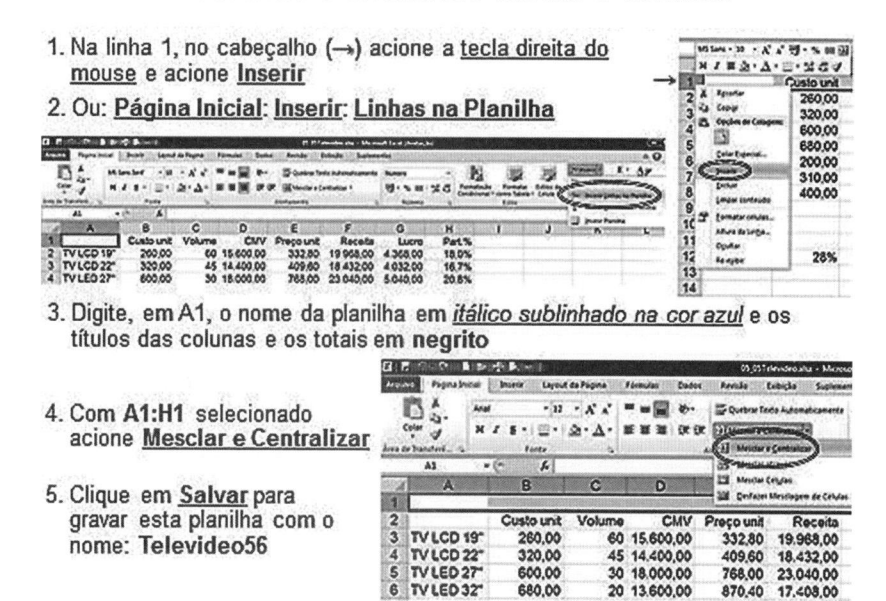

1. Na linha 1, no cabeçalho (→) acione a <u>tecla direita do mouse</u> e acione **Inserir**
2. Ou: <u>Página Inicial</u>: <u>Inserir</u>: <u>Linhas na Planilha</u>

3. Digite, em A1, o nome da planilha em *itálico sublinhado na cor azul* e os títulos das colunas e os totais em **negrito**

4. Com **A1:H1** selecionado acione **Mesclar e Centralizar**

5. Clique em <u>Salvar</u> para gravar esta planilha com o nome: **Televideo56**

Naturalmente, inserir colunas é um trabalho similar, cabendo apenas destacar que as colunas em branco serão inseridas à esquerda da área "pintada".

De forma análoga, a opção <u>Excluir</u>, na caixa de diálogo que aparece quando se clica o botão **direito**, elimina linha(s) ou coluna(s) marcada(s).

Em seguida, acione o comando <u>Gerenciador de Nomes</u>. Selecione, por exemplo, o nome <u>Margem</u>, e poderá confirmar que está associado à célula **B13**, e não mais à **B12**.

Quando for inserida ou eliminada uma linha ou uma coluna, o Excel ajustará automaticamente todas as fórmulas e nomes de células e de faixas.

3. em **A1**, digite o cabeçalho <u>TeleVideo Ltda – Previsões para o 4º trimestre</u>, *em itálico e sublinhado na cor azul*, e coloque os títulos das colunas e os totais em **negrito.** Você poderá perceber que, esteticamente, esse último texto não ficou muito bom;
4. para ficar melhor: com **A1:H1** selecionado, acione <u>Mesclar e Centralizar</u> (a ferramenta). Veja agora onde o título aparece, embora seu conteúdo continue na célula **A1**;
5. clique em <u>Salvar</u> para gravar essa planilha com o nome **Televideo56**.

5.9. Outros recursos de formatação

Ainda faltam alguns ajustes finais em termos de formatação.

Ajuste da altura da linha e largura da coluna: selecione toda a linha **1** e acione a opção de Altura da Linha, clicando no botão esquerdo do mouse.

A mesma caixa de diálogo aparece acionando <u>Página Inicial</u>: <u>Formatar</u>: <u>Altura da Linha</u>: Modifique essa altura para 25.

Outra alternativa é colocar o cursor entre duas linhas, no cabeçalho, e, com o botão esquerdo do mouse pressionado, arrastar até o tamanho desejado.

O ajuste da largura de uma coluna teria um procedimento análogo.

Alinhamento: o título ficou na parte inferior da linha (alinhamento padrão do Excel). Mas, como a linha é larga, ele ficaria melhor centralizado. Para ajustar, use: Formatar Células: <u>Alinhamento</u> do grupo <u>Alinhamento</u> da guia <u>Página Inicial</u>. Na caixa <u>Vertical</u>, opção **Centro**:

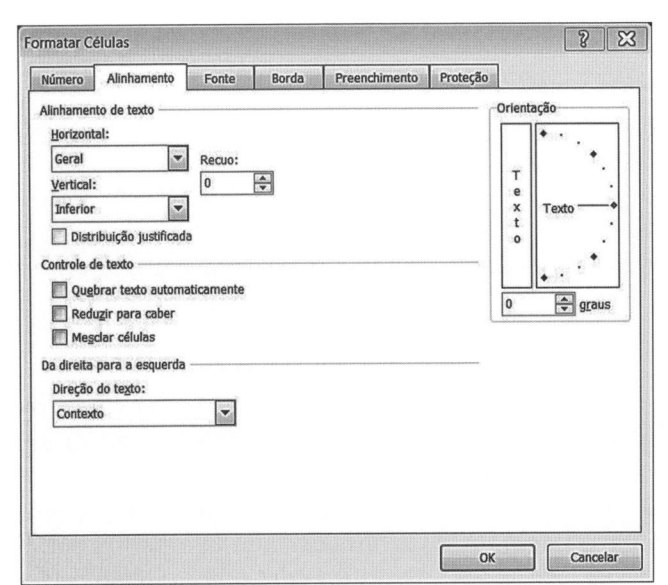

Formatação de fontes: o Excel possui diversas opções de fontes (formatos de letras). Selecione a célula **A1** e trabalhe com a área da barra de ferramentas:

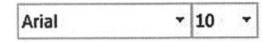

Defina, por exemplo, fonte Times New Roman, tamanho 16. Clique o mouse sucessivamente sobre as ferramentas [N], [I] e [S] para o título ficar em ***negrito, itálico e sublinhado***.

Clique ainda na ferramenta Cor da Fonte localizada na guia Página Inicial, grupo Fonte, e escolha uma cor para seu texto (lembre-se de que vai aparecer colorido na tela, mas você nem sempre terá uma impressora colorida).

Formatação de linhas ou colunas inteiras: normalmente, títulos de linhas e de colunas são deixados em negrito para facilitar a visualização. Para deixar em negrito todas as células da linha **2**, selecione essa linha e clique na ferramenta [N] (ativa/desativa negrito); clique também na ferramenta [≡] (alinhamento à direita). Para deixar em negrito todas as células da coluna **A**, selecione essa coluna e clique naquele mesmo ícone [N].

5.10. Trabalhando simultaneamente com células não contínuas

Quanto ao aspecto visual, ainda haveria um último ajuste a fazer: deixar em negrito as células de totais, ou seja, **D10**, **F10** e **G10**. Visto que tais células não são contínuas, é necessário seguir estes passos:

1. selecionar a primeira célula, **D10**;
2. pressionar [Ctrl] e selecionar a próxima faixa, **F10:G10**.

6.000,00	512,00	7.680,00	1.680,00	6,9%
86.450,00		110.656,00	24.206,00	100,0%

Quando utilizado em conjunto com o mouse, o [Ctrl] acionado permite que a seleção seja feita em partes isoladas, tantas quantas forem necessárias.

Após selecionar as células desejadas, clique o mouse no ícone de negrito [N].

5.11. Movimentação de células

Apenas por uma questão visual, vamos agora passar a margem de lucro para a linha **12**, deixando-a um pouco mais junta do resto da planilha.

A movimentação de células se faz da seguinte forma:
1. selecione as células a serem movimentadas (**A13:B13**);
2. aproxime o cursor do mouse das bordas da área selecionada e veja que ele deixa de ter o formato de cruz vazada ✥, passando a ter o formato de uma seta vazada ↘;
3. nessa condição, clique e mantenha pressionado o botão esquerdo do mouse;
4. ainda com o botão do mouse pressionado, arraste para a linha de cima (repare que aparece um quadro pontilhado, indicando a nova posição da faixa em movimento);
5. ao chegar ao endereço de destino desejado, solte o botão do mouse.

	A	B	C	D	E	F	G	H
1	*Televídeo Ltda - Previsões para o 4º trimestre*							
2		Custo unit	Volume	CMV	Preço unit	Receita	Lucro	Part.%
3	TV LCD 19"	260,00	60	15.600,00	332,80	19.968,00	4.368,00	18,0%
4	TV LCD 22"	320,00	45	14.400,00	409,60	18.432,00	4.032,00	16,7%
5	TV LED 27"	600,00	30	18.000,00	768,00	23.040,00	5.040,00	20,8%
6	TV LED 32"	680,00	20	13.600,00	870,40	17.408,00	3.808,00	15,7%
7	DVD simples	200,00	40	8.000,00	256,00	10.240,00	2.240,00	9,3%
8	DVD HDMI	310,00	35	10.850,00	396,80	13.888,00	3.038,00	12,6%
9	Blu-Ray	400,00	15	6.000,00	512,00	7.680,00	1.680,00	6,9%
10	Total			86.450,00		110.656,00	24.206,00	100,0%
11								
12	Margem	28,0%						

A movimentação de células difere da cópia em duas coisas:
1. a área de origem, a partir da qual se fez a cópia, é apagada. Além disso, a formatação das células na área de origem se perderá (tais células passarão a ter o formato padrão, perdendo-se todos os negritos, itálicos etc. que você tenha definido);
2. todas as fórmulas que estejam relacionadas às células movimentadas serão corrigidas (observe como ficaram as fórmulas na faixa E3:E8).

Após todos esses acertos, a planilha final deve ter ficado conforme a figura anterior.

5.12. Corrigir ortografia

O Excel, assim como processadores de texto, possui a ferramenta <u>Verificar Ortografia</u>, que é muito útil para corrigir erros de digitação em toda a planilha ou em apenas uma região selecionada. Você pode incluir palavras que o Excel não reconhece, alterar palavras erradas conforme sugestão do programa ou ignorar as palavras indicadas como incorretas. A correção ortográfica e gramatical é uma excelente maneira de evitar erros embaraçosos.

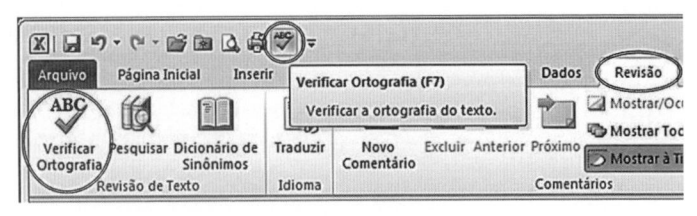

Antes de salvar sua planilha convém fazer essa verificação, com a ferramenta Verificar Ortografia, no Menu de Ferramentas de Acesso Rápido ou na guia Revisão.

Abre-se a caixa de diálogo.

Agora, que você já corrigiu todos os erros, clique para salvar sua planilha com o nome TeleVideo1 (no desktop ou outro diretório, ou ainda outro dispositivo de memória) e encerre essa sessão Excel, dando um clique duplo no canto superior esquerdo da tela para voltar à janela do Windows.

5.13. Atingir meta

Entre novamente no Excel e clique no ícone para Abrir a planilha TeleVideo que você gravou no item anterior ou a 05_11TeleVideo, conforme procedimento já visto.

Ao examinar o lucro previsto final, você percebeu que ele estava um pouco abaixo de sua meta. Você precisaria de um lucro bruto mínimo de 25.000 para cobrir todas as suas despesas e remunerar seu capital.

Você sabe que as previsões de volume são pouco flexíveis e não é fácil aumentar a quantidade vendida. No que diz respeito aos custos unitários, a maior parte de seus fornecedores trabalha com equipamentos importados comprados em quantidade e têm certa dificuldade em conceder maiores descontos, de tal forma que não há espaço para mudar praticamente nada em seus custos. Assim, resta mexer na margem, "repassando o problema para o consumidor". Aí você se faz a pergunta: **qual deveria ser a margem para que o lucro fosse 25.000?**

Você poderia fazer, manualmente, uma série de tentativas. Experimente, por exemplo, passar a margem dos atuais 28% para 30%. Veja que a planilha foi totalmente recalculada e aparece um novo lucro previsto. Agora tente 29% e veja a nova previsão de lucro. Depois, tente 28,75% e veja se você acertou. Tente mais uma vez, com 28,85% e veja se dá certo. Cansa, não é?

Pois bem, o Excel tem um recurso que faz isso por você. Selecione a célula que contém a meta a atingir (no caso, **G10**). A seguir, acione o comando Dados: Testes de Hipótese: Atingir meta, abrindo a caixa de diálogo mostrada a seguir.

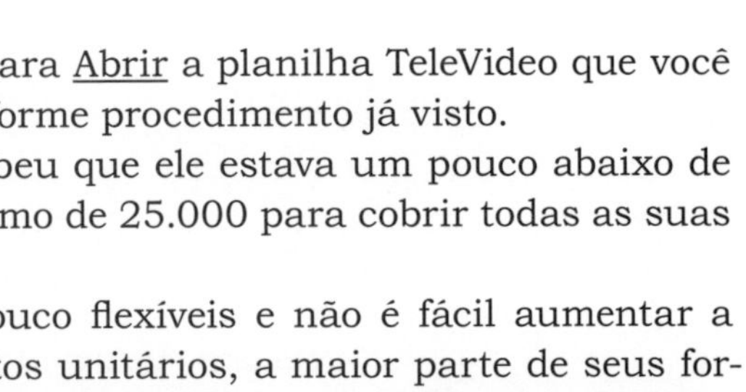

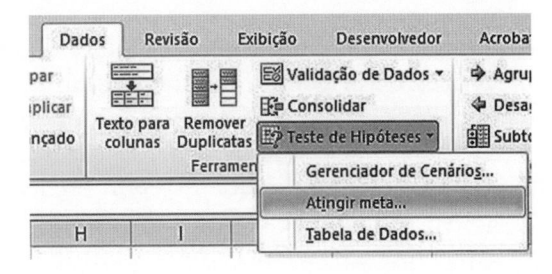

Qual a margem para atingir a meta de lucro?

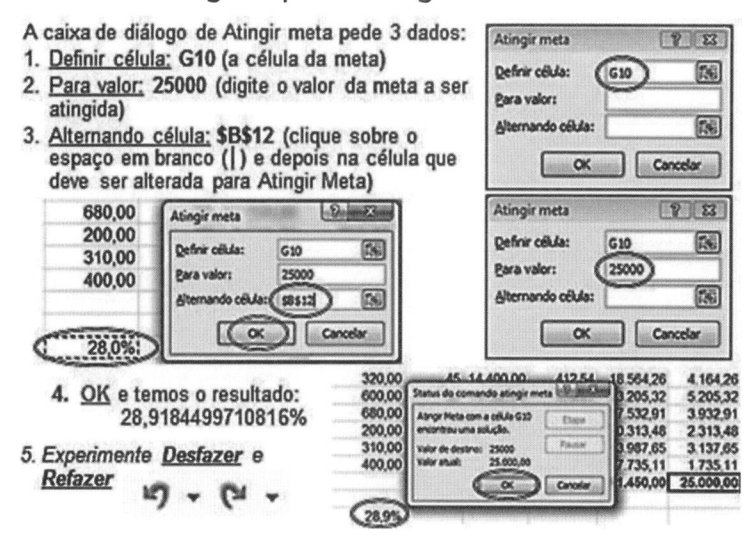

A caixa de diálogo de Atingir meta pede 3 dados:
1. **Definir célula:** G10 (a célula da meta)
2. **Para valor:** 25000 (digite o valor da meta a ser atingida)
3. **Alternando célula:** $B$12 (clique sobre o espaço em branco (|) e depois na célula que deve ser alterada para Atingir Meta)

4. **OK** e temos o resultado: 28,9184499710816%
5. Experimente *Desfazer* e *Refazer*

Essa caixa de diálogo pede três informações:

1. definir célula a ser utilizada como meta (no caso, o lucro total): como você iniciou o processo selecionando **G10**, o Excel já preencheu este campo. Se você não tivesse feito isso, bastaria clicar agora o mouse em **G10** e teclar [Tab] para passar ao próximo campo, ou, se preferir, clicar diretamente no próximo campo;
2. para valor a ser atingido como meta: informe o valor desejado (digite 25000, sem separação de milhar) e tecle [Tab] para passar ao próximo campo;
3. variando a célula: refere-se à célula que deve ser alterada para que se atinja o valor desejado como meta. Lembre-se do objetivo: definir qual é a margem (**B12**) que levará a célula-meta (lucro, **G10**) a um valor desejado (25.000). Portanto, a célula que deve variar é a margem, **B12** (clique sobre ela);
4. Após preencher esses três quadros, clique sobre o botão OK para que o programa encontre o valor desejado. Imediatamente, é mostrado o quadro confirmando que a meta foi atingida;
5. Experimente: Desfazer e Refazer.

Se você clicar Cancelar, não ocorre nenhuma alteração na planilha. Mas, se você clicar OK, o Excel colocará em **B12** o valor encontrado, com tantas casas decimais quantas forem necessárias. Veja qual é o novo conteúdo de **B12** e você compreenderá melhor.

Note que, após o comando Atingir meta, o Excel alterou não só o valor de **B12**, mas também o de todas as células a ele relacionadas (faixa **E2:G10**).

> O comando Atingir meta recalcula toda a planilha a partir dos parâmetros informados. Para voltar tudo à situação original, basta clicar logo em seguida na ferramenta [↶] (desfazer), desfazendo a alteração.

Observe, na barra de fórmula, que a célula **B12** (Margem) contém um número de grande precisão, mas na planilha só aparece o valor arredondado 29%. Mude então a formatação dessa célula para percentual com três casas decimais (usando as ferramentas já vistas). Se quiser ver a mesma planilha com outra formatação, abra 05_13TeleVideo_b.

	A	B	C	D	E	F	G	H
1	*Televídeo Ltda - Previsões para o 4º trimestre*							
2	R$	Custo unit	Volume	CMV	Preço unit	Receita	Lucro	Part.%
3	TV LCD 19"	260	60	15.600	335	20.111	4.511	18,0%
4	TV LCD 22"	320	45	14.400	413	18.564	4.164	16,7%
5	TV LED 27"	600	30	18.000	774	23.205	5.205	20,8%
6	TV LED 32"	680	20	13.600	877	17.533	3.933	15,7%
7	DVD simples	200	40	8.000	258	10.313	2.313	9,3%
8	DVD HDMI	310	35	10.850	400	13.988	3.138	12,6%
9	Blu-Ray	400	15	6.000	516	7.735	1.735	6,9%
10	Total			86.450		111.450	25.000	
11								
12	Margem		29%					

A título de treino, tente atingir a meta de lucro 26.000 mudando a quantidade vendida de Blu-Ray. Como seria mais fácil mexer no lucro: pela margem ou pela quantidade?

> A principal vantagem do comando Atingir meta é que ele permite que o administrador tenha maior sensibilidade sobre quais fatores oferecem as melhores possibilidades de produzir o resultado desejado.

5.14. Introdução a gráficos

Outra facilidade do Excel é o trabalho com gráficos. Como exemplo, vamos construir um gráfico que represente, numa pizza em três dimensões, qual é a participação de cada item no lucro total.

Para construir um gráfico, são necessários dois tipos distintos de entradas: os **dados** propriamente ditos e sua **identificação** (seus nomes). Num gráfico tipo pizza, que é o mais simples, é necessário uma faixa de células com os nomes das variáveis e outra faixa com os valores das variáveis.

Volte para a planilha que você gravou no item anterior ou 05_11TeleVideo. Ambas têm a margem original de 28%.

Neste exemplo, os nomes das variáveis estão na faixa **A3:A9**; os dados, por sua vez, estão em **G3:G9**. Normalmente se usam como variáveis de gráficos os próprios valores absolutos (coluna **G**), em vez dos percentuais já calculados (coluna **H**). Selecione simultaneamente as duas faixas (lembre-se: para seleção simultânea de faixas não contínuas, use a tecla Ctrl).

De acordo com o enunciado do problema, escolha direto nos botões: Pizza (guia Inserir: grupo Gráficos:). Note que a opção escolhida fica "pintada". Em seguida, são mostrados os subtipos para a opção Pizza, como ilustrado a seguir. Escolha o subtipo Pizza 3D.

> Na criação de gráficos, a seleção preliminar das faixas (nomes e dados) é um fator crítico. Mantenha as seleções simétricas (com as mesmas linhas de início e de fim). Na dúvida, é preferível começar novamente, refazendo a seleção.

Gráficos

✓ Fazer uma torta em três dimensões (Pizza 3D) com a participação de cada item no lucro na TeleVideo
✓ Neste exemplo, os **nomes** das variáveis estão na faixa A3:A9 e os **dados** estão em G3:G9, isto é informado, selecionando: **A3:A9; G3:G9**
1. Pinte A3:A9 segure Ctrl e pinte G3:G9
2. Acione **Pizza:** (na guia **Inserir:** no grupo **Gráfico:** do menu) e escolha:
3. **Pizza 3D** nas opções de Pizza

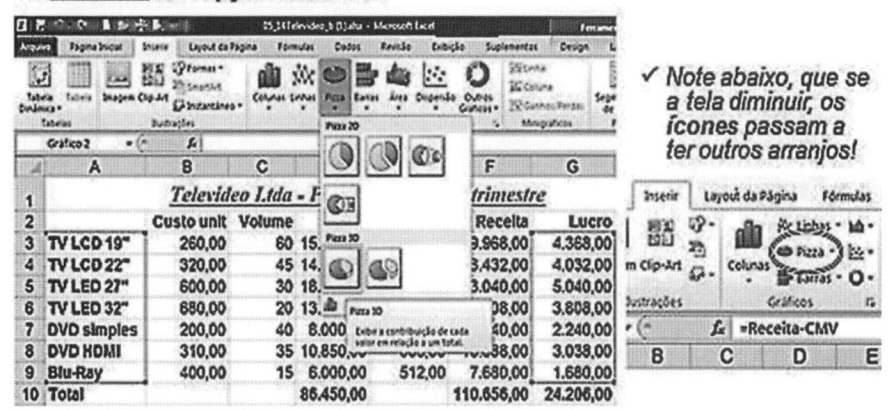

✓ Note abaixo, que se a tela diminuir, os ícones passam a ter outros arranjos!

Esse procedimento considerou automaticamente uma série de informações: intervalo de dados, sequência dos dados (linhas ou colunas), padrão de preenchimento, entre outras. Esses e outros atributos podem ser editados, como veremos no próximo capítulo. Neste ponto, vamos explorar as alternativas de Layout prontas. Um Layout tem o papel de editar alguns desses atributos, como a forma de apresentação, títulos, rótulos, legendas e as cores ou texturas dos elementos do gráfico.

Layout de gráficos

✓ Acionada a opção Pizza 3D
✓ Note o novo Menu de **Ferramentas de Gráfico: Design**
4. Altere o Nível de Zoom para 70%
5. Clique em cima do gráfico e arraste para baixo, ocupando de C13:H26
6. Acione Layout1 do Layout de Gráfico:
7. Digite o título: "Distribuição de Lucros" em vermelho
8. Experimente outras opções de Layout
9. Faça os Exercícios propostos a seguir.

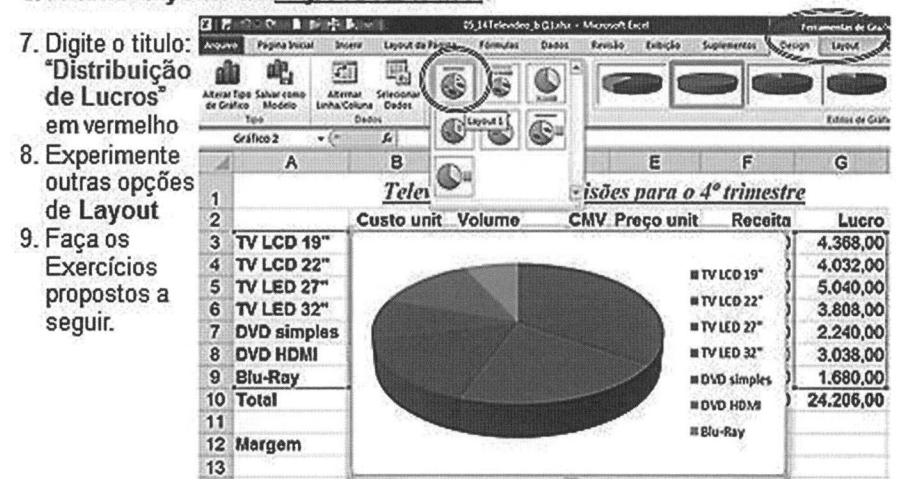

Para cada gráfico pronto é oferecida uma série de opções de Layout. No nosso exercício, gostaríamos de colocar um título no gráfico (Distribuição dos Lucros).

Para tal, acione Layout de Gráfico e veja que o **Layout1** realiza exatamente essa operação de oferecer um título. Acione essa opção e digite o título sugerido, como ilustrado nos dois diagramas a seguir.

Neste exercício, colocamos o gráfico como objeto na mesma planilha onde estão os dados. Mais à frente, veremos que ele pode ir para uma nova planilha.

Há três operações básicas que podem ser realizadas com gráficos:

1. **para movimentar um gráfico** (isto é, mudá-lo de lugar dentro da planilha), dê um clique sobre ele e segure o botão do mouse pressionado. Arraste o gráfico para o novo local. Chegando ao ponto desejado, solte o botão do mouse;
2. **para modificar o tamanho e as proporções de um gráfico**: clique uma vez sobre o gráfico e observe que se formam algumas marcas (pequenos retângulos) nas bordas. Ao colocar o mouse exatamente sobre uma dessas marcas, ele muda de formato, transformando-se numa seta dupla ↔, na posição horizontal (no centro de cada barra lateral), vertical (no centro da barra superior e da inferior) ou diagonal (nos cantos). Clique o mouse e arraste: veja que aparece, pontilhado, o novo tamanho do gráfico. Quando você soltar o botão esquerdo do mouse, o gráfico assume nova forma e tamanho. Pode-se mudar a proporção do gráfico, para mais quadrado ou mais alongado. Para alterar seu tamanho mantendo sua proporção, leve o cursor do mouse a um de seus cantos (seta diagonal) e arraste-o mantendo acionada a tecla [Shift]. Observe ainda que, à medida que você determina novos limites, o tamanho da figura se ajusta a eles, assim como o tamanho das fontes;
3. **para apagar um gráfico**: clique sobre ele, selecionando-o, e tecle [Delete].

	A	B	C	D	E	F	G	H
2		Custo unit	Volume	CMV	Preço unit	Receita	Lucro	Part.%
3	TV LCD 19"	260,00	60	15.600,00	332,80	19.968,00	4.368,00	18,0%
4	TV LCD 22"	320,00	45	14.400,00	409,60	18.432,00	4.032,00	16,7%
5	TV LED 27"	600,00	30	18.000,00	768,00	23.040,00	5.040,00	20,8%
6	TV LED 32"	680,00	20	13.600,00	870,40	17.408,00	3.808,00	15,7%
7	DVD simples	200,00	40	8.000,00	256,00	10.240,00	2.240,00	9,3%
8	DVD HDMI	310,00	35	10.850,00	396,80	13.888,00	3.038,00	12,6%
9	Blu-Ray	400,00	15	6.000,00	512,00	7.680,00	1.680,00	6,9%
10	Total			86.450,00		110.656,00	24.206,00	100,0%
11								
12	Margem		28,0%					

Ao clicar sobre um gráfico, aparece no Menu de Tarefas as **Ferramentas de Gráfico** com as opções de Design, Layout e Formatar. Explore as opções para inserir títulos, mudar eixos, como Selecionar Dados, entre outras, que permite visualizar e alterar a estrutura do gráfico.

Uma vez selecionadas as células necessárias, selecione na guia Inserir: grupo: Gráficos o tipo de gráfico (modelo e suas opções), direto nos botões ou no menu completo de "Inserir Gráfico" (pequeno ícone "Criar Gráfico") localizado no canto direito do grupo Gráficos.

Essa caixa de diálogo Inserir Gráfico relaciona as categorias ou os 11 tipos de padrões (Modelos).

5. Previsões de receita e lucro

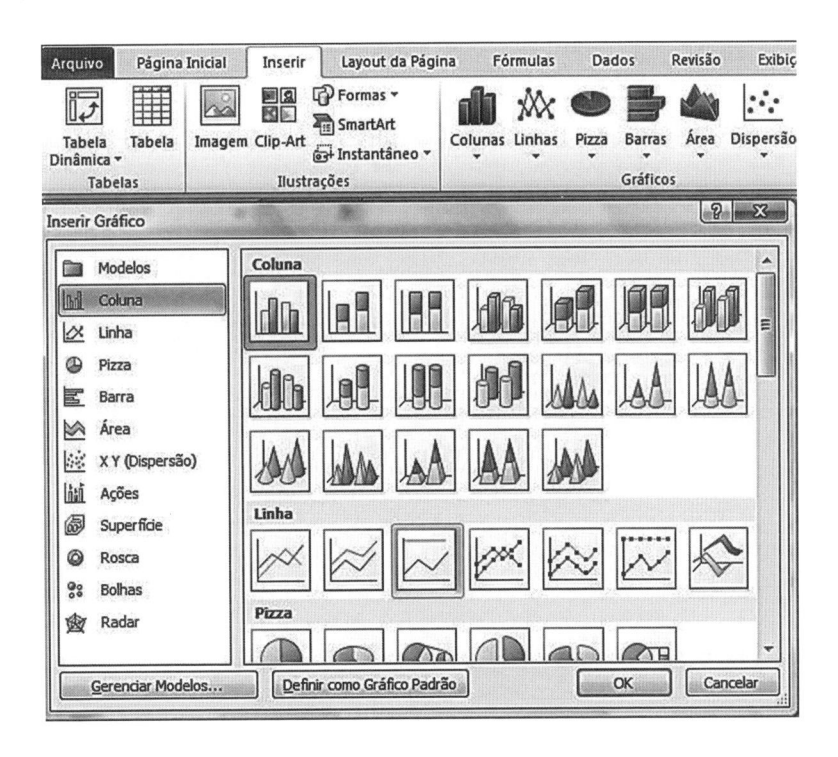

O quadro da direita ilustra as opções do tipo selecionado. Esses são os Tipos Padrão da Galeria de Gráficos do Excel, prontos para serem usados. Neste exercício usaremos os Modelos Padrão: são 70 opções divididas em 11 categorias. Podem-se ainda criar novos personalizando gráficos.

Convém destacar que nem todos os gráficos servem para qualquer aplicação. Por exemplo, no presente caso, não haveria sentido em selecionar nenhuma das opções de Radar.

Veja o tamanho da fatia correspondente ao Blu-Ray. Vá à célula **C9** e modifique o conteúdo de 15 para 45. Veja o que acontece com o gráfico.

Não se esqueça de repor o conteúdo correto em **C9=15**. Salve as atualizações clicando no ícone . Encerre o programa com um clique no canto superior da tela.

> Os gráficos no Excel são dinâmicos: toda vez que se altera qualquer dado da planilha, a figura é automaticamente atualizada com base nos novos cálculos. Atenção: justamente por isso, quando você não quiser mais um gráfico (por exemplo, porque ele está errado ou incompleto), não o "esconda" sob outro nem o deixe num canto qualquer da planilha. Qualquer gráfico, ainda que "escondido", ocupa memória e consome tempo de processamento. Você deve apagá-lo, selecionando-o e teclando Enter.

Agora retorne ao Excel e abra novamente a planilha TeleVideo. Veja que o gráfico está lá, junto com a planilha que acaba de ser lida.

> Os gráficos são parte da planilha e gravados com ela.

5.15. Exercícios de gráficos para TeleVideo

Com base nesta introdução, pratique, criando os oito gráficos ilustrados nos dois diagramas mostrados a seguir. Explore com testes algumas das diversas opções de Layout e das Ferramentas de Gráficos que permitem editar um gráfico além dos Layouts sugeridos.

Gráficos 1

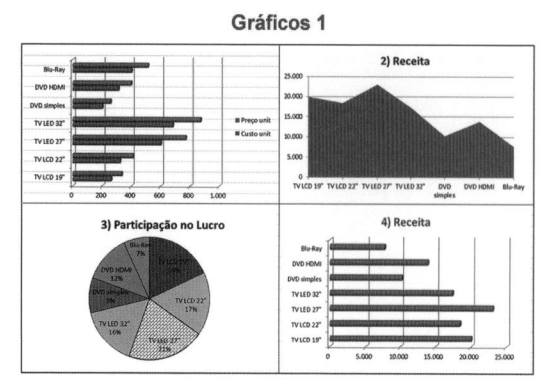

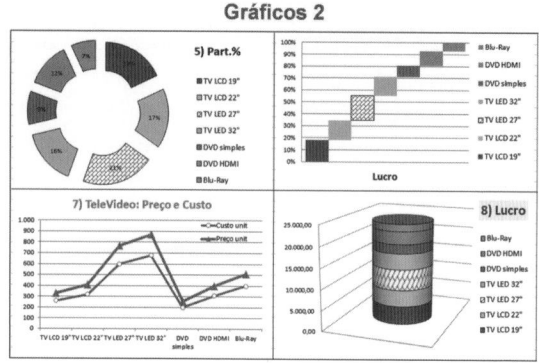

Gráficos 2

O Excel faz opções prévias de acordo com o conteúdo das células selecionadas. Normalmente já estará tudo correto. Mas, se algo estiver errado, você será capaz de perceber facilmente. Nesse caso, alguma coisa ficará visivelmente estranha no gráfico apresentado. Apague e tente novamente, mudando a seleção ou opção anterior.

5.16. Uso da auditoria e visualizando fórmulas

O Excel possui outro recurso interessante: a auditoria, ou seja, a verificação do relacionamento entre células.

Inicialmente, localize na barra de menu, guia Fórmulas, no grupo Auditoria de Fórmulas, as sete opções oferecidas dentro da caixa de ferramentas de auditoria: rastrear precedentes, rastrear dependentes, remover as setas do rastrear, mostrar as fórmulas, verificar erros, avaliar fórmulas e a janela de inspeção. No futuro, um deles poderá ajudar muito a resolver situações de erro ou validação de dados. Agora, selecione uma célula sobre a qual você queira saber mais informações. Por exemplo, **G10**, que contém o Lucro.

Clique então o ícone (Rastrear Precedentes) e veja o que acontece: aparecem setas, mostrando que o lucro total é resultado de uma operação com os lucros de cada produto (no caso, uma soma). Clicando novamente no mesmo ícone, percebe-se que os lucros de cada produto são resultados de operações com o CMV e a receita (desta vez, operações de subtração). Mais um clique na mesma ferramenta e o rastreamento vai mostrar que o CMV depende do custo unitário e do volume, ao passo que a receita depende do preço e do volume (note que, do volume, partem dois grupos de setas). Clicando ainda mais uma vez na mesma ferramenta, constata-se que o preço unitário é função da margem e do custo unitário. A esta altura, sua planilha deve estar como a mostrada ao lado.

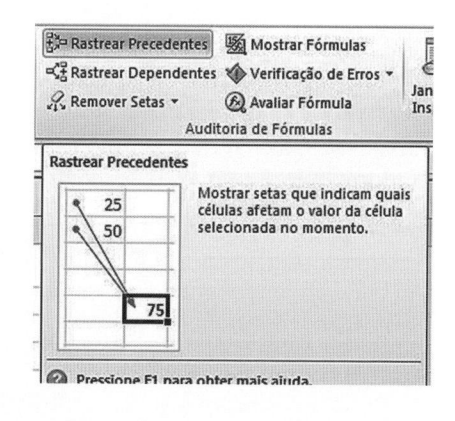

Daqui por diante, clicando-se na mesma ferramenta, não se consegue mais nenhuma informação, porque o rastreamento chegou ao último nível, no qual todas as células estão preenchidas com dados puros (isto é, não há mais nenhuma fórmula a rastrear).

Experimente agora clicar no ícone ▣ (Remover setas) e veja o resultado.

Agora que você já aprendeu a rastrear precedentes, vejamos como identificar os **dependentes**, ou seja, as outras células cujo conteúdo é calculado com base na célula ativa.

Selecione **B12** e clique na ferramenta ▣ (Rastrear Dependentes). Veja o que acontece. Clique mais uma vez e veja que, novamente, você chegou ao fim da linha. Neste ponto, sua tela deve estar mais ou menos como a mostrada abaixo. A ferramenta ▣ (Remover Setas) funciona de forma análoga à que remove setas precedentes.

	A	B	C	D	E	F	G	H
1	*Televídeo Ltda - Previsões para o 4º trimestre*							
2		Custo unit	Volume	CMV	Preço unit	Receita	Lucro	Part.%
3	TV LCD 19"	260,00	60	15.600,00	332,80	19.968,00	4.368,00	18,0%
4	TV LCD 22"	320,00	45	14.400,00	409,60	18.432,00	4.032,00	16,7%
5	TV LED 27"	600,00	30	18.000,00	768,00	23.040,00	5.040,00	20,8%
6	TV LED 32"	680,00	20	13.600,00	870,40	17.408,00	3.808,00	15,7%
7	DVD simples	200,00	40	8.000,00	256,00	10.240,00	2.240,00	9,3%
8	DVD HDMI	310,00	35	10.850,00	396,80	13.888,00	3.038,00	12,6%
9	Blu-Ray	400,00	15	6.000,00	512,00	7.680,00	1.680,00	6,9%
10	Total			86.450,00		110.656,00	24.206,00	100,0%
11								
12	Margem	28,0%						

Depois que tiver feito todo o rastreamento, você pode remover as setas todas de uma vez, como fizemos, ou uma a uma, com as opções do Remover Setas.

Visualizar as fórmulas na própria célula da planilha é um recurso que pode ser útil em diversas circunstâncias, como de validação, verificação, ou para documentação.

O comando é: Fórmulas: Mostrar Fórmulas, na guia de Auditoria de Fórmulas, com o resultado mostrado na figura abaixo (05_16). Para voltar a ver os resultados basta repetir o comando clicando em Mostrar Fórmulas, que ficará apagado.

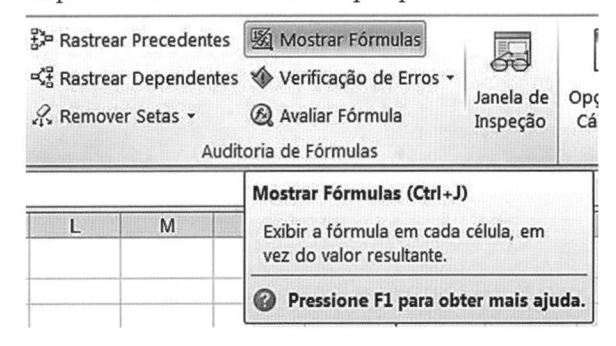

	A	B	C	D	E	F	G	H
1	*Televídeo Ltda - Previsões para o 4º trimestre*							
2		Custo unit	Volume	CMV	Preço unit	Receita	Lucro	Part.%
3	TV LCD 19"	260	60	=Custo_unit*Volume	=(1+Margem)*Custo_unit	=Preço_unit*Volume	=Receita-CMV	=Lucro/Total
4	TV LCD 22"	320	45	=Custo_unit*Volume	=(1+Margem)*Custo_unit	=Preço_unit*Volume	=Receita-CMV	=Lucro/Total
5	TV LED 27"	600	30	=Custo_unit*Volume	=(1+Margem)*Custo_unit	=Preço_unit*Volume	=Receita-CMV	=Lucro/Total
6	TV LED 32"	680	20	=Custo_unit*Volume	=(1+Margem)*Custo_unit	=Preço_unit*Volume	=Receita-CMV	=Lucro/Total
7	DVD simples	200	40	=Custo_unit*Volume	=(1+Margem)*Custo_unit	=Preço_unit*Volume	=Receita-CMV	=Lucro/Total
8	DVD HDMI	310	35	=Custo_unit*Volume	=(1+Margem)*Custo_unit	=Preço_unit*Volume	=Receita-CMV	=Lucro/Total
9	Blu-Ray	400	15	=Custo_unit*Volume	=(1+Margem)*Custo_unit	=Preço_unit*Volume	=Receita-CMV	=Lucro/Total
10	Total			=SOMA(CMV)		=SOMA(Receita)	=SOMA(Lucro)	=Total/Total
11								
12	Margem	0,28						

5.17. Imprimir planilhas

Se não houver uma área de impressão definida, quando você for imprimir a planilha, o Excel selecionará toda a área utilizada, ou seja, um retângulo que vai desde a primeira até a última linha e da primeira à última coluna utilizadas, ainda que haja espaços em branco no meio.

Por exemplo, uma planilha cujo corpo principal seja **A1:G15**, mas que tenha as células **G50** e **N15** ocupadas (poderiam conter constantes ou alguma observação etc.), será impressa como **A1:N50**. Isso nem sempre é bom, pois, em planilhas mais complexas, frequentemente há grandes áreas de trabalho que não precisam ou mesmo não devem ser impressas.

Definir a área de impressão

Para imprimir o conteúdo de uma planilha, convém primeiramente definir a área de impressão, isto é, a parte da planilha que deve ser impressa. Em nosso exercício, uma planilha pequena e contínua, isso não seria necessário – a seleção automática feita pelo Excel já seria adequada. Mas é importante saber como se define a área de impressão, pois isso será necessário no futuro.

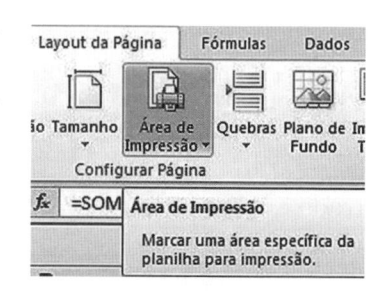

Para definir uma área de impressão, primeiro selecione a área desejada com o mouse ou com o teclado. A seguir, clique na ferramenta Definir área de impressão 🗐 da guia Layout de Impressão (cuidado para não a confundir com a ferramenta Imprimir 🖨).

Lembre-se de que a ferramenta Definir área de impressão pode estar ou não à disposição, dependendo de como se fez a personalização da barra de ferramentas.

Ao se definir uma área de impressão, o Excel:

1. define Área_de_impressão como o nome dessa faixa de forma automática. Ele pode ser visualizado e alterado com: Fórmulas: Gerenciador de Nomes;
2. coloca marcas tracejadas na tela, indicando as margens da área de impressão. Essas linhas só desaparecem se você Excluir a Área_de_impressão.

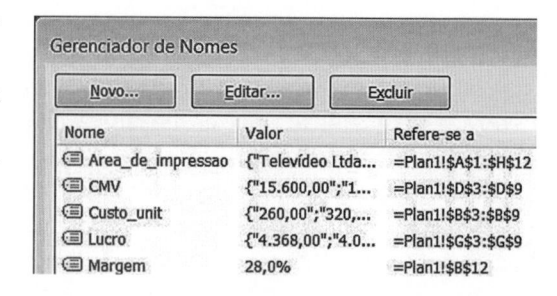

Visualização prévia da impressão

Para facilitar a impressão de documentos, o Excel tem um excelente recurso: a visualização prévia, na tela, do que vai ser impresso. Ele é de grande valia. Com a visualização prévia, eliminam-se antecipadamente os erros de edição e só se aciona a impressão depois que estiver tudo correto.

Para acionar a visualização prévia pode-se clicar na ferramenta 🔍 de acesso rápido ou acionar Visualizar Impressão, localizado na opção Imprimir do Arquivo. Com isso, o Excel mostrará uma página com a visualização do que será impresso. No início dessa visualização, o mouse fica com o formato de uma lupa, 🔍. Se você clicar sobre um ponto qualquer da página (ou se clicar no botão Zoom), o mouse mudará para o formato de seta ↖ e será mostrada na tela apenas aquela parte da imagem, ampliada mais ou menos até o tamanho natural. Clicando novamente o mouse, o zoom é cancelado, e assim sucessivamente.

Ajuste de margens e de larguras de colunas

Durante a visualização da impressão, se você acionar Mostrar Margens, aparecem as linhas delimitando o tamanho da página definida, suas Margens, Cabeçalhos, Rodapés e as larguras das Colunas. Isso é útil quando se deseja saber qual é o espaço disponível para inclusão de novas colunas ou novas linhas na área de impressão. Clicando sobre as marcas (retângulos pretos seguidos de um tracejado) existentes nas extremidades dessas linhas, você poderá ajustar as margens da página a ser impressa, arrastando para a nova posição.

Aparecem também, no topo da página, marcas ▌, indicando a largura de cada coluna. Clicando com o mouse sobre essas marcas, você pode ajustar a largura de cada coluna. Isso é interessante quando você precisa fazer alguns ajustes finos para que sua área de impressão caiba na página definida. Outra opção é acionar o Layout de Impressão mostrado adiante.

Configuração da impressão

Acione no menu ou guia Layout de Página o grupo Configurar Página (canto inferior direito do grupo) e aparece a caixa de diálogo mostrada ao lado.

No formato da Página, podem-se definir:

- **Orientação**: a impressão pode ser no formato retrato (o usual) ou paisagem (página "deitada");
- **Ajustar**: dimensiona a escala para impressão, diminuindo ou aumentando. Números acima de 100% ampliam a imagem impressa, números abaixo de 100% reduzem e, evidentemente, 100% gera uma impressão em tamanho natural. Existe também a possibilidade de **ajustar** para que a impressão ocupe determinado número de páginas de altura e/ou de largura;

- **Tamanho do papel**: há diversos tipos e tamanhos de folhas predeterminados, sendo padrões os formatos carta (8½" × 11") e A4 (210mm × 297mm). É possível também definir tamanhos personalizados;
- **Qualidade da impressão**: opção entre alguns graus de menor ou maior resolução;
- **Número da primeira página**: você pode utilizar a numeração automática ou preencher este quadro com o número da primeira página;
- **Visualizar Impressão**: mostra como deve ficar a impressão na impressora designada (também Arquivo: Imprimir), como na tela abaixo;
- **Opções**: detalhamento da configuração da impressora.

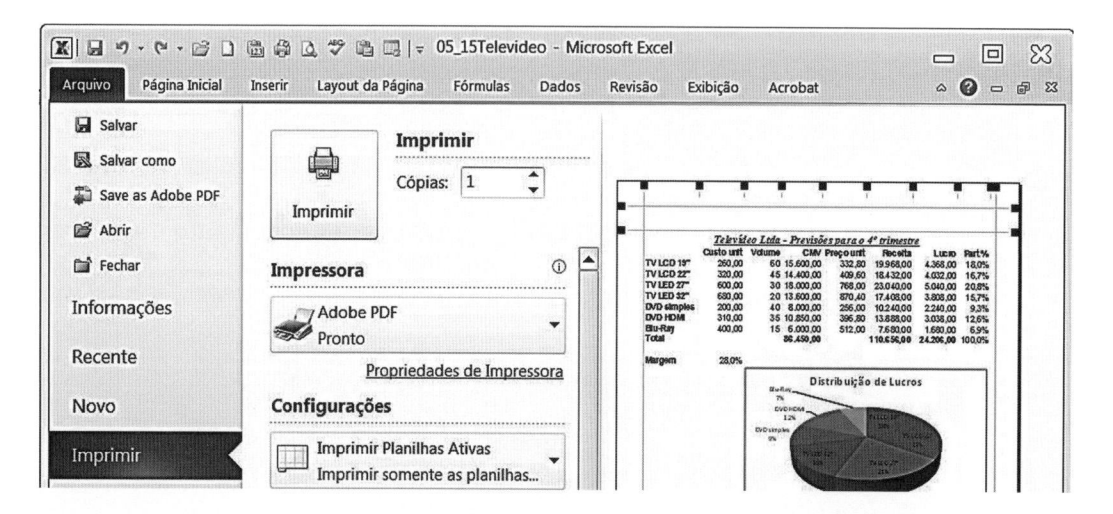

Na opção Margens, você pode definir todas as margens do papel e centralizar a impressão (na horizontal e na vertical). A impressão fica melhor com margens em torno de 1" (2,5 cm).

Na opção Planilha, aparece a tela a seguir, cujas opções mais importantes são imprimir ou não as linhas de grade e os cabeçalhos de linha e coluna, e a definição da área de impressão.

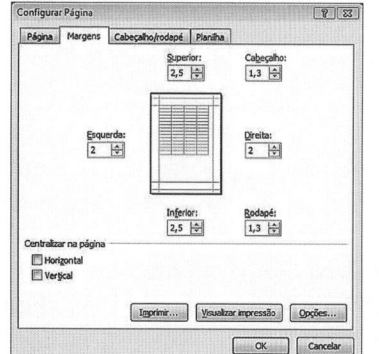

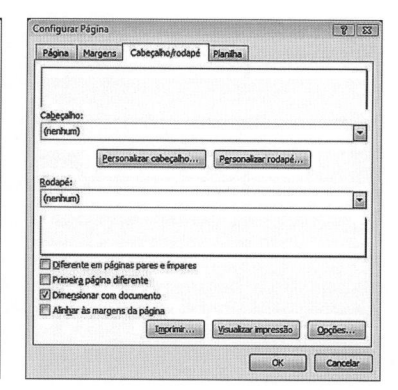

Cabeçalho e rodapé

Normalmente, ao imprimir uma planilha, é interessante colocar um cabeçalho (nome da planilha e/ou assunto) centralizado na página e um rodapé (número de página, data e outras informações).

Como já vimos, em Layout de Página: Configurar Página: Cabeçalho/rodapé, podemos criar e editar esses dados, como mostrado no diagrama anterior.

Há alguns formatos de cabeçalhos e rodapés predefinidos. Clique nos respectivos quadros e escolha uma opção. Se você não quiser nada no cabeçalho e no rodapé (o que pode ser o caso), escolha, para ambos, a opção (nenhum), mostrada na figura ao lado.

Se você quiser um cabeçalho, clique Personalizar cabeçalho e defina suas opções na caixa que se abre. As ferramentas (ícones) servem, respectivamente, para formatar fontes, inserir número da página e número total de páginas, inserir data e hora, inserir nome do arquivo ativo e inserir nome da planilha ativa, como ilustrado a seguir.

Para apagar qualquer dos campos, é preciso marcá-lo com o mouse e acionar [Delete].

Para Personalizar Rodapé, o procedimento é similar ao de cabeçalhos. No exemplo abaixo, colocamos o nome do [Arquivo] e a [Data], acionando os ícones do meio da tela Rodapé.

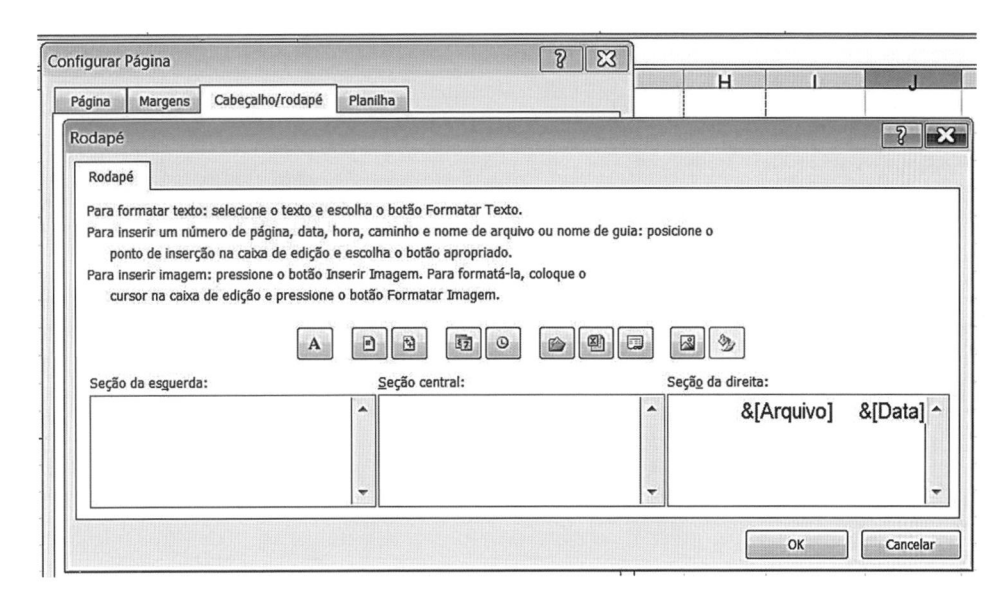

Quando se clica OK, saindo-se da configuração, todas as alterações feitas serão atualizadas em Visualizar Impressão.

Para encerrar o modo de Visualizar Impressão, acione Sair ou clique em outra guia do menu. Para imprimir, clica-se em 🖨 (Imprimir).

Impressão de uma planilha e Layout de impressão

O Excel tem dois recursos distintos para a impressão. O primeiro é o ícone 🖨 (ferramenta Imprimir) do Menu de Acesso Rápido, que é a Impressão Rápida. Clicando-se sobre ele, sem a necessidade de informações adicionais, será impressa a área de impressão definida (ou, se não houver uma área definida, será impressa toda a área efetivamente ocupada).

O segundo recurso é o comando Arquivo: Imprimir (ou Imprimir no modo de Visualizar Impressão). A área a ser impressa funciona da mesma forma que quando se utiliza a ferramenta Imprimir. Porém, abre-se a caixa de diálogo mostrada a seguir, permitindo maior número de opções (*lembre-se de que, quando se usa a ferramenta* 🖨, *emite-se uma única cópia da planilha inteira*).

Temos várias opções, inclusive Visualizar antes de imprimir, ação sempre recomendável:

Imprimir: para imprimir, pode-se aumentar o número de Cópias (o padrão 1 cópia).

Impressora: selecione o nome da impressora que deseja utilizar, caso se queira mudar o padrão que já está preenchido. Por exemplo, para enviar um fax, é neste local que você selecionará. Note a opção de ver e mudar as Propriedades da Impressora selecionada.

Configurações: várias opções para definir o **intervalo de impressão**, tudo ou só páginas selecionadas ou outra seleção (trecho selecionado), planilha(s) selecionada(s). Mudar a sugestão padrão de Orientação, tipo de papel, Margens e outros recursos como dimensionar (Ajustar) para que a planilha caiba em 1 ou mais páginas.

Clicando em Imprimir 🖨, inicia-se a impressão.

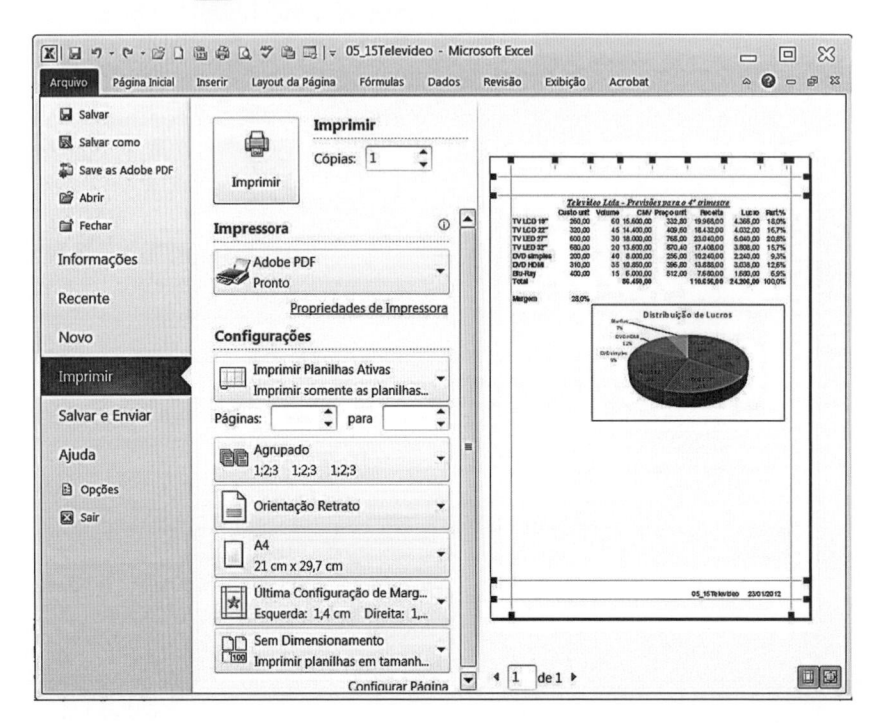

Uma opção útil para imprimir planilhas é a de Dimensionamento. No exemplo do diagrama ao lado é mostrada a opção de "**Ajustar Planilha em Uma Página**".

Outra opção para definir parâmetros para imprimir e entrar no modo de Exibição de Layout da Página está ilustrada ao lado. Nela aparecem Réguas de Margens para controle de larguras e alturas e pode-se colocar Títulos de Colunas ou de Linhas.

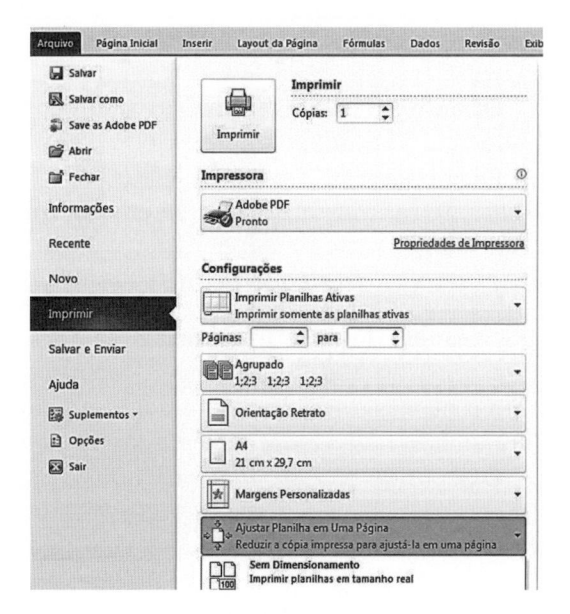

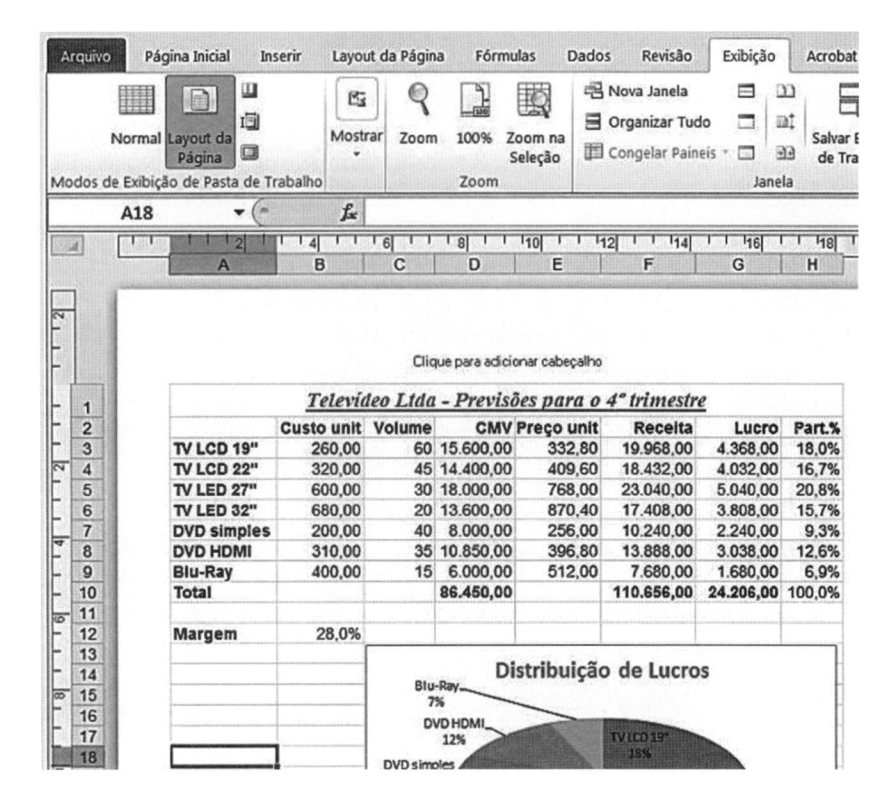

5.18. O que acontece quando se esquece de salvar a planilha

Clique agora no quadro do canto superior esquerdo da tela e veja o que acontece: o Excel avisa-lhe que sua planilha não foi salva e oferece-lhe a possibilidade de fazê-lo antes de encerrar o programa. Clique no botão OK para salvar e finalizar este exercício.

5.19. Preenchimento automático de células

Dica: quando você estiver montando uma planilha, experimente digitar Janeiro e copiar essa célula, usando a cruz preta +, para as células da faixa correspondente aos meses de fevereiro a julho. Veja o que acontece: o Excel preenche automaticamente as células de destino. O preenchimento automático reproduz toda a formatação da célula original (alinhamentos, fontes, maiúsculas/minúsculas etc.).

O preenchimento automático de células funciona para:
- **meses**, tanto nos formatos por extenso (janeiro, fevereiro...) quanto abreviados (jan, fev...), controlando o final do ano;
- **dias da semana**, sejam por extenso (sexta-feira, sábado...) ou abreviados (sex, sáb...), controlando o final da semana;
- **trimestres**, por extenso (1º trimestre...) ou abreviado (4º trim.), controlando o final do ano;
- **textos**, tipo produto 1, filial 1, ou 1º semestre, semana 1, dia 1 etc. (sem controle);
- **datas**, nos formatos 22/01, 22/01/14, 22/jan, 22/jan/14, 22/janeiro, 22/janeiro/14, 22/01/2014 ou 22 de janeiro de 2014, controlando-se inclusive os anos bissextos;
- **progressões aritméticas**, inclusive de datas (é necessário selecionar as duas primeiras células para que o programa reconheça a razão da progressão).

5.20. WinnerSports – exercício de fixação

Este exercício emprega somente recursos já vistos. Tente resolvê-lo antes de ver: 05_20Winner.

A WinnerSports é uma academia de ginástica. Para definir sua estratégia de *marketing* para os próximos meses, o gerente precisa fazer um orçamento semestral, para o período de janeiro a junho. Há os seguintes dados disponíveis:
- De janeiro a junho, os números mensais de alunos previstos são: 250, 230, 240, 250, 260 e 280.
- A mensalidade de cada aluno será de $ 50,00, com um desconto de 10% em janeiro.
- Os gastos com pessoal (salários e encargos sociais) são fixos, de $ 3.300,00 mensais.
- As despesas com água são de $ 0,75 por m^3. Há um consumo mensal fixo de 380m^3, mais um gasto médio de 8m^3 por aluno.
- As despesas de energia elétrica são de $ 0,10 por kWh. O consumo mensal fixo é de 4.000 kWh. Cada aluno gera um gasto adicional de 10,5 kWh.
- O gasto mensal com materiais em geral é calculado à base de $ 12,00 por aluno.
- As diversas despesas mensais são de $ 600,00 fixos, mais $ 6,20 por aluno.

Com base nessas informações, você deverá construir uma planilha que apresente, em detalhe, o orçamento semestral, mês a mês. Deve apresentar também os totais de cada rubrica no semestre.

Todas as variáveis acima deverão estar numa área especial da planilha, de modo que seja possível fazer simulações dos resultados alterando-se cada uma delas.

Construir um gráfico tipo Área 3D, Layout 6, mostrando número de alunos e lucro.

Qual seria o valor dos salários mensais para que o lucro no semestre fosse $ 6.000,00?

6.

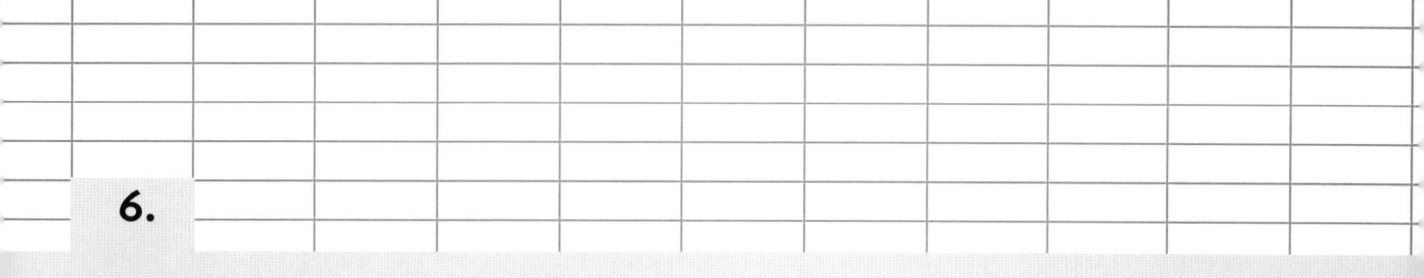

Explorando novos recursos

Voltemos ao problema da 06_01Televideo. Você, como administrador, já sabe os preços que deve cobrar para assegurar um lucro bruto que cubra os custos e remunere seu capital.

06_01Televideo - Microsoft Excel

	A	B	C	D	E	F	G	H
1	*Televídeo Ltda - Previsões para o 4º trimestre*							
2	R$	Custo unit	Volume	CMV	Preço unit	Receita	Lucro	Part.%
3	TV LCD 19"	260	60	15.600	335	20.111	4.511	18,0%
4	TV LCD 22"	320	45	14.400	413	18.564	4.164	16,7%
5	TV LED 27"	600	30	18.000	774	23.205	5.205	20,8%
6	TV LED 32"	680	20	13.600	877	17.533	3.933	15,7%
7	DVD simples	200	40	8.000	258	10.313	2.313	9,3%
8	DVD HDMI	310	35	10.850	400	13.988	3.138	12,6%
9	Blu-Ray	400	15	6.000	516	7.735	1.735	6,9%
10	Total			86.450		111.450	25.000	
11								
12	Margem	29%						

6.1. Projeções trimestrais para exercícios futuros

Porém, você gostaria de fazer projeções orçamentárias trimestrais para os dois exercícios fiscais seguintes, com base nas vendas do final do exercício corrente, projetadas de acordo com o comportamento sazonal das vendas (você tem esses dados calculados por meio de séries históricas), e nos prognósticos de crescimento da atividade econômica.

Mais uma vez, pense nas três questões básicas:
1. qual é o **resultado** final desejado?
2. que **dados ou informações** serão utilizados como ponto de partida para chegar ao resultado desejado?
3. quais as transformações que devem ser feitas para que os dados e informações de entrada produzam o resultado desejado – **estrutura**?

O resultado desejado, naturalmente, é a previsão trimestral. Quanto aos dados de entrada, já há informações sobre vendas e custos totais, produzidos no exercício anterior. Mas, além disso, é preciso conhecer alguns detalhes sobre despesas em geral, receitas não operacionais, ganhos de capital e impostos. Com base nos seus contratos e na sua experiência histórica, você tem os seguintes dados referentes ao seu negócio:

   a) suas despesas comerciais (comissões, propaganda etc.) são de 6,5% das vendas;
   b) as despesas administrativas são de 4,5% do valor das vendas;
   c) a cada início de ano, você dispensa alguns vendedores que haviam sido contratados no Natal. Essas dispensas geram um custo de 15% das vendas do trimestre;
   d) há outras despesas fixas (aluguel, assessoria contábil, etc.) no valor de 500 mensais (ou seja, 1.500 trimestrais);
   e) as despesas financeiras são da ordem de 2,2% das vendas;
   f) as vendas geram receitas financeiras (não operacionais) de 7% do faturamento;
   g) no 3º trimestre de cada ano, você tem um ganho de capital, referente a dividendos recebidos de participação societária, no valor de 2.000;

h) o imposto de renda é cobrado à base de 35% do lucro tributável, se este for positivo.

Mas, além dessas informações, para fazer as previsões você precisa saber mais sobre o comportamento esperado para as vendas. Suponha que você tenha contratado uma empresa de consultoria que, com base em dados históricos e expectativas da economia, forneceu as seguintes hipóteses para as taxas de crescimento nos dois próximos anos:

- 1º ano: –1%,   +2%,   +2%   e +3% trimestrais;
- 2º ano: +1%,   +1%,   +3%   e +4% trimestrais.

Vamos agora detalhar um pouco mais o resultado esperado. Partindo da situação atual prevista (lembre-se do exercício anterior: receita de $ 111.450,00 e CMV de $ 86.450,00) e das hipóteses acima apresentadas, vamos montar uma planilha para os 8 trimestres:

i) a hipótese de crescimento adotada para aquele trimestre;

j) a receita, o CMV e o lucro bruto (isto é, a diferença entre receita e CMV). Ao fazer as projeções, lembre-se de que a receita e o CMV de um trimestre correspondem ao valor do trimestre anterior, acrescidos da taxa de crescimento do trimestre em curso;

k) cada uma das rubricas de receitas e despesas e o lucro operacional (igual ao lucro bruto, menos as despesas, mais as receitas);

l) o ganho de capital;

m) o lucro tributável (isto é, lucro operacional mais ganho de capital);

n) o imposto de renda;

o) o lucro líquido.

Devem também ser mostradas as constantes e as hipóteses associadas a cada rubrica (bases de cálculos dos valores trimestrais), bem como a totalização das rubricas.

6.2. Conceito de pasta de trabalho

Até agora, você trabalhou sempre com planilhas isoladas. Mas, neste caso, você vai ter uma planilha (previsões para dois anos) intimamente ligada a outra (previsões para o trimestre). Quando várias planilhas estão logicamente interligadas entre si, tem-se uma **pasta de trabalho**, ou seja, um único arquivo com mais de uma planilha.

Formar uma pasta de trabalho é muito simples. Primeiramente, abra a planilha TeleVideo, (06_01Televideo). Você provavelmente já percebeu que, na parte de baixo da tela, existe algo parecido com um indicativo de fichários, com três "orelhas", mostrado ao lado.

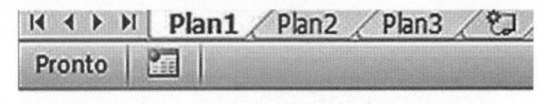

Esse indicativo mostra que, na realidade, mesmo sem perceber, você já estava trabalhando com pastas de trabalho. Só que tais pastas tinham uma única planilha preenchida. Repare que **Plan1** está mais clara e que as "orelhas" referentes a **Plan2**, **Plan3**, ..., estão sombreadas. Isso quer dizer que **Plan1** é a planilha ativa da pasta de trabalho (no caso, é a única), mas que existem duas outras planilhas prontas para serem utilizadas.

Para saber um pouco mais sobre a pasta de trabalho, clique no espaço identificado como **Plan2**: aparece uma planilha nova, em branco. Clique agora na "orelha" de **Plan3** e veja que aparece outra planilha em branco. Experimente clicar nos botões ▶ e ◀ e observe o resultado. Em seguida, procure também entender para que servem os botões ▶ e ◀. Repare que a última planilha da pasta de trabalho é **Plan3** (esse padrão do Excel pode ser modificado, e outras novas, inseridas).

Agora, nessa mesma pasta de trabalho que já contém a planilha com as previsões trimestrais (feita no exercício anterior), você vai deixar também uma nova planilha com as projeções para os próximos dois anos. Abra a nova planilha **Plan2** clicando sobre a "orelha" correspondente. Mas, antes de escrever nela, vamos estruturar o problema.

6.3. Estruturação do problema

Conforme já foi visto, antes de iniciar a construção do modelo, você deve estruturar mentalmente o problema. Procure pensar qual seria o arranjo mais funcional para isso: rubricas nas colunas e trimestres nas linhas, ou vice-versa?

Este é um problema de série temporal. O arranjo ficaria bom em qualquer das disposições propostas, mas o mais comum é definir linhas para as rubricas e colunas para os períodos (*ao preencher os títulos das colunas, lembre-se do preenchimento automático*).

Lembre-se também de que o enunciado do problema pede a explicitação de hipóteses, premissas e valores constantes. Veja, na figura a seguir, a estrutura sugerida (lembre-se de que o estilo normal havia sido definido com fonte Arial, tamanho 12, e números com a formatação de duas casas decimais e separador de milhar). Os títulos já estão em negrito e o *zoom* foi ajustado para 70%.

Considere que, no enunciado do problema, foi pedido explicitar todas as hipóteses, premissas e constantes. A melhor forma de fazer isso é reservar áreas específicas para as variáveis:

1. abrir uma nova coluna **B** para as hipóteses referentes às diversas rubricas (lembre-se: clique com o botão **direito** sobre o cabeçalho da coluna **B** e escolha a opção Inserir);
2. abrir uma nova linha **4** para as hipóteses referentes às taxas de crescimento trimestrais;
3. colocar o nome "Hipóteses (alinhado à direita) na célula **B4** recém-criada. Sua tela deve estar como a figura a seguir (Planilha 06_03Televideo);

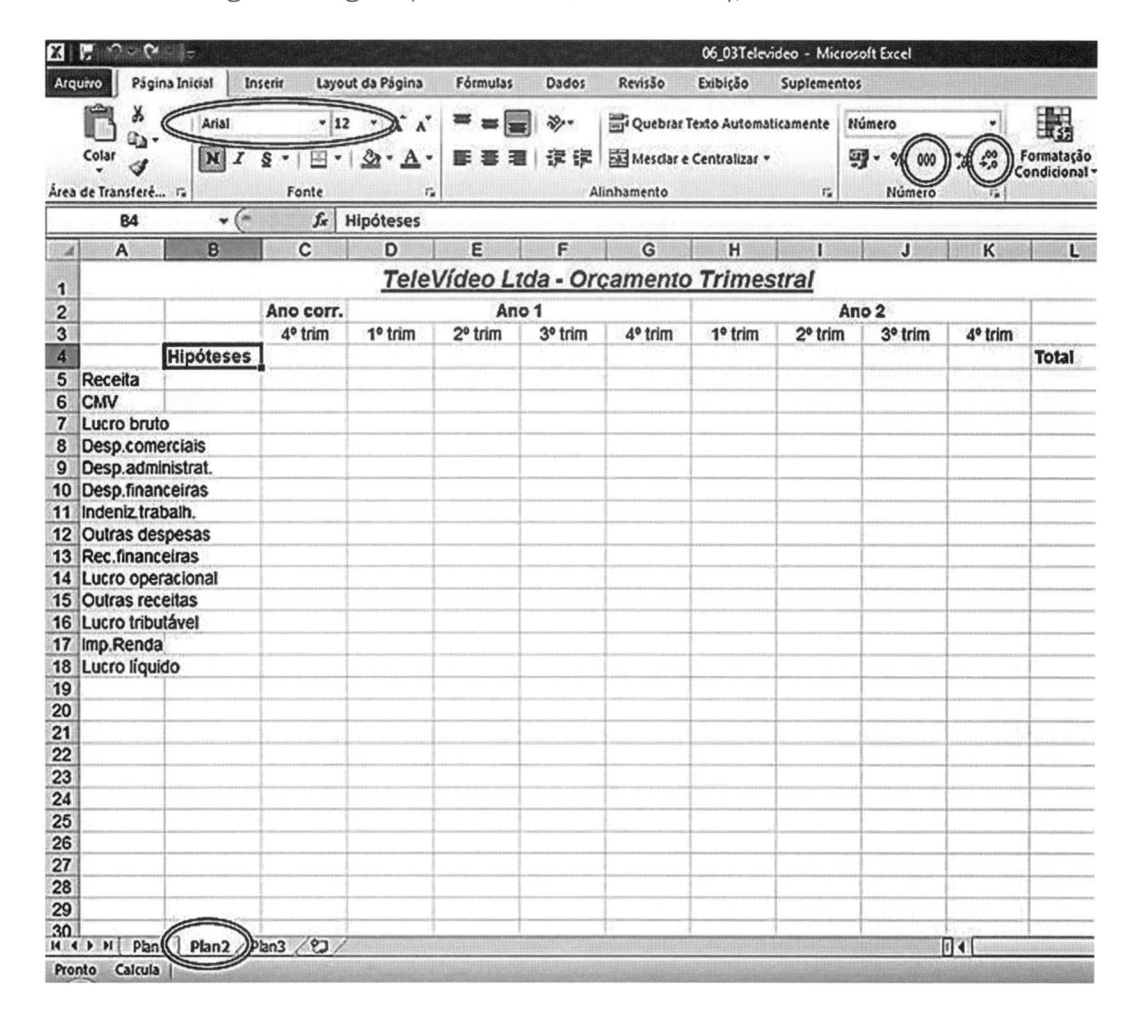

4. aproveite também para ajustar a coluna **A**, dando um clique duplo com o mouse no devido lugar do cabeçalho de colunas (isto é, no exato limite entre as colunas **A** e **B**).

A seguir ilustramos a mesma planilha com outro visual e formatação. A planilha está no Excel 2007. Note que o Botão Office voltou a se chamar Arquivo, como nas versões anteriores, e a primeira guia passou de Início para Página Inicial.

Outro visual – exemplo no Excel 2007

6.4. Preenchimento da planilha – trabalhando com nomes

Iniciando o preenchimento dessa nova planilha, coloque na coluna **B** os valores e percentuais que serão utilizados como hipóteses (bases de cálculo). Preencha também a linha **4**, com os percentuais de crescimento esperados.

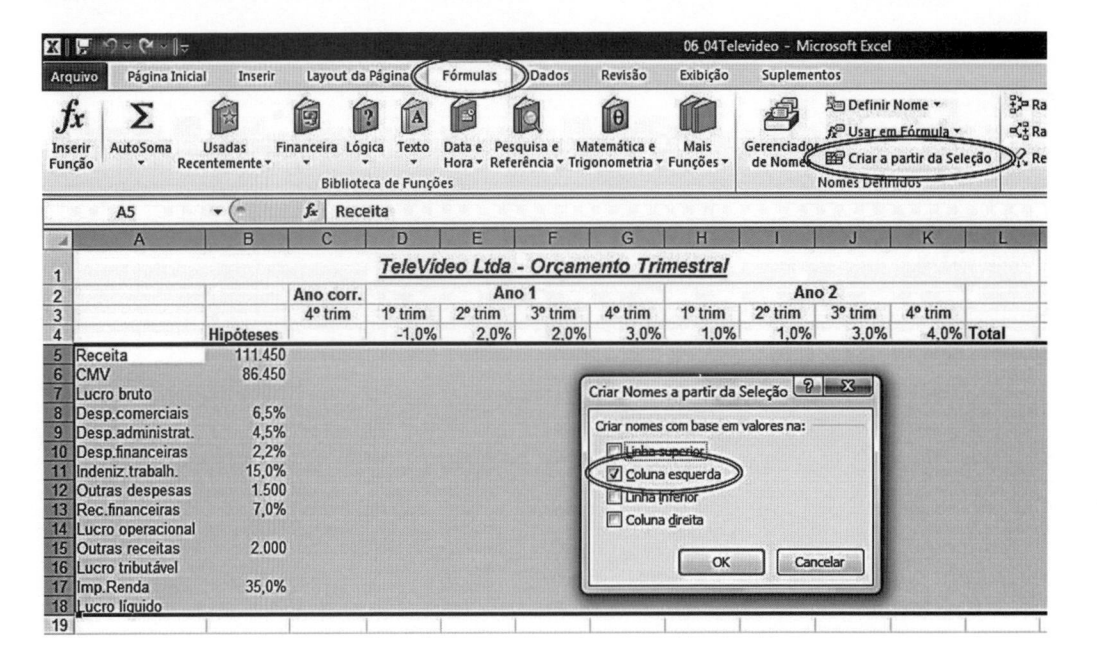

6. Explorando novos recursos

Antes de começar a trabalhar com fórmulas, lembre-se do que foi visto no exercício anterior: se você criar nomes para células e faixas, seu trabalho será bem mais fácil. Por isso, selecione as linhas **5** a **18** e utilize o comando Fórmulas: Criar a partir de seleção: OK (Coluna esquerda). Com isso, a linha **5** passa a ser identificada pelo nome RECEITA, a linha **6** passa a ser reconhecida como CMV, a linha **7**, como LUCRO_BRUTO, e assim por diante.

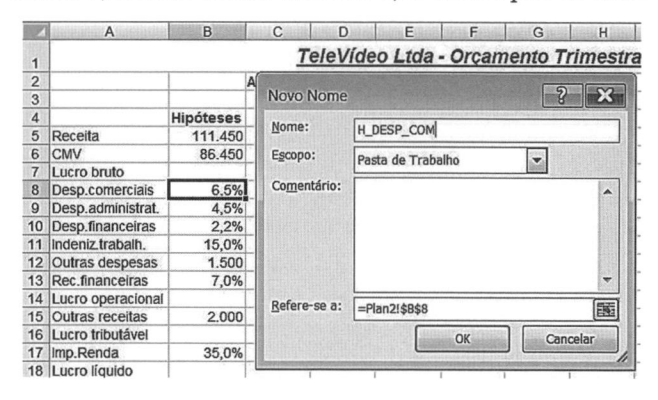

Mas lembre-se de que, no exercício anterior, você já havia definido a coluna **D** como CMV e a coluna **F** como RECEITA. Como o Excel vai saber se, quando você colocar RECEITA, você está se referindo à linha **5** desta planilha ou à coluna **F** da planilha anterior? Entre novamente no comando Inserir, Nome, mas escolha agora a opção Definir, para ver todos os nomes já definidos. Veja no quadro a seguir: CMV e RECEITA ficam definidos, respectivamente, como Plan2!CMV e Plan2!RECEITA (este último só aparece utilizando-se a barra de rolagem vertical).

Mas, além de trabalhar com nomes de linhas, você vai ter que dar um nome para cada célula da coluna **B**, pois é ali que estão as hipóteses que servirão como base para todos os cálculos. Para fazer isso, você precisará definir, um por um, os nomes de cada célula. Vamos ao passo a passo:

1. inicie selecionando a primeira célula a ser nomeada, ou seja, **B8**;
2. em seguida, acione Fórmulas: Definir Nome e defina essa célula como H_DESP_COM (note que o espaço no quadro inferior, Refere-se a, está corretamente definido);
3. clique OK;
4. selecione **B9** e repita os passos 2 e 3 para H_DESP_ADM. Alternativamente, o passo 4 poderia ter sido iniciado em **B8** com o passo 2 que abre novamente o quadro superior da caixa de diálogo. Escreva o Nome: a ser atribuído à próxima célula, H_DESP_ADM, "pinte" o conteúdo do quadro inferior, Refere-se a, clique com o mouse na célula correspondente ao nome atribuído (no caso, **B9**) e clique OK;
5. repita sucessivamente os passos 2 e 3, com os seguintes conteúdos:
   - H_DESP_FIN   **B10**
   - H_IND_TRAB   **B11**
   - H_OUTS_DESP   **B12**
   - H_REC_FIN   **B13**
   - H_OUTS_RE C   **B15**
   - H_IMP_RENDA   **B17**
6. acione o Gerenciador de Nomes na guia Fórmulas e sua tela deve ficar como a figura ao lado.

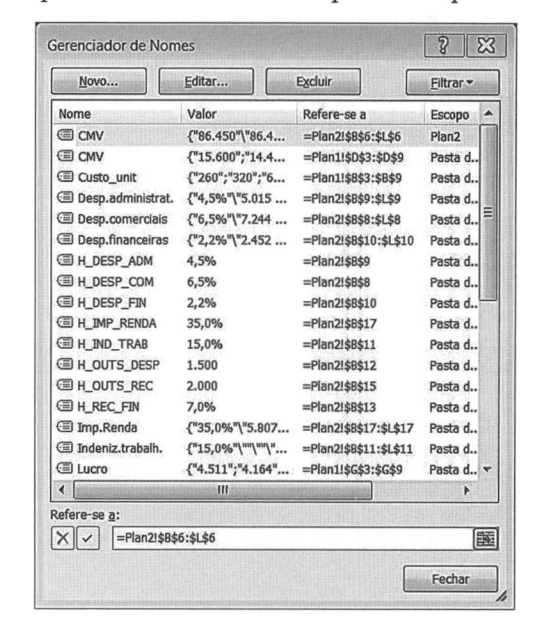

Por mais que a definição de nomes possa parecer complicada, não se assuste. Dentro de pouco tempo você estará totalmente habituado e verá que, realmente, assim é bem mais fácil e, acima de tudo, bem menos sujeito a erros.

Para preencher a coluna **C**, referente ao 4º trimestre do ano corrente:

1. as células **C5** e **C6** são simples reproduções das hipóteses **B5** e **B6**. Portanto, devem ser fórmulas definidas como =**B5** e =**B6**, respectivamente (lembre-se, você não definiu nenhum nome para as células **B5** e **B6**);
2. Para preencher as fórmulas de C7 a C18 utilize o recurso de Usar em Fórmulas ou de sugestões de nomes, ilustrados a seguir:
- **C7** = Receita-CMV = C5 – C6;
- **C8** = Receita*H_DESP_COM;
- **C9** = Receita*H_DESP_ADM;
- **C10** = Receita *H_DESP_FIN;
- **C11** = ... bem, neste trimestre, não vai nada nesta célula;
- **C12** = H_OUTS_DESP;
- **C13** = Receita *H_REC_FIN;
- **C14** = Lucro_bruto-Desp_comerciais-Desp_admnistrativas-Desp_financ-Indeniz_trabalh-Outras_despesas+ Rec_financeiras
- **C15** = ... bem, neste trimestre, esta célula também não deve ser preenchida;
- **C16** = Lucro_operacional+Outras_receitas
- **C17** = Lucro tributável*H_IMP_RENDA
- **C18** = Lucro_tributável -IMP_RENDA

Você deve estar pensando no trabalho que vai ter para digitar todos esses nomes complicados, e que seria muito mais fácil usar o velho e bom sistema de endereçamento tradicional. Pode parecer que assim seja, mas não é. Você vai ver que, na verdade, é até fácil, pois não é preciso digitar quase nada. Siga estes passos:

1. primeiramente, preencha as células **C5** e **C6** pelo método tradicional;
2. clique o mouse sobre **C7**, selecionando-a;
3. inicie a definição da fórmula, digitando = (sinal de igual);
4. acione Fórmulas: Usar em Fórmulas, que aparece uma lista com todos os nomes definidos;
5. use a barra de rolagem vertical até que apareça o nome Receita, selecione-o e dê OK. Constate que ela foi incorporada à sua fórmula;
6. digite o operador de subtração – ;
7. entre em Usar em Fórmulas e selecione CMV. Dê OK;
8. tecle [Enter] para encerrar a fórmula e preencha as demais repetindo os passos 2 a 6;
9. para C8, o processo seria: digite = depois Usar em Fórmulas e selecione Receita digite – e selecione H_DESP_COM com Usar em Fórmulas. Termine com [Enter];
10. experimente outra alternativa: após digitar o = na fórmula anterior, digite H. Veja, na figura ao lado, que aparece uma janela com sugestões dos nomes começando com H. Selecione o nome desejado. Acione [Enter] ou clique em outra célula para encerar.

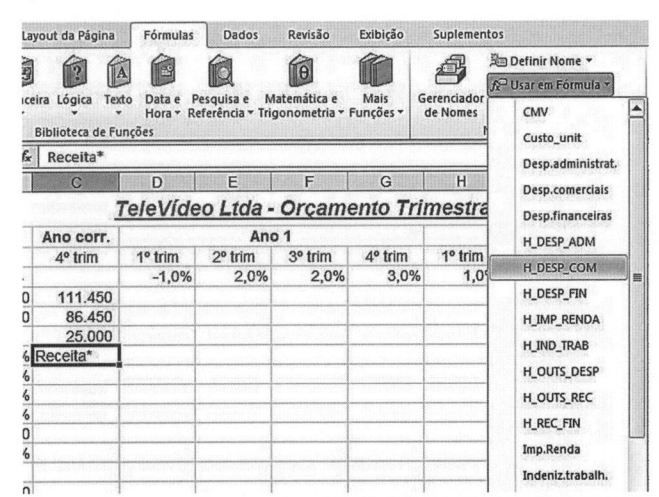

6. Explorando novos recursos

> Utilizando o recurso de **Usar nomes** (colar), além de ganhar tempo, você praticamente elimina a possibilidade de cometer erros de digitação.

Agora você deve preencher a coluna **D**. Para isso, você deve, primeiramente, definir qual será o valor da Receita e do CMV previstos para o 1º trimestre. Esses valores são calculados com base no trimestre anterior, acrescidos da variação percentual prevista.

Você ainda não deu um nome para a linha **4** (que contém as variações trimestrais previstas). Selecione **D4:K4** e use Fórmulas: Definir Nome, atribuindo o Nome: Variacao.

Agora, lembre-se: **D5** deve conter um valor igual a **C5**, mais a variação percentual prevista no trimestre. Se você definir essa fórmula como sendo =C5*VARIACAO, o valor resultante não será o que se espera (valor previsto para o 1º trimestre), mas sim a diferença entre a receita do trimestre anterior e a do próximo. Portanto, a definição correta dessa fórmula é D5=C5*(1+ Variacao).

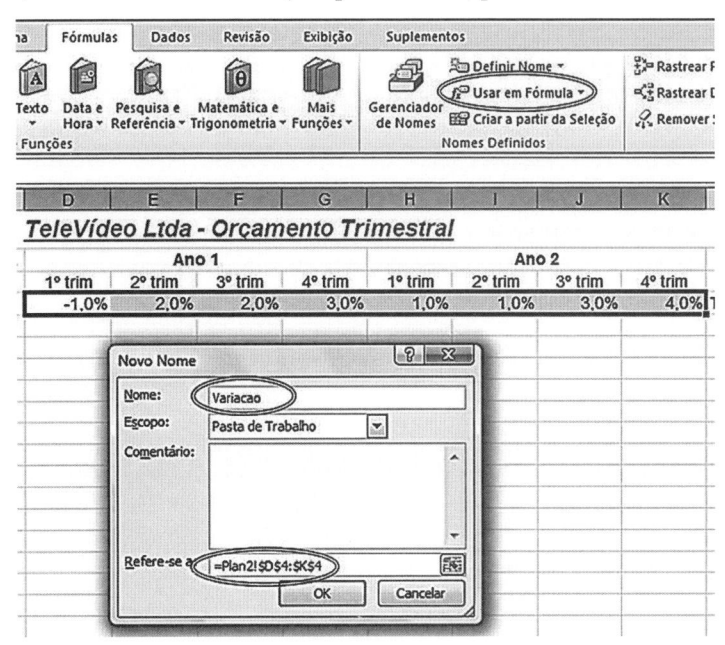

Você pode agora copiar essa fórmula para **D6**. Veja que ambos os valores estão corretos.

Quanto ao intervalo **D7:D18**, você pode preenchê-lo copiando as células **C7:C18** (vai ficar faltando alguma coisa, mas deixe assim mesmo, por enquanto).

6.5. Preenchimento da planilha fora da sequência convencional

Agora, mesmo com a coluna **D** incompleta (falta colocar a fórmula em **D11**), é melhor copiá-la para o restante da planilha. A cópia deve ser feita de **D5:D18** para **E5:K18**. Isso você sabe fazer. Use o preenchimento automático (mouse com formato de cruz preta **+**).

Somente depois é que se preenchem as células **D11** e **H11** (indenizações) e **F15** e **J15** (outras receitas). Nas primeiras, a fórmula é =Receita*H_IND_TRAB e, nas últimas, a fórmula será =H_OUTS_REC.

Note que, se você tivesse tentado preencher essas células antes da cópia, teria tido muito mais trabalho apagando depois.

> Em determinadas circunstâncias, o preenchimento da planilha segundo a sequência "tradicional" (completando-se uma linha ou uma coluna de cada vez para depois copiá-la) pode não ser o caminho mais fácil.

6.6. Usando funções

Veja o que aconteceu nas células **D17** e **H17** (ilustrado na próxima figura): o imposto de renda ficou negativo, e isso, evidentemente, está errado. A fórmula estaria correta, não fosse por um detalhe: o cálculo só deve ser feito se o lucro tributável for positivo. Como resolver esse problema?

Visto que grande número de questões não pode ser solucionado somente com o uso de fórmulas aritméticas, as planilhas contêm funções pré-programadas, da mesma forma que diversas calculadoras financeiras, científicas etc. O Excel tem funções de diversos tipos: financeiras, matemáticas, lógicas, tratamento de tabelas, tratamento de texto etc.

Por serem muitas funções, veremos somente as principais. Com o tempo, você mesmo será capaz de explorar outras, com auxílio da estrutura de Ajuda.

	A	B	C	D	E	F	G	H	I	J	K
1			*TeleVídeo Ltda - Orçamento Trimestral*								
2			Ano corr.	Ano 1				Ano 2			
3			4º trim	1º trim	2º trim	3º trim	4º trim	1º trim	2º trim	3º trim	4º trim
4		Hipóteses		-1,0%	2,0%	2,0%	3,0%	1,0%	1,0%	3,0%	4,0%
5	Receita	111.450	111.450	110.336	112.542	114.793	118.237	119.419	120.613	124.232	129.201
6	CMV	86.450	86.450	85.586	87.297	89.043	91.714	92.632	93.558	96.365	100.219
7	Lucro bruto		25.000	24.750	25.245	25.750	26.522	26.788	27.055	27.867	28.982
8	Desp.comerciais	6,5%	7.244	7.172	7.315	7.462	7.685	7.762	7.840	8.075	8.398
9	Desp.administrat.	4,5%	5.015	4.965	5.064	5.166	5.321	5.374	5.428	5.590	5.814
10	Desp.financeiras	2,2%	2.452	2.427	2.476	2.525	2.601	2.627	2.653	2.733	2.842
11	Indeniz.trabalh.	15,0%		16.550				17.913			
12	Outras despesas	1.500	1.500	1.500	1.500	1.500	1.500	1.500	1.500	1.500	1.500
13	Rec.financeiras	7,0%	7.802	7.723	7.878	8.036	8.277	8.359	8.443	8.696	9.044
14	Lucro operacional		16.590	-141	16.767	17.133	17.692	-29	18.077	18.665	19.471
15	Outras receitas	2.000				2.000				2.000	
16	Lucro tributável		16.590	-141	16.767	19.133	17.692	-29	18.077	20.665	19.471
17	Imp.Renda	35,0%	5.807	-49	5.869	6.696	6.192	-10	6.327	7.233	6.815
18	Lucro líquido		10.784	-92	10.899	12.436	11.500	-19	11.750	13.432	12.656

D17 = Lucro_tributável*H_IMP_RENDA

Funções lógicas

O presente problema é tipicamente de decisão lógica, do tipo *if...then...else*: <u>se</u> acontecer algo, <u>então</u> faça isto; <u>se não</u>, faça aquilo. No presente caso:
- <u>se</u> o lucro tributável for positivo,
- <u>então</u> Imp.Renda = lucro tributável * 35% (Lucro_tributável*H_IMP_RENDA);
- <u>se não</u>, Imp.Renda = 0,00.

Para iniciar uma função no Excel, deve-se primeiramente selecionar a célula correspondente (no caso, **C17**). A seguir, clica-se na ferramenta *fx*, ou se ativa, na barra de menu, o comando <u>Inserir Função</u> da guia de Fórmulas.

Por qualquer desses caminhos, abre-se uma caixa de diálogo na qual, no lado esquerdo, clica-se o mouse para escolher a <u>Categoria</u> da função (nesse caso, a função desejada é do tipo <u>Lógica</u>). Feita a escolha, o quadro à direita mostra a relação de todas as funções daquele tipo que estão disponíveis para uso (utilizaremos função <u>SE</u>, que deve ser selecionada com um clique do mouse).

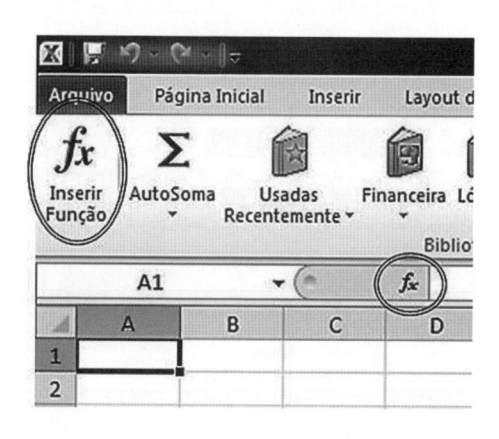

> Se preferir não utilizar as opções de <u>Inserir Função</u> e ferramenta *fx*, pode digitar a função diretamente na barra de fórmula. Mas, a não ser que você esteja seguro, evite esse procedimento, pois a chance de errar aumentaria.

6. Explorando novos recursos

Veja a parte inferior da caixa de diálogo: apareceu um modelo da função, indicando quais são os seus **argumentos** (nesse caso são três, separados por ponto e vírgula). Clicando no botão OK, aparecerá a segunda caixa de diálogo mostrada a seguir.

Função lógica SE()

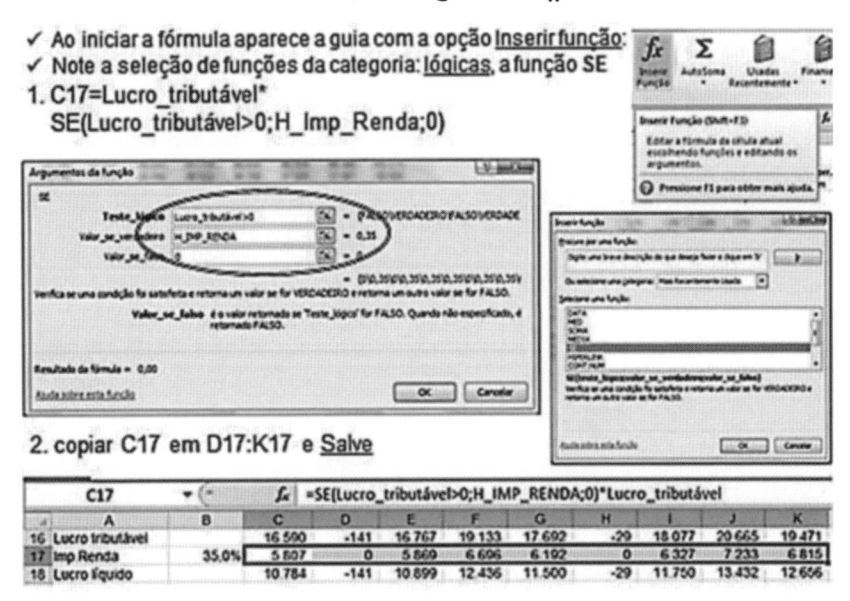

✓ Ao iniciar a fórmula aparece a guia com a opção Inserir função:
✓ Note a seleção de funções da categoria: lógicas, a função SE
1. C17=Lucro_tributável*
   SE(Lucro_tributável>0;H_Imp_Renda;0)

2. copiar C17 em D17:K17 e Salve

> As funções lógicas trabalham com os seguintes operadores:
> = igual a
> < menor que
> <= menor ou igual a (sempre nessa ordem)
> \> maior que
> \>= maior ou igual a (sempre nessa ordem)
> <> diferente de (sempre nessa ordem)

No caso da função SE, para preencher seus argumentos deve-se observar o seguinte:
1. **teste_lógico**: o que desejamos saber é se o lucro tributável é maior que zero. Portanto, aqui vai a expressão Lucro_tributável>0 (*não deixe espaços intermediários*);
2. **valor_se_verdadeiro**: o que deverá conter esta célula se o teste lógico for satisfeito? É o próprio valor do imposto de renda, ou seja, Lucro_tributável*H_IMP_RENDA (*não coloque o sinal = na frente da fórmula*);
3. **valor_se_falso** (opcional): que valor deve conter a célula se o teste lógico não for satisfeito (ou seja, lucro tributável <= a zero)? Nesse caso, o valor do imposto será 0.
   Dessa forma, a função em **C17** ficaria com o seguinte formato final:
   C7 = Lucro_tributável*SE(Lucro_tributável>0;H_IMP_RENDA;0) ou, alternativamente:
   C7 = SE(Lucro_tributável>0;Lucro_tributável*H_IMP_RENDA;0).

Agora basta copiar essa nova função para **D17:K17**. Assim, o cálculo do imposto de renda será sempre condicionado à existência de lucro tributável maior que zero.

Combinando funções

Um dos principais pontos a destacar sobre as funções é que elas podem ser combinadas entre si. Ou seja, no lugar de um argumento, pode-se definir uma nova função, digitando-a ou selecionando-a na barra de fórmula, do lado esquerdo, como demonstrado a seguir.

Função dentro de função

✓ IR em 3 níveis: C17=SE(Lucro_tributável>$A23;H_IR1;
    SE(Lucro_tributável>$A22;H_IR2;0))*Lucro_tributável
✓ Onde: A23=20.000   H_IR1=35%   A22=10.000   H_IR2=25%

Por exemplo, se a questão anterior fosse imposto de renda isento para lucro até 10.000, de 25% para lucro entre 10.000 e 20.000 e de 35% para lucro acima desse valor, haveria diversas formas alternativas de escrever a função correspondente, entre elas:

=SE(Lucro_trib>$A23;Lucro_trib*$B23;SE(Lucro_trib>$A22;Lucro_trib*$B22;0))
=SE(Lucro_trib<=$A22;0;SE(Lucro_trib<$A23;Lucro_trib*$B22;Lucro_trib*$B23))
=Lucro_trib*SE(Lucro_trib>$A$23; $B$23;SE(Lucro_trib>$A$22;$B$22;0))

> Note que, principalmente no caso de funções compostas, a estrutura da fórmula final não é necessariamente igual à ordem do enunciado do problema.

6.7. Vincular dados de diferentes planilhas da pasta de trabalho

Quando você preencheu as células **B5** e **B6** (hipóteses para o CMV e o lucro bruto), usou os dados que haviam sido calculados na planilha de previsões de receita e lucro.

Lembre-se de que tal planilha está nesta mesma pasta de trabalho: é a **Plan1**. Na verdade, fizemos dessa forma apenas para evitar que você tivesse que trabalhar com novos conceitos antes do tempo. Mas você deve procurar adquirir o hábito de vincular o conteúdo da célula com o resultado de outra onde ela foi calculada.

> Transcrever manualmente os dados de uma planilha para outra é o jeito errado de trabalhar. Assim como você não deve escrever números em fórmulas, também não deve transcrever o resultado de uma célula para ser utilizado em outra planilha, principalmente da mesma pasta de trabalho. Em qualquer dos dois casos, você perde o potencial do uso de simulações com o seu modelo.

O Excel tem recursos muito amigáveis para que você transcreva dados de uma célula para outra. Você já deve ter percebido que, sempre que quiser reproduzir, por exemplo, o conteúdo da célula **K7** em qualquer outra, basta preencher esta última com a fórmula =K7.

6. Explorando novos recursos

Feito isso, cada vez que você alterar o conteúdo de **K7**, altera-se, automaticamente, o conteúdo da nova célula. Bem, na verdade, já foi dito até que é melhor não digitar as fórmulas (nem as mais simples), pois é preferível fazê-las com o uso do mouse.

Assim, no exemplo acima, você selecionaria a nova célula, digitaria = (sinal de igual), clicaria o mouse em **K7** e acionaria [Enter].

Para fazer isso com células localizadas em planilhas diferentes, o procedimento é o mesmo. Vamos seguir os passos abaixo para preencher as células **B5** e **B6** da planilha.

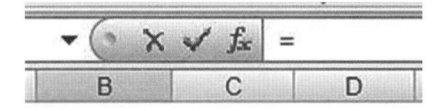

1. selecione a célula a ser preenchida, **B5**, e digite = (sinal de igual). Veja que a barra de fórmula está ativa, isto é, com o formato mostrado ao lado;
2. clique o mouse sobre a "orelha" indicativa de **Plan1**. Observe que a planilha ativa mudou e que caixa de fórmula agora contém Plan1!;
3. clique na célula que contém o valor das receitas totais, ou seja, F10, e encerre a fórmula com ☑ ou [Enter]. Note que, ao encerrar a fórmula, a planilha ativa voltou a ser Plan2 e, em B5, o conteúdo agora é =Plan1!F10 (ou seja, célula F10 de Plan1). Veja também que o valor mostrado na célula B5 está correto;
4. repita os passos 1 a 4 para preencher B6, deixando-a com o conteúdo: D10 de Plan1.

Agora preste bem atenção nos valores que estão mostrados como lucro líquido por trimestre;

5. experimente ir para **Plan1** e modificar a margem para 28%. Volte para **Plan2** e veja o que aconteceu com o lucro líquido trimestre a trimestre (mostrado abaixo).

Vinculando dados em planilhas

✓ Feche o Excel e abra **06_06TeleVideo** (Exercícios)

Vincular dados

✓ B5=111450, um valor fixo!!!, para vincular seu valor a Plan1

1. Em B5 digite =
2. acione a pasta **Plan1** com um clique na aba Plan1 e;
3. clique em cima do valor da receita total 111.450 (F10) e Enter, deve aparecer em B5 =Plan1!F10
4. Vincule B6 =Plan1!D10
5. Em Plan1 mude a Margem para 28% e veja o que acontece em Plan2

> Quando você vincula planilhas, a transcrição de dados é feita dinamicamente, ou seja: cada vez que se muda algo na planilha original, todos os resultados são recalculados na planilha que "importou" seus dados. Isso é fundamental para simulações, proporcionando flexibilidade e aumentando poder de análise.

Agora clique o mouse sobre o ícone [↶] (ferramenta Desfazer), para desfazer a alteração na margem e voltar todos os cálculos à situação anterior, restaurando sua pasta de trabalho. Seria interessante também salvar, clicando no ícone [💾].

6.8. Atribuir nomes para planilhas da pasta de trabalho

Assim como é mais fácil entender fórmulas definidas com nomes do que aquelas escritas sob a forma de endereços, também é mais cômodo atribuir a cada planilha um nome que possa ser associado à sua função ou conteúdo.

Por exemplo, em vez de **Plan1** e **Plan2**, essas planilhas poderiam ter os nomes de **Previs.vendas** e **Projeç.trimestral**, facilitando bastante sua compreensão, principalmente quando utilizada por terceiros.

Para atribuir novos nomes às planilhas, siga os passos descritos abaixo:
1. clique o botão direito do mouse sobre a "orelha" de **Plan1**. Abre-se a caixa de diálogo;
2. escolhendo a opção Renomear..., o nome Plan1 fica "negritado", permitindo que você o altere. Escreva o nome Previs.vendas e dê [Enter];
3. repita os passos 1 e 2 para renomear **Plan2**, atribuindo-lhe o nome Projeç.trimestral.

Renomeando planilhas

Atribuir nomes para Planilhas da Pasta

1. Vá até a aba Plan1 com o mouse e clique no botão direito do mouse
2. Acione Renomear e digite **Projeç.trimestral**
3. Em Plan2 Renomear para Previs.vendas

✓ Note que o conteúdo de B5 mudou para =Previs.vendas!F10

✓ Note que pode-se: Inserir, Mover ou Copiar, entre outras funções com as pastas ou planilhas

Outra maneira de renomear planilhas é dar duplo clique sobre o nome da planilha. Você se lembra do conteúdo das células **B5** e **B6** de **Plan2**? Veja como ficaram as fórmulas.

> Ao renomear uma planilha, todas as fórmulas são ajustadas automaticamente.

6.9. Movimentando, excluindo, ocultando e inserindo planilhas

Para **incluir planilhas**, clique o botão **direito** do mouse sobre a "orelha" de uma planilha e escolha a opção Inserir, Planilha. A nova planilha (Plan4) será inserida à direita daquela onde você clicou (ou seja, o critério é o mesmo que o utilizado na inserção de colunas).

Outra opção é utilizar o atalho ao lado direito da última planilha (Plan6 na figura anterior). Caso queira deixar essa nova planilha como a última da pasta de trabalho, você pode movimentá-la.

Para **movimentar uma planilha**, clique sobre a "orelha" de **Plan4**, selecionando-a. Mantenha pressionado o botão do mouse e arraste o cursor até o ponto intermediário entre **Previs.vendas** e **Projeç.trimestral**, soltando o botão do mouse. Para entender melhor, coloque **Plan4** como a última planilha da pasta.

Insira agora mais duas planilhas na pasta de trabalho, ou seja, até a Plan6. Movimente-as de forma a colocá-las na sequência correta, para que fiquem como mostrado na figura anterior: Renomeando Planilhas.

Note que há outras opções para inserir planilhas: o **atalho** via teclado (Shift+F11) e clicando sobre o **botão** Inserir Planilha, localizado ao lado da última (no caso, Plan6).

Vejamos, agora, como **ocultar uma planilha**, ou seja, deixá-la gravada na pasta de trabalho, mas sem ser exibida para o usuário. Talvez você ache que uma planilha é oculta é inútil... talvez até esteja se perguntando qual seria a finalidade disso, pois, se a planilha estiver oculta, o usuário não poderá acessá-la.

Bem, na verdade, a vantagem de uma planilha oculta é justamente esta: por vezes, o melhor mesmo é que o usuário não tenha acesso a planilhas que contenham, por exemplo, o detalhamento de todas as partes e peças que compõem determinado produto. Afinal, isso não é coisa que deva ser modificada no dia a dia. Mantê-la fora do alcance do usuário pode ser uma política interessante, principalmente para evitar alterações acidentais. Outra situação é quando se quer evitar que o usuário se perca em detalhes, omitindo, por exemplo, a exibição de longas tabelas de dados utilizadas.

> Lembre-se: mesmo que a planilha esteja oculta, seus dados continuam lá e podem ser utilizados normalmente pelas demais planilhas da pasta de trabalho.

Suponha agora que você queira ocultar a planilha **Plan3**. Clique sobre sua "orelha", selecionando-a, e acione o botão direito do mouse. Aparecerá uma caixa de diálogo. Escolha a opção Ocultar. Veja que, imediatamente, **Plan3** sumiu da tela e que de **Plan2** passa-se diretamente para **Plan4**.

Agora vamos fazer isso com duas planilhas ao mesmo tempo. Clique **Plan5**, acione e mantenha pressionada a tecla Shift, clique em **Plan6**. Note que, como na seleção de células, você pode selecionar intervalos contínuos de planilhas. Feito isso, use novamente o comando Ocultar.

Para **voltar a exibir uma planilha oculta**, utilize o comando Reexibir. Fazendo isso, abre-se uma caixa de diálogo, mostrando todas as planilhas ocultas existentes na pasta de trabalho. Se, nessa caixa, você selecionar uma planilha e clicar no botão OK, ela volta a ser exibida na tela.

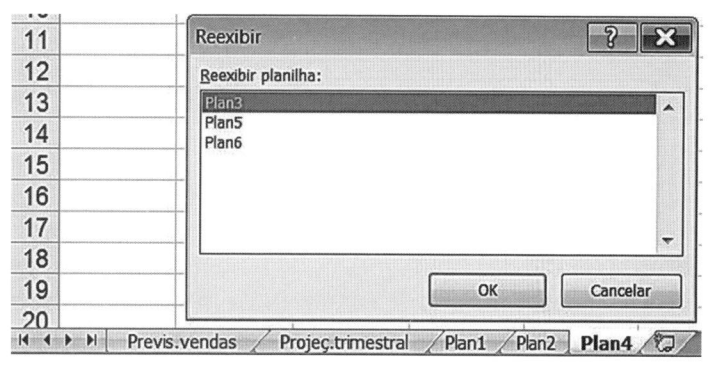

Obs.: Se o botão Reexibir aparecer com essa palavra num tom cinza claro, isso significa que não há nenhuma planilha oculta e, portanto, não há nada cuja exibição possa ser reativada.

Selecione, uma a uma, todas as planilhas ocultas desejadas, reativando sua exibição.

Você já renomeou as duas planilhas que interessavam nesse modelo. Mas ainda sobraram, na pasta de trabalho, seis planilhas que, em princípio, não serão utilizadas.

Para **excluir planilhas** (ou seja, eliminá-las definitivamente da pasta de trabalho), faça o seguinte: clique o botão **direito** sobre a planilha que deseja excluir (por exemplo, **Plan2**). Abre-se aquela mesma caixa de diálogo que você conheceu há pouco. Escolha a opção Excluir. Exclua todas as planilhas restantes (**Plan3** a **Plan6**).

> Planilhas existentes numa pasta de trabalho, ainda que em branco e ocultas, ocupam memória e espaço em disco. Por isso, quando você terminar a elaboração do modelo, é conveniente excluir as planilhas não utilizadas.

6.10. Inserir e consultar comentários (documentação on-line)

Você já deve ter percebido que a planilha está se tornando mais complexa e que, se alguém for utilizá-la depois, provavelmente terá alguma dificuldade em entender, por exemplo, por que as linhas **11** e **15** estão incompletas, com alguns trimestres em branco.

O Excel tem um excelente recurso para resolver esse problema. Trata-se da documentação on-line. Você pode colocar **novo comentário**, isto é, textos explicativos vinculados a uma célula para que, posteriormente, você ou quem tiver alguma dúvida possa consultá-los.

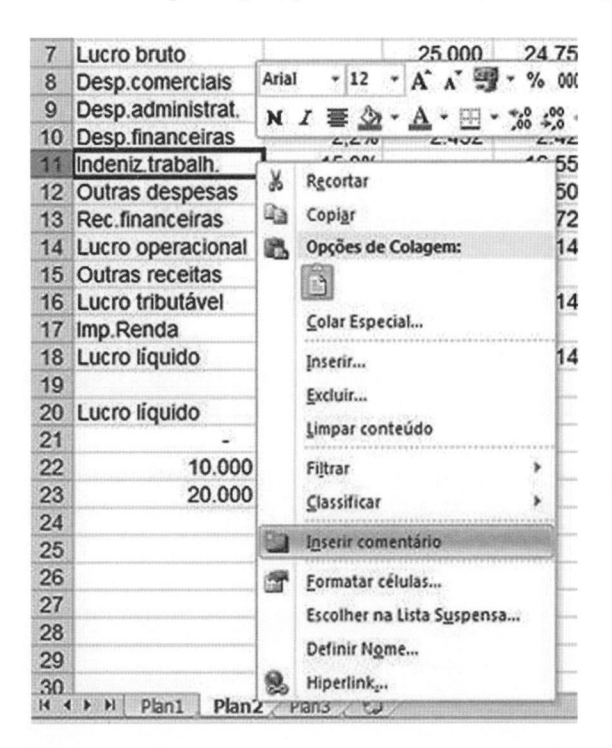

Para incluir um comentário, inicie selecionando a célula associada. Por exemplo, vamos colocar uma observação referente a indenizações trabalhistas. Selecione **A11** (que é o cabeçalho dessa linha). Agora clique no botão direito do mouse e selecione Inserir comentário.

Abre-se uma caixa de textos para que você escreva o novo comentário, conforme a figura anterior. Como título, já aparece, na linha superior e em negrito, o nome do usuário (no caso, Meirelles, que pode ser editado ou eliminado). Na linha de baixo digite o texto: *Valor previsto para 1º trim. de cada ano como indenização, % da Receita*. Após terminar de digitar o texto, clique sobre a célula na qual você está inserindo o comentário.

Usando novamente o botão direito do mouse, crie outro comentário para a célula A15 e digite o seguinte texto: *Anualmente, no 3º trim., recebe-se um valor estimado de 2.000, por conta de participação societária*.

6. Explorando novos recursos

Observe as duas células para as quais você acaba de criar a nota – elas têm o **canto superior direito vermelho**. Isso indica que existe informação adicional associada àquelas células. Experimente agora passar com o mouse sobre uma delas. É apresentada a caixa de texto criada, com uma seta indicando a célula à qual se refere.

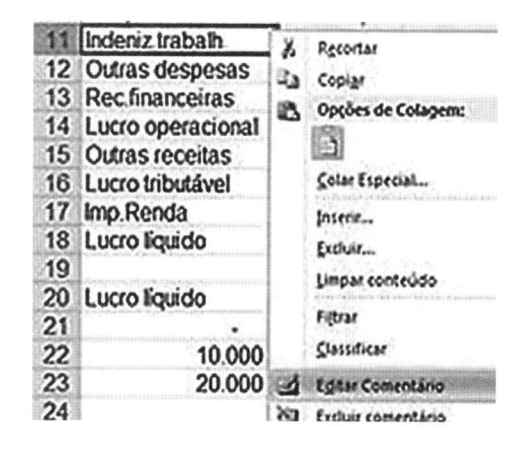

Para excluir ou editar o comentário, clique no botão direito do mouse e selecione essa opção, como mostrado ao lado. Note que, na guia Revisão do menu opção Comentários, aparecem opções já mencionadas e novas. Nessa barra são apresentadas todas as funções relativas aos comentários, sendo as mais utilizadas: Editar, Editar Anterior e Próximo, Ocultar um ou Mostrar todos e Excluir.

> O uso de notas para documentação é um recurso essencial quando se trabalha com modelos grandes ou complexos. Vamos falar mais sobre modelagem nos capítulos finais, quando voltaremos ao assunto da documentação.

6.11. Modificar fórmulas sugeridas pelo Excel

Falta preencher os somatórios na coluna **L**. Esses campos deverão conter a soma do período projetado, ou seja, os oito trimestres dos anos 1 e 2.

Modificando fórmulas sugeridas

✓ **Total** na coluna L é a soma dos 8 trimestres dos anos 1 e 2
1. Em L5 acione ∑ Soma e veja que a faixa sugerida está errada!

2. Com ∑ acionado:
Pinte D5:K5 e
Enter então copie
L5=Soma(D5:K5)
para L6:L18

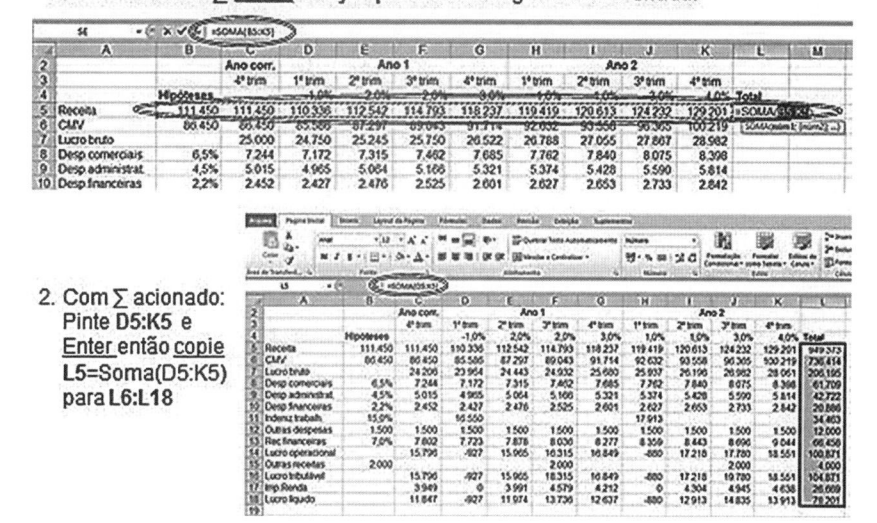

Selecione **L5**. Se você iniciar o somatório como de hábito, clicando no ícone ∑, a tela ficará como mostrado na figura a seguir. Repare que o Excel está sugerindo, para realizar o somatório, uma faixa errada (note bem: o somatório é de dois anos, e as células **B5:C5** não devem ser consideradas no cálculo, pois não fazem parte do período).

Observe também que, em **L5**, o intervalo sugerido **B5:K5** está "pintado", indicando que ele está disponível para alteração. E, finalmente, veja o que está escrito na barra de estado.

Nessa situação, você deve apontar para o Excel qual é a faixa correta. Lembrando que o desejado é o total dos valores previstos para os dois próximos exercícios, a faixa a ser somada é **D5:K5**. Você deve então clicar o mouse em **D5**, arrastá-lo até **K5** e soltar o botão (*observe como ficaram a barra de fórmula e as células destacadas com pontilhado*).

Uma vez acertada a fórmula, é só encerrar a digitação, acionando `Enter` ou clicando ✓ na própria barra de fórmula. Feito isso, você só precisa copiar **L5** para **L6:L18**.

Faltam ainda alguns ajustes. Primeiramente, deixe os títulos de linhas e colunas com fontes Times New Roman, negrito, tamanho 12. A seguir, deixe todos os valores sem casas decimais. Finalmente, faça os últimos ajustes visuais (largura de coluna, zoom de 60% etc.).

6.12. What you see is what you get... since you're so lucky!

O Excel trabalha com o conceito WYSIWYG (*what you see is what you get*, ou seja, o que você vê é o que você terá), segundo o qual a tela deve reproduzir o que vai ser impresso.

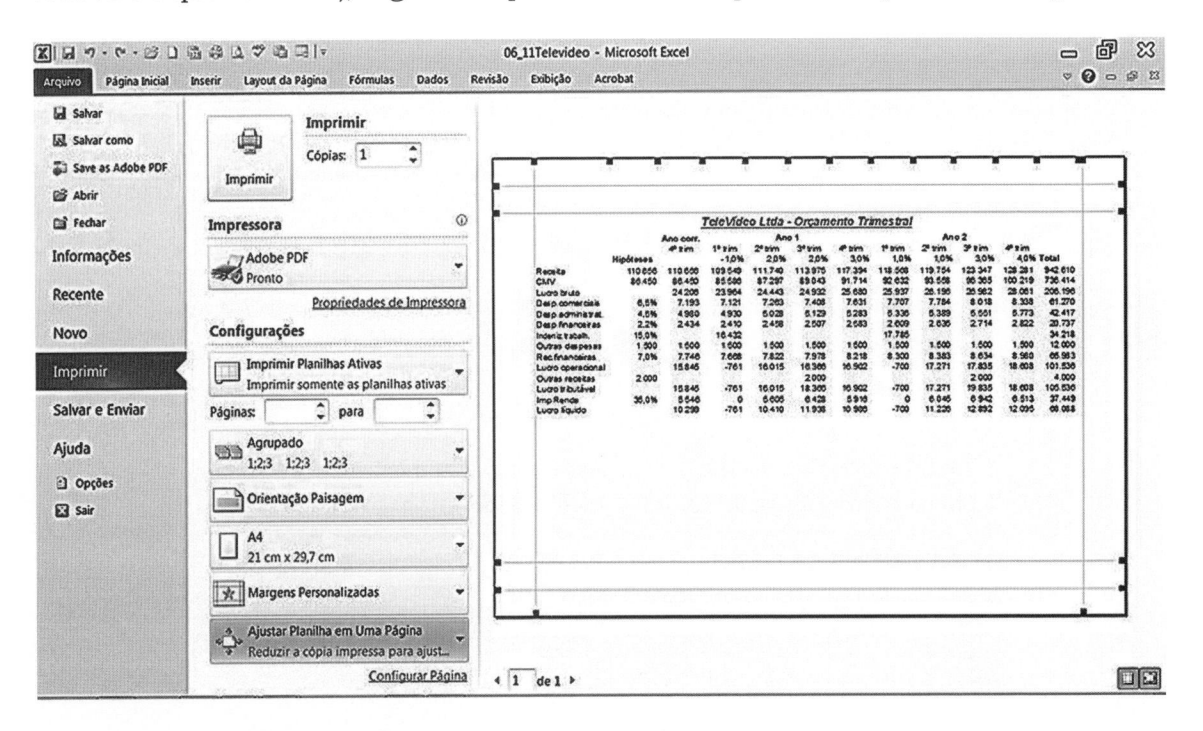

Observe como está a tela, particularmente a coluna **A** e os valores na linha **5**. Clique o mouse na ferramenta 🔍 ou em Arquivo: Imprimir para visualizar a impressão e veja como sairá a cópia. Clique em qualquer guia ou menu para sair de Visualizar Impressão e voltar à planilha.

Volte o zoom para 100% (tamanho natural) e veja como ficaram a coluna **A** e a linha **5**.

A tela mostra apenas aproximadamente o que será impresso. O uso de zoom tende a aumentar a diferença entre o que se vê e o que será impresso.

6.13. Recursos de formatação de células

Além do que já foi visto, o Excel possui excelentes recursos de formatação, que facilitam o uso e a visualização da planilha. Por exemplo, podem-se atribuir cores às diversas partes da planilha, de forma a identificar com maior facilidade cada uma das áreas e faixas de dados que a compõem. É possível, também, modificar a cor de letras, pôr molduras coloridas nas células mais importantes para destacá-las e assim por diante.

6. Explorando novos recursos

Note que sua planilha tem diversos segmentos distintos.

O primeiro é a coluna de hipóteses; o segundo é a coluna com o resultado do ano corrente; depois, vêm as colunas com as previsões para dois anos; e, finalmente, a coluna de totalização dessas previsões.

Você poderia, por exemplo, deixar as células referentes a hipóteses com fundo verde claro; as do ano corrente, com verde um pouco mais escuro; as do ano 1, com azul-claro; as do ano 2, com azul-escuro; e, finalmente, as de totais, em cor magenta.

Selecione a faixa a colorir, **B4:B18** (hipóteses), e clique na ferramenta (Cor de Preenchimento) (Cores de Tema). A figura ao lado reproduz, "num magnífico preto e branco", a caixa com 80 opções de cores prontas, além de permitir Mais Cores...

Escolha um tom verde. Note que a cor que você vê naquela faixa de células não é verde, mas um tom avermelhado. Isso ocorre porque tal faixa está selecionada. Clique o mouse em outro ponto e veja como ficaram as células que você formatou.

Selecione agora a faixa **C2:C18** (trimestre atual) e atribua a essas células um tom mais escuro de verde. Formate agora **D2:G18** (ano 1), pintando de azul. Para a faixa **H2:K18** (ano 2), escolha um azul mais escuro. Finalmente, escolha para **L2:L18** (totais) uma cor que chame mais a atenção, como um tom de magenta.

> Tome cuidado para não exagerar na dose: muito colorido cansa.
> Lembre-se ainda de evitar cores mais chamativas: tons pastel, mais claros, tendem a gerar um visual mais agradável.

Recursos para formatar células

✓ Alinhamento, Bordas, Fonte e Preenchimento

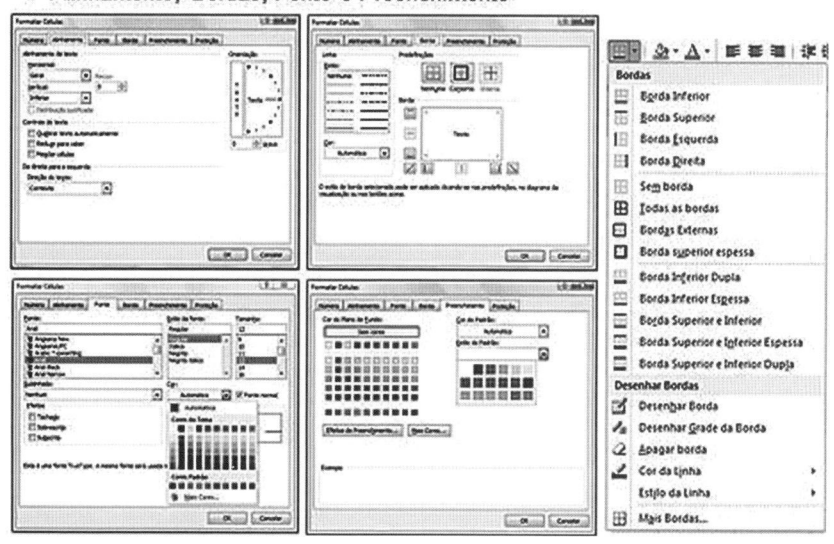

Selecione as células **C18:L18**. Clique na ferramenta (Cor de Fonte) (Cores de Tema) e defina uma cor vinho para essa faixa. Veja como ficou, clicando em algum outro lugar da planilha.

Finalizando, para dar maior destaque ao lucro líquido total do período, vamos colocar uma borda cor de vinho na célula **L18**. Selecione-a e ative o comando Formatar Células, opção Bordas. Abre-se então a caixa de diálogo mostrada a seguir.

Escolha um Estilo (espessura média), uma Cor (vinho) e as posições onde ficará a Borda (Contorno, para formar uma caixa em torno da célula). Observe, no centro da caixa de diálogo, o exemplo de como ficará a sua opção de borda. Clique OK.

> Quando aparecer a seta 🔲 (denominada *Iniciador de Caixa de Diálogo*) no canto inferior direito de um grupo, haverá mais opções disponíveis. Clique na seta e você verá uma caixa de diálogo ou um painel de tarefas.

Por exemplo, na guia Página Inicial, no grupo Fonte, você tem todos os comandos usados com mais frequência para fazer alterações de fonte: alterar a fonte, alterar o tamanho da fonte e aplicar negrito, itálico ou sublinhado. Se desejar mais opções, como sobrescrito, clique na seta 🔲 à direita de Fonte e você verá a caixa de diálogo Formatar Células, que tem sobrescrito e outras opções relacionadas a fontes.

6.14. Editar gráficos

Uma aplicação interessante para esse exercício seria um gráfico mostrando a relação entre receita e lucro. Sendo uma série temporal, ficam bem gráficos tipo barras, linhas ou áreas.

Criar gráfico

1. Pinte **A3; D3:K3; A5; D5:K5; A18; D18:K18**
   selecione A3 depois Ctrl (permanece acionado até o fim da operação) arraste o mouse de D3 até K3 (clique em D3 e com o botão esquerdo pressionado vá até K3), clique em A5, clique em D5 e arraste até ...
2. Acione o botão **Inserir: Gráficos: Linhas: Linhas**
3. Acione o Layout de Gráficos: Layout 6
4. Renomeie o Título e o Eixo vertical
5. Arraste e amplie até ocupar **B20:K33**

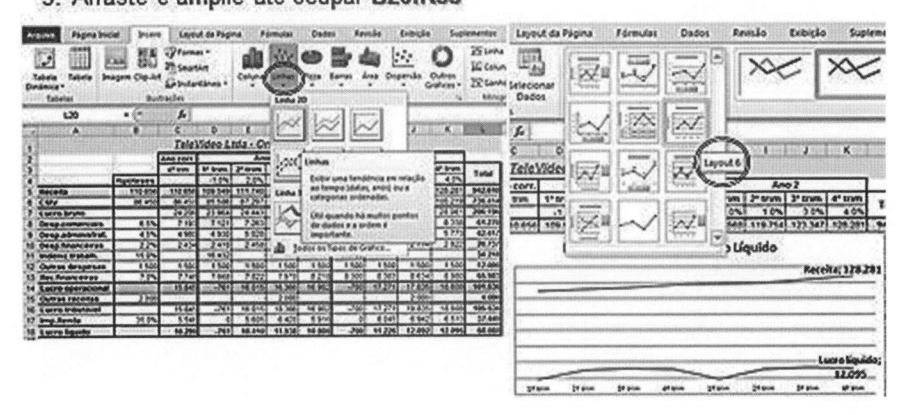

Relembrando a elaboração de gráficos: você deve inicialmente selecionar as faixas que serão utilizadas (no caso, **A3**, **D3:K3; A5**, **D5:K5; A18**, **D18:K18**). A coluna **A** servirá para dar nomes às respectivas faixas no gráfico. Convém selecionar também a faixa **D3:K3** (identificação dos trimestres no gráfico). Mas lembre-se: ***os gráficos devem trabalhar com faixas rigorosamente simétricas***. Por isso, apesar de estar em branco, a célula **A3** também deve ser selecionada (porque **A5** e **A18** o foram), mantendo-se a simetria.

1. uma vez selecionadas todas as células;
2. acione Inserir e, no grupo Gráficos, escolha o tipo Linhas do ícone Linhas;

3. abra as opções de Layout de Gráficos e selecione Layout 6;
4. renomeie o Título e o Eixo vertical;
5. arraste e amplie o gráfico para ocupar aproximadamente a área B20:K33.

Se não aparecer o gráfico abaixo, verifique se o intervalo de dados definido está correto. Caso não esteja, selecione novamente as células e repita os passos.

	A	B	C	D	E	F	G	H	I	J	K	L
2			Ano corr	Ano 1				Ano 2				
3			4° trim	1° trim	2° trim	3° trim	4° trim	1° trim	2° trim	3° trim	4° trim	Total
4		Hipóteses		-1,0%	2,0%	2,0%	3,0%	1,0%	1,0%	3,0%	4,0%	
5	Receita		110.656	110.656	109.549	111.740	113.975	117.394	118.568	119.754	123.347	128.281	942.610
6	CMV		86.450	86.450	85.586	87.297	89.043	91.714	92.632	93.558	96.365	100.219	736.414
7	Lucro bruto			24.206	23.964	24.443	24.932	25.680	25.937	26.196	26.982	28.061	206.196
8	Desp.comerciais	6,5%		7.193	7.121	7.263	7.408	7.631	7.707	7.784	8.018	8.338	61.270
9	Desp.administra	4,5%		4.980	4.930	5.028	5.129	5.283	5.336	5.389	5.551	5.773	42.417
10	Desp.financeira	2,2%		2.434	2.410	2.458	2.507	2.583	2.609	2.635	2.714	2.822	20.737
11	Indeniz.trabalh.	15,0%		16.432					17.785				34.218
12	Outras despesas	1.500		1.500	1.500	1.500	1.500	1.500	1.500	1.500	1.500	1.500	12.000
13	Rec.financeiras	7,0%		7.746	7.668	7.822	7.978	8.218	8.300	8.383	8.634	8.980	65.983
14	Lucro operacional			15.845	-761	16.015	16.366	16.902	-700	17.271	17.835	18.608	101.536
15	Outras receitas	2.000					2.000				2.000		4.000
16	Lucro tributável			15.845	-761	16.015	18.366	16.902	-700	17.271	19.835	18.608	105.536
17	Imp.Renda	35,0%		5.546	0	5.605	6.428	5.916	0	6.045	6.942	6.513	37.449
18	Lucro líquido			10.299	-761	10.410	11.938	10.986	-700	11.226	12.892	12.095	68.088

Evolução da Receita e Lucro Líquido

(gráfico: Receita: 128.281; Lucro líquido: 12.095)

Alternativamente, na última etapa, você poderia ter optado por deixar o gráfico em outra planilha da pasta de trabalho (o que poderia melhorar sua visualização, ocupando a tela inteira), em vez de tê-lo posicionado como objeto na planilha Projeç.trimestral. Nesse caso, não faria muita diferença. Mas, em gráficos mais complexos, pode ser um recurso muito útil.

Veja que as opções apresentadas de Layout prontos resolvem a maioria das necessidades de edição de um gráfico. Como veremos, para a produção final pode ser necessário acionar as opções de formatação e editar manualmente.

Explore o conteúdo dessas opções. Invista algum tempo tentando entender as muitas opções de formatação de gráfico.

Para formatar, primeiro selecione o gráfico. Suas bordas mudam de cor e de espessura. Note que aparece um novo menu Ferramentas de Gráfico: Design, que pode ser utilizado, por exemplo, para explorar outros Layouts ou Estilos de Gráficos.

Por enquanto, vamos ficar no Inserir: Gráficos: e opções de formatação manual.

6. Selecione a gráfico e clique em cima do Eixo Vertical que a janela (mostrada no diagrama anterior) abre com opções Formatar o Eixo. Explore os opções e volte para o gráfico. Se tiver acionado acionar alguma opção, clique em Desfazer, [↶] para voltar ao formato original;
7. Selecione o gráfico e acione a opção de gráfico: Linha 3D;

8. Clique no gráfico e temos as opções para Formatar: 3D (mostrada acima). Veja as opções comentadas a seguir;
9. Transforme o gráfico em Cilindros Empilhados;
10. Agora em Barras Empilhadas, editando o título do eixo vertical de US$ para Receita;
11. Por fim, em um gráfico de Área (tire a legenda Receita do eixo vertical).

Editando gráficos

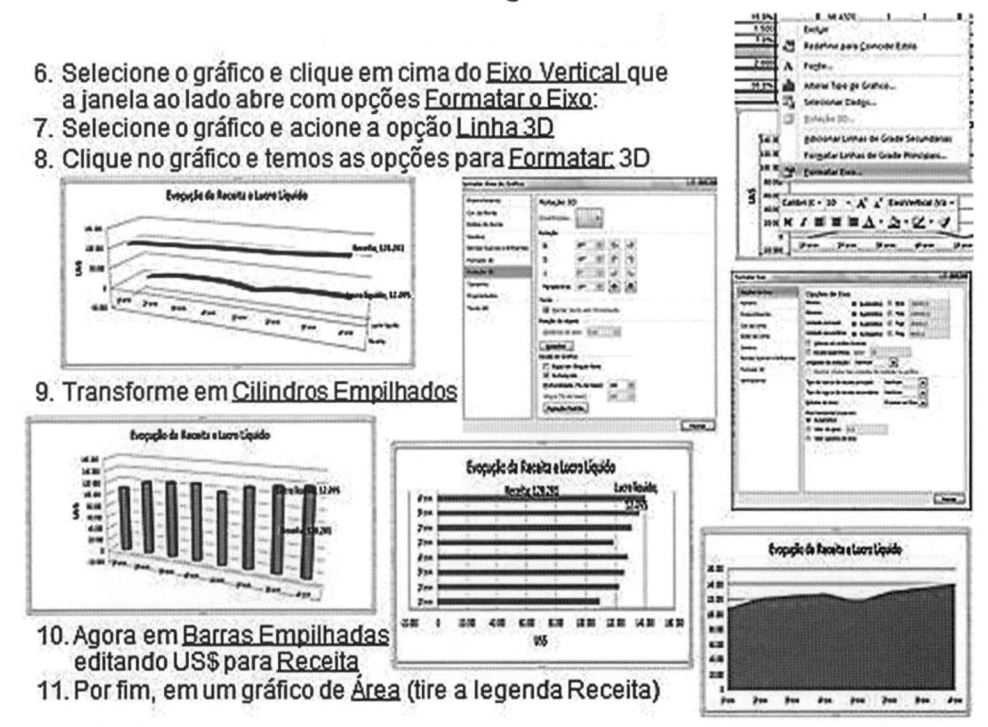

6. Selecione o gráfico e clique em cima do Eixo Vertical que a janela ao lado abre com opções Formatar o Eixo:
7. Selecione o gráfico e acione a opção Linha 3D
8. Clique no gráfico e temos as opções para Formatar: 3D
9. Transforme em Cilindros Empilhados
10. Agora em Barras Empilhadas editando US$ para Receita
11. Por fim, em um gráfico de Área (tire a legenda Receita)

Veja que, por exemplo, é possível ajustar Elevação, Rotação e Perspectiva de gráficos em 3D (3 dimensões). Experimente mudar o gráfico atual para Linhas 3D (selecione o gráfico e a opção linhas 3D) e mova a rotação para a esquerda, até 150°.

Faça também pequenas mudanças na perspectiva e na elevação para entender melhor cada uma delas. Observe que, quando você girou o gráfico, invertendo o ângulo de visão, inverteu-se também a sequência cronológica das colunas.

Existe outra forma para ajustar a apresentação 3D do gráfico. Na própria tela, clique o mouse em qualquer canto do gráfico. Surgem pequenos quadrados negros, marcando a estrutura de uma caixa tridimensional que contém o gráfico todo. Clique num desses quadrados, mantenha o botão esquerdo pressionado e mexa simultaneamente nas três dimensões. Experimente!

Com o eixo da Receita selecionada, clique no botão direito do mouse. Aparecerá uma lista com a opção Selecionar Dados... Ao acioná-la, aparece a caixa de diálogo mostrada a seguir.

Sua primeira opção é Intervalo de dados do gráfico, com a qual você pode, entre outras coisas, escolher outros dados para o gráfico.

Ainda nesse mesmo comando, existe a opção Tipo de Gráfico, com a qual você pode mudar o formato do gráfico, mesmo que já esteja pronto, passando-o, por exemplo, de Colunas 3D para Áreas 3D. Mas depois não se esqueça de restaurar o formato original, clicando na ferramenta Desfazer.

Clique agora dentro da caixa do gráfico, mas fora do gráfico propriamente dito.

6. Explorando novos recursos

Você já deve ter percebido quão versáteis são os comandos Formatar Gráfico durante a edição do gráfico. Invista algum tempo explorando outros detalhes que não foram mostrados aqui, como Área de Plotagem.

A opção Selecionar Dados, quando se aciona o botão direito do mouse, como no gráfico a seguir, permite uma visualização e edição dos dados que pode ser útil, por exemplo, para trocar os eixos ou remover uma variável.

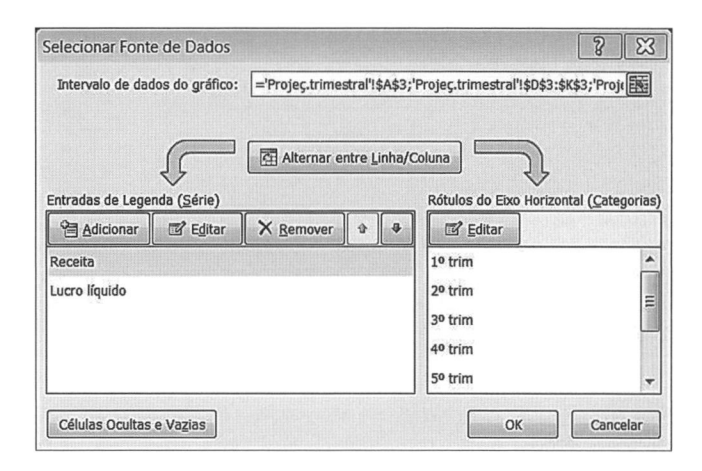

6.15. Imprimir, sair do gráfico e voltar para a planilha

Quando o gráfico está aberto para edição (isto é, após o clique duplo sobre ele), você pode imprimi-lo separadamente da planilha, usando o comando Arquivo: Imprimir. Pode inclusive visualizar o que será impresso, usando Visualizar impressão, que você já conhece. Mas note que, agora, só é mostrado o gráfico.

Se o gráfico não estiver selecionado, para efeito de impressão, ele é tratado como as células da planilha.

Dando-se um clique fora da área do gráfico, encerra-se o trabalho de edição e o gráfico é fechado, embora ainda continue selecionado (isto é, a borda espessa é substituída pela borda fina com marcas nos cantos). Dê um novo clique em uma célula qualquer. Com isso, volta-se à planilha, e o gráfico continua sendo apresentado, incorporando instantaneamente todas as atualizações que forem feitas.

Verifique que a área anteriormente reservada, **B20:K34**, contém agora a versão atualizada do gráfico, já com todas as formatações. Salve a pasta de trabalho, clicando no ícone.

Lembre-se de que os gráficos são automaticamente salvos junto com a planilha, na pasta de trabalho. Você dificilmente precisará de um arquivo específico para o gráfico, embora seja possível gravar o gráfico isolado em outra pasta de trabalho.

6.16. Criação de gráficos

Vamos interromper o exercício TeleVideo e reforçar alguns conceitos para criação de gráficos com outros exercícios mais simples, mas didaticamente mais apropriados. Retomaremos a TeleVideo no item seguinte, explorando cenários.

Relembrando mais uma vez: o primeiro passo para criar gráficos é definir que dados você quer representar. Nesse novo exemplo, temos a receita semanal de um cinema e os preços unitários de cada ingresso, dados em 06_16Cinema.

Vamos criar um gráfico comparando o preço dos ingressos em cada um dos dias da semana. Para comparar valores entre si, usamos geralmente os gráficos de *coluna* ou de *barra*.

Para criar o gráfico, selecione as células A1:H2 – as duas primeiras linhas. Repare que você está selecionando *os dados* – preço do ingresso – e a *categoria* de cada um deles – dias da semana. Quase todos os gráficos utilizam pelo menos estes dois conjuntos de informações: os *dados quantitativos* e as *categorias.* Precisamos dos dados para fazer as comparações e das categorias para identificar cada um deles.

Clique no menu em Inserir, Colunas e escolha o primeiro modelo de coluna 2D, como mostrado ao lado.

Pronto. Seu gráfico já está criado, de acordo com as formatações básicas do Excel, conforme mostrado na figura a seguir.

Criando gráficos

Mas, antes de continuar, vamos conhecer cada um dos elementos que compõem um gráfico.

Componentes do gráfico

Antes de ingressar no detalhe da formatação dos gráficos, é importante conhecer seus componentes. Nem sempre usamos todos eles. As legendas, por exemplo, podem não ser utilizadas quando há apenas uma série de dados, como no exemplo anterior.

Os componentes de um gráfico são:
- **Título:** todo gráfico deve ter um título. Ele deve explicar, de forma clara, sobre o que se tratam seus dados. Quando colocamos um gráfico em uma apresentação no PowerPoint, por exemplo, o título do gráfico pode ser o título do slide. Em algumas empresas, exige-se que o título esteja no próprio gráfico, sendo ou não repetido no título do slide;
- **Eixos:** os gráficos podem ter eixo X, na horizontal; eixo Y, na vertical; e, quando em três dimensões, eixo Z, na diagonal;
- **Títulos dos eixos:** os eixos podem – e devem – ter títulos, fornecendo ao leitor informação sobre os dados e sobre a unidade. Os títulos dos eixos devem ser breves para não "poluir" o gráfico. Apenas podem ser omitidos quando a informação sobre os eixos já está contida na escala ou no próprio título do gráfico;
- **Escalas e categorias:** os eixos são formados por uma escala de valores ou por um conjunto de categorias. Este último ocorre em, por exemplo, gráficos de colunas em que o eixo X possui o nome dos grupos dos valores;

6. Explorando novos recursos

- **Legendas:** gráficos só necessitam de legendas quando há mais de uma série de dados envolvida. As legendas podem ser posicionadas dentro ou fora do gráfico;
- **Linhas de grade:** as linhas de grade ajudam a identificar os valores do gráfico;
- **Rótulo de dados**: valores ou texto que aparecem próximos aos dados para identificar determinado valor ou categoria.

Veja o exemplo a seguir. Você conseguiria fazer esse mesmo gráfico, atualizado com os dados do último Campeonato Brasileiro?

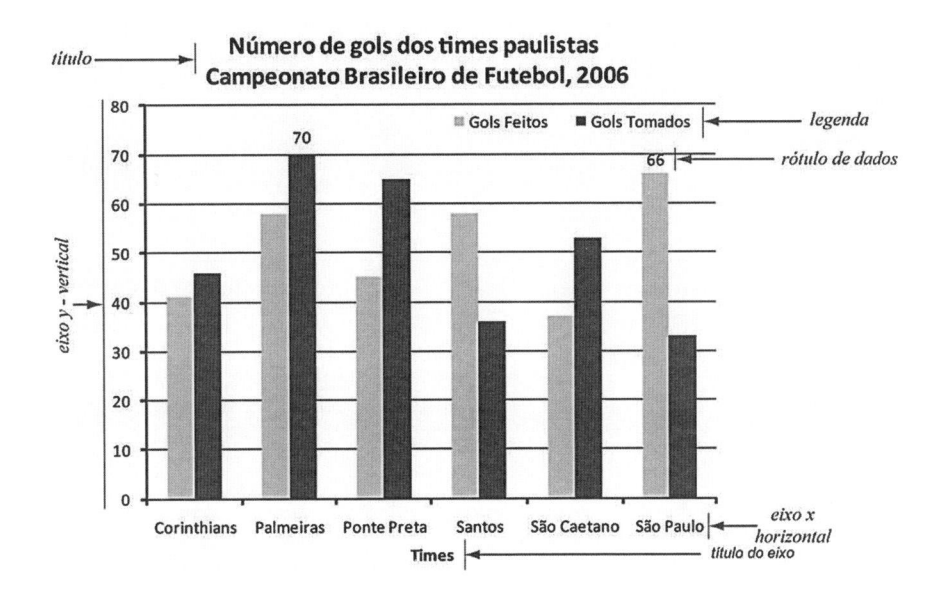

Melhorando o gráfico

No nosso exemplo do cinema, usamos o padrão que o Excel cria automaticamente para os gráficos de coluna, conforme mostrado ao lado. Porém, pode-se melhorar – e muito – a visualização, para deixar o gráfico mais claro e compreensível.

Inicialmente, repare que, nesse caso, não há necessidade de legenda, uma vez que só se utiliza uma única série de dados. Clique, então, sobre a legenda e aperte a tecla [Delete].

As principais melhorias foram:
a) A legenda desapareceu e o gráfico ocupou uma área maior e mais nobre do espaço;
b) Com o novo espaçamento, as categorias também deixaram de ficar na diagonal e couberam na horizontal. Procure sempre deixar as informações do eixo X na horizontal, para facilitar a leitura do gráfico.

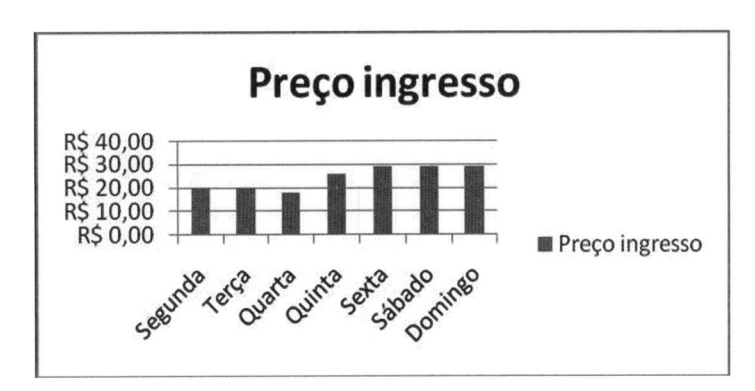

Pode-se também melhorar o título. Clique uma vez sobre o título do gráfico, aguarde um segundo e clique novamente. Você pode trocar agora o nome e a formatação do texto. Vamos colocar "Preço do ingresso em reais" e trocar a cor da fonte para azul-escuro.

Para colocar título nos eixos, certifique-se de que o gráfico esteja selecionado e clique no menu *layout*. Nessa aba do menu, você pode inserir desde o título do gráfico até legendas e nome dos eixos. Para este exemplo, vamos inserir o nome do eixo horizontal, dias da semana. Clique em *Título dos Eixos;* Título do Eixo Horizontal Principal; Título Abaixo do Eixo.

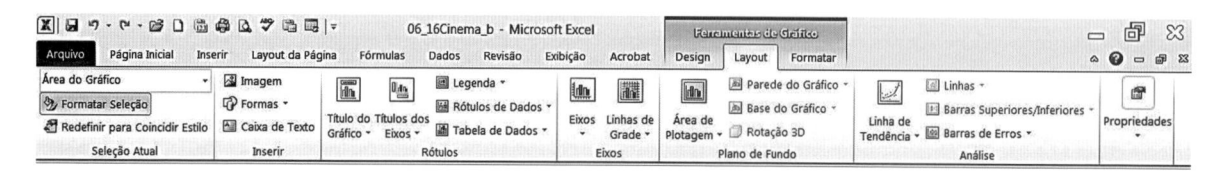

Abaixo do eixo horizontal, apareceu o rótulo. Se ele já estiver selecionado, clique mais uma vez para editá-lo. Escreva "dias da semana", selecione o texto e use fonte de 8 pontos.

Vamos agora modificar as cores. O Excel tem um rol predefinido que usa como padrão nos gráficos. Quando você apresenta ou publica um gráfico com essas cores, podem reparar que você usou o "padrão". Procure usar cores e fontes que estejam ligados ao assunto do gráfico ou à sua empresa ou cliente. Para mudar as das colunas, clique com o botão direito em qualquer uma delas. Aparece um menu, também chamado de *popup menu*, que oferece várias opções de formatação de cada um dos elementos. Para mudar as cores, clique em Formatar Série de Dados.

Nessa janela, você tem várias opções para mexer na série de dados. Clique, à esquerda, em Preenchimento. Selecione Preenchimento sólido à direita e, no botão de cores, escolha qualquer uma de seu agrado.

Outro meio de alterar a coloração é usar um conjunto de opções predefinidas pelo Excel, usando o menu *Design*. Ao passar o mouse em qualquer uma das opções de Estilos de Gráfico, você pode pré-visualizar como ele ficará com a nova formatação. Para aplicar ao seu gráfico, clique na opção escolhida.

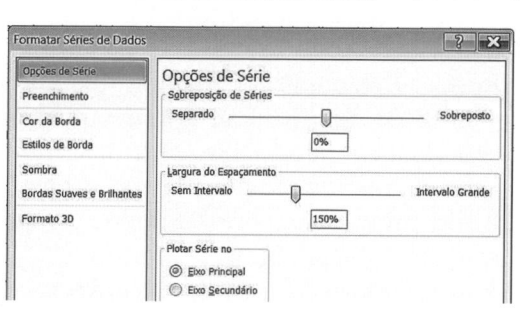

6. Explorando novos recursos

Quando mostramos um gráfico comparativo, muitas vezes queremos chamar a atenção para determinado valor. Suponha que você queira chamar a atenção para o valor da quarta-feira. Para isso, você pode utilizar outra cor para destacar aquela coluna em particular. Clique sobre a coluna da quarta-feira do gráfico, aguarde um segundo e clique novamente. Note que agora apenas uma coluna está selecionada. Para mudar a cor dessa coluna apenas, você pode usar o menu do botão direito – já discutido acima – ou clicar no menu Formatar.

Nesse menu, você tem várias ferramentas de formatação dos elementos do gráfico. No submenu Estilos de forma, existem algumas opções interessantes já indicadas pelo próprio Excel. Para ver todas, clique na flecha ao lado dos modelos.

Por fim, vamos colocar os rótulos de dados para visualizar os dados individuais de cada uma das categorias. Clique novamente com o botão direito em qualquer uma das colunas e selecione Formatar Rótulos de Dados. Repare que o gráfico agora ficou um pouco "poluído". Para melhorá-lo, clique no rótulo e diminua o tamanho da fonte usando o menu Página Inicial, utilizado para formatar suas células. O mesmo processo pode alterar o tamanho das fontes dos eixos.

Você poderia, finalmente, eliminar as casas decimais do eixo y, deixando apenas números inteiros para os preços dos ingressos. Será que você consegue fazer isso?

Exercícios de fixação

1. Crie um gráfico para comparar o total de faturamento por dia da semana. Faça de dois tipos: pizza e colunas. Qual dos dois você prefere?

2. Crie um gráfico de colunas comparando os faturamentos de cada sala, por dia de semana. O gráfico ficou "poluído"? Como você faria para melhorar a visualização?
3. Para os gráficos criados anteriormente, explore as várias opções de formatação de fontes, cores de preenchimento e bordas.

6.17. Trabalhando com cenários

O Excel possui recurso de análises interessantes para explorar: a simulação com uso de cenários. Um cenário é um conjunto de hipóteses para determinadas variáveis, ao passo que um cenário alternativo é um segundo conjunto de hipóteses para aquelas mesmas variáveis.

> Você talvez não tenha percebido isso, mas todos os modelos até agora construídos são baseados em hipóteses e, por decorrência, em cenários.

No caso da planilha **Projeç.trimestral**, da TeleVideo, as projeções de crescimento fornecidas no enunciado do problema são, na realidade, um cenário. Mas poderíamos construir novas projeções, com hipóteses alternativas, como por exemplo mais pessimistas ou mais otimistas. Ou hipóteses de choque econômico, greve, falta de matérias-primas etc.

Suponha o seguinte: as projeções de crescimento fornecidas inicialmente podem ser consideradas o cenário <u>realista</u>, ao lado do qual seriam traçados dois novos cenários, um <u>pessimista</u> e um <u>otimista</u> (vamos trabalhar com três cenários, mas podem ser tantos quantos forem necessários – o limite do Excel é maior que sua capacidade de analisá-los):

Cenários de Projeções de crescimento da TeleVideo

	1°trim	2°trim	3°trim	4°trim	5°trim	6°trim	7°trim	8°trim
realista	-1,0%	2,0%	2,0%	3,0%	1,0%	1,0%	3,0%	4,0%
pessimista	-3,0%	-1,0%	1,0%	2,0%	-2,0%	-0,5%	1,0%	2,0%
otimista	0%	2,5%	3,3%	5,0%	2,0%	2,5%	4,5%	6,0%

Ao trabalhar com cenários, convém que cada célula que forma o cenário tenha um nome específico, para facilitar a análise dos resultados. Nesse caso, tais células são **D4:K4**.

Você precisaria selecionar **D3:K4** e utilizar o comando <u>Criar a partir de seleção</u>. Mas, se você tentar fazê-lo, vai ver que não dá certo: existem duas células com o nome <u>1° trim.</u>, duas com <u>2° trim.</u> etc. Modifique o conteúdo de **H3** para <u>5° trim.</u> e copie essa célula para **I3:K3**, utilizando o recurso de preenchimento automático (mouse com formato de cruz preta **+**).

1. Modifique o conteúdo de **H4** para <u>5° trim</u> e copie a célula para **I4:K4**;
2. Selecione **D3:K4** para definir os nomes das variáveis dos Cenários acionando: <u>Fórmulas</u>: <u>Criar a partir de seleção</u>: <u>OK</u> (<u>Linha superior</u>).

É bom dar nome também às células que contêm os principais resultados a serem analisados. Portanto, utilizando <u>Definir Nome</u>:

3. atribuir a **L5** o nome de <u>Receita_total</u>;
4. a **L18**, o nome <u>Lucro_líq_total</u>;
5. para iniciar a construção de cenários, selecione as células que o compõem (**D4:K4**);
6. acione <u>Dados</u>: <u>Teste de Hipóteses</u>: <u>Gerenciador de Cenários</u>, abrindo-se a caixa de diálogo mostrada a seguir. Conforme o Excel está avisando, ainda não há nenhum cenário definido – ele só "entende" como cenário aquilo que for explicitamente identificado como tal. Assim, a primeira providência é criar os cenários;
7. clique <u>Adicionar...</u>, abrindo-se nova caixa de diálogo;

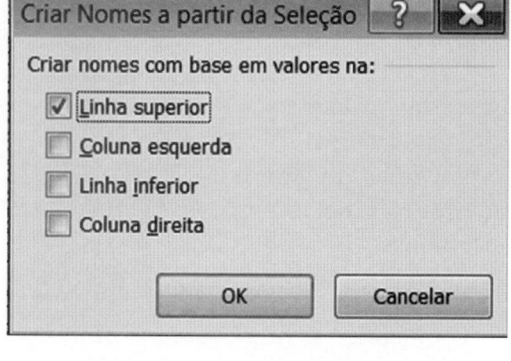

8. dê nome ao primeiro cenário (Realista) e clique OK, abrindo a terceira caixa de diálogo, na qual serão informados os valores de cada variável;
9. Adicione os outros dois cenários conforme instruções a seguir:

Adicionar cenário

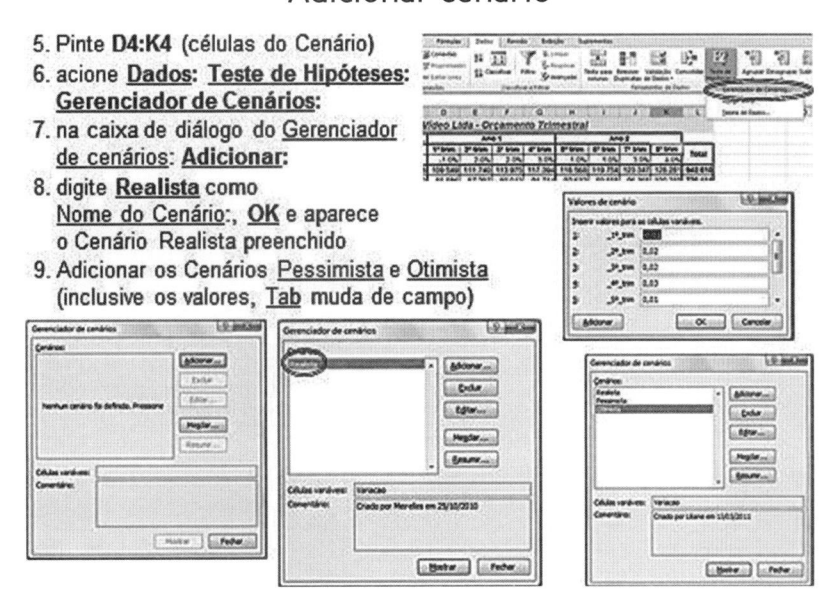

5. Pinte **D4:K4** (células do Cenário)
6. acione **Dados: Teste de Hipóteses: Gerenciador de Cenários:**
7. na caixa de diálogo do Gerenciador de cenários: **Adicionar:**
8. digite **Realista** como Nome do Cenário:, **OK** e aparece o Cenário Realista preenchido
9. Adicionar os Cenários Pessimista e Otimista (inclusive os valores, Tab muda de campo)

Note que os valores desse cenário já estão corretamente preenchidos (lembre-se de que o cenário Realista é aquele que já estava na planilha). Por isso, clique Adicionar. Aparece então novamente a segunda caixa de diálogo (já mostrada há pouco), onde você deve dar um nome para o segundo cenário (Pessimista) e, na terceira caixa de diálogo (acima), você deve informar os valores das hipóteses referentes a esse novo cenário (*use a tecla* Tab *para passar de um campo para outro*). Feitas as alterações, clique novamente Adicionar e repita o processo para o terceiro e último cenário (Realista). Ao terminar, clique diretamente o botão OK (não há necessidade de clicar Adicionar).

Concluindo a gravação de cenários, o programa volta para a primeira caixa de diálogo, mostrando quais são os cenários disponíveis:

Neste momento, você já pode começar a experimentar os cenários. Selecione, por exemplo, a hipótese Otimista e clique no botão Mostrar.

Observe atentamente, na figura a seguir (Resumo do Cenário), o que acontece na sua planilha, tanto na linha referente às hipóteses quanto nos demais cálculos decorrentes.

Experimente agora outro cenário e clique novamente no botão Mostrar. Em seguida, repita com o último cenário ainda não utilizado. Observe como os dados do cenário mudam, alterando os valores de todas as células a ele relacionadas.

Por meio do gerenciador de cenários, o Excel se transforma numa ferramenta de apoio ao processo decisório, permitindo simulações simultâneas sobre um conjunto de variáveis.

1. clicar no botão Resumir. Abre-se uma nova caixa de diálogo, iniciando-se a preparação de um resumo das simulações:
2. selecione L5; L18 como Células de Resultado e dê OK.

Neste momento, o Excel está perguntando quais são os principais resultados a serem relatados no resumo. Já havia sido definido que os resultados mais interessantes para a análise seriam a Receita total (**L5**) e o Lucro líquido total (**L18**). Portanto, "pinte" o quadro Células de resultados e selecione essas duas células simultaneamente utilizando o mouse (lembre-se: use o Ctrl para seleção simultânea de células não contínuas), isto é: **L5; L18**. Dê OK.

Veja que aparece uma nova planilha (Resumo de Cenário), como a mostrada a seguir:

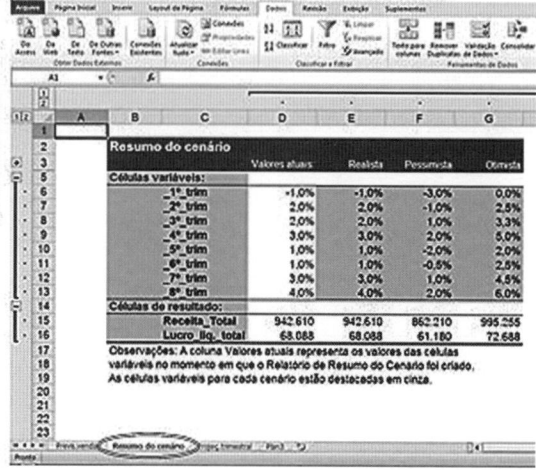

✓ Com os 3 Cenários no **Gerenciador de Cenários**
10. Ferramentas: Cenários: selecione **Resumir** no Gerenciador de Cenários e informe as Células de resultado: **L5;L18** (atenção ;) (Receita e Lucro)

11. Para terminar, **OK** e a planilha: **Resumo do Cenário é criada**

Note que os nomes das células (variáveis e resultados) aparecem na coluna **C** dessa nova planilha Se você não tivesse definido tais nomes, apareceriam somente os endereços absolutos das células. Naturalmente, nesse quadro de análise é muito mais fácil raciocinar em termos de Receita_total e Lucro_líq_total do que em termos de **$L$5** e **$L$18**.

A planilha com os resultados da simulação será gravada normalmente nessa mesma pasta de trabalho para posterior leitura. **Mas lembre-se, porém, de que, quando você alterar suas planilhas originais, a planilha de resumo de cenários não será alterada.**

Finalizando, retorne à planilha Projeç.trimestral. Veja quais são, agora, os valores das hipóteses de crescimento trimestral e dos cálculos a elas associados, e compare-os ao que havia antes de começar a trabalhar com os cenários.

> Ao usar o gerenciador de cenários, o Excel deixa na planilha os valores referentes aos cálculos do último cenário simulado.

Não se esqueça de gravar sua pasta de trabalho, clicando 🖫. Fazendo isso, os cenários também serão salvos automaticamente, na própria pasta de trabalho.

6.18. Explore as opções de funções

Como já vimos, para iniciar uma função no Excel, deve-se clicar na ferramenta f_x, ou então se ativa, na barra de menu, o comando Inserir Função da guia de Fórmulas.

As opções são incontáveis, e a maioria delas nunca vai ser utilizada por usuários como nós. Muitas são dedicadas a áreas de conhecimento específicas (por exemplo, estatística avançada) e raramente serão usadas por administradores. No entanto, algumas delas são essenciais para realizar testes lógicos, cálculos matemáticos, análises estatísticas, engenharia econômica, finanças, matemática financeira, custos, entre outros.

Explore essas opções que lhe pareçam mais prováveis de ser úteis no futuro; no momento, pode ser interessante apenas saber que elas existem e estão disponíveis no Excel.

O próximo diagrama ilustra as 15 categorias em que estão agrupadas as funções e o seguinte mostra algumas das financeiras.

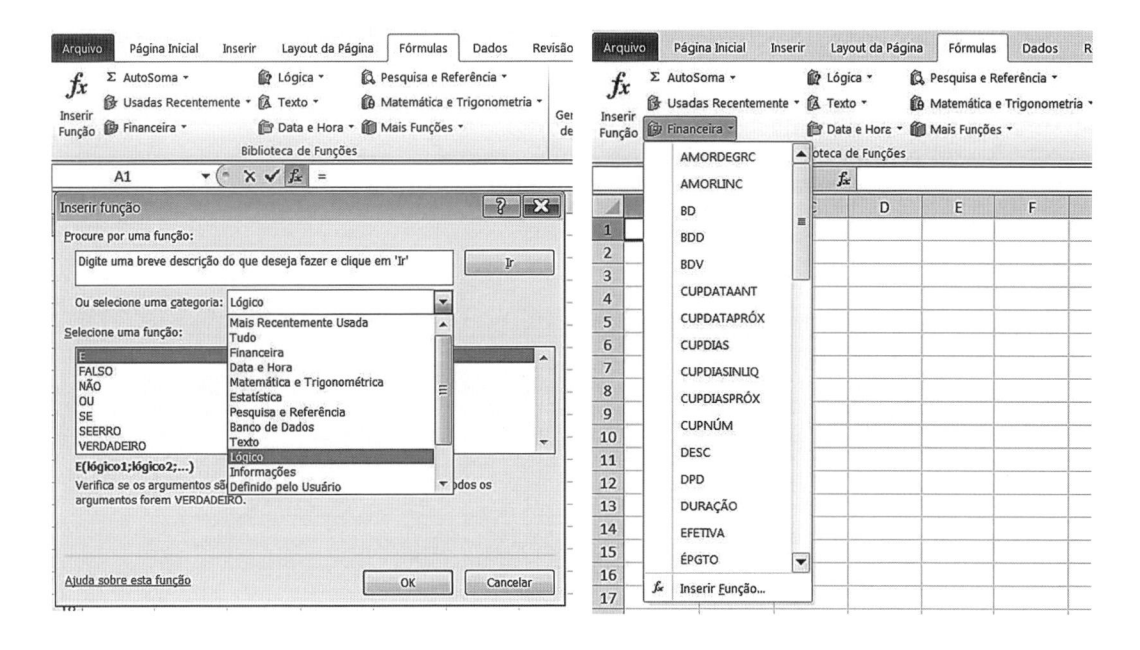

6.19. Congelar painéis e utilizar áreas auxiliares

Um recurso útil principalmente em planilhas com muitas linhas ou colunas é fixá-las com títulos ou informações que gostaríamos de continuar a visualizar mesmo quando deslocamos para ver novas linhas ou colunas.

Por exemplo, podemos fixar as linhas 1 a 3 e as colunas A a C. Para tal coloque o cursor em D1 para delimitar a área a ser fixada ou congelada. Acione Exibição: Congelar Painéis: Opção: Congelar Painéis. Veja o resultado deslocando para baixo e para direita.

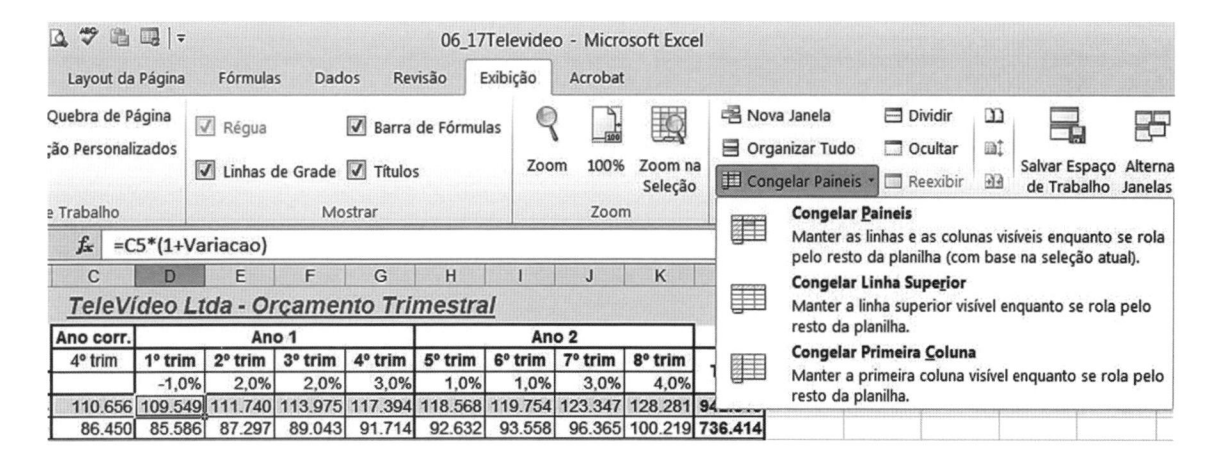

Em determinados casos, pode ser necessário reproduzir partes da planilha com um arranjo diferente do original. Isso é relativamente comum no caso de gráficos – se os dados não estiverem rigorosamente organizados e agrupados, como em determinados gráficos pedidos no próximo exercício de fixação.

Se tiver dificuldades com a seleção de faixas para os gráficos, uma boa dica é reproduzir tais dados em outra área qualquer da planilha (ou mesmo em uma nova planilha da mesma pasta de trabalho), ficando assim os dados organizados para a elaboração do gráfico.

6.20. Maurício & Patrícia – exercício de fixação

Esse exercício pode ser resolvido com o que foi visto até agora. E você, com certeza, será capaz de desenvolver esse modelo (06_20Mauricio).

A Maurício & Patrícia é uma confecção de roupas em malhas. Tem três lojas e uma linha de nove produtos e faz, mensalmente, um resumo de suas vendas e lucros, visando identificar a rentabilidade por produto e por filial.

	B	C	D	E	F	H	I	J	K
5	Produto	Código	Procedência	Custo-base	Margem	Código	Iguatemi	Morumbi	Paulista
6	Abrigo completo	Abgr	Terc	72,00	32,0%	Abrg	152	115	98
7	Blusa	Blus	Terc	25,00	25,0%	Blus	118	96	83
8	Camisa	Cami	Próp	18,00	20,0%	Cami	114	89	108
9	Camiseta	Cmta	Próp	11,00	22,5%	Cmta	240	166	182
10	Canga	Cnga	Próp	8,00	33,0%	Cnga	35	28	42
11	Fouseau	Fuso	Terc	22,00	35,0%	Fuso	160	132	188
12	Saia	Saia	Próp	26,00	27,5%	Saia	84	105	92
13	Top	Topm	Próp	6,00	21,0%	Topm	92	65	103
14	Vestido longo	Vest	Próp	38,00	30,0%	Vest	85	47	36

A empresa trabalha principalmente com artigos de confecção própria, mas alguns itens são comprados de terceiros, como mostra a tabela anterior.

Sobre os produtos de terceiros incide um custo adicional de frete, hoje equivalente a 15% sobre o custo-base. O preço de venda é o custo mais a margem de lucro, portanto a margem é aplicada sobre o custo-base mais o frete (se houver).

Quanto às três lojas, as unidades vendidas no mês, em cada loja, foram os valores da tabela anterior. Essas três lojas têm, mensalmente, despesa de locação de respectivamente 3.000, 2.700 e 2.150. As comissões são pagas, em todas as lojas, à base de 6% sobre o valor total das vendas.

Com base no que foi apresentado, pede-se:
1. Construir uma planilha para ser utilizada como tabela de preços, definindo-se o lucro unitário e o preço de venda de cada produto com base na margem e nos seus custos. A planilha deve ainda ter um gráfico do tipo colunas empilhadas, Layout (formato) 2, mostrando, para cada produto, o custo-base e o lucro bruto unitário;
2. Construir, na mesma pasta de trabalho, outra planilha que traga da anterior os dados sobre custo e preço, produto a produto:
    a) as vendas em cada loja, por produto (quantidade, receita e lucro bruto);
    b) total de receitas por loja (valor e participação percentual no total);
    c) lucro bruto total por loja;
    d) despesa de locação por loja;
    e) custo de comissão por loja;
    f) lucro após a dedução das despesas, por loja (valor e participação % sobre o total);
    g) totais por produto, destacando quantidade, receita (valor e %) e lucro (valor e %);
    h) totais de cada despesa e de lucro final;
    i) faça também os 5 gráficos abaixo:
       1. Preço de Venda por Produto: colunas empilhadas (Layout 1), com Custo + Lucro + Frete = Preço de Venda;
       2. Receita e Lucro por Produto: colunas 3D agrupadas (Layout 1);
       3. Lucro por Loja: Pizza 3D (Layout 1), com a distribuição do Lucro Total por loja;
       4. Receia por Loja: Pizza 3D (Layout 6), mostrando a Receita Total por loja;
       5. Rentabilidade: gráfico (Barras) Cilindro horizontal 100% empilhado (Layout2), com Custo e Lucro por loja.

7.

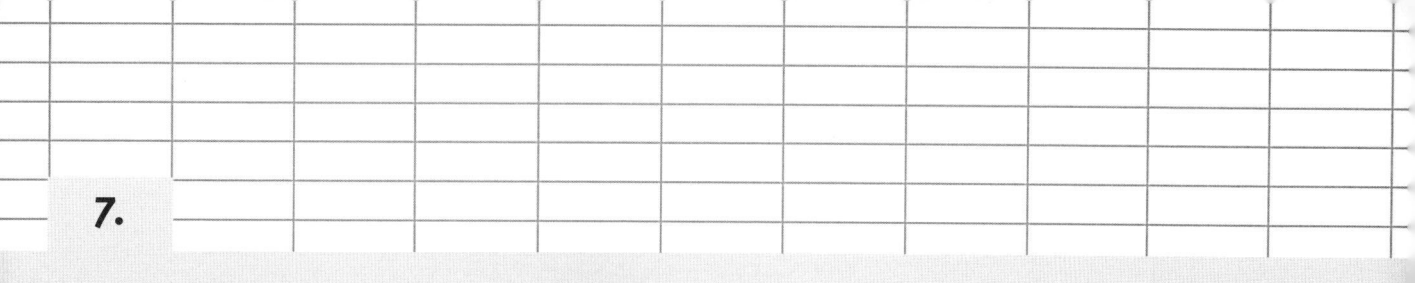

Trabalhando com funções

Você já viu alguma coisa sobre funções quando fez o cálculo condicional de imposto de renda. Mas existem diversas outras funções no Excel. Não será possível vê-las todas aqui, mas vale a pena explorar um pouco mais.

7.1. Bancas LeiaBem

Suponha o seguinte problema: a rede de bancas LeiaBem tem 8 pontos de venda, trabalhando com 20 títulos de revistas em geral. Os valores das vendas do último mês, por revista e por banca, foram os seguintes:

	A	B	C	D	E	F	G	H	I	J
2	Revista	Grupo	B. Vista	Centro	C. Norte	Eldorado	Iguatemi	9 de julho	Paraiso	Paulista
3	Alm Disney	WDP	543	861	595	648	903	627	791	1.068
4	Capricho	FEM	1.323	2.135	1.127	1.334	1.950	1.467	1.551	2.443
5	Cascão	MSP	308	585	399	308	595	420	494	686
6	Cebolinha	MSP	473	872	452	595	812	595	669	977
7	Chico Bento	MSP	308	420	277	308	462	340	371	525
8	Ex. Informática	NEG	658	1.561	914	984	1.498	945	1.127	1.764
9	Exame	NEG	1.211	2.279	1.281	1.425	2.195	1.519	1.663	2.587
10	Magali	MSP	410	648	371	420	676	515	553	749
11	Marie Claire	FEM	739	1.642	851	956	1.572	1.089	1.159	1.743
12	Mickey	WDP	574	760	410	595	791	658	707	966
13	Mônica	MSP	585	840	553	697	861	686	749	1.047
14	Nova	FEM	893	1.488	893	994	1.498	1.099	1.201	1.796
15	Pato Donald	WDP	494	595	319	504	606	441	420	697
16	Placar	OUT	235	308	235	256	329	266	224	308
17	Play boy	OUT	532	935	525	669	984	686	749	1.138
18	Quatro Rodas	OUT	430	662	686	729	694	557	891	798
19	Tio Patinhas	WDP	515	791	410	595	728	658	686	994
20	Veja	OUT	1.397	2.926	1.600	1.817	2.720	1.929	2.093	3.231
21	Video News	OUT	186	494	217	207	319	235	350	431
22	Zé Carioca	WDP	504	389	256	329	420	410	319	585

Você sabe ainda que os percentuais de custo variam conforme os grupos de revistas. Os percentuais de custos em relação ao preço de venda são os mostrados na figura ao lado.

	A	B	C
2		GRUPO	% CUSTO
3	Revistas Femininas	FEM	50,0%
4	Maurício de Souza	MSP	42,0%
5	Negócios	NEG	63,0%
6	Disney	WDP	48,0%
7	Outros	OUT	37,0%

Com base nesses dados, você precisa saber:
1. O faturamento (vendas) de cada banca e sua participação no total;
2. Os valores mínimos, médios e máximos de vendas de cada revista por banca;
3. O faturamento (vendas) de cada revista e sua participação no total;
4. O CMV (custo da mercadoria vendida) de cada revista, calculado em função das vendas e do percentual do grupo ao qual ela pertence;
5. O lucro (vendas menos custo ou CMV) de cada revista, em termos de valor e de participação no lucro total.

Quanto à estruturação da planilha, não há muito o que pensar, uma vez que o próprio detalhamento das vendas já dá a pista. As revistas ficam nas linhas **3** a **22**; o grupo, na coluna **B**; e, nas colunas **C** a **J**, as bancas. Finalmente, na faixa **C23:J23**, ponha os totais (somatórios) de cada banca.

Estrutura do problema na planilha

> Nome do Arquivo com os dados: **07_01LeiaBem.xlsx**
> Esta em www.fgv.br/cia/excel

	A	B	C
1			
2		GRUPO	% CUSTO
3	Revistas Femininas	FEM	50,0%
4	Maurício de Souza	MSP	42,0%
5	Negócios	NEG	63,0%
6	Disney	WDP	48,0%
7	Outros	OUT	37,0%

✓ Note as % CUSTO na planilha: **Tabela**

Revista	Grupo	B. Vista	Centro	C. Norte	Eldorado	Iguatemi	9 de julho	Paraíso	Paulista
Alm Disney	WDP	543	861	595	648	903	627	791	1.068
Capricho	FEM	1.323	2.135	1.127	1.334	1.950	1.467	1.551	2.443
Cascão	MSP	308	585	399	308	595	420	494	686
Cebolinha	MSP	473	872	452	595	812	595	669	977
Chico Bento	MSP	308	420	277	308	462	340	371	525
Ex. Informática	NEG	658	1.561	914	984	1.498	945	1.127	1.764
Exame	NEG	1.211	2.279	1.281	1.425	2.195	1.519	1.663	2.587
Magali	MSP	410	648	371	420	676	515	553	749
Marie Claire	FEM	739	1.642	851	956	1.572	1.089	1.159	1.743
Mickey	WDP	574	760	410	595	791	658	707	966
Mônica	MSP	585	840	553	697	861	686	749	1.047
Nova	FEM	893	1.488	893	994	1.498	1.099	1.201	1.796
Pato Donald	WDP	494	595	319	504	606	441	420	697
Placar	OUT	235	308	235	256	329	266	224	308
Play boy	OUT	532	935	525	669	984	686	749	1.138
Quatro Rodas	OUT	430	662	686	729	694	557	891	798
Tio Patinhas	WDP	515	791	410	595	728	658	686	994
Veja	OUT	1.397	2.926	1.600	1.817	2.720	1.929	2.093	3.231
Video News	OUT	186	494	217	207	319	235	350	431
Zé Carioca	WDP	504	389	256	329	420	410	319	585

Já no início de seu trabalho, renomeie a planilha **Plan1**, dando-lhe o nome **Vendas**. Procure habituar-se a dar os nomes para as planilhas à medida que elas começam a ser utilizadas, pois isso será de grande valia para evitar que você se confunda durante o desenvolvimento do modelo.

Pergunta 1

O faturamento (Vendas) de cada banca e sua participação no total

1. Na Linha 23 coloque o TOTAL (Σ soma) de cada banca

2. Na Linha 24 coloque as Participações nas Vendas de cada banca *(Note que o TOTAL das Vendas está calculado em $B$23)*

3. Copie C23:C24 em D23:J24

	A	B	C	D	E	F	G	H	I	J
1	BANCAS LEIA BEM - VENDAS DO MÊS ANTERIOR									
2	Revista	Grupo	B. Vista	Centro	C. Norte	Eldorado	Iguatemi	9 de Julho	Paraíso	Paulista
3	Alm Disney	WDP	543	861	595	648	903	627	791	1.068
4	Capricho	FEM	1.323	2.135	1.127	1.334	1.950	1.467	1.551	2.443
5	Cascão	MSP	308	585	399	308	595	420	494	686
6	Cebolinha	MSP	473	872	452	595	812	595	669	977
7	Chico Bento	MSP	308	420	277	308	462	340	371	525
8	Ex. Informática	NEG	658	1.561	914	984	1.498	945	1.127	1.764
9	Exame	NEG	1.211	2.279	1.281	1.425	2.195	1.519	1.663	2.587
10	Magali	MSP	410	648	371	420	676	515	553	749
11	Marie Claire	FEM	739	1.642	851	956	1.572	1.089	1.159	1.743
12	Mickey	WDP	574	760	410	595	791	658	707	966
13	Mônica	MSP	585	840	553	697	861	686	749	1.047
14	Nova	FEM	893	1.488	893	994	1.498	1.099	1.201	1.796
15	Pato Donald	WDP	494	595	319	504	606	441	420	697
16	Placar	OUT	235	308	235	256	329	266	224	308
17	Play boy	OUT	532	935	525	669	984	686	749	1.138
18	Quatro Rodas	OUT	430	662	686	729	694	557	891	798
19	Tio Patinhas	WDP	515	791	410	595	728	658	686	994
20	Veja	OUT	1.397	2.926	1.600	1.817	2.720	1.929	2.093	3.231
21	Video News	OUT	186	494	217	207	319	235	350	431
22	Zé Carioca	WDP	504	389	256	329	420	410	319	585
23	TOTAL		137.305	12.318	21.191	12.371	14.370	20.613	15.142	16.767	24.533
24				9,0%	15,4%	9,0%	10,5%	15,0%	11,0%	12,2%	17,9%

Para responder à pergunta 1, em C23 insira a soma da coluna (soma das vendas da banca). Use o ícone correspondente ou, se preferir, faça isso pelo atalho de Somatória ou <u>Inserir Função</u> (a função <u>Soma</u> está na categoria <u>Matemática e trigonométrica</u>).

7. Trabalhando com funções

Em B23, calcule a soma das vendas (Total) e, em C24, a participação das vendas da banca no Total (C24 = C23/b23). Formate C23 e C24 (% com uma casa decimal).

Encerrando essa etapa, copie o bloco de células C23:C24 para a faixa D23:J24.

7.2. Funções estatísticas

Para atender ao solicitado na segunda pergunta, abrem-se três novas colunas: Mínimo, Médio e Máximo (Inserir três colunas a partir da **K**). O que se deseja com essas colunas é saber como estão a variabilidade e o desempenho das vendas de cada revista. Cada célula de **K** (Mínimo) deve conter o valor mínimo daquela linha (ou seja, o menor faturamento observado para aquela revista, considerando-se as vendas em todas as bancas); as células de **L** (Médio) devem ter o valor médio; as células de **M** (Máximo) devem ter o valor máximo; e, finalmente, as células de **N** (Total) devem conter o total de vendas da revista.

Se você fosse preencher manualmente a coluna **K**, cumpriria os seguintes passos:
a) verificar, no intervalo **C3:J3**, qual é o menor valor (no caso, 543);
b) transcrever para **K3** o valor encontrado;
c) verificar, no intervalo **C4:J4**, qual é o menor valor (agora é 1.127);
d) transcrever esse novo valor para **K4**, e assim por diante, até o intervalo **C22:J22**, cujo resultado será transcrito para **K22**.

Isso pode ser feito com uma função. Selecione **K3** (ou seja, a célula onde você quer deixar o resultado da pesquisa) e clique na ferramenta $\boxed{fx}$ (Inserir Função). Na caixa de diálogo, escolha a Categoria de função Estatística e selecione a função MÍNIMO.(ex-MIN no 2007).

Clique OK e aparecerá a segunda caixa de diálogo do Inserir Função.

Pergunta 2

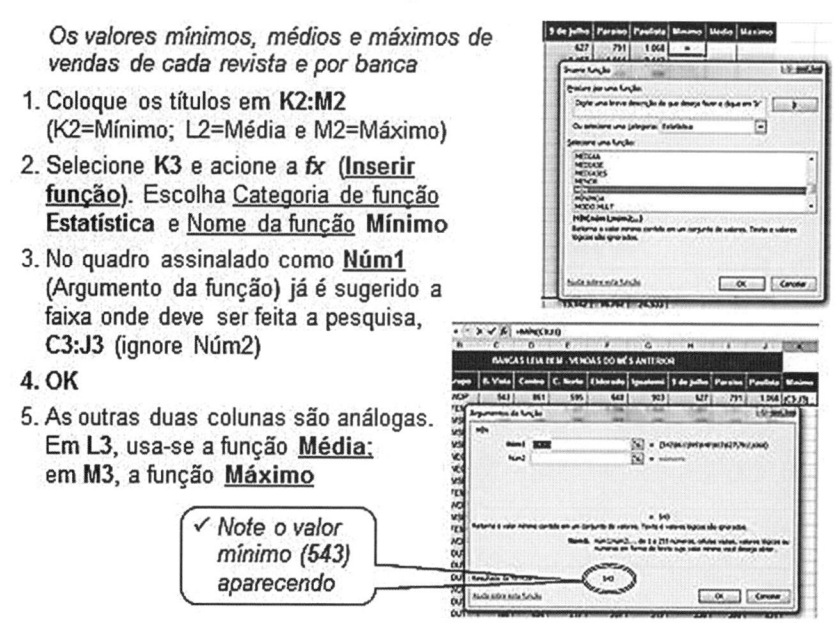

Os valores mínimos, médios e máximos de vendas de cada revista e por banca

1. Coloque os títulos em **K2:M2** (K2=Mínimo; L2=Média e M2=Máximo)
2. Selecione K3 e acione a *fx* (**Inserir função**). Escolha Categoria de função **Estatística** e Nome da função Mínimo
3. No quadro assinalado como **Núm1** (Argumento da função) já é sugerido a faixa onde deve ser feita a pesquisa, C3:J3 (ignore Núm2)
4. OK
5. As outras duas colunas são análogas. Em L3, usa-se a função **Média**; em M3, a função **Máximo**

✓ Note o valor mínimo (543) aparecendo

Observe que, no quadro assinalado como Núm1, já aparece a sugestão do Excel para o intervalo de células, ou seja, **C3:J3**. Para esse exercício, as células sugeridas estão corretas, mas nem sempre é assim. Caso o intervalo sugerido esteja incorreto, você deve ignorar a sugestão e selecionar, com o mouse, a faixa onde deve ser feita a pesquisa (neste caso, seria: clique em **C3**, segure o botão apertado e arraste até **F3**).

Note que, em qualquer um dos casos, a caixa de diálogo mostra na sua parte inferior o resultado encontrado. Note também que, abaixo de Núm1, há um quadro assinalado como Núm2, e que o texto da caixa de diálogo menciona a possibilidade de até 30 números.

Você poderia definir diversas células ou faixas não contínuas para que o Excel achasse, entre elas, o menor dos valores. Como neste caso vamos trabalhar com uma única faixa contínua, você deve apenas preencher Núm1, como já explicado, e clicar OK.

Veja o que ficou na célula **K3**. Agora, altere **D3** de 861 para 461 e veja o que aparece em **K3**. Não se esqueça de clicar na ferramenta (Desfazer) para repor o conteúdo original em **D3**.

Pergunta 3

O faturamento (vendas) de cada revista e sua participação no total

1. Coloque os títulos em N2:O2
2. Em N3 a soma da linha
3. Em N23 o total das Vendas
4. Obs:
   O3 = N3 / $N$23 ou definir um nome para a célula N23, que contém o total geral das vendas (Tot_Vendas)
   O3 = N3 / Tot_Vendas
5. Em O3 calcule a participação percentual de cada revista em relação ao total
6. Copie K3:O3 em K4:O22

As outras duas colunas são feitas de maneira análoga. Em **L3**, usa-se a função MÉDIA (não confunda com Med, que é mediana), e, em **M3**, cola-se a função MÁXIMO.

Em seguida, preencha a faixa **O3:O22** com a participação percentual de cada revista em relação ao total. Finalmente, na faixa **B24:F24**, calcule o percentual de participação de cada banca em relação ao total (nesses dois casos, é oportuno definir um nome para a célula **N23**, que contém o total geral das vendas). Com isso, o que foi pedido nos itens 1 a 3 foi atendido.

7.3. Trabalhando com tabelas (procura e referência)

Pense agora sobre o que está sendo pedido no item 4: o CMV de cada revista deve ser calculado em função do grupo ao qual ela pertence, conforme a tabela apresentada.

Procure raciocinar: como você faria isso manualmente? Por exemplo, no caso da revista Cascão, seu procedimento seria o seguinte:

a) vá à célula **B5** e verifique qual é o grupo da revista (isto é, MSP);
b) vá à tabela fornecida no início deste problema e, na linha correspondente ao grupo MSP, verifique qual o percentual de custo (ou seja, 42%);
c) tome aquele percentual de 42% e multiplique pelo valor das vendas calculado em **N5** (igual a 3.795), encontrando o resultado de 1.593,90;

7. Trabalhando com funções

d) arredonde o valor encontrado para número inteiro, tendo como resultado 1.594,00.

Para cada uma das outras linhas, você poderia fazer a mesma coisa. Só que, se você fizer dessa forma, cada vez que mudar um percentual, ou um grupo de revista, todo trabalho manual de pesquisa na tabela deverá ser refeito.

O Excel tem uma função para automatizar esse procedimento. Dentro do grupo de funções Procura & referência, há diversas funções voltadas ao tratamento de tabelas. Tudo que deve ser feito, nesse caso, é definir uma tabela na própria planilha e dar ao programa as orientações necessárias para que ele faça automaticamente essa procura.

Para definir a tabela de percentuais, abra uma planilha específica, atribuindo a **Plan2** o nome de **Tabela**, que você poderá preencher como mostrado abaixo. Em seguida, atribua à faixa **B3:C7** o nome TAB_GRUPO (selecione essa faixa e acione Fórmulas: Definir Nome:).

Pergunta 4
Trabalhando com tabelas (Procura e Referência)

O CMV de cada revista, calculado em função das vendas e do percentual do grupo ao qual ela pertence (conforme a tabela apresentada)
- ✓ O Excel tem uma função para automatizar este procedimento. Funções: **Procura e referência**, são funções voltadas ao tratamento de tabelas
1. Para definir a tabela de percentuais: Abrir a pasta **Tabela**
2. B3:C7=TAB_GRUPO (selecione esta faixa e use: Fórmulas, Definir Nome) OK

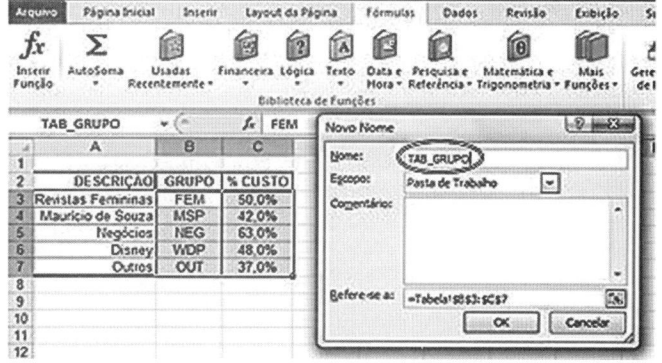

> Ao trabalhar com tabela, defina um nome para ela, pois isso facilita o uso futuro. Ao definir a área de uma tabela para procura e referência, considere como primeira coluna aquela que contém o valor de referência (neste caso, o código do grupo). Como primeira linha, o primeiro valor da tabela propriamente dito. Em outras palavras: ao atribuir nome para a faixa, esta deve ser definida omitindo-se os cabeçalhos (no caso, desconsiderar a coluna A e a linha 2).

Voltando à planilha **Vendas**, abra uma nova coluna **P** para o percentual de CMV.

Atribua à faixa **B3:B22** o nome GRUPO. Volte à sua planilha de trabalho e ative a célula **P3** (que vai receber o resultado da pesquisa). Clique no ícone f_x (ferramenta Inserir Função). Na caixa de diálogo que se abre, escolha a Categoria de função Procura e referência. A função desejada é aquela que pesquisará a tabela desde a primeira referência, até que encontre o valor desejado. Como a pesquisa será linha após linha, ela será feita na direção vertical. E a função adequada para isso é a PROCV (procura vertical), que não está aparecendo. No quadro Nome da função, clique na barra da rolagem e selecione a PROCV.

Na parte de baixo da caixa de diálogo, aparece uma breve descrição da função selecionada. Clique OK para passar à segunda etapa do Inserir Função.

A função PROCV tem três argumentos, a serem preenchidos conforme segue:

1. **valor_procurado**: deve conter o endereço da célula com o valor de referência na pesquisa à tabela (nesse caso, a procura será feita no Grupo; assim, o endereço poderia ser **B3**; mas, como a faixa **B3:B22,** acaba de receber um nome, informe: GRUPO). Veja que o quadro à direita mostra o conteúdo a ser pesquisado, WDP;
2. **matriz_tabela**: faixa de células onde se encontra a tabela a ser pesquisada (nesse caso, TAB_GRUPO);
3. **número_índice_coluna**: na tabela definida para a procura, em qual coluna está o valor procurado (ou seja, o percentual)? Pense bem: a primeira coluna da tabela contém sempre o valor de referência. Nesse caso, o valor procurado está na segunda coluna. Portanto, esse argumento será igual a **2** (Digite 2 no campo, número referente à segunda coluna da tabela TAB_GRUPO). Pode parecer complicado – e, nesse caso específico, é. Porém, o Excel permite tabelas com múltiplos argumentos. Por exemplo, cada grupo de revista poderia ter, além do CMV, um percentual de tributação e outro de comissão de vendas. Dessa forma, a indicação da coluna permite maior flexibilidade.

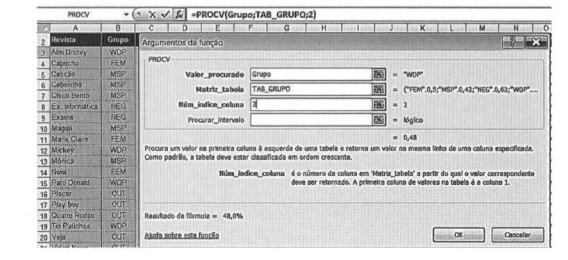

Procura em tabela – função PROCV

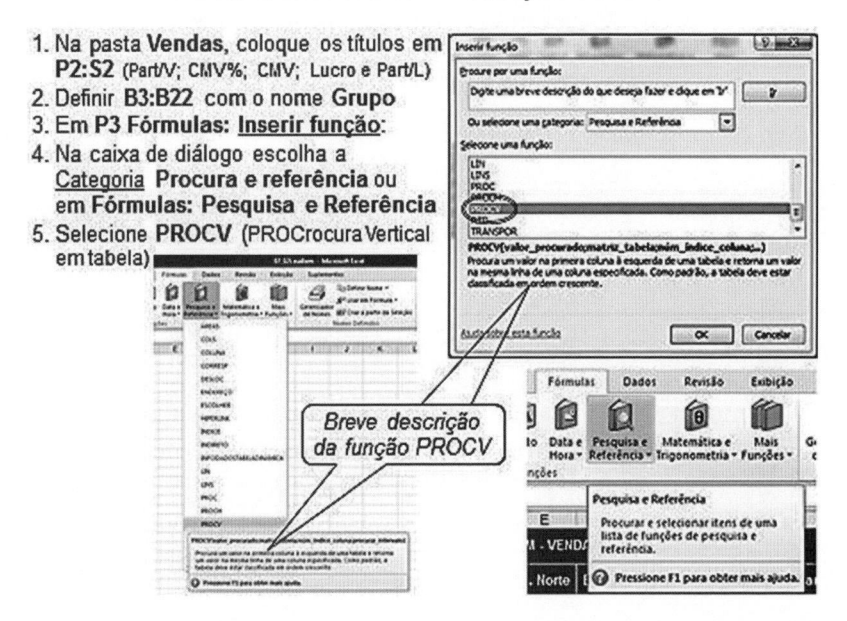

1. Na pasta **Vendas**, coloque os títulos em P2:S2 (Part/V; CMV%; CMV; Lucro e Part/L)
2. Definir B3:B22 com o nome **Grupo**
3. Em P3 Fórmulas: Inserir função:
4. Na caixa de diálogo escolha a Categoria Procura e referência ou em Fórmulas: Pesquisa e Referência
5. Selecione **PROCV** (PROCrocura Vertical em tabela)

Após preencher os argumentos, clique no botão OK. Veja o que aparece em **P3**. Ajuste o formato de **P3** para percentual e veja o resultado: 48%. Agora altere **B3** para MSP e veja o que aparece: 42%. Mude novamente, colocando NEG, e veja **P3**: 63%. Agora altere novamente para FEM e veja que o resultado é 50%. Mude para OUT, e o resultado passa a 63%. Finalmente, restaure o valor WDP em **B3** e veja o novo resultado: 48%. Agora, confira esses resultados com a tabela e veja o que aconteceu: para os grupos WDP, FEM, NEG e MSP, a pesquisa foi feita corretamente.

Mas para os grupos OUT, o resultado está errado: o Excel encontrou 63%, quando o correto seria 37%.

Experimente, por fim, pôr em **B3** um valor inexistente na tabela – exemplo: INF (outras revistas infantis). Veja que, além de não avisar que está errado, o Excel trouxe o valor de 50% para **P3**. Isso aconteceu porque o Excel trabalha com dois procedimentos diferentes para procurar determinado valor numa tabela:
- **busca de valores exatos**. Aqui, ou se encontra na tabela o valor idêntico ao procurado, ou a pesquisa não será válida;
- **busca de valores por faixas**. Um exemplo é a tabela de imposto de renda: até determinado valor é isento, a partir daí até um segundo teto e assim por diante. Neste caso, o que interessa é encontrar o intervalo no qual se encaixe o valor.

A busca padrão do Excel é do segundo tipo. Entenda o que aconteceu:
- quando você colocou FEM, MSP, NEG e WDP, o programa encontrou um valor exato na tabela e trouxe como resultado o percentual correspondente;
- quando você colocou INF, ele trouxe o valor correspondente a FEM porque esse era o único valor menor que INF e, portanto, ele "entendeu" que INF é um valor válido dentro do intervalo que vai de FEM até NEF (NEF seria o último valor antes de NEG);
- quando você colocou OUT, ele trouxe o valor correspondente a NEG, por "entender" que OUT está dentro do intervalo NEG-WDO (último valor antes de WDP);
- o Excel "se perdeu" pois a tabela não está classificada em ordem alfabética crescente.

Você poderia resolver este último problema (o erro quando o valor é OUT) classificando a tabela em ordem crescente. Mas o programa continuaria aceitando valores incorretos, e isso é particularmente perigoso porque qualquer erro de digitação não será percebido. A solução, nesse caso, é programar o Excel para que ele retorne o percentual somente quando o valor procurado for encontrado, de forma idêntica, na tabela (na verdade, quase idêntica, porque o uso de letras maiúsculas ou minúsculas não faz diferença).

Mantenha ativa a célula **P3**, que contém a função de procura e referência. Clique na ferramenta *fx* (Inserir Função). Abre-se a caixa de diálogo que você viu por último. Mas agora, em vez da 1ª etapa Inserir Função, a caixa de diálogo apresentada é a da segunda etapa, porque, ainda que com erro, já havia uma função definida para aquela célula:

No quadro **procurar_intervalo**, você deve escrever a palavra falso, para avisar ao Excel que ele não deve procurar em intervalos, mas valores exatos. Clique no botão OK, encerrando essa fórmula.

Agora repita os testes anteriores e veja que os resultados estão sempre corretos. Se você tentar um valor inexistente (por exemplo, o INF já utilizado anteriormente), o resultado será #N/D (não disponível), indicando que o valor procurado não existe na tabela.

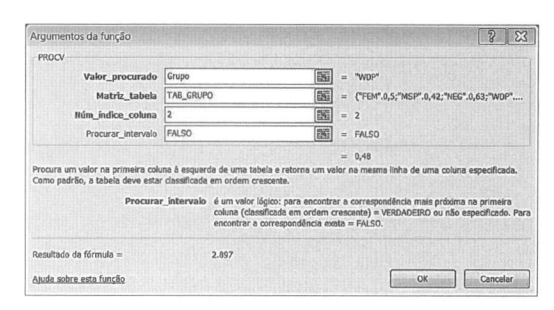

> Ao usar funções de procura e referência, você deve estar especialmente atento para o tipo de pesquisa que deseja:
> ***pesquisa exata*** deve ser feita para localizar valores associados a códigos. Nesse caso, utiliza-se a palavra ***falso*** no último quadro do Inserir Função e a tabela pode ser classificada em qualquer ordem;
> ***pesquisa por faixas*** deve ser feita para localizar valores associados a intervalos de validade. Nesse caso, deixa-se ***em branco*** o último quadro de Inserir Função e a tabela deverá estar classificada em ordem crescente.

Finalizando, note que, se você estruturasse a tabela com os grupos em colunas em vez de linhas, você usaria, de forma análoga, a função PROCH (procura horizontal).

7.4. Mesclar funções com fórmulas

Você deu mais um passo, mas o que se pede é o valor do CMV, e não o percentual-base para cálculo. Você poderia abrir uma coluna específica para o valor, ao lado do percentual já definido (veja 07_03LeiaBem). Mas pode também mesclar uma função com uma fórmula.

Pense no seguinte: o CMV é o produto do percentual encontrado na tabela, multiplicado pelo valor total das vendas. O primeiro já está na célula P3. Falta o segundo (Vendas).

Pergunta 5

O lucro (vendas menos CMV) proporcionado por cada revista, em termos de valor e de participação no lucro total

✓ P3 = PROCV(Grupo;TAB_GRUPO;2;FALSO) com o CMV% (Veja 07_03LeiaBem)
✓ Vamos calcular na coluna P o valor do CMV = CMV% * Vendas
1. P3 = PROCV(Grupo;TAB_GRUPO;2;FALSO) * N3
2. Q3 = N3 - P3
3. R3 = Q3/$Q$23 ou R3 = Q3/Tot_Lucro
4. Copie P3:R3 para P4:R22

Para deixar **P3** já com o resultado final, selecione **P3** e dê um clique duplo (ou acione [F2]), iniciando-se a edição da célula. Complemente-a, de maneira que a fórmula passe a ser:

P3=PROCV(Grupo;TAB_GRUPO;2;FALSO)*N3

Agora faltam o lucro e a participação. Em **Q3**, defina o lucro como a diferença entre o total das vendas e o CMV (atribua o nome CMV ao intervalo **P3:P22**). Totalize as colunas **P** e **Q** nas células **P23** e **Q23** (use a função somatório) — opcionalmente pode-se nomear a célula Q3 como Tot_Lucro para facilitar os cálculos.

Concluindo o que foi pedido no item 5, abra a coluna **R** para a participação percentual dos lucros. Você certamente já sabe como preencher essa coluna.

Copie agora a faixa **P3:R3** para a faixa **P4:R22**. Veja como ficaram os cálculos dessas colunas. Grave essa pasta de trabalho e encerre o Excel (veja 07_04LeiaBem).

7.5. Funções aninhadas: funções dentro de funções

As funções podem ser usadas como argumentos para outras funções. *Quando uma função é usada como um argumento, ou aninhada*, deve retornar o mesmo tipo de valor que o argumento utiliza. Se uma função aninhada não retornar o tipo de valor correto, o Excel exibirá um valor de erro #VALOR!

7. Trabalhando com funções

Por exemplo, a fórmula a seguir usa uma função MÉDIA aninhada e a compara com o valor 50. A comparação deve retornar VERDADEIRO ou FALSO, pois esse é o tipo de valor para o primeiro argumento em uma função SE. =SE(MÉDIA(F2:F50)>50; SOMA(G2:G5);0).

> Nos exemplos introdutórios ou didáticos, colocamos alguns valores em fórmulas para facilitar a explicação. Contudo, lembre-se de que devemos colocar TODOS os valores em células e, nas fórmulas, fazer referência aos endereços dessas células que contêm o valor. Assim, na fórmula acima, o valor 50 deveria estar em, por exemplo, B8, resultando em: =SE(MÉDIA(F2:F50)>B8;SOMA(G2:G5);0).

Uma fórmula pode conter muitos níveis de funções aninhadas. Quando a Função B é usada como um argumento na Função A, a Função B é uma função de segundo nível. Se a Função B contiver a Função C como um argumento, a Função C será uma função de terceiro nível.

Em uma planilha em branco, monte a tabela ao lado.

O objetivo é calcular o Salário Total dos vendedores. A Comissão depende da média das vendas de todos os vendedores. Então vamos começar nomeando as células. Selecione de B1 a B6 e dê o nome Salario_Fixo. Selecione de C1 a C6 e dê o nome de Vendas. Coloque

	A	B	C	D	E
1	Funcionário	Salário Fixo	Vendas	Comissão	Salário Total
2	Carla	570	3400		
3	Geraldo	1280	39000		
4	Marcelo	1378	79000		
5	Patrícia	2300	45000		
6	Vinicius	3420	20000		

na célula A8 o valor 75.000 e atribua a essa célula o nome Meta_Vendas. Coloque nas células A9 e A10 os valores das comissões. Na célula A9 você deve inserir o valor de 1% e dar o nome à célula de Comissao_maior, e na célula A10 digite o valor de 0,5% e atribua à célula o nome Comissao_menor. Feito isso, já podemos iniciar o exercício.

O enunciado do exercício é: se a média de vendas de todos os vendedores for maior ou igual do que a meta de R$ 75.000,00, determinada pela empresa, os vendedores receberão uma comissão equivalente a 1% do valor das suas vendas (coluna **C**). Caso contrário, receberão uma comissão de 0,5% do valor das suas vendas (coluna **C**). No final, some o valor da comissão no Salário Fixo. Para realizar esse cálculo, vamos utilizar a função SE na célula:

D2 = SE(MÉDIA(Vendas)>=Meta_Vendas;Vendas*Comissao_maior;Vendas*Comissao_menor).

Para melhor compreender essas funções, o mais fácil é aprender na prática, exercitando. Portanto, os próximos tópicos de funções serão apresentados em forma de exercícios.

7.6. Lojas Classic

A planilha de Controle Mensal de Vendas tem por objetivo efetuar o cálculo da comissão de cada vendedor das Lojas Classic. Com base no valor das Vendas no mês, apresentar um relatório indicando se o vendedor atingiu a meta, ultrapassou ou se não alcançou a meta estabelecida pela loja. Abra **07_06Classic**.

Antes de iniciar o trabalho com a planilha, vamos classificar os vendedores em ordem alfabética. Para tanto, selecione o intervalo de **A2:E22** (*lembre-se: você tem que selecionar toda a área de dados, e não somente os nomes dos vendedores*). O recurso de classificar, ou colocar em ordem, será mais bem explorado em 8.2 Classificar.

Clique, na barra de ferramentas, no botão Classificação crescente. Nomeie C3:C22 com o nome Vendas e E3:E22 como Meta. Assim, seu trabalho ficará mais organizado.

A Comissão deverá ser calculada de tal forma que os melhores vendedores receberão uma comissão maior que os demais. Se a Venda no mês, realizada pelo vendedor, for maior que a média dos valores vendidos por todos os vendedores (coluna **C**), a comissão do vendedor será de 8,5% do valor da Venda no mês; caso contrário, será de 5% do valor da Venda no mês. Antes de iniciar não se esqueça de nomear as colunas.

Código	Vendedor	Vendas no mês	Comissão	Meta no mês	Relatório
		Lojas Classic - Controle Mensal de Vendas			
45	Gustavo	29128		10258	
38	Edson	29313		24613	
47	Vinicius	33495		32246	
40	Eduardo José	89468		40889	
39	Marcelo	18483		44253	
19	Erivaldo	63796		44351	
31	Edilson Lopes	52775		52775	
27	Jose Aparecido	55913		53744	
10	Alan	95038		65240	
14	Eduardo	46827		74164	
15	Camila	76916		76916	
24	Luciana	37633		79425	
50	Paulo	90137		80318	
30	Cecilia	86346		85703	
41	Renato	79370		109723	
20	Flavio	49426		112207	
44	Fabiano	77174		113010	
16	Carlos Henrique	53129		114377	
12	Bruno	93413		158318	
42	Everton	83312		168782	

Digite na célula H2 o valor da comissão maior, 8,5%, e nomeie a célula como Comissao_maior. Na célula I2 digite o valor 5% e nomeie a célula como Comissao_menor. Copiar esta fórmula para toda a coluna **D**.

D3=SE(Vendas>MÉDIA(Vendas);Vendas*Comissao_maior;Vendas*Comissao_menor).

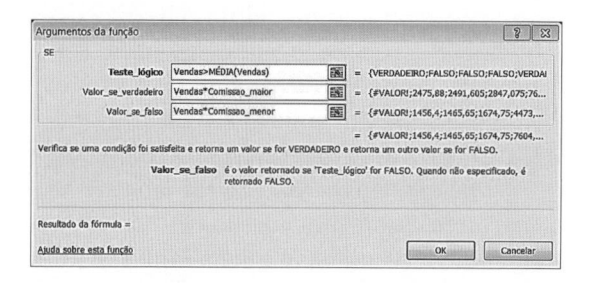

A coluna **F**, Relatório, deverá conter as seguintes mensagens: se as Vendas no mês forem iguais à Meta no mês, então a mensagem será "Atingiu a meta"; caso contrário, "Não atingiu a meta". Note que para colocar textos como argumentos de uma função é necessário colocá-los entre aspas.

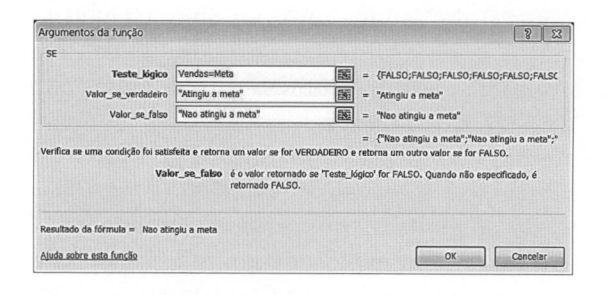

`=SE(Vendas=Meta;"Atingiu a meta";"Não atingiu a meta")`

7. Trabalhando com funções

Copie essa fórmula para toda a coluna **F**.

Agora acrescente a terceira mensagem, "Superou a Meta", na mesma coluna (**F**). Será necessário acrescentar mais uma função lógica SE, para que possamos ter três mensagens diferentes na coluna **F**. Para tanto, selecione novamente a célula **F3**.

Clique no botão Inserir Função (*fx*) ou acione <u>Fórmulas</u>: <u>Inserir Função</u>, e a caixa de diálogo: <u>Argumentos da função</u> anterior será reaberta. Posicione o cursor no <u>Valor_se_falso:</u> e apague o conteúdo. É no Valor_se_falso que inseriremos um novo SE. Selecione a função SE, que se encontra na barra de fórmulas, do lado esquerdo. Imediatamente será aberta outra caixa de diálogo para preenchimento da nova função SE.

Nessa nova função SE, você deverá perguntar se o valor da Venda no mês foi > (maior) que o valor da Meta do mês. Se sim, a mensagem apresentada deverá ser "Superou a meta"; caso contrário, significará que o vendedor "Não atingiu a meta". Dê OK.

A caixa de diálogo deverá estar preenchida da seguinte forma:

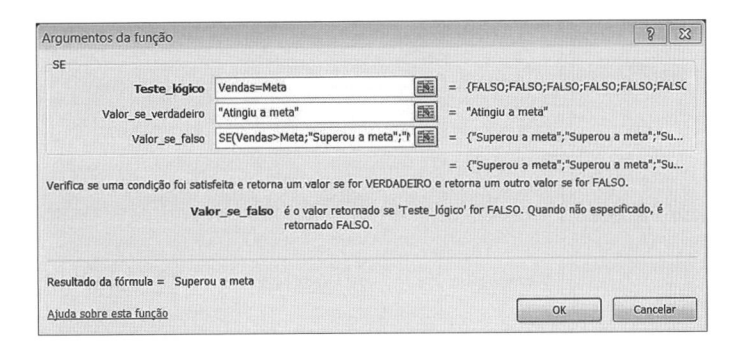

fx =SE(Vendas=Meta;"Atingiu a meta";SE(Vendas>Meta;"Superou a meta";"Não atingiu a meta"))

Copie a fórmula acima para toda a coluna **F**. Coloque em formato moeda as células das colunas **C**, **D** e **E**. Centralize o conteúdo da coluna **F**. Neste momento sua planilha deverá estar como segue.

Sol07_06Classic - Microsoft Excel

Lojas Classic - Controle Mensal de Vendas

	A	B	C	D	E	F
2	Código	Vendedor	Vendas no mês	Comissão	Meta no mês	Relatório
3	10	Alan	R$ 95.038,00	R$ 8.078,23	R$ 65.240,00	Superou a meta
4	12	Bruno	R$ 93.413,00	R$ 7.940,11	R$ 158.318,00	Não atingiu a meta
5	15	Camila	R$ 76.916,00	R$ 6.537,86	R$ 76.916,00	Atingiu a meta
6	16	Carlos Henrique	R$ 53.129,00	R$ 2.656,45	R$ 114.377,00	Não atingiu a meta
7	30	Cecilia	R$ 86.346,00	R$ 7.339,41	R$ 85.703,00	Superou a meta
8	31	Edilson Lopes	R$ 52.775,00	R$ 2.638,75	R$ 52.775,00	Atingiu a meta
9	38	Edson	R$ 29.313,00	R$ 1.465,65	R$ 24.613,00	Superou a meta
10	14	Eduardo	R$ 46.827,00	R$ 2.341,35	R$ 74.164,00	Não atingiu a meta
11	40	Eduardo José	R$ 89.468,00	R$ 7.604,78	R$ 40.889,00	Superou a meta
12	19	Erivaldo	R$ 63.796,00	R$ 5.422,66	R$ 44.351,00	Superou a meta
13	42	Everton	R$ 83.312,00	R$ 7.081,52	R$ 168.782,00	Não atingiu a meta
14	44	Fabiano	R$ 77.174,00	R$ 6.559,79	R$ 113.010,00	Não atingiu a meta
15	20	Flavio	R$ 49.426,00	R$ 2.471,30	R$ 112.207,00	Não atingiu a meta
16	45	Gustavo	R$ 29.128,00	R$ 1.456,40	R$ 10.258,00	Superou a meta
17	27	Jose Aparecido	R$ 55.913,00	R$ 2.795,65	R$ 53.744,00	Superou a meta
18	24	Luciana	R$ 37.633,00	R$ 1.881,65	R$ 79.425,00	Não atingiu a meta
19	39	Marcelo	R$ 18.483,00	R$ 924,15	R$ 44.253,00	Não atingiu a meta
20	50	Paulo	R$ 90.137,00	R$ 7.661,65	R$ 80.318,00	Superou a meta
21	41	Renato	R$ 79.370,00	R$ 6.746,45	R$ 109.723,00	Não atingiu a meta
22	47	Vinicius	R$ 33.495,00	R$ 1.674,75	R$ 32.246,00	Superou a meta
23				R$ 91.278,55		

O objetivo desta planilha é demonstrar como é possível formatar células de uma mesma coluna, dando a elas cores diferentes (Formatação Condicional de Célula). Na coluna Relatório, deixaremos o texto "Superou a meta" em azul, o texto "Não atingiu" em vermelho e o texto "Atingiu a meta" em verde.

Crie uma cópia idêntica da planilha <u>Vendas</u> e dê a ela o nome de <u>Formatação</u>. Para fazer essa formatação, você também pode utilizar a guia na seção estilo.

Selecione a célula **F3**. Utilize a ferramenta Formatação Condicional. Nesse caso, deverá ser preenchida da seguinte forma: Selecionar Nova Regra.

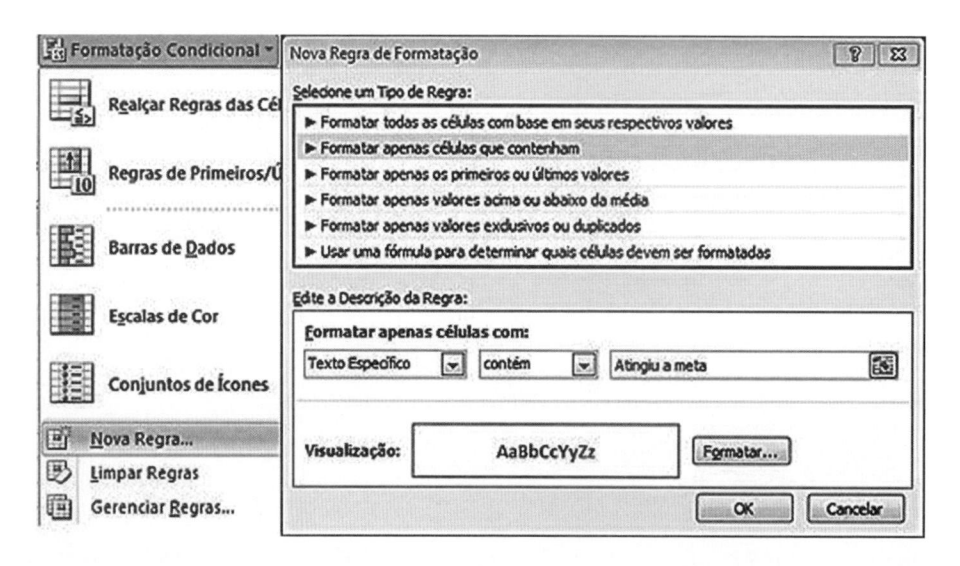

Na primeira opção escolha dentro da opção <u>Formatar apenas células com</u>: Texto Específico <u>contém</u>, digite "Atingiu a meta" e use o botão Formatar para definir que o texto deve ser escrito na cor verde. Repita esse procedimento escolhendo a cor vermelha para o texto "Não atingiu a meta" e, por último, escolha a opção de cor azul para o texto "Superou a meta". Após tudo preenchido e OK, copie a formatação para toda a coluna **F (F3:F22)**.

7.7. Caribbean Shop

O objetivo do exercício é gerar, a partir de duas planilhas trimestrais, uma terceira planilha de Resultados, onde serão coletados valores das duas primeiras. A partir daí, será traçado um gráfico representativo para os resultados gerados. Usaremos a guia (ou planilha) "1ºTRIM" para os cálculos do 1º Trimestre, a guia "2ºTRIM" para os cálculos do 2º Trimestre e "RESULTADO" para a planilha de Resultados Semestrais, que será acompanhada de um gráfico. Abra a pasta de trabalho **07_07Caribbean**.

Para o cálculo das despesas, copie, com a alça de preenchimento, os meses a partir de janeiro, até março. Para isso, selecione a célula **C6** e posicione o cursor no ponto vazado existente no canto inferior direito da célula, de tal forma que apareça uma cruz preta, como demonstrado a seguir:

	A	B	C
1	CARIBBEAN SHOP S/A		
2			
3			
4	Planilha de Resultado Trimestral		
5			
6	Despesas		Janeiro
7	Aluguel		7500
8	Pessoal		4900
9	Material		3200
10	Contas		3000
11	Totais		
12			
13	Receitas		
14	Norte		4500
15	Sul		5700
16	Leste		9200
17	Oeste		2500
18	Exportações		
19	Totais		
20			
21	Resultado		

7. Trabalhando com funções

Clique nesse ponto e arraste o mouse até a célula **E6**, soltando em seguida. Por último, digite Totais na célula **F6**. Centralize a faixa **C6:F6**, utilizando o botão Centralizar. Centralize a linha 1 entre as colunas **A** e **F**.

Nomeie as células C7:C10 como Despesas. Na célula **C11**, inclua o somatório, utilizando a função =SOMA(C7:C10), ou então o botão Soma.

Copie a função somatório de **C11** até **E11**:
- Você pode utilizar a alça de preenchimento no cursor da célula (método mais fácil);
- Ou então use os botões de Copiar e Colar. Para isso, selecione **C11**, clique no botão Copiar, e em seguida selecione as células **D11** a **E11** e clique no botão Colar.

Para realizar o exercício, você precisará colocar os valores dos índices de reajuste abaixo dos dados na planilha. Então vamos começar. Digite as células conforme a tabela a seguir e nomeie as células digitadas no intervalo das células A23:B32 utilizando o recurso Criar Nomes a partir da seleção, que está disponível no menu Fórmulas.

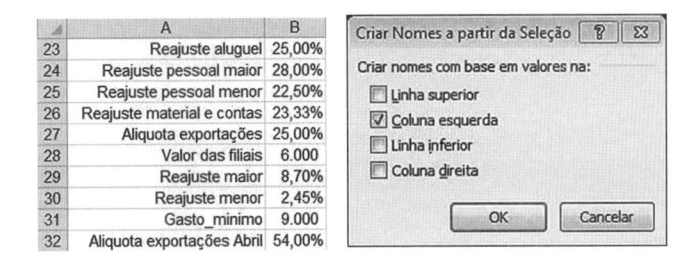

	A	B
23	Reajuste aluguel	25,00%
24	Reajuste pessoal maior	28,00%
25	Reajuste pessoal menor	22,50%
26	Reajuste material e contas	23,33%
27	Aliquota exportações	25,00%
28	Valor das filiais	6.000
29	Reajuste maior	8,70%
30	Reajuste menor	2,45%
31	Gasto_mínimo	9.000
32	Aliquota exportações Abril	54,00%

A despesa com o aluguel sofrerá um reajuste mensal de 25%. Portanto, o valor para o mês de fevereiro será igual ao valor pago em janeiro, mais 25%, valor que já está definido na célula B23. A fórmula é: =C7*(1+Reajuste_aluguel).

O gasto com o pessoal (linha **8**) sofrerá um reajuste mensal de 28% se o valor do aluguel no mês (**D7**) for inferior ou igual a R$ 9.000,00; caso contrário, sofrerá um reajuste de 22,5%.

Nesse caso, a fórmula exige uma função lógica SE, pois o problema é tipicamente de decisão lógica, do tipo *if...then...else*: se acontecer algo, então faça isto; se não, faça aquilo.

Para iniciar uma função no Excel, deve-se primeiramente selecionar a primeira célula correspondente (no caso, D8). Entre no Inserir Função, pelo botão ƒx, ou no botão Inserir função.

Na Categoria da função, escolha Lógica. Dentro dessa categoria, escolha a função SE. Dê OK para passar para a segunda etapa.

A função deverá ser preenchida como mostrado acima. Se você preferir não utilizar o Assistente de função, é possível digitar a função diretamente na barra de fórmula.

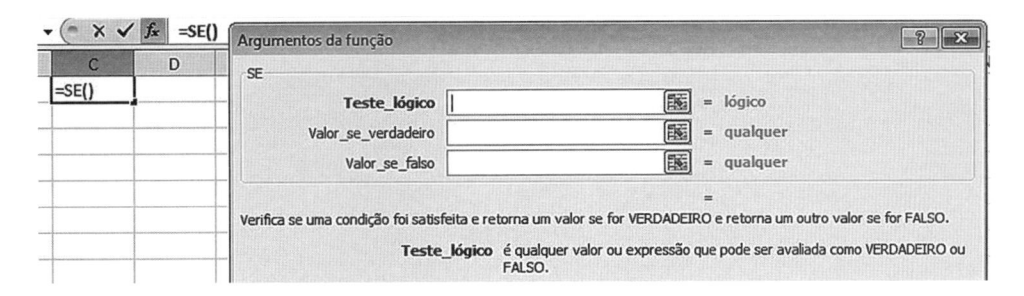

No caso da função SE, para preencher seus três argumentos deve-se observar o seguinte:
1. **teste_lógico**: o que desejamos saber é se o valor do aluguel é inferior ou igual a 9.000. Portanto, aqui vai a expressão D7<=Gasto_minimo (sem espaços intermediários);
2. **valor_se_verdadeiro**: o que deverá conter esta célula se o teste lógico acima for satisfeito. É o valor do pessoal no mês de janeiro mais o acréscimo de 28%, que já está digitado na célula B24, e foi nomeada com o nome Reajuste_pessoal_maior;
3. **valor_se_falso** (opcional): que valor deve conter a célula se o teste lógico não for satisfeito (ou seja, valor do aluguel maior que 9000). Nesse caso, será igual ao valor do pessoal no mês de janeiro mais o acréscimo de 22,5%, que já foi digitado na célula B25, e nomeada como Reajuste_pessoal_menor.

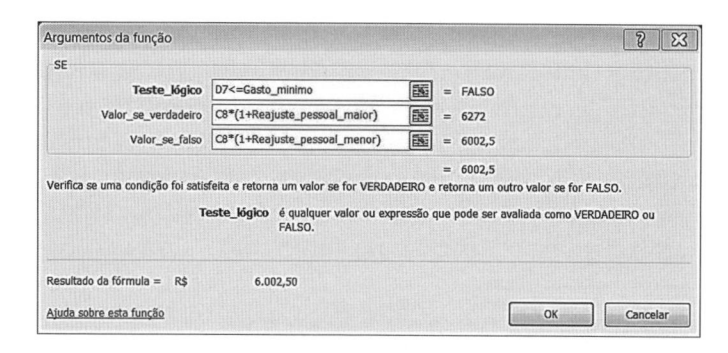

Como já vimos, as funções lógicas trabalham com os seguintes operadores lógicos: = igual a; < menor que; <= menor ou igual a (nesta ordem); > maior que; >= maior ou igual a (nesta ordem); <> diferente de (nesta ordem).

Assim, a função em **D8** ficaria com o seguinte formato final: D8=SE(D7<=Gasto_minimo;C8*(1+Reajuste_pessoal_maior);C8*(1+Reajuste_pessoal_menor)).

Selecionar o intervalo **D7:D8**. Copiar a seleção para **E7:E8**, pela alça de preenchimento. Os demais valores para material (**D9**) e contas (**D10**) serão reajustados mensalmente em 23,33%, valor já definido na célula B26. Faça o cálculo do reajuste e selecione o intervalo **D9:D10**. Copie a seleção para **E9:E10**.

Selecione todo o intervalo numérico da planilha, ou seja, de **C7:F21**, e aplique o formato moeda. Caso apareçam em sua planilha células com a seguinte mensagem: ######, isso significa que a largura da coluna não está sendo suficiente para expressar o conteúdo da célula, associado ao seu novo formato. Para resolver, utilize o Autoajuste de seleção, para alargar as colunas. Posicione o mouse no cabeçalho de coluna (por exemplo, entre as colunas **C** e **D**) e dê duplo clique. A largura da coluna **C**, neste caso, será ajustada de tal forma que possa ser expresso por completo o conteúdo das células desta coluna. Some a faixa **F7:F11**. Sua tela deverá estar assim:

7. Trabalhando com funções

As exportações serão iguais a 25% (célula nomeada como Alíquota_exportações) do valor total da soma das receitas das filiais: norte, sul, leste e oeste. A fórmula para esta célula será: =Alíquota_exportações*SOMA(C14:C17). Copie esta fórmula para as colunas **D** e **E**.

Some na célula **C19** as receitas que estão no intervalo C14:C18. A função deverá ser expressa assim: =SOMA(C14:C18). Copie a função somatória de **C19** até **F19**.

Os valores das células das filiais (**D14:D17**) sofrerão reajuste mensal de 8,7%, se a somatória das receitas das filiais do mês anterior for maior ou igual a R$ 6.000,00; caso contrário, será reajustado em 2,45%. Trata-se de uma função SE. Selecione a célula **D14**.

Entre no Inserir Função, selecione a função SE e passe para a segunda etapa. Neste caso o teste lógico envolve outra função: SOMA. Então, ao entrar no Inserir Função, na segunda etapa, é necessário imediatamente acessar a função SOMA para depois usar um dos operadores lógicos e terminar o teste lógico.

Para acessar a função SOMA, observe que no lado esquerda da barra de fórmula aparece o nome da função SE. Ao clicar na seta ▼ ao lado do nome da função, você encontrará novamente a relação das funções mais recentemente usadas e, por último, a opção Mais funções..., na qual você tem todas as funções do Inserir Função.

Se a função SOMA estiver na relação das mais recentemente usadas, é só clicar sobre ela e surge a tela a seguir, na qual você deve informar o intervalo das células a serem somadas.

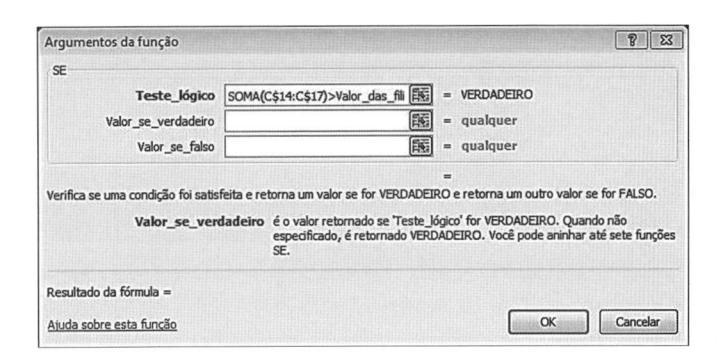

> Não dê OK (apesar de ser muito tentador): se você assim o fizer, a função estará terminada com erro. Siga os passos descritos a seguir:

Depois de ter preenchido os argumentos da função SOMA, posicione o cursor na barra de fórmulas, após a função SOMA, mas antes do último parêntese, e digite >=Valor_das_filiais.

Observe que a função SE retorna à sua tela, permitindo que você preencha os demais argumentos da função, como demonstrado acima. Preencha os argumentos para valor se verdadeiro e valor se falso, e no final dê OK. A sua função SE deverá ficar assim:

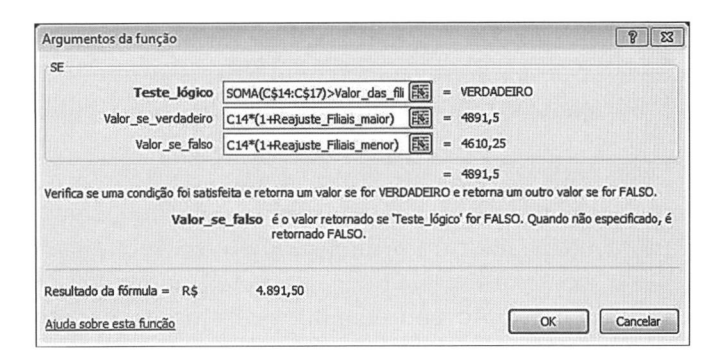

Copie essa fórmula para a coluna **E**. Selecione o intervalo **D14:E14** e copie até a linha **17**. Para copiar a fórmula acima descrita para as demais linhas, é necessário <u>antes</u> fixar as células que fazem parte do intervalo da soma, ou seja, o intervalo **C14:C17** deverá estar fixo (ou travado) para que, ao arrastar para baixo com a alça de preenchimento, o Excel não mude o endereço das linhas. Caso contrário, na linha **15**, ele selecionaria o intervalo errado **C15:C18**, e assim por diante, nas demais linhas. Lembre-se do conceito de endereços relativos e absolutos.

Para fixar o intervalo utilize a tecla **F4** ou então digite $. Para: =SE(SOMA(C$14:C$17)>Valor_das_filiais;C14*(1+Reajuste_Filiais_maior);C14*(1+Reajuste_ Filiais_menor)).

Calcule os Totais na coluna **F**, utilizando a função Soma. Selecione o intervalo de **F14** a **F19** e clique no botão Soma. Todos os valores serão preenchidos automaticamente. Em **C21**, digite a fórmula para o Resultado, que é igual ao Total das Receitas menos o Total das Despesas. Copie a fórmula da célula **C21** até a **F21**. Formate as receitas e os resultados de **C14** até **F21** em moeda com duas casas decimais. A sua planilha 1º TRIM, depois de preenchida, deverá ficar assim:

	A	B	C	D	E	F
1			CARIBBEAN SHOP S/A			
2						
3						
4	Planilha de Resultado Trimestral					
5						
6		Despesas	Janeiro	Fevereiro	Março	Totais
7		Aluguel	R$ 7.500,00	R$ 9.375,00	R$11.718,75	R$28.593,75
8		Pessoal	R$ 4.900,00	R$ 6.002,50	R$ 7.353,06	R$18.255,56
9		Material	R$ 3.200,00	R$ 3.946,56	R$ 4.867,29	R$12.013,85
10		Contas	R$ 3.000,00	R$ 3.699,90	R$ 4.563,09	R$11.262,99
11		Totais	R$18.600,00	R$23.023,96	R$28.502,19	R$70.126,15
12						
13		Receitas				
14		Norte	R$ 4.500,00	R$ 4.891,50	R$ 5.317,06	R$14.708,56
15		Sul	R$ 5.700,00	R$ 6.195,90	R$ 6.734,94	R$18.630,84
16		Leste	R$ 9.200,00	R$10.000,40	R$10.870,43	R$30.070,83
17		Oeste	R$ 2.500,00	R$ 2.717,50	R$ 2.953,92	R$ 8.171,42
18		Exportações	R$ 5.475,00	R$ 5.951,33	R$ 6.469,09	R$17.895,42
19		Totais	R$27.375,00	R$29.756,63	R$32.345,45	R$89.477,08
20						
21		Resultado	R$ 8.775,00	R$ 6.732,67	R$ 3.843,26	R$19.350,92

Os valores dessa planilha serão tratados da mesma forma que na planilha "1ºTRIM", com os mesmos reajustes etc. Agora para os meses de abril até junho. Os valores de abril serão obtidos utilizando a técnica de vínculo entre planilhas a partir dos valores de março na planilha "1ºTRIM".

Ainda na guia "1ºTRIM", selecione a faixa de células **A1:A21**. Dê um clique no botão Copiar. Agora selecione a guia "2ºTRIM" e, com o cursor em **A1**, dê um clique no botão Colar.

Digite em **C6** o mês abril e copie com a alça de preenchimento, para preencher os demais meses, até junho. Digite Totais na **F6**. Centralize a faixa **C6:F6**, utilizando o botão centralizar.

Os valores do mês de abril, para o aluguel, serão iguais ao do mês de março, calculando os reajustes da mesma forma sugerida na planilha 1ºTRIM – ou seja, o aluguel sofrerá um reajuste de 25% mensalmente, e assim por diante, seguindo os mesmos passos da planilha anterior (1ºTRIM). Em **C7**, digite o sinal de "=" e selecione novamente a guia "1ºTRIM".

Agora, em "1ºTRIM", selecione **E7**, digite o sinal de multiplicação "*" e indique a célula na qual está contido o valor de 25%, nomeada como Reajuste_aluguel (observe a barra de fórmulas), teclando Enter em seguida. Automaticamente será exibida "2ºTRIM" com o resultado do cálculo (valor de abril reajustado em 25% com relação a março). A fórmula, no final, será esta: =='1ºTRIM'!E7*(1+Reajuste_aluguel) (vinculada a outra planilha).

Dessa forma, os valores da planilha 2ºTRIM estarão vinculados aos valores da planilha 1ºTRIM, e qualquer alteração de valor na primeira reflete-se automaticamente na segunda.

As colunas **D** e **E** deverão ser calculadas com base nos valores da coluna **C** da planilha 2ºTRIM. Lembre-se de que você não pode copiar as fórmulas da coluna **C** diretamente, pois estas fazem referência à planilha 1ºTRIM.

7. Trabalhando com funções

O cálculo do valor do pessoal deve ser feito da seguinte forma: em **C8**, digite a fórmula: =SE(C7<=Gasto_minimo;'1ºTRIM'!E8* Reajuste_pessoal_maior;'1ºTRIM'!E8*Reajuste_pessoal _menor)+'1ºTRIM'!E8, ou use o assistente de função.

Não se esqueça de tratar os valores do mês de março, que estão na outra planilha.

Para o material (**C9**), reajuste mensalmente em 23,33%. A fórmula nessa célula será: ='1ºTRIM'!E9*(1+Reajuste_material_e_contas).

Para contas (**C10**), reajuste mensalmente em 23,33%. Prossiga com o mesmo raciocínio utilizado nos cálculos demonstrados acima. As colunas **D** e **E**, para material e contas, deverão ser calculadas com base nos valores da coluna **C** da planilha 1ºTRIM.

Some as células **C11:E11** e a faixa **F7:F11**. Ponha todos os valores numéricos no formato moeda.

Os valores das células das filiais (**C14:C17**) sofrerão reajuste mensal de 8,7% se a somatória das receitas das filiais do mês anterior (março) for maior ou igual a R$ 6.000,00; caso contrário, será reajustado em 2,45%. Inserir Função: =SE(SOMA('1ºTRIM'!$E$14:$E$17)>= Valor_das_filiais;'1ºTRIM'!E14*(1+Reajuste_Filiais_maior);'1ºTRIM'!E14*(1+Reajuste_Filiais_menor)).

Copie essa fórmula até a **C17**. Novamente, não esqueça de que esta fórmula está se referindo a valores da planilha 1ºTRIM, mas as colunas **D** e **E** deverão ser calculadas com base nos valores da coluna **C** da planilha 2ºTRIM.

As exportações a partir do mês de abril serão iguais a 54% do valor total da soma das receitas das filiais, também do mês de abril. Arraste para as colunas **D** e **E**.

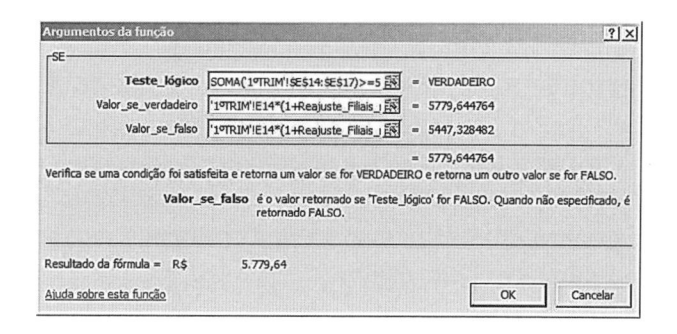

	A	B	C	D	E	F
1			**CARIBBEAN SHOP S/A**			
2						
3						
4	Planilha de Resultado Trimestral					
5						
6	Despesas		Abril	Maio	Junho	Totais
7	Aluguel		R$ 14.648,44	R$18.310,55	R$22.888,18	R$ 55.847,17
8	Pessoal		R$ 9.007,50	R$11.034,19	R$13.516,88	R$ 33.558,57
9	Material		R$ 6.002,83	R$ 7.403,29	R$ 9.130,48	R$ 22.536,60
10	Contas		R$ 5.627,65	R$ 6.940,59	R$ 8.559,83	R$ 21.128,07
11	Totais		R$ 35.286,43	R$43.688,62	R$54.095,37	R$133.070,41
12						
13	Receitas					
14	Norte		R$ 5.779,64	R$ 6.282,47	R$ 6.829,05	R$ 18.891,17
15	Sul		R$ 7.320,88	R$ 7.957,80	R$ 8.650,13	R$ 23.928,81
16	Leste		R$ 11.816,16	R$12.844,17	R$13.961,61	R$ 38.621,94
17	Oeste		R$ 3.210,91	R$ 3.490,26	R$ 3.793,92	R$ 10.495,09
18	Exportações		R$ 15.188,91	R$16.510,34	R$17.946,74	R$ 49.645,99
19	Totais		R$ 43.316,51	R$47.085,05	R$51.181,45	R$141.583,00
20						
21	Resultado		R$ 8.030,09	R$ 3.396,43	R$ (2.913,93)	R$ 8.512,59

Agora você já tem calculado os valores para as duas planilhas iniciais. Não se preocupe com o acabamento delas. Apenas a planilha de resultados sofrerá acabamentos. A sua planilha, neste momento, deverá estar como na figura anterior.

Insira uma nova planilha e dê a ela o nome de RESULTADO. Selecione a planilha "RESULTADO" e digite o título na célula **A1**: Planilha de Resultado Semestral.

Digite os títulos da coluna **A**: **A6**: DESPESAS, em **A8**: RECEITAS e **A10**: RESULTADO. Formate a largura da coluna **A** para o valor 12.

Digite os meses (em **B4** janeiro, copiando até junho com a alça de preenchimento). Digite "Totais" na célula **H4**. Centralize a faixa **B4:H4**. Posicione o cursor em **B6**.

Traga, usando o método de vincular planilha, o valor das despesas para o mês de janeiro. Digite o sinal "=". Selecione a guia "1ºTRIM". Clique sobre a célula **C11** e tecle Enter.

Posicione o cursor em **B8**. Faça o mesmo procedimento até ter preenchido todos os valores da planilha Resultado. Digite o sinal "=". Selecione a guia "1ºTRIM". Clique sobre a célula **C19** e tecle Enter.

Posicione o cursor em **B10**. Digite o sinal de "=". Selecione a guia "1ºTRIM". Clique sobre a célula C21 e tecle Enter.

Repita o mesmo procedimento para os meses de fevereiro e março. Quando chegar a abril, maio e junho, a única diferença é que você deverá selecionar "2ºTRIM", que contém os valores para o 2º trimestre.

Para a linha Resultado, você pode fazer o cálculo manualmente, em vez de utilizar o recurso do vínculo entre planilhas. Digite a seguinte fórmula: =B8-B6.

Arraste esta fórmula até a **G10**. Para Total (coluna **H**), utilize a ferramenta Soma.

Selecione o título da planilha. Centralize o título entre as colunas **A** e **H**, usando o botão mesclar e centralizar, na guia Página Inicial. Fonte Calibri, tamanho 14, negrito. Selecione o título da planilha. Selecione também os intervalos **A6:A10** e **B4:H4**. Negrite e coloque na fonte Calibri 14. Para selecionar intervalos não sequenciais, você deve selecionar a primeira faixa, segurar a tecla CTRL e selecionar a segunda faixa.

Selecione a faixa **B6:H10**. Ponha todos os valores em formato moeda. Utilize o recurso do Autoajuste de seleção para ajustar a largura das colunas, caso seja necessário.

A sua planilha Resultado deve ficar assim:

	A	B	C	D	E	F	G	H
1		\multicolumn{7}{c|}{Planilha de Resultado Semestral}							
3								
4		**Janeiro**	**Fevereiro**	**Março**	**Abril**	**Maio**	**Junho**	**Totais**
5								
6	**Despesas**	R$ 18.600,00	R$ 23.023,96	R$ 28.502,19	R$ 35.286,43	R$ 43.688,62	R$ 54.095,37	R$ 203.196,56
7								
8	**Receitas**	R$ 27.375,00	R$ 29.756,63	R$ 32.345,45	R$ 43.316,51	R$ 47.085,05	R$ 51.181,45	R$ 231.060,08
9								
10	**Resultado**	R$ 8.775,00	R$ 6.732,67	R$ 3.843,26	R$ 8.030,09	R$ 3.396,43	R$ (2.913,93)	R$ 27.863,52

Para elaboração do gráfico: selecione a faixa de células **A4:G4** (Jan a Jun). Selecione também as faixas **A6:G6**, **A8:G8** e **A10:G10**, usando a tecla Ctrl.

Selecione a guia Inserir, Gráficos e selecione Gráfico de Área 3D, 1ª opção. Dê o título para o gráfico de "RESULTADO SEMESTRAL". A legenda não deverá ser incluída.

No nosso exercício, altere a posição e o tamanho do gráfico. Faça com que ele seja apresentado no intervalo **A12:H30**. Selecione o título do gráfico, dando um clique sobre ele. Aplique negrito.

7. Trabalhando com funções

Agora altere a ordem da sequência dos dados, colocando em 1º plano a sequência Resultado (que está aparecendo por trás de todas as sequências). Para tanto, selecione o gráfico, dando um clique sobre a área do gráfico. Em seguida, selecione Ferramentas de Gráfico e clique em Selecionar Dados. Clique sobre Receitas e movimente esse item com os botões para cima ou para baixo.

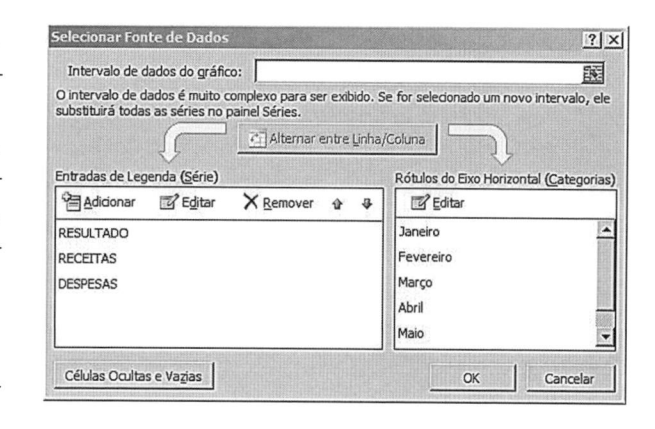

Sobre a área do gráfico, clique no botão direito do mouse e selecione a opção Rotação 3D. Posicione X em 30°, Y em 30° e a perspectiva em 40°.

A planilha Resultado, após a formatação, ficará da seguinte forma:

	A	B	C	D	E	F	G	H
1				Planilha de Resultado Semestral				
4		Janeiro	Fevereiro	Março	Abril	Maio	Junho	Totais
6	DESPESAS	R$ 18.600,00	R$ 23.023,96	R$ 28.502,19	R$ 35.286,43	R$ 43.688,62	R$ 54.095,37	R$ 203.196,56
8	RECEITAS	R$ 27.375,00	R$ 29.756,63	R$ 32.345,45	R$ 35.159,51	R$ 38.218,38	R$ 41.543,38	R$ 204.398,35
10	RESULTADO	R$ 8.775,00	R$ 6.732,67	R$ 3.843,26	-R$ 126,92	-R$ 5.470,23	-R$ 12.551,99	R$ 1.201,78

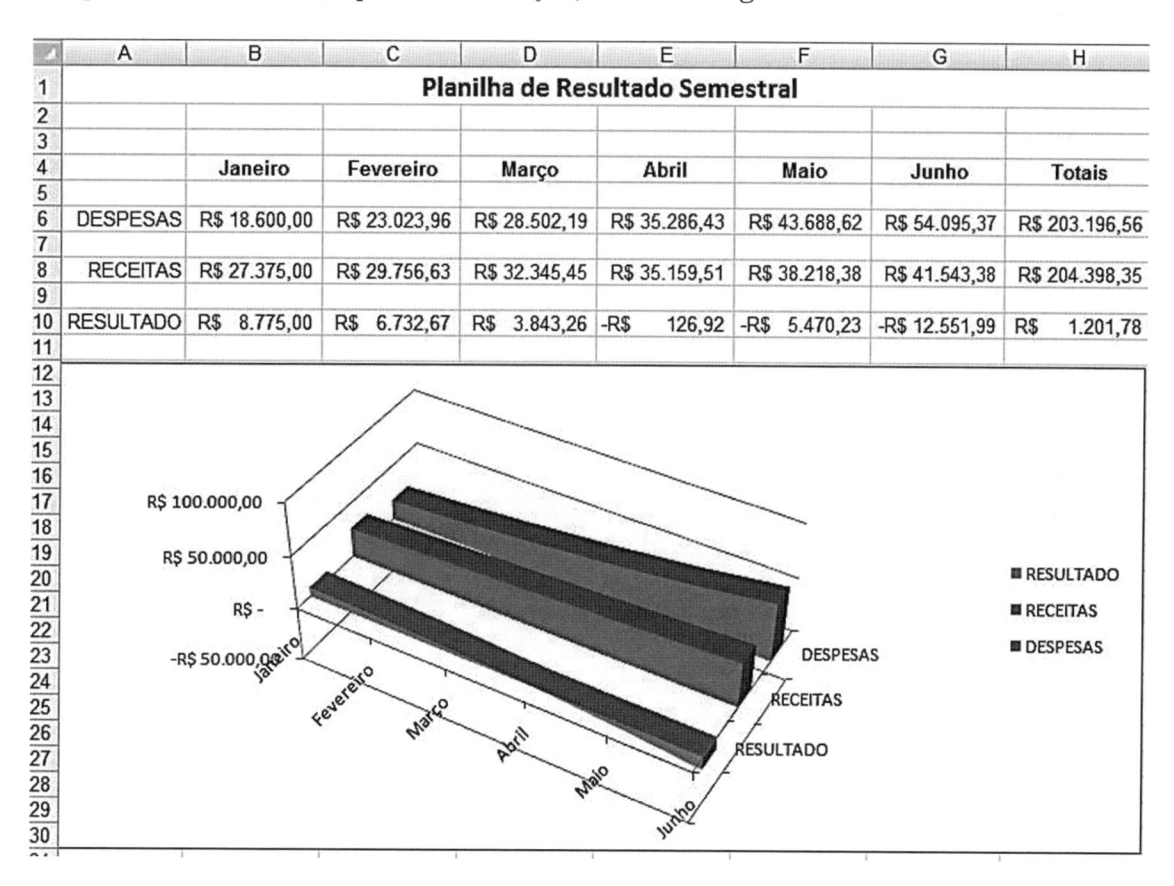

7.8. Médias Finais – exercício de fixação

O objetivo deste exercício é relembrar funções já vistas no Excel, como Funções Matemáticas e Lógicas, Formatação de células e Impressão. Abra **07_08Medias**.

O cálculo da nota do Trabalho Final (coluna **F**) deverá ser:
- Se a média aritmética das notas anteriores (colunas **B**, **C**, **D** e **E**) for maior ou igual a 4,0, a nota do Trabalho Final será 10,0;
- Caso contrário, a nota do Trabalho Final será 5,0.

A Média Final deverá ser calculada multiplicando-se cada uma das notas pelos seus pesos correspondentes.

07_08Media - Microsoft Excel

	A	B	C	D	E	F	G	H	I
1				**MÉDIAS FINAIS**					
2		1ª PROVA	2ª PROVA	3ª PROVA	Exercícios	Trabalho	MÉDIA FINAL	Mensalidade	Bônus
3	Peso	20%	20%	30%	10%	20%			
4	CATERINA	2,0	3,5	5,0	5,0				
5	KARINA	2,0	3,0	3,0	7,0				
6	ALEXANDRE	2,5	5,0	8,0	8,0				
7	ANA LUCIA	2,5	2,5	4,0	6,0				
8	DANIEL	2,5	6,5	6,0	5,0				
9	FERNANDO	2,5	7,3	7,0	9,0				
10	FLAVIA	2,5	6,0	2,0	4,0				
11	VIRGINIA	3,0	3,0	3,0	5,0				
12	MARCIO	3,5	3,5	3,0	3,0				
13	FERNANDO	4,0	3,5	4,0	5,0				
14	GIOVANA	5,0	6,0	0,5	7,0				
15	GISELE	4,0	0,5	3,0	8,0				
16	ISABEL	4,5	5,5	2,0	6,0				
17	CAROLINA	5,0	5,0	2,0	5,0				
18	FRANCISCO	5,0	3,5	3,0	9,0				
19	JOSE GUILHER	5,0	6,0	3,0	4,0				
20	PAULA	5,0	0,5	3,0	5,0				
21	PEDRO JOSE	5,0	5,5	4,0	3,0				
22	VANESSA	5,0	5,0	3,0	5,0				
23	VIVIAN	5,0	4,0	5,0	7,0				
24	ANA	5,5	2,5	4,0	8,0				
25	RICARDO	5,5	7,5	5,0	6,0				
26									
27								MAIOR MÉDIA	
28								MENOR MÉDIA	
29								MÉDIA GLOBAL	

A Mensalidade será variável e levará em conta a Média Final de cada aluno:
- Se a Média Final for superior a 6, o aluno pagará apenas 80% do valor total da Mensalidade, que é 2.100;
- Caso contrário, ele pagará o valor integral.

A coluna **I**, onde aparece o Bônus, deverá ser preenchida obedecendo aos seguintes critérios:
- Se o valor da Mensalidade for maior que 1.700, o Bônus é de 16% sobre a Mensalidade;
- Caso contrário, zero.

Expresse só o valor do Bônus, não o valor da Mensalidade menos o Bônus. Inclua uma nova coluna para mostrar o valor a pagar, que será a mensalidade com ou sem desconto, menos o Bônus.

Inclua agora uma nova coluna em sua planilha. Esta coluna terá o nome de Situação do Aluno e deverá mostrar o texto "Aprovado" ou "Reprovado".

Para cada aluno, você deverá perguntar: se a Média Final é maior ou igual a 5, o aluno será Aprovado; caso contrário, será Reprovado.

No final da planilha, a partir da linha **27**, você deverá demonstrar a Maior Média, a Menor Média e a Média Global da classe.

Formate a planilha para exibir os valores em reais e as notas com uma casa decimal.

Nas colunas das notas e da Média você deverá usar a Formatação Condicional para que:
- Valores >= 5,0 apareçam em azul;
- Valores < 5,0 apareçam em vermelho.

Formate também a sua planilha, de forma que a coluna Situação apareça em azul (se Aprovado) ou e em vermelho (se Reprovado).

8.

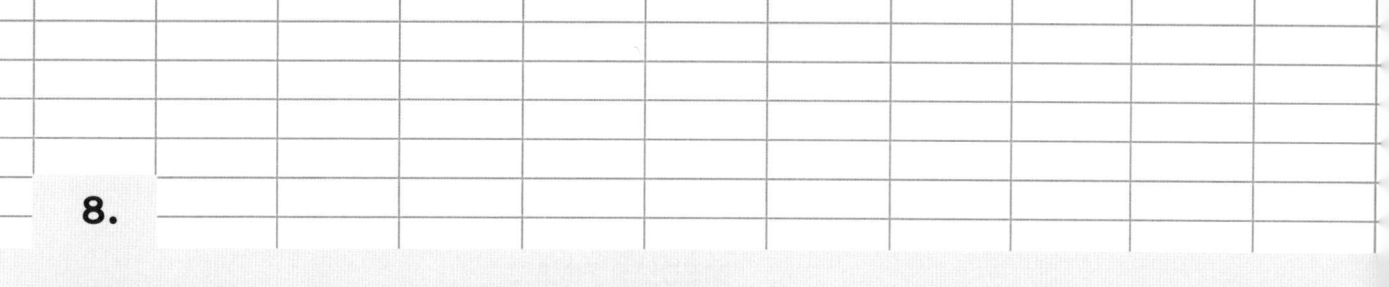

Conceitos de bancos de dados

Entre no Excel e carregue a pasta de trabalho LeiaBem, gravada no capítulo anterior, ou a planilha 08_01 LeiaBem, disponível em www.fgv.br/cia/excel.

8.1. O que é um banco de dados

Observe atentamente a planilha. O que você tem no intervalo **A2:R22** é um **banco de dados**, ou seja, uma coleção de dados logicamente organizados em uma área da planilha:
- a primeira linha do banco de dados contém os nomes das colunas (nome do campo);
- cada coluna do banco de dados representa um **campo**, que contém um único tipo de dado. Por exemplo, na coluna identificada como C.Norte somente haverá dados referentes à banca do Shopping Center Norte, e assim por diante;
- cada linha (exceto a primeira linha do banco de dados) representa um **registro**: as diversas colunas de uma linha estão relacionadas àquele mesmo registro (no caso, à mesma revista).

Atribua a esta área o nome de BDADOS (use o comando Fórmulas, Definir Nome).

> Ao trabalhar com um banco de dados, atribua sempre um nome para a área onde ele se encontra. Se você não fizer isso, certamente encontrará dificuldades quando for utilizar as funções de bancos de dados.

8.2. Classificar

Para facilitar a análise das informações que você já gerou com relação às bancas LeiaBem, convém que sua planilha esteja classificada.

Primeiramente, seria interessante que as revistas fossem mostradas em ordem decrescente de lucro. Assim, na primeira linha deve aparecer a revista com maior lucro, em seguida a com o segundo maior lucro e assim por diante, até que, na última linha, esteja a revista de menor lucro (ou seja, faz-se uma classificação por linhas).

Classificar um banco de dados é muito simples: classificam-se primeiro as linhas e depois as colunas (ou vice-versa). O primeiro passo para classificar dados é selecionar a área que os contém.

> Ao selecionar uma área para classificar, esteja atento a duas coisas:
> 1) não inclua a faixa que contém os cabeçalhos do que está sendo classificado (isto é, a primeira linha com os títulos, quando a classificação for por linhas, ou a primeira coluna, na classificação por colunas);
> 2) inclua todos os campos, pois a classificação só é feita na área selecionada.

Para classificar as **linhas**, selecione as linhas **2** a **22**, inteiras (clicando no cabeçalho de linhas). Acione, na barra de menu, o comando Dados, Classificar, fazendo com que apareça uma caixa de diálogo, como mostrado na figura anterior.

Na caixa de diálogo na opção Classificar por, escolha o campo que será utilizado como critério de classificação (no caso, Lucro) e não se esqueça de alterar a ordem, de Crescente (padrão do Excel) para Decrescente (que é o que se deseja agora). Clique o botão OK e veja o resultado.

Na classificação podem-se usar vários critérios de desempate, ou níveis de ordenação. No nosso banco de dados, vamos ordenar por Revistas e adicionar para o próximo nível o Lucro. O resultado está na ilustração, Classificar com vários critérios, a seguir.

Classificar

1. Primeiro selecione o que Classificar (duas opções):
   ✓ BDADOS = A2:R22
   ou Pinta 2:22
   (Linha 2 até a linha 22 inteira)

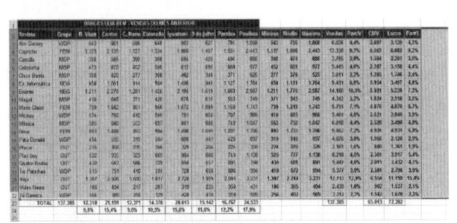

2. Duas opções:
   ✓ Dados: Classificar: Por Colunas (Part/L): Ordem (Do Menor ...) Crescente
   ✓ Início: Classificar e Filtrar: Personalizar Classificação:
   Por Colunas (Part/L): Ordem (Do Menor ...) Crescente

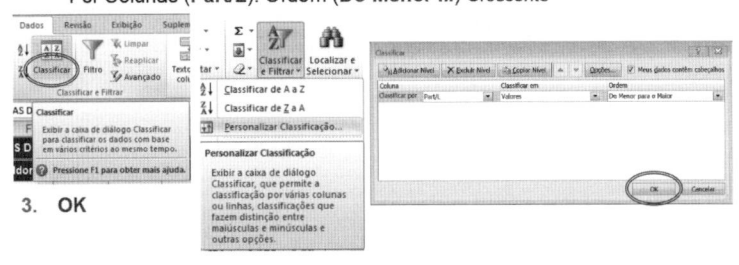

3. OK

Classificar com vários critérios

1. Início: Classificar e Filtrar: Personalizar Classificação: Colunas:
   ➢ **Classificado por**: (Grupo);
   Classificar em: (Valores)
   Ordem: (**De A a Z**) (Crescente)
   ➢ **Adicionar Nível**
   ➢ **E depois por**: (**Lucro**);
   Classificar em: (Valores)
   Ordem: (**Do Maior para o Menor**)

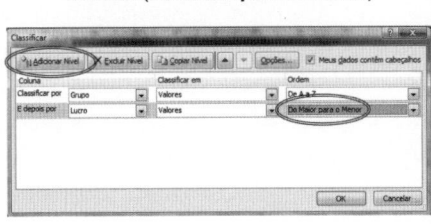

2. OK

	A	B	Q	R
2	Revista	Grupo	Lucro	Part/L
3	Capricho	FEM	6.665	9,2%
4	Nova	FEM	4.931	6,8%
5	Marie Claire	FEM	4.876	6,7%
6	Mônica	MSP	3.490	4,8%
7	Cebolinha	MSP	3.158	4,4%
8	Magali	MSP	2.518	3,5%
9	Cascão	MSP	2.201	3,0%
10	Chico Bento	MSP	1.746	2,4%
11	Exame	NEG	5.239	7,2%
12	Ex. Informática	NEG	3.497	4,8%
13	Veja	OUT	11.159	15,4%
14	Play boy	OUT	3.917	5,4%
15	Quatro Rodas	OUT	3.432	4,7%
16	Video News	OUT	1.537	2,1%
17	Placar	OUT	1.361	1,9%
18	Alm Disney	WDP	3.139	4,3%
19	Mickey	WDP	2.840	3,9%
20	Tio Patinhas	WDP	2.796	3,9%
21	Pato Donald	WDP	2.120	2,9%
22	Zé Carioca	WDP	1.670	2,3%

Adicionalmente, o trabalho de análise ficaria mais fácil se na coluna **C** ficasse a banca de maior faturamento, na coluna **D** a banca com o segundo maior faturamento, e assim por diante, até que na coluna **J** ficasse a banca de menor faturamento. Por isso, seria conveniente fazer também uma classificação por colunas.

Assim, selecione as **colunas** a serem classificadas, ou seja, aquelas que contêm as bancas, isto é, de **C** a **J**. Selecione apenas a área que contém os dados, isto é, **C2:J24** (só a área, e não as colunas inteiras). *Lembre-se: a linha* **23**, *que contém os totais de cada banca, precisa ser selecionada porque será utilizada como critério de classificação.*

8. Conceitos de bancos de dados

Acione então o comando Dados, Classificar, abrindo-se a mesma caixa de diálogo anterior.

Observe, na figura a seguir, que o Excel traz como opção inicial classificação por linhas, quando o desejado é fazê-la por colunas. Para mudar para classificação por colunas, clica-se Opções..., abrindo-se uma nova caixa de diálogo.

Altere o quadro Orientação, que estava como De cima para baixo (ou seja, classificação por linhas), para Da esquerda para a direita (classificação por colunas). Aproveite e descubra, no quadro de cima, quais são as opções para a Ordem de classificação (apenas veja as opções existentes, mas mantenha a ordem Normal). Clique OK e o Excel voltará à mesma caixa de diálogo anterior, agora um pouquinho modificada (note que o quadro inferior está todo mais claro, indicando que aquelas opções não estão mais disponíveis):

Ajuste o campo Classificar por, definindo como critério a linha que contém o critério de classificação (ou seja, vendas totais por banca). Lembre-se de acertar a ordem de classificação para Decrescente. Clique OK e veja o resultado no diagrama a seguir.

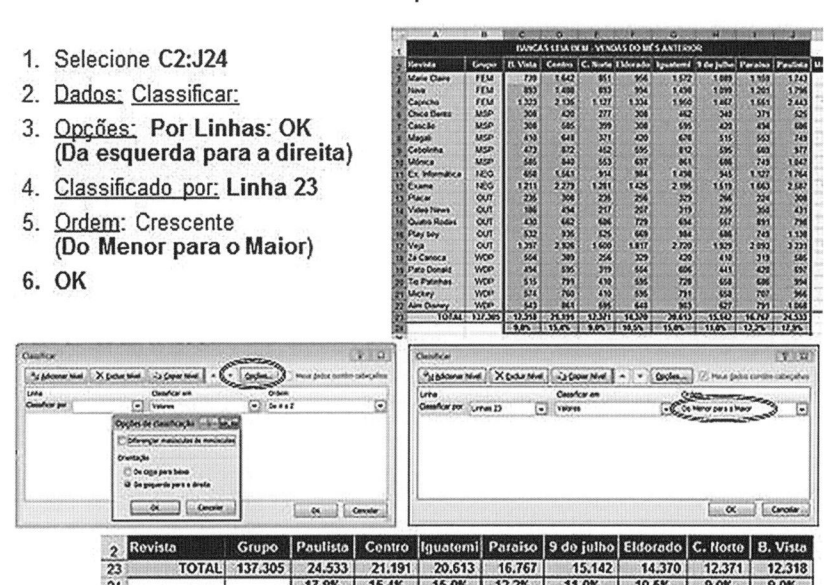

Classificar por colunas

1. Selecione C2:J24
2. Dados: Classificar:
3. Opções: Por Linhas: OK
   (Da esquerda para a direita)
4. Classificado por: Linha 23
5. Ordem: Crescente
   (Do Menor para o Maior)
6. OK

8.3. Funções de banco de dados

Suponha agora que você deseja um resumo, por banca e por grupo de revistas. Em outras palavras, quer saber, para cada grupo, quanto ele vendeu em cada banca e no total; o mínimo, o médio e o máximo deste grupo por banca; e, ainda, o CMV e o lucro do grupo.

Você já deve ter percebido que, com o que foi apresentado até aqui, não seria fácil responder. Mas o Excel tem excelentes recursos para tratamento de bancos de dados.

O que está sendo pedido agora é uma operação de síntese do banco de dados. Será necessária uma nova planilha para mostrar esses dados sintéticos que estão sendo solicitados. Insira uma planilha com o nome **Resumo**, entre as planilhas **Vendas** e **Tabela**.

Nessa nova planilha, deixe cada célula de **A2:B7** iguais a essas mesmas células da planilha **Tabela**. As células **C2:J2** deverão ser iguais às mesmas células da planilha **Vendas**.

Assim, preencha cada uma das células citadas digitando = e clicando o mouse na célula correspondente da planilha adequada (ou, alternativamente, preencha somente a célula **A2** e copie seu conteúdo de **A2** para **A2:B7**). Repita o procedimento para o intervalo **C2:J2**, direcionando agora para a planilha **Vendas**.

Ao final, as células da planilha **Resumo** deverão conter: A2=Tabela!A2, A3=Tabela!A3, C2=Vendas!C2 e assim por diante, de forma que qualquer alteração nas planilhas de origem possa se refletir nesta planilha de **Resumo**.

> Uma das regras básicas do desenvolvimento de modelos é: *entrada única e referências múltiplas*. Não transcreva dados de uma célula em outra. Por exemplo, para deixar *X25* com o mesmo conteúdo de *B3*, preencha *X25=B3*. Isso é necessário pelo mesmo motivo por que não se devem utilizar números em fórmulas: se o conteúdo das células "dependentes" não ficar vinculado ao conteúdo das células "originais", perde-se a estrutura do modelo.

Com isso, sua planilha deve ficar como mostrado abaixo:

	A	B	C	D	E	F	G	H	I	J	K	L
1												
2	DESCRIÇÃO	GRUPO	Paulista	Centro	Iguatemi	Paraíso	9 de julho	Eldorado	C. Norte	B. Vista	Vendas	Part/V
3	Revistas Femininas	FEM										
4	Maurício de Souza	MSP										

> Quando você estiver trabalhando com bancos de dados, é essencial que os nomes de campos e os conteúdos de células que serão utilizados como critérios para seleção estejam absolutamente iguais aos do banco de dados.

Agora pense como você faria se fosse preencher, manualmente, **C3:D7** do **Resumo**:
1. para preencher **C3**, você inicialmente iria a **B3** para identificar o grupo a ser trabalhado: FEM;
2. a seguir, iria a **C2** e identificaria a banca onde as vendas seriam totalizadas, Paulista;
3. você iria à planilha Vendas e anotaria, no campo referente à banca Paulista (no caso, coluna C), cada revista cujo Grupo (coluna B) fosse igual a FEM;
4. a seguir, você somaria os valores constantes nas revistas Capricho, Nova e Marie Claire;
5. o total encontrado daria 5.982; você transcreveria este valor para a célula C3;
6. para a célula C4, você repetiria os passos 1 a 5, separando as revistas cujo código fosse MSP, encontrando um total de 3.984;
7. as células C5:C7 seriam preenchidas da mesma forma, encontrando-se os valores de 4.351, 3.242 e 5.906 para os códigos NEG, WDP e OUT;
8. a célula D3 seria preenchida de maneira análoga à descrita nos passos 1 a 5, mas a pesquisa seria feita, agora, no campo referente à banca Centro (coluna D), separando as mesmas revistas com código FEM e encontrando, como resultado, 5.265;
9. de forma similar, seriam preenchidas as células D4:D7.

Bem, parece ter ficado evidente que o processo manual, embora conceitualmente simples, é um bocado trabalhoso e sujeito a erros. Mas ele pode ser feito, com segurança e rapidez, por meio de uma função de banco de dados.

Sua primeira experiência com bancos de dados será com a função de soma. Lembre-se: queremos somar em **C3** tudo aquilo que, simultaneamente, estiver na coluna Paulista da planilha **Vendas** e atender a determinado critério definido em **B3** (grupo FEM).

Você já sabe como se ativa uma função. Primeiramente, selecione a célula que vai receber o resultado (no caso, **C3**). A seguir, clique *fx* (ferramenta Inserir Função) e, na primeira caixa de diálogo, escolha a Categoria Banco de dados e o Nome BDSOMA (soma de registros de um banco de dados).

Abre-se então a segunda etapa do Inserir Função, como mostrado a seguir:

BDSOMA

- ✓ Vamos usar a função de Banco de Dados: BDSOMA para somar as vendas por grupo de revistas
- 1. **Fórmulas**: **Banco de Dados**: **BDSOMA**
- ✓ Note a caixa de diálogo com os três **Argumentos da função:**

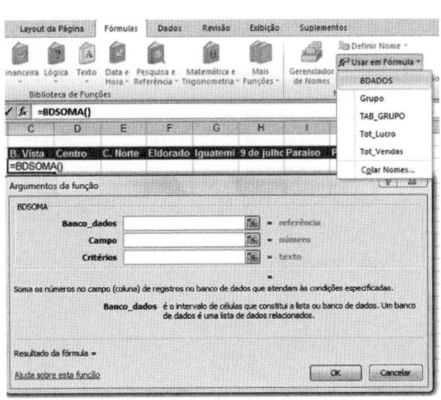

As funções de bancos de dados têm três argumentos:
1. **banco_de_dados**: deve conter o nome da <u>área do banco de dados</u>, ou seja, o BDADOS definido anteriormente;
2. **campo**: deve conter o endereço do <u>nome do campo</u> a ser somado (ou, em outras funções, a operação correspondente). No presente caso, o valor deste argumento será **C2** (que é o cabeçalho da coluna);
3. **critério**: atenção, este argumento deve conter o endereço de uma faixa de trabalho que deve ter o seguinte formato:

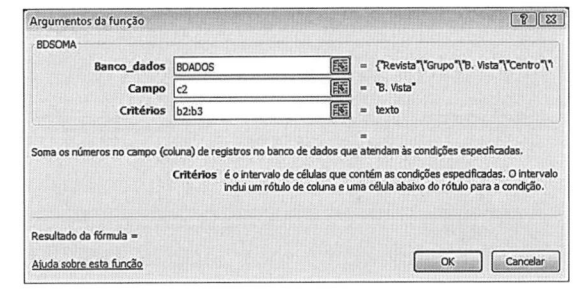

- na primeira célula, deve estar o nome do campo no banco de dados a ser utilizado como critério de pesquisa (neste caso, o código do grupo);
- nas demais células, deverão estar os critérios válidos para a pesquisa (ou seja, os valores que os grupos podem assumir para que as vendas entrem na soma). No caso, a faixa **B2:B3**, pois a primeira célula contém o nome do campo a ser pesquisado (no caso, Grupo), e a segunda, o valor que o grupo pode assumir para que faça parte da soma (no caso, FEM).

Dessa forma, a célula **C3** ficará com o seguinte conteúdo: =BDSOMA(BDADOS;C2;B2:B3).

Não se esqueça de que esta célula será posteriormente copiada para **D17:F27**. Por isso, será necessário ainda fixar alguma coisa: os critérios de pesquisa serão os mesmos para todas as demais células desta linha. Lembre-se da regra: *se a cópia é feita ao longo da coluna, fixa-se a linha, e vice-versa*.

Assim, o conteúdo final passa a ser: C3=BDSOMA(BDADOS;C2;$B$2:$B3).

Veja se o resultado numérico confere. Agora, copie C3 em C4:C7 e verifique o conteúdo da célula **C4**=BDSOMA(BDADOS;C2;$B$2:$B4).

Confira o resultado desta última célula. Não está certo: as revistas MSP na banca Paulista somam 3.984, mas o valor apresentado é 9.966. Ou seja, há uma importância de 5.982 além do que seria de se esperar. Procure ver se este número lhe é familiar.

Na verdade, da forma como está definida, a função colocada em **C4** vai somar o que for do grupo FEM, mais o que for do grupo MSP, porque ambos estão dentro da faixa **B2:B4** definida como critério. Para corrigir, deve-se subtrair **C3** para descontar a soma a maior.
- assim, a fórmula em **C4** passa a ser: =BDSOMA(BDADOS;C2;$B$2:$B4)-C3

Usando as funções

1. C3=BDSOMA(BDADOS;C$2;$B2:$B3) (Atenção para os $)
2. C4=BDSOMA(BDADOS;C$2;$B2:$B4)-C3
3. C5=BDSOMA(BDADOS;C$2;$B2:$B5)-C3-C4
4. C6=BDSOMA(BDADOS;C$2;$B2:$B6)-C3-C4-C5
5. C7=BDSOMA(BDADOS;C$2;$B2:$B7)-C3-C4-C5-C6
6. Copie C3:C7 até J7
7. B8=Total de Vendas
8. C8=Soma(C3:C7) e Copie até L8
9. K2 é Vendas; L2 é Part/V
10. K3=Soma(C3:J3)
11. L3=K3/$K$8
12. Copie K3:L3 até L7

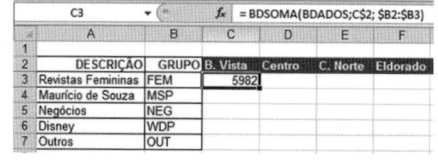

	A	B	C	D	E	F
1						
2	DESCRIÇÃO	GRUPO	B. Vista	Centro	C. Norte	Eldorado
3	Revistas Femininas	FEM	5982			
4	Maurício de Souza	MSP				
5	Negócios	NEG				
6	Disney	WDP				
7	Outros	OUT				

J7 fx =BDSOMA(BDADOS;J$2; $B2:$B7)-J3-J4-J5-J6

	A	B	C	D	E	F	G	H	I	J	K	L
2	DESCRIÇÃO	GRUPO	B. Vista	Centro	C. Norte	Eldorado	Iguatemi	9 de julho	Paraíso	Paulista	Vendas	Part/V
3	Revistas Femininas	FEM	5982	5265	5020	3911	3655	3284	2871	2955	32943	24%
4	Maurício de Souza	MSP	3984	3365	3406	2836	2556	2328	2052	2084	22611	16%
5	Negócios	NEG	4351	3840	3693	2790	2464	2409	2195	1869	23611	17%
6	Disney	WDP	4310	3396	3448	2923	2794	2671	1990	2630	24162	18%
7	Outros	OUT	5906	5325	5046	4307	3673	3678	3263	2780	33978	25%
8	Total de Vendas		24533	21191	20613	16767	15142	14370	12371	12318	137305	100%

- de maneira análoga, em **C5** deve ser: =BDSOMA(BDADOS;C2;$B2:$B5)-C3-C4
- igualmente, em **C6** a fórmula deve ser: =BDSOMA(BDADOS;C2;$B2:$B6)-C3-C4-C5
- e, finalmente, em **C7** deve ser: =BDSOMA(BDADOS;C2;$B2:$B7)-C3-C4-C5-C6

Uma alternativa para evitar tanta digitação poderia ser a seguinte:
1. **C3** permanece como mostrado na figura anterior;
2. Agora pense como você poderia definir **C4** para poder copiá-la tanto "para baixo" (completando a coluna **C**) quanto "para o lado" (reproduzindo a fórmula nas colunas **D** a **L**). Como está, a fórmula não poderia ser reproduzida "para baixo" devido à fixação de linhas – e isso, como já visto, é necessário para assegurar as definições de campos. Porém, se você analisar, perceberá que as células **C4** a **C7** têm algo em comum:
   - somam as células do banco de dados que correspondam, daquela linha para cima;
   - subtraem os resultados das linhas que estão acima.
3. Em síntese, o ponto de início dos trechos variáveis (**B2** na faixa a ser considerada na soma e **C3** na faixa a ser considerada na subtração) são constantes, mas os pontos de término (**B3**, **B4**, ..., **B7** e **C3**, **C4**, ..., **C6**) são variáveis;
4. Pode parecer meio complicado, mas não se assuste: defina o conteúdo de C4 como =BDSOMA(BDADOS;C$2;$B$2:$B4)-SOMA(C$3:C3);
   - A última parte: SOMA(C$3:C3) produz o mesmo resultado que C3, mas esta fórmula pode ser copiada, mantendo a estrutura lógica;
   - Observe que, agora, se você copiar o conteúdo de **C4** para **C5**, esta última ficará com: =BDSOMA(BDADOS;C$2;$B$2:$B5)-SOMA(C$3:C4);
   - Copiando para **C6**, teremos =BDSOMA(BDADOS;C$2;$B$2:$B6)-SOMA(C$3:C5);
   - Copiando para **C7**: =BDSOMA(BDADOS;C$2;$B$2:$B7)-SOMA(C$3:C6).

8. Conceitos de bancos de dados

> O procedimento acima produziu o mesmo resultado, com muito menos trabalho de digitação e com muito menos risco de erro. Especialmente quando há muitas linhas, é preferível criar uma fórmula que possa ser reproduzida.

Ainda falta copiar a faixa **C3:C7** para **D3:J7**. Faça isso e veja como ficou a planilha. Inclua também uma coluna de total de vendas e outra para a participação percentual de cada grupo no total. Agora, altere qualquer código de grupo no banco de dados e veja que o resumo também muda, realocando todos os valores nos novos grupos correspondentes.

Alternativa SOMASE

✓ Outra alternativa para o Resumo é usar a função Matemática SOMASE
1. C3=SOMASE(Vendas!$B$2:$B$22;$B3;Vendas!C$2:C$22) (note que G3 é igual)

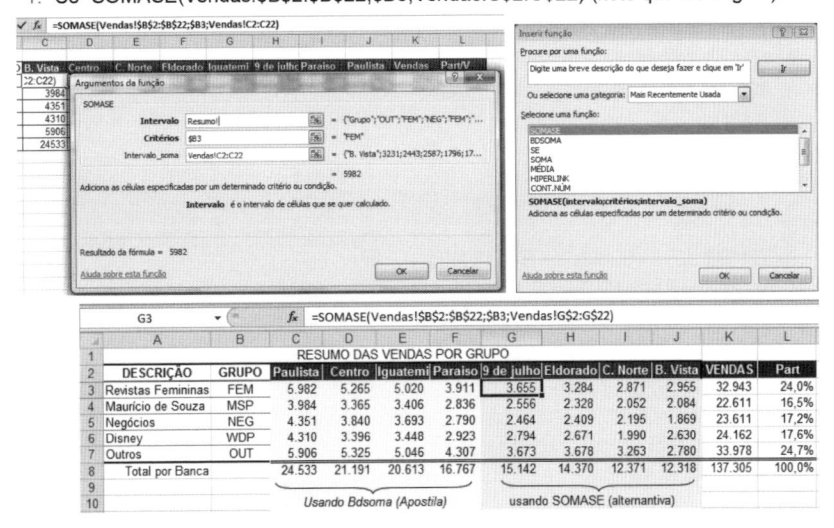

Sua planilha deve ter ficado mais ou menos como a ilustrada no diagrama anterior. Nele, além de mostrar os resultados com a função de banco de dados BDSOMA, mostramos uma alternativa para atingir o mesmo resultado: usar a função matemática SOMASE.

É comum na construção de planilhas termos várias alternativas para resolver o mesmo problema. A função BDSOMA foi utilizada com o objetivo de mostrar conceitos de banco de dados. Nesse caso, SOMASE, é até mais simples para resolver o problema (veja 08_04 LeiaBem).

8.4. Filtrar dados num banco de dados

Observe a planilha **Vendas**, que você acabou de gravar. Nela existe um banco de dados formado por oito bancas e vinte revistas. Mas, no mundo real, os volumes são bem maiores. Dificilmente uma rede de bancas teria menos de 200 diferentes títulos, e bancos de dados desse tamanho nem sempre são fáceis de administrar manualmente.

Suponha que você quisesse relacionar todos os títulos de determinado grupo, detalhando suas vendas por banca, as vendas totais, o CMV e o lucro. Inicialmente, crie uma nova planilha chamada **Seleção**, para transcrever os registros que se deseja selecionar.

Por exemplo, se você quisesse selecionar somente as revistas do grupo Negócios (código NEG), relacionando-as em **A5:R30** da planilha **Seleção**, o procedimento manual seria:
1. selecionar a primeira linha do banco de dados (linha 3 da planilha Vendas);
2. verificar, nessa linha, se o conteúdo da coluna B (grupo) é igual ao desejado (NEG);

3. caso a resposta seja sim, copiar esta linha para a primeira linha da área de trabalho da planilha Seleção (linha 5); caso contrário, passar ao próximo passo;
4. passar a pesquisa para a próxima linha;
5. repetir os passos 2 a 4, sucessivamente, até que se chegasse à linha 22 da planilha **Vendas** (no passo 3, a linha de destino mudaria para 6, 7... e assim por diante).
6. o resultado seria a seleção das revistas Exame e Exame Informática.
7. se quisesse fazer a seleção para revistas femininas (FEM), a rotina seria a mesma: mudar o critério de verificação no passo 2, selecionando as revistas Capricho, Nova e Marie Claire.

Filtrando dados

1. Com o mouse nas abas (nomes das planilhas): tecla direita do mouse, **Inserir**: **Planilha** e **Renomear** Plan1 para **Seleção**
✓ Prepare a planilha Seleção (*use o mouse para definir as fórmulas!*):
2. **B1**=Vendas!B2
3. **A5:J5** com as fórmulas =Vendas!A2, =Vendas!B2, ... =Vendas!J2;
4. **K5:M5** com
   =Vendas!N2
   =Vendas!P2
   =Vendas!Q2

5. **B1:B2** deve chamar-se **CRITERIO**
[Fórmulas: Definir Nome:]
(primeira linha, o nome do(s) campo(s) utilizado(s) como critério. Da segunda linha em diante, o(s) valor(es) do(s) critério(s).

6. **A5:M26** [Fórmulas: Definir Nome:]
Area_de_Extracao

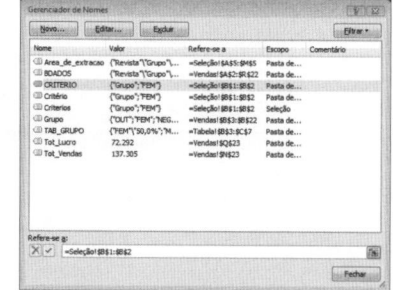

Você pode fazer isso utilizando um recurso do Excel. Inicialmente, prepare sua planilha **Seleção** conforme segue (*lembre-se: use sempre o mouse para definir as fórmulas*).

Na planilha **Seleção** que acabou de criar:
1. (Inserir: Planilha e Renomear Plan1 para **Seleção**);
2. a célula **B1** deve conter a fórmula =Vendas!B2;
3. as células **A5:J5** devem conter as fórmulas =Vendas!A2, =Vendas!B2, ... =Vendas!J2;
4. as células K**5:M5** devem conter as fórmulas =Vendas!N2, =Vendas!P2 e =Vendas!Q2;
5. **B1:B2** deve chamar-se CRITÉRIO (use Fórmulas: Definir Nome:) e deve conter, na primeira linha, o nome do(s) campo(s) utilizado(s) como critério. Da segunda linha em diante (neste caso, há somente uma linha), serão definidos os valores dos critérios;
6. **A5:M26** deve receber o nome de ÁREA_DE_EXTRAÇÃO. Obrigatoriamente, a área a ser utilizada como resultado da seleção deve conter, na primeira linha, os nomes dos campos que você deseja transcrever. Note que algumas colunas do banco de dados não serão transcritas. Ademais, esses campos poderiam estar em qualquer ordem (aqui, casualmente, estão na mesma sequência em que aparecem no banco de dados original da planilha **Vendas**, mas não precisaria ser assim).

A área definida como ÁREA_DE_EXTRAÇÃO tem mais linhas do que o próprio banco de dados. Isso se faz por medida de segurança, já que o Excel limpa as linhas não utilizadas.

Depois de atribuir nomes às áreas, você pode iniciar o procedimento para fazer a seleção:

# 8. Conceitos de bancos de dados

1. preencha a célula **B2** com o valor que será utilizado como critério de seleção (FEM);
2. em seguida, acione Dados, Filtro, Filtro Avançado..., abrindo-se uma caixa de diálogo:
3. o quadro Intervalo da lista deve conter a área a ser pesquisada para a seleção, ou seja, o próprio banco de dados, ao qual havia sido atribuído o nome BDADOS;
4. o quadro Intervalo de critérios deve conter o nome da área onde estão definidos os critérios válidos para a seleção, ou seja, CRITÉRIO;
5. no quadro superior (Ação:), escolha a opção **Copiar para outro local** (importante!);
6. o quadro Copiar para deve conter o nome da área de trabalho onde se fará a transcrição dos registros válidos, ou seja, ÁREA_DE_EXTRAÇÃO;
7. clique o botão OK e veja, na figura a seguir, o resultado desta seleção de registros.

Filtro avançado

7. B2=FEM (o CRITERIO do Grupo)
8. Acione **Dados: Filtro: Avançado**

✓ **Filtro Avançado**
   (com 2 ou 3 argumentos):
9. **Intervalo da lista**: BDADOS
10. **Intervalo de critérios**: CRITERIO
11. No quadro superior (**Ação**), escolha a opção **Copiar para outro local** e aparece o terceiro argumento
12. **Copiar para**: Area_de_Extracao (nome da área de trabalho onde serão transcritos os registros válidos
13. **OK** e aparece o resultado da seleção de registros

	A	B	C	D	E	F	G	H	I	J	K	L	M
1		Grupo											
2		FEM											
3													
4													
5	Revista	Grupo	B. Vista	Centro	C. Norte	Eldorado	Iguatemi	9 de julho	Paraiso	Paulista	Vendas	CMV	Lucro
6	Capricho	FEM	2.443	2.135	1.950	1.551	1.467	1.334	1.127	1.323	13.330	6.665	6.665
7	Nova	FEM	1.796	1.488	1.498	1.201	1.099	994	893	893	9.862	4.931	4.931
8	Marie Clair	FEM	1.743	1.642	1.572	1.159	1.089	956	851	739	9.751	4.876	4.876

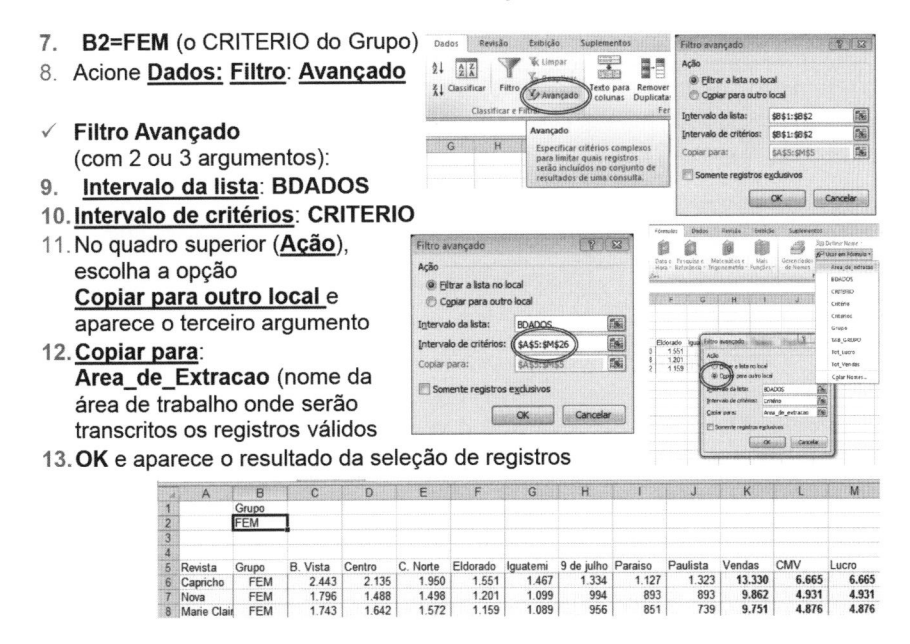

Mude o critério para MSP e repita os passos 7 a 13. Tente outro grupo qualquer, confirmando o funcionamento deste recurso. Agora, experimente definir um critério que não exista no banco de dados (por exemplo, INF, revistas infantis) e veja o que acontece.

8.5. Filtrar dados com critérios complexos

A seleção anterior foi feita várias vezes, mas sempre com um único critério a cada ciclo. Mas suponha que você queira saber quais as revistas infantis cujo total de vendas fosse menor que 6.000. As revistas infantis estão em dois grupos: MSP e WDP. Fazer a seleção com um só critério acabaria dando muito trabalho, pois seria preciso anotar os resultados de duas seleções e ainda fazer uma nova seleção manual, excluindo os registros cujo faturamento tivesse atingido os 6.000. Na verdade, é possível fazer seleção com critérios complexos. Pode-se utilizar mais de um valor (seleção simultânea dos grupos MSP e WDP), como também combinar critérios diferentes (isto é, além de selecionar os grupos, selecionar somente os registros cujo faturamento não atinja o limite estabelecido). Para isso:

1. deixe a célula **C1** com a fórmula =Vendas!N2;
2. redefina a área com o nome Critérios para o intervalo **B1:C4**;
3. preencha **B3** com um grupo válido, ou seja, MSP;

4. preencha **B4** com WDP;
5. em **C2**, digite >10000 (selecionar registros com faturamento maior que 10.000);
6. faça a filtragem avançada como anteriormente e veja o resultado:

Critérios

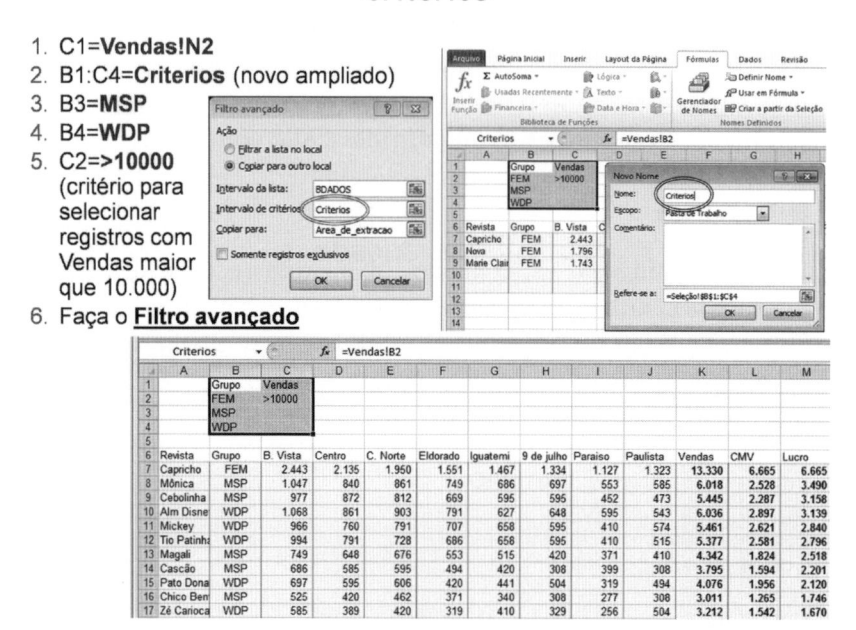

1. C1=**Vendas!N2**
2. B1:C4=**Critérios** (novo ampliado)
3. B3=**MSP**
4. B4=**WDP**
5. C2=>**10000** (critério para selecionar registros com Vendas maior que 10.000)
6. Faça o **Filtro avançado**

Observe o que aconteceu: foi selecionada a revista Capricho, a única do grupo FEM que teve vendas acima de 10.000. Como não foram colocas limitações para os grupos MSP e WDP, o Excel seleciona todos os registros MSP e todos os registros WDP, sem restrições quanto a Vendas (pois as células correspondentes aos limites C3 e C4 estão em branco).

Filtro com múltiplos critérios

1. C3>6000
2. C4>6000
3. Excluir linha 2 (agora Critérios com Vendas de MSP e WDP maior que 6.000)
4. Faça o **Filtro avançado**
5. Confira o resultado:

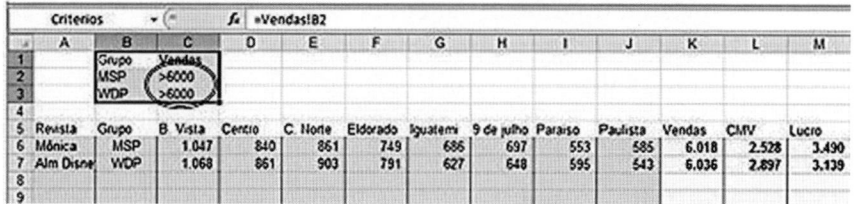

Ao utilizar **critérios de seleção complexos**, o Excel trabalha:
- para diferentes valores estabelecidos para um mesmo campo, os registros são selecionados segundo o critério OU (isto é, pode ser um ou outro);

8. Conceitos de bancos de dados

- para valores estabelecidos para mais de um campo, cada registro é selecionado segundo o critério E (ou seja, tem que atender a todos os critérios da mesma linha);
- combinando os dois critérios acima, o Excel seleciona todos os registros que atendam simultaneamente aos critérios definidos na primeira linha, ou que atendam simultaneamente aos critérios definidos nas demais linhas do critério.

Agora digite >6000 na célula **C3** e também >6000 na **C4**. Exclua a linha 2. Selecione Filtro Avançado e veja o resultado na figura a seguir.

Convém ressaltar que o Excel tem vários outros recursos de bancos de dados. Você poderá explorá-los à medida que estiver mais familiarizado com o seu uso.

8.6. Tabela dinâmica

Uma tabela dinâmica é um tipo especial de tabela que resume informações vindas de determinados campos ou de um banco de dados. Ao criar uma tabela dinâmica, você especifica quais campos lhe interessam, como deseja que a tabela seja organizada e, finalmente, que tipos de cálculos devem ser efetuados. Tem ainda a habilidade de inverter as dimensões de sua tabela – isto é, inverter os cabeçalhos de coluna em posições de linha e vice-versa, daí seu nome. Todas essas facilidades da Tabela Dinâmica fazem com que ela seja uma ferramenta analítica poderosa.

Para testar a eficiência desse recurso, vamos criar uma tabela dinâmica a partir do banco de dados LeiaBem, de forma a obter uma tabela com a relação de todas as revistas e seus respectivos grupos, além dos totais vendidos para cada uma delas.

A partir da versão 2007 do Excel, mudou a forma de construir uma Tabela Dinâmica (anteriormente, usava-se o chamado de Assistente de Tabela Dinâmica). Na realidade, o Assistente continua existindo, mas com outra estrutura e visual. O Assistente aparece quando se inicia o processo inserindo uma nova Tabela Dinâmica, ou toda vez que colocarmos o cursor sobre uma Tabela Dinâmica já existente.

Tabela dinâmica

1. **Inserir: Tabela Dinâmica:**
2. Em Criar Tabela Dinâmica: Tabela Intervalo: **BDADOS**
3. Coloque o Relatório da Tabela Dinâmica em: **Nova Planilha**

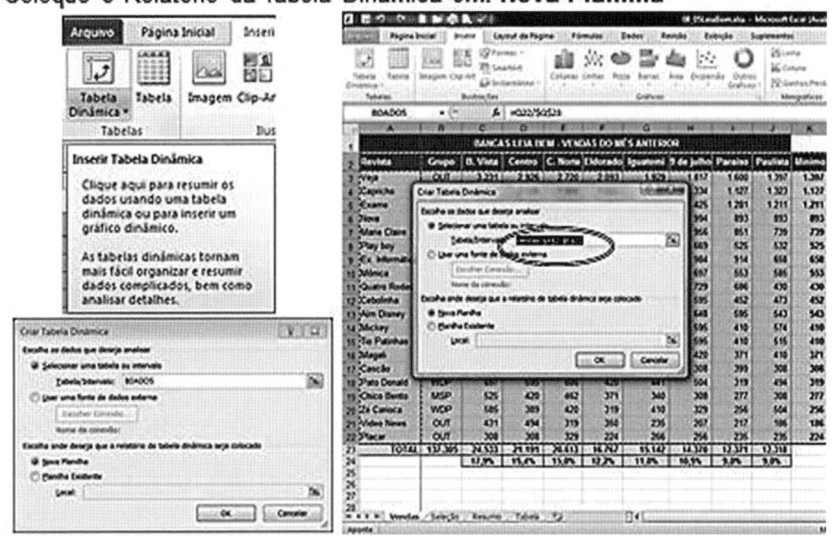

Para entender melhor, selecione uma célula qualquer do banco de dados ou todo o banco de dados sobre o qual a Tabela Dinâmica vai operar.

1. Acione Inserir: Tabela Dinâmica e abre-se a caixa de diálogo apresentada a seguir;
2. Inicia-se especificando que dados utilizar para construir a tabela. Neste caso, o Banco de Dados: **BDADOS** já definido anteriormente (Vendas!A2$:R$22);
3. Nessa mesma caixa de diálogo inicial, acione a alternativa: Relatório da Tabela Dinâmica, em Nova Planilha;

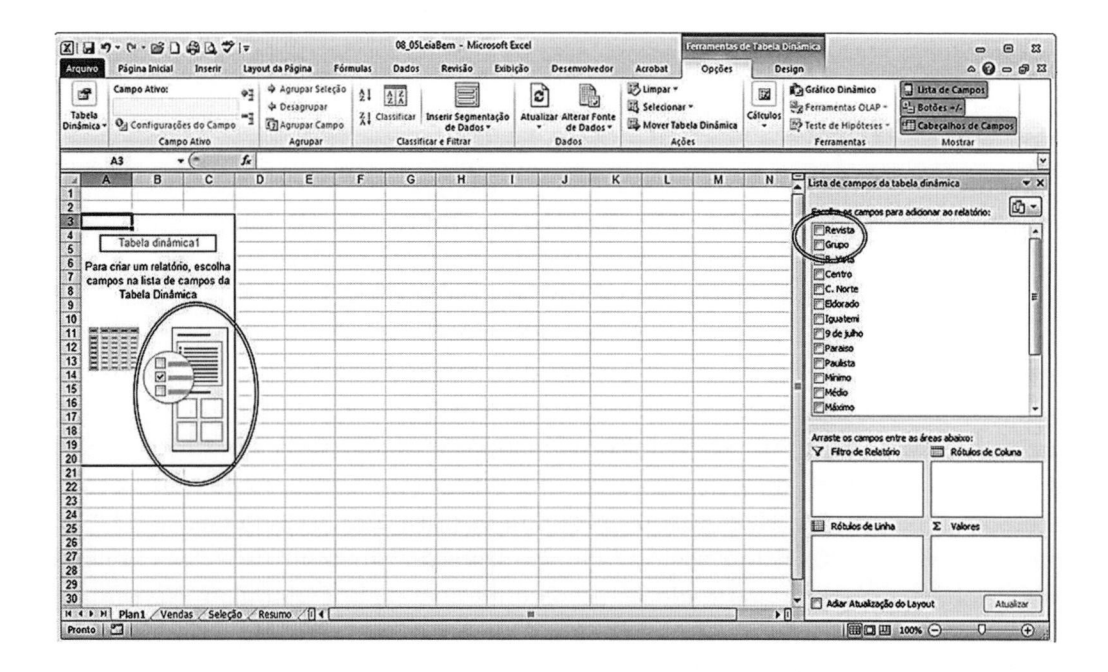

Layout

4. Assinale: **Revista** e **Grupo**
5. Arraste Grupo para **Rótulos de Colunas**
6. Em ∑ **Valores**: Assinale **Vendas** (Campos para adicionar ao relatório:)

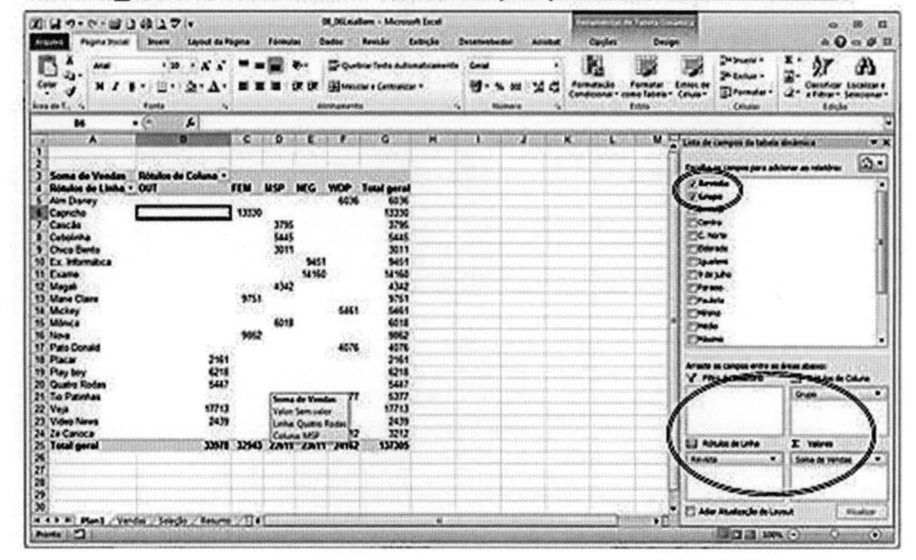

8. Conceitos de bancos de dados

Abre-se, no caso, uma nova planilha, Plan1, com a estrutura do "Assistente" de Tabela Dinâmica, mostrada a seguir. Se a opção de "Local" for alterada para "Planilha Existente", a Tabela Dinâmica será colocada a partir da célula selecionada da mesma planilha.

Na segunda etapa, você especifica o layout de sua nova tabela, com ajuda da estrutura ("assistente") ilustrada na página anterior.

4. Assinale: **Revista** e **Grupo** no quadro de: Escolha de campos para adicionar ao Relatório (que a Tabela Dinâmica vai gerar). Note a relação de **campos** válidos;
5. Arraste Grupo para: Rótulos de Colunas;
6. Em ∑ Valores: assinale Vendas (campos para adicionar ao relatório). À medida que as ações são tomadas, vai aparecendo "Relatório da Tabela Dinâmica" à esquerda da tela, como ilustrado na figura da próxima página, a qual reproduz como deve estar a sua tela. Veja que a sistemática em si é fácil: basta arrastar e soltar. Decidir o que colocar e onde já exige um pouco mais de reflexão.

Observe que está assinalado SOMA DE VENDAS no último quadro do assistente de Layout. Este é o padrão do Excel para dados numéricos. Mas, se fossem valores não numéricos, ele aplicaria a função CONT.VALORES (procure ver, no próprio Excel, o que faz esta última). Você pode usar outras funções para resumir seus dados: basta dar um clique na seta lateral de Soma de Vendas e acionar Configurações do Campo de Valor que aparece a caixa de diálogo mostrada ao lado, com uma lista das funções disponíveis. Nela, você pode escolher qualquer outra função – por exemplo, Média.

Observe o resultado apresentado. Esta pequena tabela contém muita informação em forma compacta. Utilizando um banco de dados (que poderia ter centenas ou milhares de registros), você gerou um relatório de resumo apenas com a síntese que lhe interessa.

Várias modificações podem ser feitas nesta tabela, inclusive a troca de posição dos cabeçalhos de campo, de posição linha para coluna, bastando para isso arrastar os nomes dos campos e soltá-los na posição desejada.

Note que todos os dados de linha estão dispostos em ordem alfabética. Mas, no banco de dados do qual se originou esta tabela, não estavam assim dispostos. Outro aspecto importante a analisar são os totais de linha e de coluna gerados.

Altere o relatório para mostrar o Lucro em vez de Vendas:
7. Em ∑ **Valores**: assinale **Lucro** (como mostrado na figura da próxima página).

O relatório gerado pode ser formatado como células de uma planilha e pode também ser classificado. Experimente formatar os números com separação de milhares:
8. Pinte os números da tabela e acione números com separação de milhares clicando .000. A seguir, deixe sem casas decimais (acione duas vezes o botão: Diminuir casas decimais). Note que a largura das colunas precisa ser ajustada para o novo formato.

Para incrementar o visual, ponha Bordas no corpo do relatório;
9. Pinte todo o corpo da tabela e acione Bordas: opção Todas as Bordas;

Por fim, classifique a tabela de acordo com os valores de Lucro, em ordem decrescente;
10. Com o cursor no primeiro valor da coluna de Total geral (no caso, Lucro do Alm Disney), pressione o botão direito do mouse e selecione a opção Classificar: Classificar do Maior para o Menor, como ilustrado na figura a seguir.

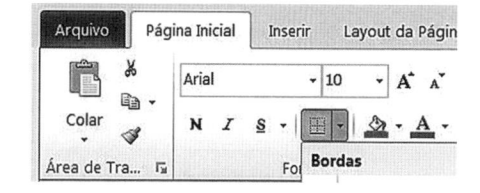

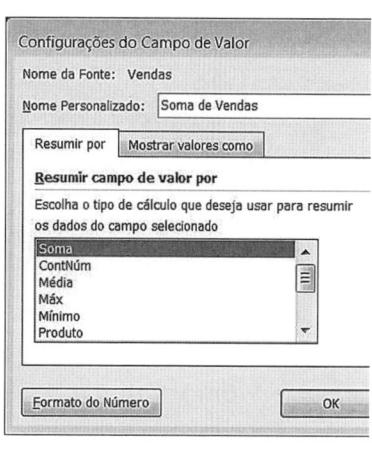

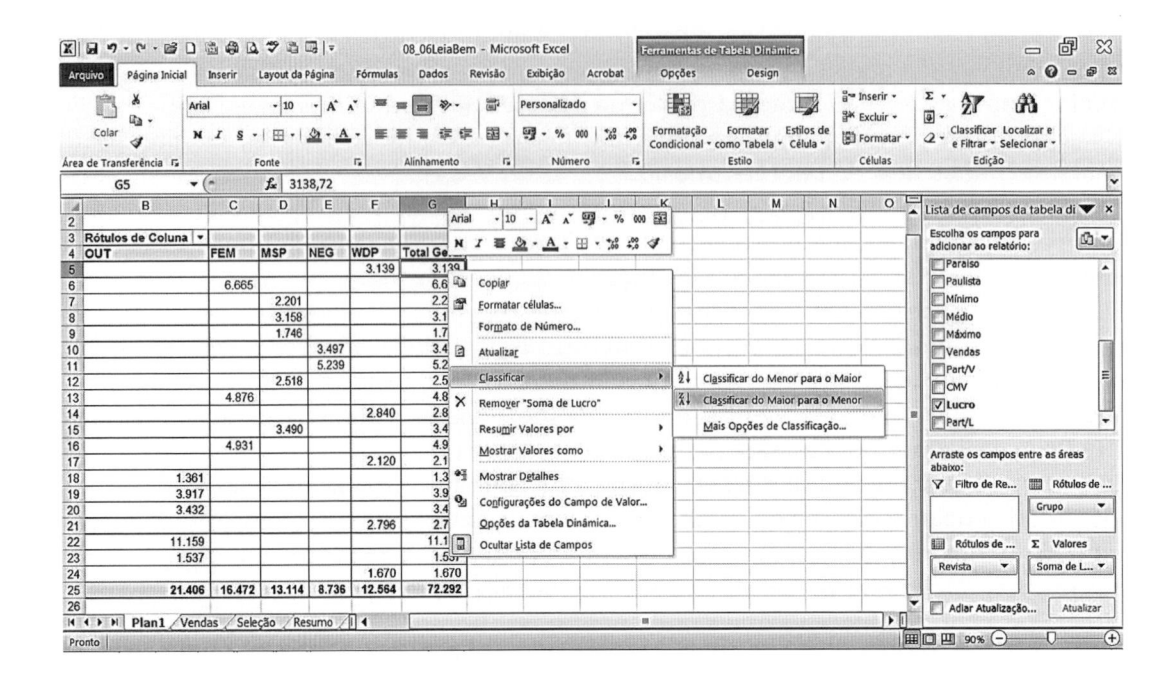

Como resultado, sua planilha deve ter ficado como na figura a seguir (08_06Leiabem_b).

Editando a tabela dinâmica

7. Em ∑ **Valores**: Assinale **Lucro** na Tabela Dinâmica formatada e classificada

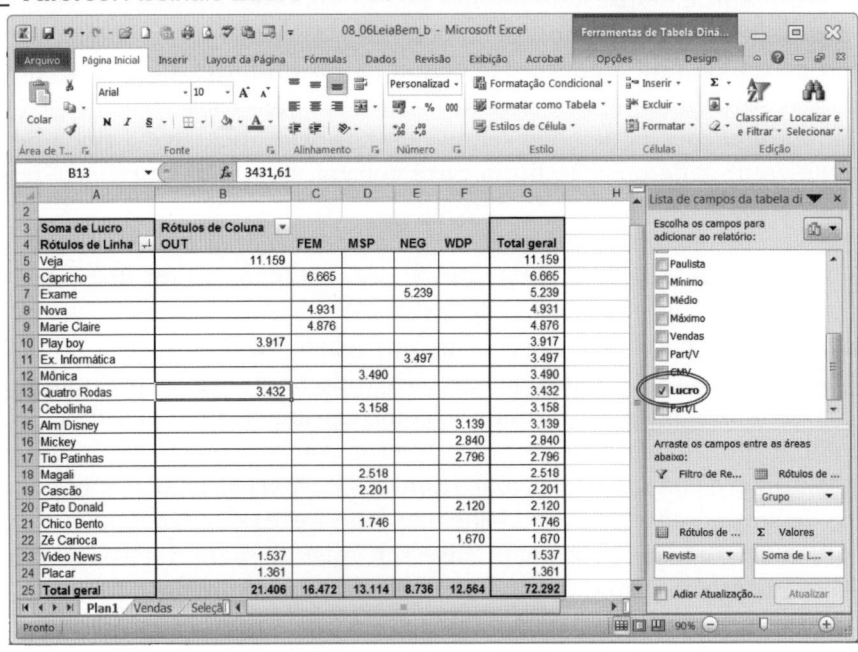

Existem outras ferramentas que podem permitir ver seus dados de outros ângulos. É uma questão de ir tentando novas opções para obter novos resultados. Vá em frente.

Salve essa pasta de trabalho clicando 💾. Encerre o Excel, retornado ao Windows.

9.

Conceitos de otimização – Solver

O Solver é uma das poderosas ferramentas do Excel para manejar problemas que envolvam muitas células variáveis, e pode ajudá-lo a encontrar combinações de variáveis que maximizem ou minimizem uma célula-alvo.

Ele também permite que você especifique uma ou mais restrições – condições que devem ser cumpridas para que a solução seja válida.

Uma das aplicações práticas do Solver está no campo da Pesquisa Operacional e da Análise de Decisão, que diz respeito a alocação eficiente de recursos escassos, ou seja, o Solver é muito utilizado para resolver problemas complexos de otimização, como:
1. qual a mistura de valores que reduz o risco ou maximiza o retorno do investimento;
2. descobrir a combinação ideal de produtos a partir de um estoque limitado;
3. analisar rotas de entrega que minimizam o custo de transporte etc.

9.1. Como instalar o Solver

O **Solver** é um suplemento do Excel. Sua instalação foi uma opção quando você instalou o programa Excel. Para acioná-lo: Dados; Solver.

> Atenção: como, no fechamento desta edição, o Solver do Excel 2010 ainda apresentava alguns problemas, vamos usar o Excel 2007 até o item 9.3.

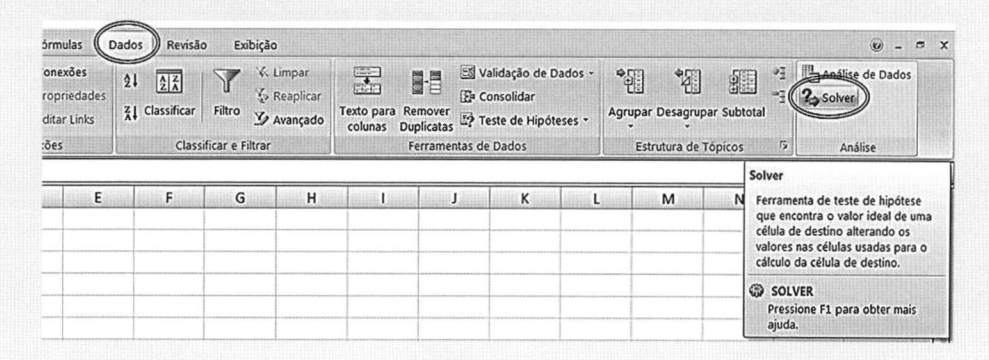

Se o Solver não estiver no menu de ferramentas Dados, como na tela anterior, é necessário instalar acionando suplementos. Botão Office, Opções do Excel, Suplementos, Solver.

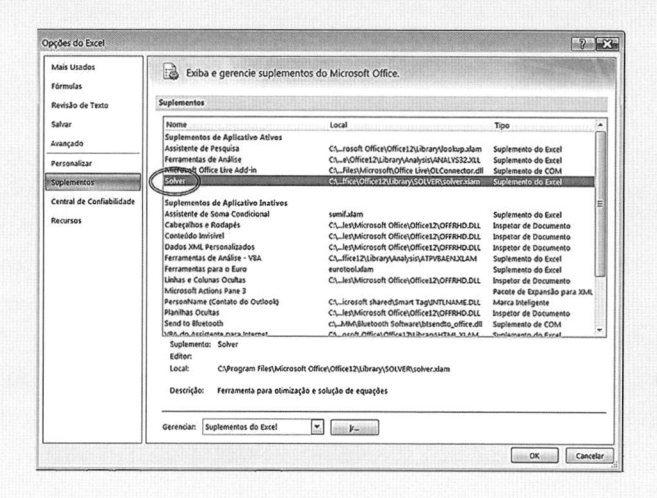

9.2. Exercício Minimizar

Vamos resolver o exercício proposto a seguir, utilizando a função Solver.

O objetivo é minimizar a função $14x11+13x12+11x13+13x21+13x22+12x23$ (obter o menor valor para a função), sabendo que existem as seguintes restrições:

- x11+x12+x13=1200
- xx21+x22+x23=1000
- x11+x21=1000
- x12+x22=700
- x13+x23=500
- As variáveis são x11, x12, x13, x21, x22 e x23.
- Todas as variáveis são positivas e inteiras.

Para solucionar essa função, abra uma nova pasta de trabalho (neste exemplo, estamos chamando de Minimizar) e siga os passos abaixo.

1. digite em **A3** o nome da primeira variável: x11.
2. siga digitando nas demais linhas da coluna **A** o nome de todas as variáveis, até a x23, que estará na célula **A8**.

Utilizaremos as células do intervalo **B3:B8** para estabelecer os valores para cada uma das variáveis, ou seja, é nessas células que o Solver colocará os resultados encontrados.

Função objetivo

1. Digite em **A3** o nome da primeira variável: **x11**
2. Siga digitando as demais variáveis, até a **x23** (em **A8**)
   ✓ Nas células de **B3:B8** estão os valores para cada uma das variáveis. Nestas células o **Solver** colocará os resultados
3. Coloque em **C3:C8** os coeficientes das variáveis na função
4. A1=**B3*C3+B4*C4+B5*C5+B6*C6+B7*C7+B8*C8**

O objetivo do exercício é encontrar o menor valor para a função especificada acima. Por isso, vamos definir, na célula **A1**, a fórmula que representará a função, e posteriormente indicaremos que desejamos encontrar o menor valor para ela. A função em questão é: $14x11+13x12+11x13+13x21+13x22+13x23$. Mas ela não pode ser escrita dessa forma, pois o Excel não a aceitaria. Vamos então fazer as mudanças necessárias para que ela possa ser aceita como uma fórmula matemática.

Os nomes das variáveis estão na coluna **A** e os seus respectivos valores estão na coluna **B**. Portanto, para estabelecer a fórmula para representar a função, teremos que usar as células da coluna **B** (pois é lá que estarão os valores numéricos), e não os nomes da coluna **A**.

3. ponha em **C3:C8** os coeficientes das variáveis na função, como mostrado na figura anterior.
4. digite a seguinte fórmula na célula **A1**:
   =B3*C3+B4*C4+B5*C5+B6*C6+B7*C7+B8*C8.

Observe que, após o <u>Enter</u> no final da fórmula, o resultado é zero, pois não há valores na coluna **B**.

Dando continuidade, selecione a célula **A1** e:

5. entre no menu <u>Dados</u>: <u>Solver</u>. Será apresentada a caixa de diálogo Parâmetros do Solver, como mostrado na figura a seguir.
6. a célula de destino será **A1**.
7. na próxima linha da caixa de diálogo, escolha a opção a <u>Mínimo</u>.
8. as células variáveis serão **B3:B8**, ou seja, aquelas que contêm os valores das variáveis.
9. clique em <u>Adicionar</u>.

Acionando o Solver

5. **Dados: Solver:**
   ✓ **Parâmetros do Solver:**
6. Células de Destino: **A1**
7. **Min** (Minimizar a função objetivo que está em A1)
8. Células Variáveis: **$B$3:$B$8**
9. Submeter às Restrições: **Adicionar:**

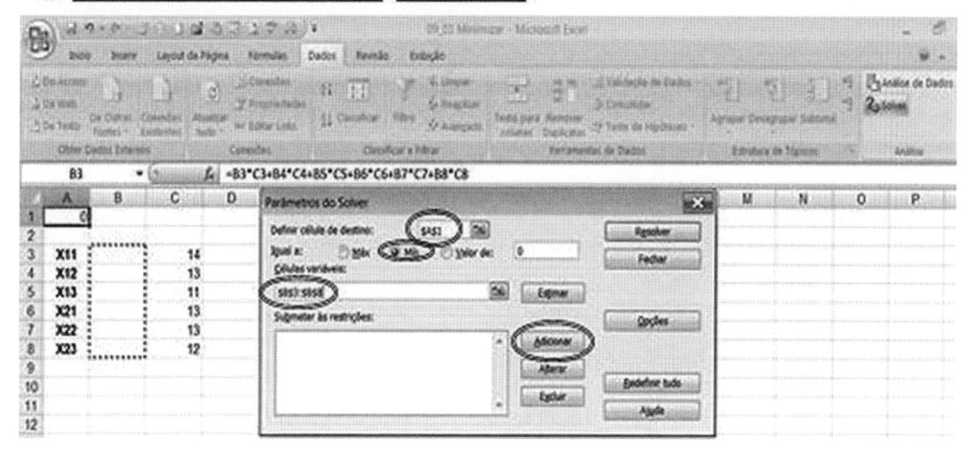

Ou seja, no procedimento que acabou de fazer, você informou a função a ser resolvida (célula **A1**), o valor que você quer encontrar — Máximo, Mínimo ou um valor qualquer a ser determinado – e as células que conterão as variáveis de entrada para o problema.

9.3. Adicionando restrições

Apenas relembrando, as restrições são:
- x11+x12+x13=1200
- x21+x22+x23=1000
- x11+x21=1000
- x12+x22=700
- x13+x23=500
- Todas as variáveis são positivas e inteiras.

As restrições sofrerão algumas mudanças na maneira como são representadas, mudanças estas que estão relacionadas com a forma de trabalho do Solver. Isso se dá pelo fato de o Solver não aceitar mais de um endereço de célula, na caixa de diálogo Adicionar Restrição, onde é solicitada a Referencia de célula.

Portanto, a primeira restrição a ser adicionada é: x11+x12+x13=1200. Mas deve-se fazer uma alteração para que, no primeiro membro da equação (isto é, aquilo que se encontra à esquerda do sinal =), apareça apenas uma variável, ou seja: x11=1200-x12-x13.

Em todas as demais restrições, você deverá fazer a alteração para informá-las ao Excel, seguindo sempre o mesmo raciocínio usado acima.

Mas, como já explicado no início do exercício, não se podem usar os nomes das variáveis nas fórmulas; é preciso informar as células onde estarão os valores das variáveis – ou seja, é necessário reescrever todas as fórmulas das restrições utilizando as células da coluna **B**. Os endereços correspondentes para cada uma das células você já sabe: o valor de x11 estará na célula **B3**, o valor de x12 estará na célula **B4**, e assim por diante.

No caso desta primeira restrição, a fórmula tem que ser escrita da seguinte forma:
10. B3=1200-B4-B5

Informe essa equação na caixa correspondente. Uma vez feito isso, clique em Adicionar.

Adicionando as restrições

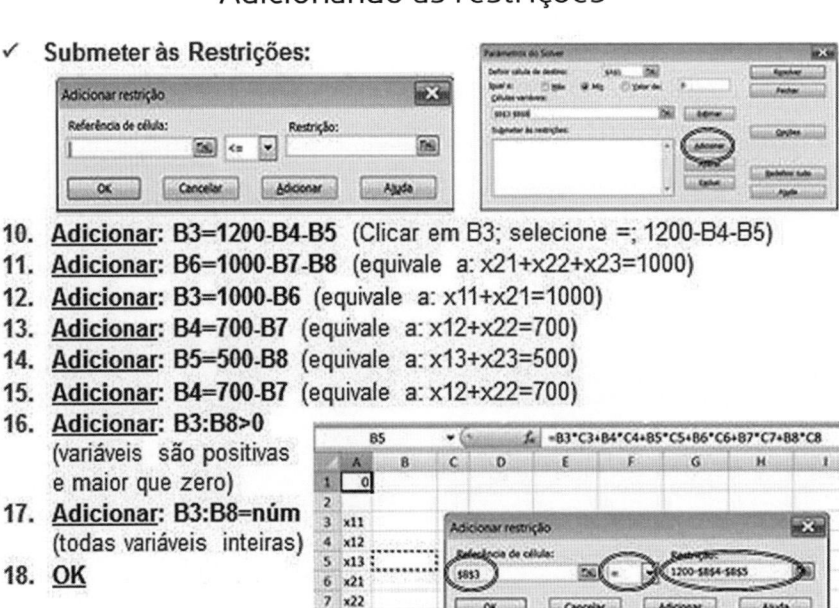

✓ **Submeter às Restrições:**

10. **Adicionar: B3=1200-B4-B5** (Clicar em B3; selecione =; 1200-B4-B5)
11. **Adicionar: B6=1000-B7-B8** (equivale a: x21+x22+x23=1000)
12. **Adicionar: B3=1000-B6** (equivale a: x11+x21=1000)
13. **Adicionar: B4=700-B7** (equivale a: x12+x22=700)
14. **Adicionar: B5=500-B8** (equivale a: x13+x23=500)
15. **Adicionar: B4=700-B7** (equivale a: x12+x22=700)
16. **Adicionar: B3:B8>0** (variáveis são positivas e maior que zero)
17. **Adicionar: B3:B8=núm** (todas variáveis inteiras)
18. **OK**

As demais restrições seguem o mesmo raciocínio, sendo elas:
11. x21+x22+x23=1000   equivale a: B6=1000-B7-B8;
12. x11+x21=1000   equivale a: B3=1000-B6;
13. x12+x22=700   equivale a: B4=700-B7;
14. x13+x23=500   equivale a: B5=500-B8;
15. sabe-se que as variáveis são todas positivas e maiores que zero. Por isso, escreveremos esta restrição da seguinte forma: B3:B8>+0. Clique Adicionar.
16. outra informação é que todas as variáveis são inteiras. Esta restrição será informada como: B3:B8=num.

9. Conceitos de otimização – Solver

> Observe que, nessas duas últimas restrições, você pode colocar mais de um endereço de célula como Referência de célula na caixa adicionar restrição. Isso foi possível porque se trata de um intervalo, cujos valores são iguais para todas as células contidas no intervalo.

17. ao terminar de adicionar as restrições, clique no botão OK. A sua tela, já com todas as restrições, deverá estar assim:

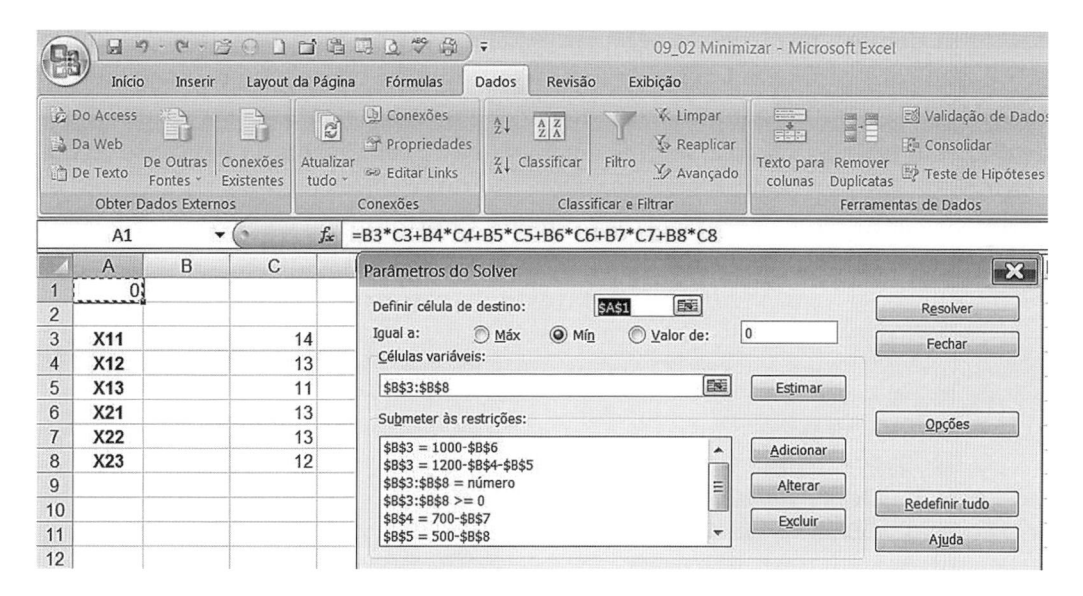

18. clicando em Resolver, será apresentada a caixa de diálogo Resultados do Solver. Sua planilha mostrará os resultados das variáveis e o resultado encontrado para a função.
19. mantenha a solução obtida pelo Solver e selecione a opção: Relatórios: Respostas.
20. clique no botão OK.

Resolver, solução e relatório

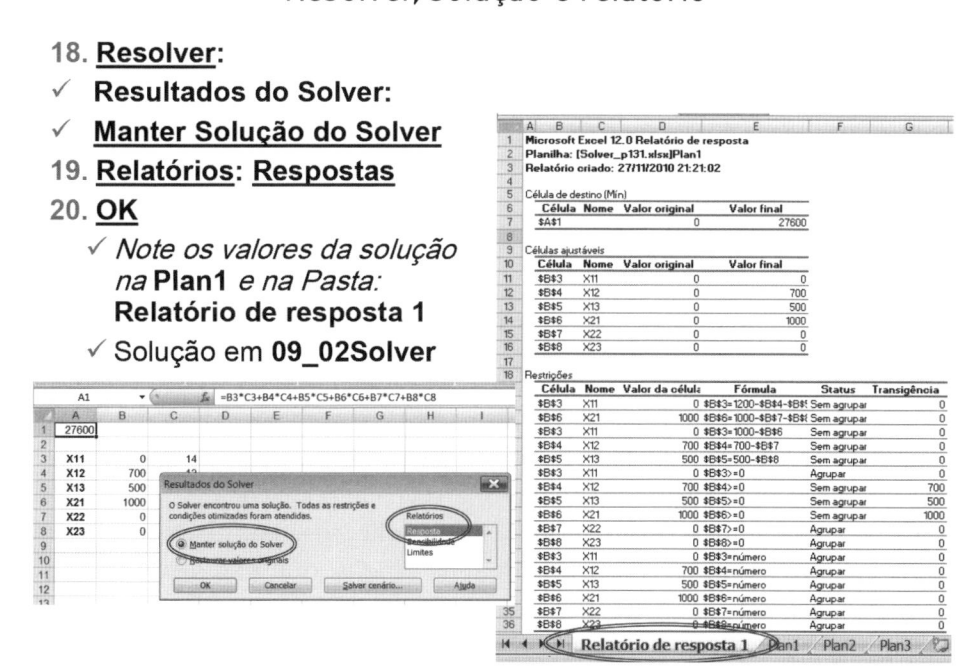

18. **Resolver:**
    ✓ **Resultados do Solver:**
    ✓ **Manter Solução do Solver**
19. **Relatórios: Respostas**
20. **OK**
    ✓ *Note os valores da solução na* **Plan1** *e na Pasta:* **Relatório de resposta 1**
    ✓ Solução em **09_02Solver**

Uma nova planilha foi inserida na sua pasta de trabalho, com o nome de Relatório de Resultados 1. Selecione esta nova planilha e analise o relatório. São apresentados os nomes das variáveis, o valor encontrado para satisfazer todas as restrições e ainda minimizar a função, e, por último, são mostradas todas as restrições que foram usadas na solução do exercício.

O Solver é uma ferramenta potente, mas complexa. Há exemplos do Solver e planilhas dentro do próprio Excel, bem como na rede.

Vamos examinar algumas opções do Solver e resolver o nosso problema novamente mudando o valor da variável C3, como ilustrado na próxima figura.

21. altere o valor de C3 para 10.
22. acione as Opções do Solver e veja que existem vários parâmetros para modificar o método que será utilizado para solucionar o problema no nosso caso de minimização. Vamos selecionar modelo linear e pedir que as iterações sejam mostradas.
23. dê OK.
24. aparece a caixa de diálogo com a opção Continuar. Note que os valores da solução mudam na planilha a cada tentativa. Acione Continuar até terminar observando as mudanças (iterações).
25. dê OK e observe a nova planilha: **Relatório de resposta 2** com o solução.

Opções do Solver

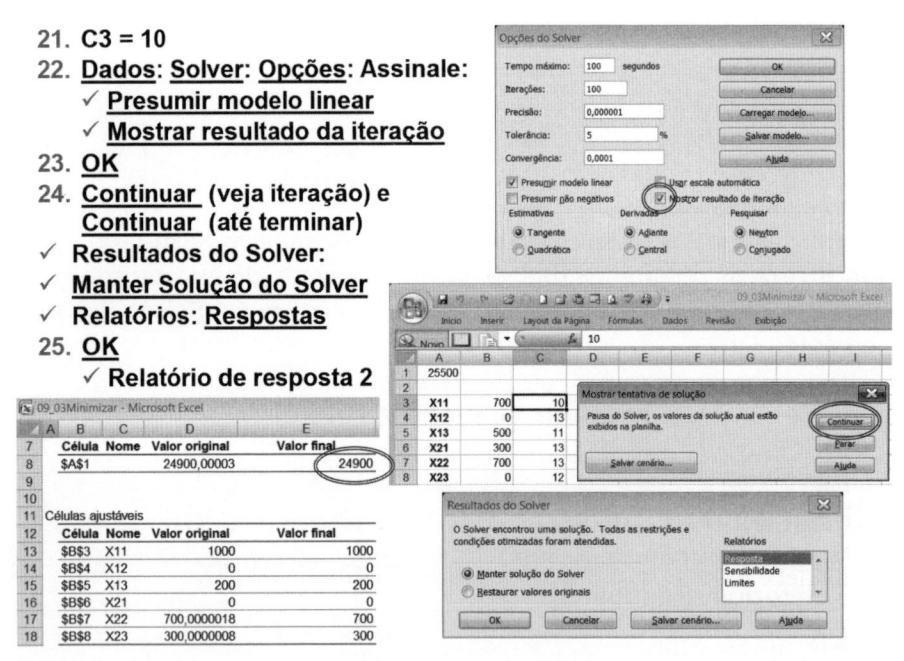

21. C3 = 10
22. **Dados: Solver: Opções:** Assinale:
    ✓ **Presumir modelo linear**
    ✓ **Mostrar resultado da iteração**
23. **OK**
24. **Continuar** (veja iteração) e
    Continuar (até terminar)
    ✓ **Resultados do Solver:**
    ✓ **Manter Solução do Solver**
    ✓ **Relatórios: Respostas**
25. **OK**
    ✓ **Relatório de resposta 2**

9.4. Confeitaria Docella – exercício de fixação

A **Confeitaria Docella** é uma das mais tradicionais doceiras do bairro e tem uma vasta clientela, a qual é bastante exigente (09_04Docella).

Diariamente, o confeiteiro-chefe precisa decidir quais e quantos bolos deve produzir para vender no mesmo dia, dependendo de uma série de restrições:

- A primeira delas é a demanda diária máxima dos clientes, a qual precisa ser respeitada, de modo a evitar eventuais sobras de produção (bolos que não serão vendidos no dia seguinte): vide consumo máximo diário na planilha.

- A segunda restrição é o estoque disponível (já existente e recebido durante o dia) de ingredientes básicos, os quais possuem um consumo diário muito significativo: vide planilha.
- Os demais ingredientes específicos geralmente não apresentam restrições.

Sua tarefa é auxiliar o confeiteiro-chefe a encontrar a melhor combinação (mix) de produção para este dia, considerando todas as restrições, de modo a **maximizar o lucro** (referente à venda de bolos) da Confeitaria Docella.

Preencha na célula **E2** a função matemática que descreve este lucro da confeitaria, sabendo que: LUCRO = (margem do BOLO1 × quantidade BOLO1) + (margem do BOLO2 × quantidade BOLO2) + ... até BOLO6.

Observe que as quantidades deverão ser estimadas pelo Excel na linha 5, enquanto as margens já foram dadas na linha 11.

Preencha então as células **F21** até **F24** com a fórmula adequada, pois estas células refletirão o consumo de ingredientes básicos do dia, em função da(s) seguinte(s) somatória(s):
- Consumo de farinha (F21) = (quantidade desse ingrediente no BOLO1 × quantidade produzida de BOLO1) + ... até BOLO6.

Observe que as "quantidades produzidas" de bolos deverão ser estimadas pelo Excel na linha 5, enquanto as quantidades dos ingredientes na receita de cada bolo já foram dadas nas linhas 14 (farinha), 15 (ovos), 16 (margarina) e 17 (açúcar).

Restrições:
1. O estoque de ingredientes (que pode limitar a produção) deste dia está descrito nas células **B21** a **B24**. Ou seja, no caso da farinha, a quantidade consumida de ingredientes (**F21**) deverá ser igual ou menor que o estoque disponível (**B21**);
2. A demanda diária máxima do mercado (clientes da confeitaria) está descrita na linha 8, para cada tipo de bolo;
3. Lembre-se de que não existem produção ou estoques negativos, bem como inexiste produção fracionada (**só números inteiros**).

Encontre, por meio do SOLVER no Excel, o melhor mix de produção, de modo a maximizar o lucro da confeitaria neste dia.

Pergunta-se:
1. Qual o valor máximo de lucro (produção otimizada), considerando todas as restrições e funções apresentadas?
2. Qual o mix de produção (quantidade de cada bolo) que propicia a maximização dos lucros da confeitaria?

9.5. Combinação de produtos ótima – exercício de fixação

Este modelo fornece dados para diversos produtos que usam peças comuns, cada um com uma diferente margem de lucro por unidade. As peças são limitadas, de modo que seu problema é determinar o número a ser produzido de cada produto com base no estoque disponível, de forma a maximizar os lucros.

Especificações do problema

As fórmulas para lucro por produto nas células D18:F18 incluem o fator em **H16** para mostrar que o lucro por unidade diminui com o volume. H16 contém 0,9, o que torna o programa não linear. Se você alterar H16 para 1,0, de modo a indicar que o lucro por unidade permanece constante com o volume, e, em seguida, clicar em **Resolver**, a solução ótima será alterada. Essa alteração também torna linear o problema.

09_05Combinacao - Microsoft Excel

Combinação de produtos com reduzidas margens de lucro

Sua empresa fabrica TVs, Blu-Ray player e controles remotos usando um estoque de peças comuns de fontes de energia, chassis etc. As peças possuem um estoque limitado e você deve determinar a combinação mais lucrativa na montagem dos produtos. Porém, seu lucro por unidade produzida diminui com o volume porque são necessários incentivos adicionais ao preço para suprir os canais de distribuição.

		Aparelho de TV	Blu-Ray player	Contr. Remoto
	Número a ser produzido	100	100	100
Nome da peça	Estoque Nº Usado			
Chassi	450 200	1	1	0
Monitor LCD	250 100	1	0	0
Saídas HDMI	800 500	2	2	1
Fonte de energia	450 200	1	1	0
Componentes eletrônicos	600 400	2	1	1

Lucros:
| | Por produto | R$4.732 | R$3.155 | R$2.208 |
| | Total | R$10.095 | | |

0,9 — Expoente de retorno reduzido

Este modelo fornece dados para diversos produtos que usam peças comuns, cada um com uma diferente margem de lucro por unidade. As peças são limitadas, de modo que seu problema é determinar o número a ser produzido de cada produto a partir do estoque disponível, de forma a maximizar os lucros.

Especificações do problema

As fórmulas para lucro por produto nas células D18:F18 incluem o fator em H16 para mostrar que o lucro por unidade diminui com o volume. H16 contém 0,9, o que torna o programa não-linear. Se você alterar H16 para 1,0 de modo a indicar que o lucro por unidade permanece constante com o volume e, em seguida, clicar em Resolver, a solução ótima será alterada. Essa alteração também torna linear o problema.

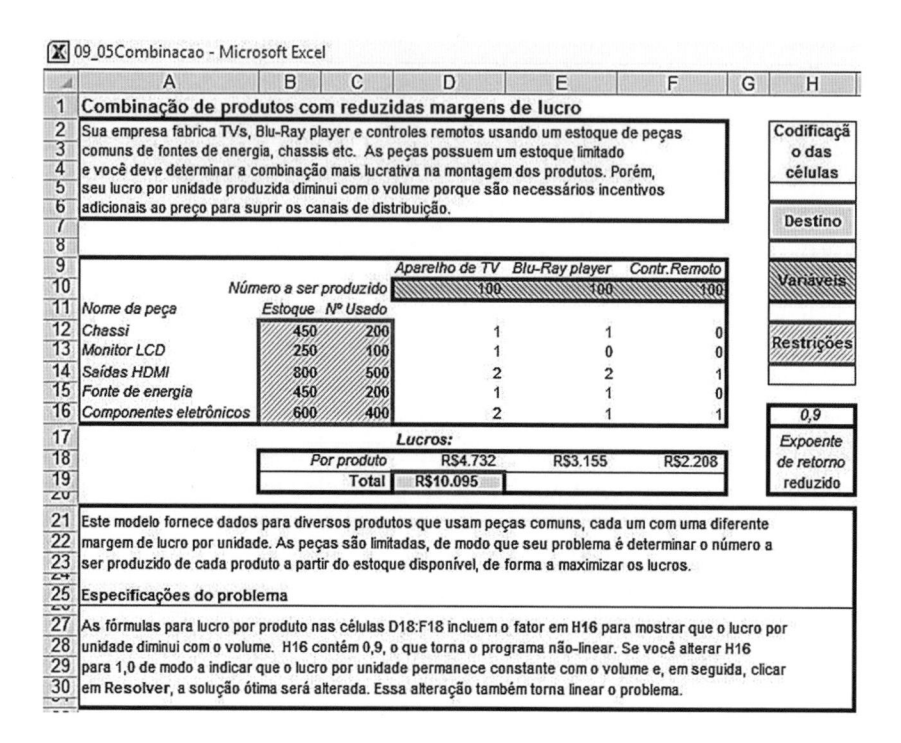

9.6. Otimização de rotas de transporte – exercício de fixação

O problema apresentado nesse modelo envolve o transporte de mercadorias de três fábricas para cinco armazéns regionais. As mercadorias podem ser transportadas de qualquer fábrica para qualquer armazém, porém o custo para transportar mercadorias varia com a distância. O objetivo é determinar a quantidade a ser transportada de cada fábrica para cada armazém, a um custo mínimo, de forma a atender à demanda regional, sem exceder o estoque da fábrica.

Especificações do problema

Para resolver esse problema rapidamente, selecione a caixa de verificação **Presumir modelo linear**, na caixa de diálogo **Opções do Solver**, antes de clicar em **Resolver**. Um problema desse tipo tem uma solução ótima, em que as quantidades a serem transportadas são inteiras, se todos os estoques e restrições forem inteiros.

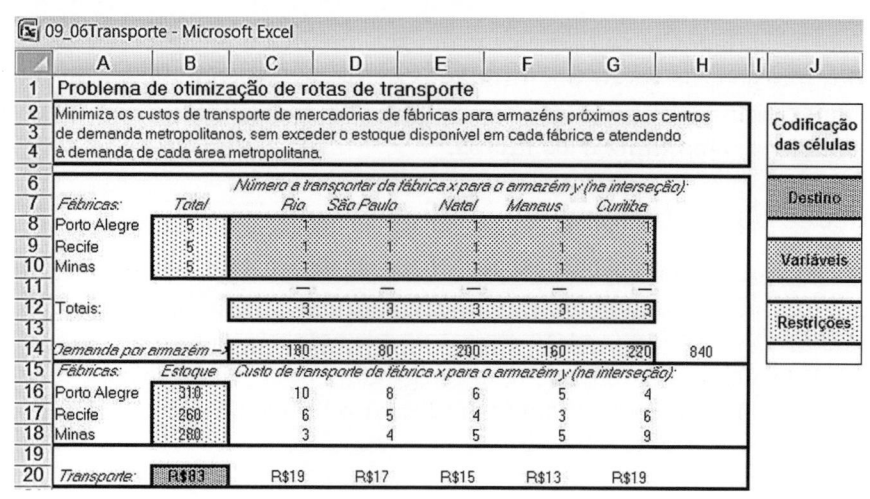

09_06Transporte - Microsoft Excel

Problema de otimização de rotas de transporte

Minimiza os custos de transporte de mercadorias de fábricas para armazéns próximos aos centros de demanda metropolitanos, sem exceder o estoque disponível em cada fábrica e atendendo à demanda de cada área metropolitana.

Fábricas:	Total	Número a transportar da fábrica x para o armazém y (na interseção):				
		Rio	São Paulo	Natal	Manaus	Curitiba
Porto Alegre	5	1	1	1	1	1
Recife	5	1	1	1	1	1
Minas	5	1	1	1	1	1
Totais:		3	3	3	3	3
Demanda por armazém →		180	80	200	160	220	840

Fábricas:	Estoque	Custo de transporte da fábrica x para o armazém y (na interseção):				
Porto Alegre	310	10	8	6	5	4
Recife	260	6	5	4	3	6
Minas	280	3	4	5	5	9
Transporte:	R$83	R$19	R$17	R$15	R$13	R$19

10.

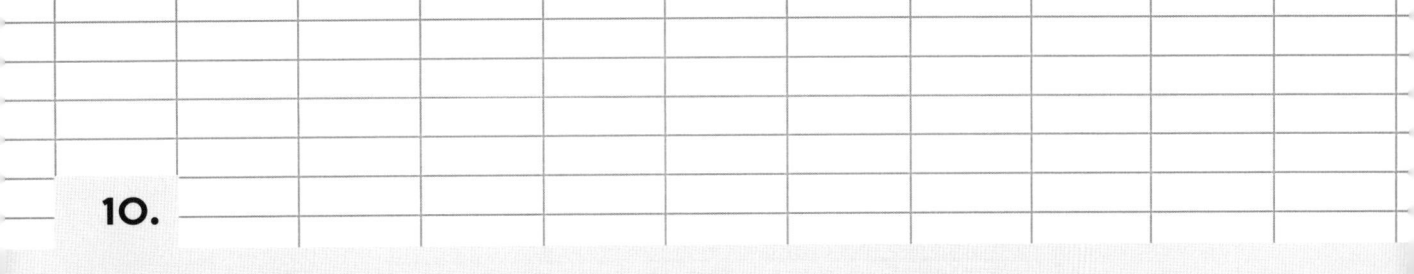

Automação de processamento – macros

Caso você execute uma tarefa várias vezes no Excel, é possível automatizá-la com uma macro. A macro é uma sequência de comandos e funções armazenados em um módulo do Visual Basic, ou seja, nada mais do que sequências pré-gravadas de comandos, que podem ser acionadas e executadas sempre que você precisar executar essa tarefa.

Retome a pasta de trabalho LeiaBem, gravada no exercício anterior. Você deve ter percebido que o procedimento de extração de dados não tem, em si mesmo, nada de complicado. A rotina até que é bem simples, mas como dá trabalho! E, ainda por cima, como está sujeita a erros! Qualquer engano na caixa de diálogo, e a seleção fica comprometida.

O uso de macros é excelente para automatizar procedimentos desta natureza. Gravá-las no Excel é muito fácil. Funciona mais ou menos como se fosse uma filmadora, que registra um procedimento passo a passo, para repeti-lo depois, tantas vezes quantas forem necessárias.

10.1. Gravação de macros

Macro

✓ Uma **Macro** é seqüência de comandos, funções e operações armazenados em um módulo do Visual Basic (VBA), ou seja, são sequências pré-gravadas de comandos, que podem ser acionadas diretamente – automação do processamento.

1. Abra: **10_01 LeiaBem**
✓ *Lembre-se que criamos esta pasta para usar filtro avançado*

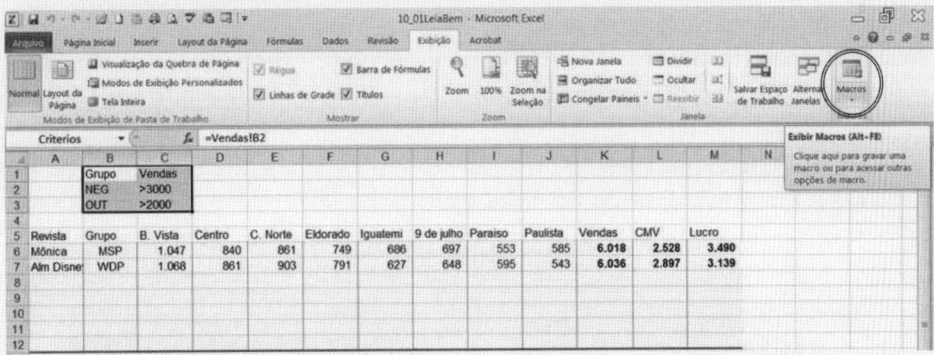

✓ Vamos automatizar o procedimento de extração de dados que já realizamos no exercício LeiaBem, vamos Gravar uma Macro.

2. **Exibição: Macros: Gravar Macro...:**

1. inicialmente, abra a pasta de trabalho 10_01 LeiaBem e vá para a planilha **Seleção**.

Vamos agora gravar uma macro que seja capaz de fazer, sozinha, a filtragem de dados, bastando que você defina os critérios.

Para gravar essa macro, siga estes passos, ilustrados na próxima figura:

2. ative o comando Exibição: Macros: Gravar Macro...;
3. na caixa de diálogo que se abre, atribua a essa macro um nome condizente com a função da Macro (por exemplo, **Selec**);
4. dê OK;

Inicie o procedimento que você faria normalmente se estivesse fazendo uma seleção de registros (lembre-se: você já viu isto anteriormente). Note que, na barra de status, ao lado do Pronto, apareceu o símbolo indicando que está sendo gravada uma Macro: ícone Gravando;

Gravando macros

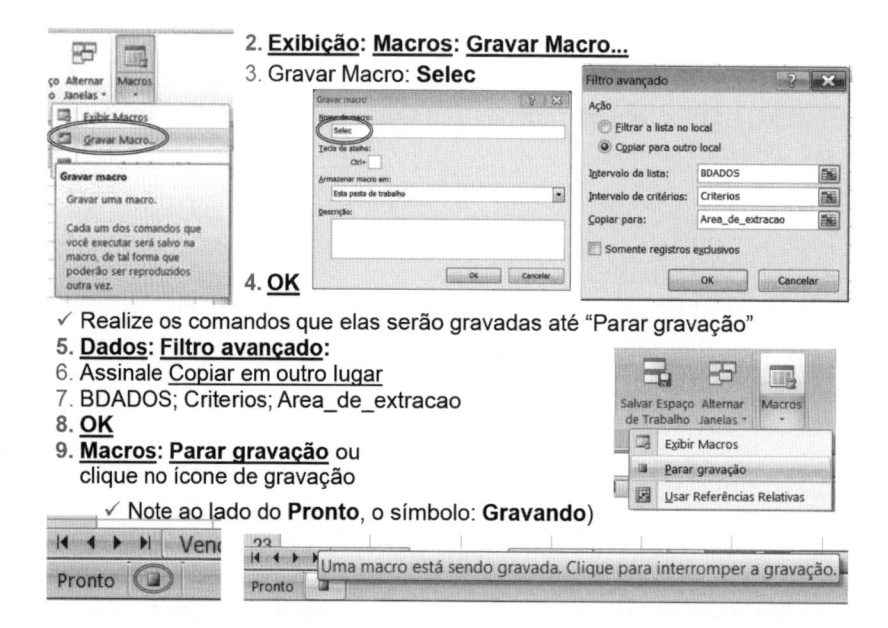

2. **Exibição**: **Macros**: **Gravar Macro...**
3. Gravar Macro: **Selec**
4. **OK**

✓ Realize os comandos que elas serão gravadas até "Parar gravação"
5. **Dados**: **Filtro avançado**:
6. Assinale Copiar em outro lugar
7. BDADOS; Criterios; Area_de_extracao
8. **OK**
9. **Macros**: **Parar gravação** ou clique no ícone de gravação

✓ Note ao lado do **Pronto**, o símbolo: **Gravando**)

5. ative o comando Dados: Filtro Avançado;
6. na caixa de diálogo, selecione, no quadro de cima, a opção Copiar para outro lugar;
7. nos quadros ao centro da caixa de diálogo, preencher respectivamente com BDADOS, CRITERIO e ÁREA_DE_EXTRACAO;
8. clique no botão OK, para fazer a seleção;
9. encerre a gravação da macro, clicando no novo ícone que acabou de aparecer na tela (Parar gravação). Ou, se preferir, entre no menu Exibição, Macro, Parar gravação.

10.2. Execução de macros

Executar macros

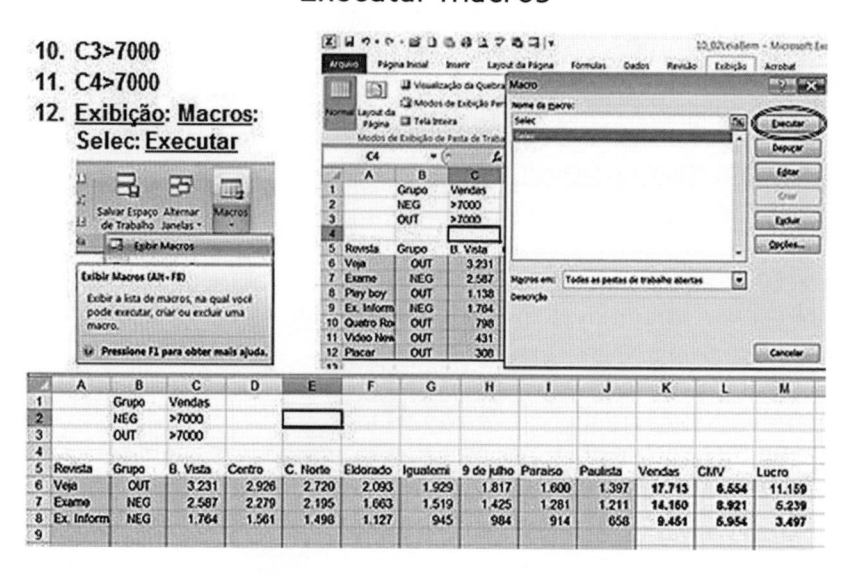

10. C3>7000
11. C4>7000
12. **Exibição**: **Macros**: **Selec**: **Executar**

Pronto, sua macro está gravada. Experimente agora definir como critérios os grupos NEG e OUT, com valores acima de 7.000,00 (ou seja, >7000).

Agora, para executar a macro, acione o comando Ferramentas, Macro, Macros... Na caixa de diálogo, selecione a macro desejada (no caso, a única) e clique Executar.

Muito mais fácil do que o procedimento manual, não é? Pois imagine se a macro tivesse sido gravada para um procedimento mais complexo. Fazer manualmente é quase impraticável.

10.3. Onde ficam gravadas as macros

Antes de gravar uma macro, planeje as etapas e os comandos que você deseja que a macro execute. Se cometer um erro durante a gravação da macro, as correções feitas também serão gravadas. Toda vez que você grava uma macro, ela é armazenada em um novo módulo anexado a uma pasta de trabalho.

Com o editor do Visual Basic (VBA), você pode editar macros, copiar macros de um módulo para outro, copiar macros entre pastas de trabalho diferentes, renomear os módulos que armazenam as macros ou renomear as macros.

Para entrar no editor do Visual Basic, é necessário entrar no menu Ferramentas, Macro, Macros. Selecione a macro que você deseja editar – neste exercício, **Selec**. Clique no botão Editar. Será apresentada uma tela como abaixo:

Exibir / Editar macro

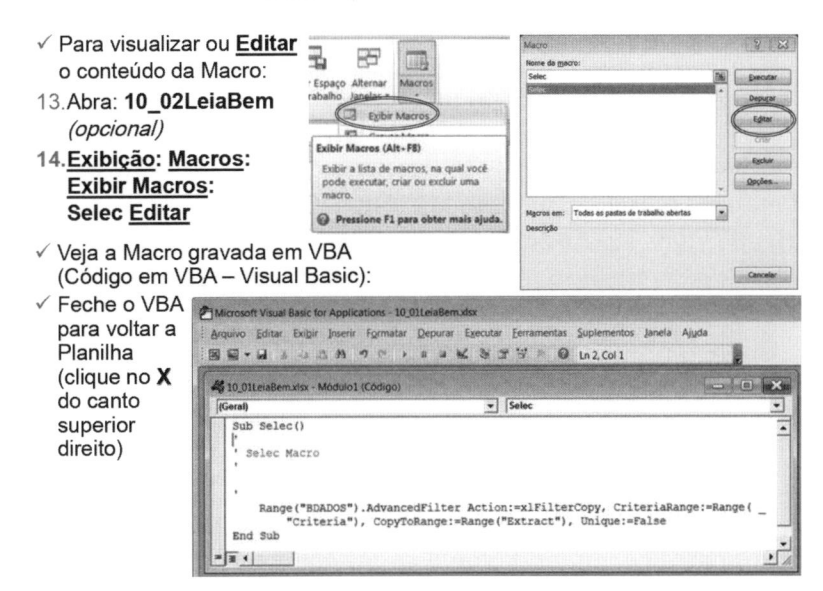

- ✓ Para visualizar ou **Editar** o conteúdo da Macro:
- 13. Abra: **10_02LeiaBem** *(opcional)*
- 14. **Exibição**: **Macros**: **Exibir Macros**: **Selec Editar**
- ✓ Veja a Macro gravada em VBA (Código em VBA – Visual Basic):
- ✓ Feche o VBA para voltar a Planilha (clique no **X** do canto superior direito)

> O editor do Visual Basic (VBA) pode ser usado para gravar e editar macros anexadas às pastas de trabalho do Excel. Mas tome muito cuidado: mexer nas macros, ainda que sejam alterações simples, é algo que você só deve fazer com conhecimento de programação.

Note que o programa em VBA muito simples da macro ilustrada no diagrama anterior, nada mais é do que a sequência de comandos na "linguagem de programação" do Excel que realizamos no processo de gravação da Macro. Range("BDADOS") é o comando para selecionar a faixa definida como BDADOS, e assim por diante.

10.4. Atribuir um botão para a macro

Como você já percebeu, a macro automatiza procedimentos repetitivos. Mas, para executá-la, você ainda faz um procedimento repetitivo, que é ativar o comando, trabalhar na caixa de diálogo etc.

Adicionar um botão / figura

✓ Vamos adicionar um Botão (Forma retangular) e utilizar este botão para automatizar a execução da macro

1. **Inserir**: **Formas**: Retângulo ...
2. **Arraste** o mouse para selecionar a área do retângulo
3. Coloque o mouse no retângulo e clique o botão direito do mouse
4. Selecione: **Editar Texto**: e digite **Filtrar**

Assim como a macro automatiza procedimentos, você pode utilizar um botão (uma figura) para automatizar a execução da macro. Faça o seguinte:

1. acione: Inserir: Formas: **Retângulo de cantos arredondados** criando um botão;
2. arraste o mouse no documento, como se fosse selecionar uma pequena área para um gráfico, para **selecionar a área do retângulo**;
3. com o mouse sobre o retângulo recém-criado, clique o botão direito do mouse;
4. selecione a opção Editar Texto e digite **Filtrar**.

Depois que atribuir o nome, clique em qualquer outra célula, encerrando o procedimento.

10.5. Aplicar macros a figuras

Finalizando, seria bom você aprender como se faz para editar um botão de macro, isto é, atribuir uma macro a uma figura, ou ainda aplicar uma macro a um botão.

Novamente, é muito simples: para qualquer coisa que você quiser fazer com esse botão (figura), ele deve estar selecionado. Para selecioná-lo, basta você clicar o botão **direito** do mouse sobre o botão da macro, fazendo com que se abra a caixa de diálogo que permitirá atribuir uma macro àquele botão.

Para mudar o nome do botão, marque-o arrastando o mouse sobre seu texto e digite o novo nome (lembre-se de que o botão deve ter sido previamente selecionado). Experimente clicar sobre o botão da macro, mudando os critérios, por exemplo, como mostrado no diagrama "Executar a Macro".

Finalmente, para alterar as dimensões do botão, você deve selecioná-lo como já visto (clicando o botão direito do mouse) e ajustando-o da mesma forma como você acerta o tamanho de um gráfico, ou seja, arrastando as pequenas marcas em suas bordas.

Aplicar uma macro a uma figura

Aplicar uma Macro a uma figura

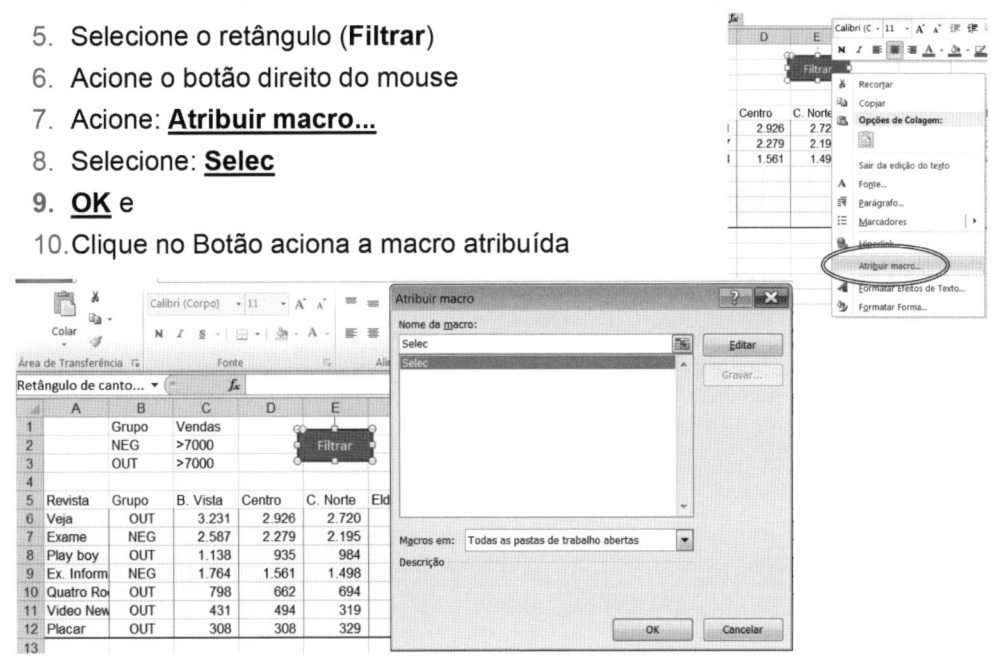

5. Selecione o retângulo (**Filtrar**)
6. Acione o botão direito do mouse
7. Acione: **Atribuir macro...**
8. Selecione: **Selec**
9. **OK** e
10. Clique no Botão aciona a macro atribuída

A propósito, uma informação importante: você pode ter uma única macro atribuída a diversos botões, inclusive com nomes diferentes.

Executar a macro

- ✓ Vamos Filtrar as Revistas com **Lucro**: FEM>4.000 e OUT>7.000
11. **C1=Lucro**
12. **B2=FEM**
13. **C2>4000**
14. Clique no Botão **Filtrar**
- ✓ *Note que a Macro foi Executada*

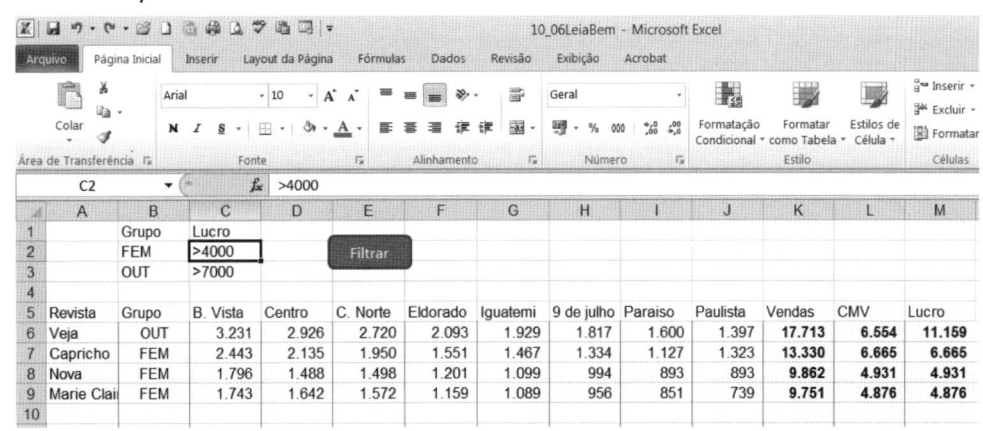

10.6. Macro de execução automática

Uma última palavra sobre macros. Certas aplicações exigem que alguns procedimentos sejam feitos sempre que se abre a pasta de trabalho. Nesses casos, não convém deixar isso a cargo do operador. O melhor a fazer é criar uma macro que seja automaticamente executada cada vez que se abrir a pasta de trabalho.

Na verdade, essa macro é igual a outra qualquer, a não ser por um único detalhe: seu nome. A macro de execução automática deve chamar-se **Abrir_auto** (tal nome deve ser informado quando se iniciar a gravação dessa macro).

> Naturalmente, existem muitos outros recursos mais avançados de macros. Você poderá explorá-los pouco a pouco, à medida que sentir essa necessidade.

11.

Desenvolvimento de modelos

Ao chegarmos aqui, você já deve estar bastante familiarizado com o Excel e, provavelmente, já aprendeu o suficiente para dar seus próprios passos sozinhos. Com certeza, você já deve saber explorar, por si só, a maioria dos recursos que ainda não foram vistos.

Isso tudo é muito bom. Um dos principais objetivos deste texto era, justamente, fazer com que você se sentisse à vontade no uso dessa versátil ferramenta.

Mas talvez seja a hora de parar para refletir um pouco. Logo no início foi dito que era importante trabalhar mentalmente na concepção do modelo antes de iniciar seu desenvolvimento. Isso porque, com uma ferramenta poderosa, quanto mais se investir no modelo em si, melhor será o resultado. É como se você estivesse trabalhando, por *hobby*, numa marcenaria: por mais que você comprasse furadeiras, lixas e serras, você nunca faria bons trabalhos se não parasse um pouco para planejar como serão os móveis que você vai construir.

Na verdade, até agora falamos bastante sobre a habilidade em usar a ferramenta Excel. Mas agora compensa investir algum tempo na "arquitetura" (ou seja, na análise e na concepção) dos modelos que você desenvolverá daqui por diante no seu dia a dia.

Este capítulo vai falar sobre coisas que não chegam a ser novidade — a maioria delas você já fez, mas provavelmente nem se deu conta do que estava fazendo. Porém, é importante sistematizar esses conhecimentos que, talvez intuitivamente, você já começou a assimilar.

Por isso, primeiramente falaremos sobre quatro coisas: passos no desenvolvimento de modelos; organização de modelos; validação e testes; e documentação. A seguir, será proposto um modelo um pouco mais elaborado, que você certamente será capaz de desenvolver por si só.

11.1. Os sete passos

Você deve ter perdido a conta das vezes que lhe foi solicitado pensar nos três passos iniciais para desenvolver modelos. Mas, na realidade, há outros quatro passos. Você já percorreu todos os sete, mas possivelmente nem percebeu.

Porém, à medida que a complexidade de seus modelos cresce (e isso é uma consequência inevitável de sua própria convivência com a ferramenta), torna-se cada vez mais importante você passar a seguir, sistematicamente, o roteiro abaixo:

Modelo - Protótipo - Planilhas

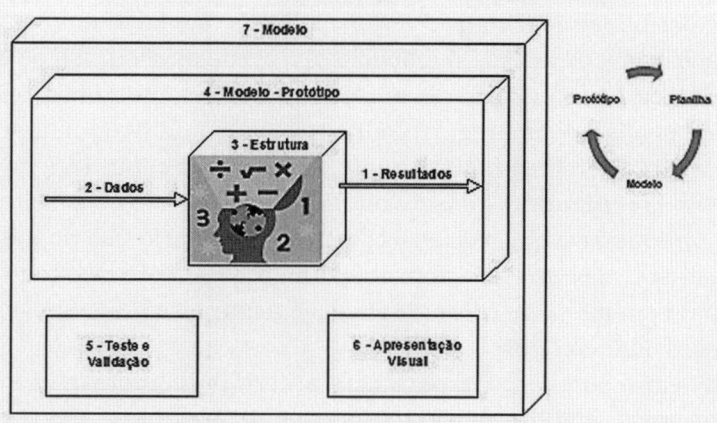

1. **Defina claramente quais os resultados desejados (*outputs*)**. Ou, em outras palavras: aonde você quer chegar com seu modelo? Pense de maneira ampla e abrangente, procurando definir o problema de forma criativa. Por exemplo, no primeiro modelo desenvolvido (orçamento para férias), o resultado desejado pode ser definido como o saldo final que sobraria depois de alguns meses (esta é a definição "pobre"), ou como um modelo para maximizar a satisfação por meio da alocação de seus recursos. Pode parecer brincadeira, mas, se você raciocinar limitado na primeira frase, você nunca construirá um modelo que o ajude a decidir coisas simples, como pagar a passagem antecipadamente para obter algum desconto.
2. **Defina as informações e os dados necessários como entrada (*inputs*)**. Uma vez definido aonde você quer chegar, procure pensar em todas as variáveis relacionadas ao problema. Em outras palavras: para chegar aonde você quer, de onde você pretende sair? Novamente, tente não restringir seu raciocínio a limites estreitos. Seja criativo, tente lembrar-se de outros fatores que, embora não sejam tão evidentes, podem influenciar os resultados. Ainda no modelo do orçamento para as férias, você poderia, por exemplo, definir aplicações para suas sobras de caixa, considerando várias opções de prazos e juros.
3. **Defina como as entradas produzirão os resultados desejados**. Trabalhe mentalmente a **estrutura** do problema. Procure pensar em termos de **cálculos**, **operações** e **decisões** que devem ser feitas com base nos dados de entrada para chegar aos resultados da saída. Se trabalhar bem nesta fase, você provavelmente vai identificar novas necessidades de dados de entrada, porque, certamente, perceberá novos relacionamentos entre as variáveis já identificadas. É possível até que, nesta fase, você amplie seus objetivos, revendo os resultados esperados que haviam sido identificados no primeiro passo.
4. **Construa o modelo** da forma mais simples e clara possível. Não se incomode se, na primeira vez, ficar faltando alguma coisa. Nem se preocupe muito com o visual do que está sendo feito. Procure fazer, simplesmente, algo que atenda às definições do terceiro passo, ou seja, que transforme dados de entrada em informações de saída.
5. **Teste o modelo**. Lembre-se de sua experiência nos diversos modelos desenvolvidos: as coisas nem sempre funcionam tão bem quanto pode parecer à primeira vista. Quase sempre há alguma função que precisa de ajuste, uma fórmula que dá erro em determinadas circunstâncias, um gráfico que apresenta resultados meio esquisitos. Esta etapa de validação e testes é tão importante que será tratada à parte, ainda neste capítulo. Mas vale a pena chamar a atenção para um fato importante: normalmente, durante os testes, identificam-se não só as necessidades de ajustes na estrutura do modelo, como também a necessidade de novos *inputs* para adequar os resultados à realidade.
6. **Melhore a apresentação visual**, ajustando formatos, cores, tamanhos etc. Lembre-se de que um visual adequado é meio caminho para que o modelo seja fácil e agradável ao uso, principalmente por terceiros. Procure seguir padrões que facilitem o entendimento. Use cores para destacar blocos lógicos do modelo. Aproveite os recursos de destaque (bordas, fundos de células etc.) para chamar a atenção para os pontos mais relevantes. E, finalmente, mas não menos importante, trabalhe um pouco na documentação, que também será vista em maiores detalhes mais à frente, ainda neste capítulo.
7. **Reveja o modelo (*feedback*)**. O desenvolvimento de modelos é um trabalho cíclico, de construção de protótipos evolutivos e adaptativos. O próprio uso do modelo vai ajudar a redefinir os objetivos, as entradas, o processamento etc., até que todo o ciclo se repita, indefinidamente. Lembre-se de que o *feedback* é a maneira mais fácil e eficaz de ajustar o modelo às necessidades reais.

Procure refletir agora sobre sua experiência anterior e comprove que você já cumpriu esse "ritual" várias vezes, embora não estivesse atento.

11.2. Organização de modelos

Quanto mais complexo for um modelo, maior será a necessidade de que ele esteja organizado. Igualmente, no caso de modelos utilizados por terceiros (mesmo modelos simples), a organização assume uma importância crítica.

Existem pelo menos três boas razões para investir algum tempo na organização de modelos:
- **ajuda na própria depuração do modelo**: quanto mais organizado for o modelo, mais fácil será sua validação. Durante a fase de testes, modelos bem organizados são muito mais fáceis de depurar, porque, sabendo-se exatamente como estão dispostas entradas, transformações e saídas, a localização de eventuais problemas torna-se uma tarefa simples e intuitiva;
- **facilita a manutenção**: modelos deste tipo são, por natureza, evolutivos e adaptativos. A realidade e o contexto mudam permanentemente, e o modelo precisa acompanhar essas mudanças, atendendo às novas necessidades. Se o modelo estiver desorganizado, o trabalho de manutenção tende a ser cada vez mais inviável. Não são raros os casos de modelos grandes ou complexos que, por estarem sem os requisitos mínimos de organização, precisam ser literalmente abandonados e substituídos por outros inteiramente novos, dada a impossibilidade de fazer sua manutenção com a segurança necessária;
- **facilita a compreensão por novos usuários**: se o modelo estiver estruturado em blocos lógicos, qualquer novo usuário terá mais facilidade em assimilar seu uso. No outro extremo, modelos desorganizados tendem a ser pouco amigáveis, o usuário sente-se inseguro e seu abandono precoce por vezes é inevitável.

Para organizar um modelo, você deve levar em conta aquelas três famosas perguntinhas:
1. Quais os resultados desejados?
2. Que dados serão utilizados como ponto de partida para chegar a tais resultados?
3. Que operações devem ser feitas para que os dados produzam os resultados desejados?

A organização mais adequada é aquela que reflita a estrutura de raciocínio:

2 DADOS	3 PROCESSAMENTO	1 RESULTADOS
área de entradas	operações/cálculos	área de resultados

Ou seja, o ideal é que se defina, para cada pergunta, uma área específica do modelo (pode inclusive ser uma planilha separada na pasta de trabalho, ou talvez uma região bem demarcada numa única planilha).

Basicamente, existem duas formas de arranjo: horizontal e vertical. Ambas têm suas vantagens e desvantagens, e, por vezes, um único modelo pode ter alguns módulos arranjados na horizontal e outros na vertical.

O arranjo horizontal, mostrado abaixo, pode ser uma boa opção quando se trabalha com uma grande quantidade de dados, mas com um número limitado de campos. Este arranjo é particularmente bom quando os três módulos são pequenos o suficiente para aparecerem simultaneamente na tela.

Dados / INPUTS	Estrutura / PROCESSAMENTO	Resultados / OUTPUTS

O arranjo vertical mostrado abaixo, por sua vez, tem uma vantagem inerente: é mais fácil "rolar" uma tela para baixo e para cima do que para a direita e para a esquerda. Por isso, o arranjo vertical costuma ser mais interessante em modelos maiores.

Dados / INPUTS
PROCESSAMENTO
Resultados / OUTPUTS

Um ponto a ressaltar é que a escolha entre os arranjos horizontal e vertical é uma preferência pessoal. A rigor, não há uma alternativa "certa" ou "errada". No máximo, existem casos em que cada uma das opções está menos ou mais adequada.

11.3. Modularidade

A maioria dos modelos desenvolvidos para atender às necessidades do mundo real costuma ser complexa o suficiente para que se torne difícil, senão impossível, organizá-los segundo essa abordagem simples de entradas-processamento-saídas.

Para problemas mais complexos, a modularidade é a forma mais adequada de organização.

Essencialmente, a modularidade compreende a divisão do problema em diversos blocos, cada um contendo uma parte lógica mais ou menos estanque.

A rigor, não existe uma regra única e genérica para definir a formação de módulos. A própria definição de cada módulo tem muito de intuitivo. Por mais que pareça tautológico, um bloco é aquilo que você julga ser um bloco. Por exemplo, o último modelo desenvolvido, das bancas LeiaBem, foi definido com módulos claramente identificados. Mas nada impediria, por exemplo, que o módulo principal fosse quebrado em dois (que poderiam inclusive ficar em planilhas diferentes), sendo o primeiro composto apenas pelos dados de entrada puros; quanto ao segundo bloco, compreenderia as estatísticas de vendas (mínimos, médias, máximos etc.).

Cada bloco poderá ter uma estrutura própria de entradas-processamento-saídas, e, normalmente, o relacionamento entre blocos ocorre de maneira única e definida.

Módulo 1	Módulo 3
Módulo 2	Módulo 4

O próprio conceito de pasta de trabalho, inerente ao Excel, já dá pistas sobre a modularidade. De fato, a maioria dos modelos construídos até aqui foi organizada modularmente, com cada módulo utilizando uma planilha separada. Mas nem sempre precisa ser assim, e, por vezes, é até conveniente deixar alguns módulos pequenos numa única planilha, facilitando sua visualização simultânea.

11.4. Validação e testes

Em essência, a validação e os testes visam depurar o modelo e evitar que, inadvertidamente, sejam gerados resultados incompatíveis com a realidade.

O que se busca com este quinto passo na elaboração de modelos é a **confiabilidade**. Para isso, há algumas orientações básicas:

- **use exemplos com resultados conhecidos**: por mais que você se esforce em preparar dados para teste, nada pode ser melhor do que basear-se em situações cujo resultado é conhecido *a priori*. Por exemplo, se você estiver desenvolvendo um modelo para análise de balanços, o mais seguro é pegar dados reais de balanços publicados. Além da óbvia economia de tempo (pois você não precisa ficar inventando dados), o teste com dados conhecidos facilita imensamente a tarefa de encontrar eventuais erros na estrutura do modelo, porque, se você já sabe antecipadamente qual deve ser o resultado, qualquer desvio torna-se imediatamente evidente;
- **confirme se todas as hipóteses estão corretamente refletidas**: não deixe de mexer com cada variável, isoladamente, para ver se a alteração nos resultados é compatível com o esperado. Não se limite a ver se o resultado mudou: ele deve ter mudado de uma forma que esteja coerente com hipóteses, conceitos e teorias subjacentes ao modelo. Por exemplo, ao trabalhar com análise de crédito, é evidente que um aumento da renda pessoal deve resultar em maior crédito sugerido, ao passo que um aumento dos encargos familiares deve produzir um resultado oposto. Mas, se você não testar individualmente cada uma dessas hipóteses, talvez você não perceba um eventual erro de sinal no modelo;
- **procure validar e testar tudo, repetidas vezes**: muitos erros só aparecem em situações específicas. Por isso, quanto mais exemplos você utilizar como teste, maiores serão suas chances de identificar até aqueles problemas intermitentes, que surgem somente em circunstâncias muito particulares. Se possível, use exemplos diferentes entre si, para que a diversidade de situações ajude a revelar eventuais deficiências do modelo;
- **a qualidade da entrada determina a qualidade da saída**: lembre-se do velho ditado americano: *garbage in, garbage out*. Ou, numa tradução livre, se entra lixo, sai lixo. Isso quer dizer que tudo que você fizer deve estar tão calcado na realidade quanto possível. Por exemplo, se você estiver trabalhando com análise de empresas industriais, não hesite em conseguir tabelas de dados setoriais sobre desempenho, produtividade, graus de endividamento etc. Tendo dados confiáveis na entrada, você melhora substancialmente a qualidade de suas análises na saída. Por outro lado, se você "chuta" alguns valores, existe um risco considerável de chegar a conclusões no mínimo duvidosas.

11.5. Simplicidade

Outro aspecto ligado a validação e testes diz respeito à simplicidade. Ao fazer seus testes, procure certificar-se de que o modelo esteja atendendo aos requisitos de simplicidade:

- **quanto mais simples, mais fácil de evoluir**: os testes costumam revelar pontos de complexidade desnecessária que, futuramente, serão um entrave à evolução natural do modelo. Procure estar atento a esse problema.
- **a simplicidade flexibiliza eventuais expansões e diminuições**: quanto mais simples e claro for o modelo, mais fácil será adicionar-lhe novos módulos. Eventualmente, pode ser necessário não propriamente acrescentar, mas eliminar módulos, tanto na entrada (quando o processamento é substituído por dados externos fixos) quanto na saída (em vez de apresentar uma conclusão numérica pronta, o modelo sugere diversas possibilidades alternativas, a serem analisadas com mais cuidado).
- **a prototipação é evolutiva e adaptativa**: a simplicidade do modelo é essencial para garantir a flexibilidade que permitirá que ele se ajuste às novas circunstâncias.

- **clareza e exatidão da lógica** são pontos de preocupação na etapa de testes.

    Mesmo que o modelo esteja funcionando, se ele for obscuro e ininteligível sempre existirá um grande risco de erros de interpretação. Ou seja, não basta que o resultado esteja correto; ele precisa ser claramente entendido e interpretado pelo usuário, ficando claras todas as premissas e limitações. Principalmente quando ele for utilizado por terceiros.

11.6. Documentação

O uso de ferramentas flexíveis e amigáveis como o Excel parece ser, para muitas pessoas, um convite irresistível ao descaso à documentação. Afinal, é tão fácil entender tudo... e, de mais a mais, se o modelo muda o tempo todo, por que se haveria de perder tempo com a documentação?

Esse pensamento é absolutamente falso e enganoso. Ainda que nos modelos muito simples a documentação realmente seja desnecessária, já nos modelos de mediana complexidade ela passa a assumir importância crescente. Ademais, no caso de modelos utilizados por terceiros, a documentação é essencial, mesmo que tais modelos sejam simples. Afinal, o que é simples e cristalino para quem desenvolveu o modelo pode vir a ser um completo mistério para quem só tomou conhecimento da coisa depois que ela já estava pronta e funcionando.

Tradicionalmente, a documentação de aplicações desenvolvidas em computador costumava ser um enorme calhamaço de papel, com incontáveis detalhes e índices remissivos. Invariavelmente tal documentação acabava por ficar perdida no fundo de alguma gaveta e, quando alguém realmente precisava dela, nunca se sabia de seu paradeiro.

Com a evolução da tecnologia, desenvolver documentação passou a ser uma tarefa bem menos árdua. E usar a documentação passou a ser algo quase intuitivo.

Quando se fala de documentação, há um consenso no sentido de que a documentação mais útil é aquela que está permanentemente disponível. E a única forma de assegurar isso é inserir a documentação no próprio modelo.

Existem várias técnicas sofisticadas para incluir documentação em modelos. Mas o que interessa aqui é transmitir os conceitos.

Existem dois grandes grupos de informações que devem fazer parte da documentação:
1. **Informações gerais mínimas**: nome do modelo; versão; data da última atualização; limitações importantes, principalmente aquelas que dizem respeito a restrições referentes a dados de entrada que gerem erros ou não sejam corretamente processados pelo modelo; nome, telefone e ramal do responsável pelo modelo; localização dos principais módulos
2. **Documentação complementar**: objetivos; breve descrição da lógica; precauções e limitações; orientação para utilização.

Uma dica que pode funcionar bem é utilizar uma planilha (se possível a primeira da pasta de trabalho) como documentação principal e genérica, deixando para as Notas as informações específicas sobre variáveis e regras de processamento.

11.7. Mais algumas palavras sobre modelos

Todos os tópicos anteriormente abordados estão intimamente inter-relacionados. Não há como falar em documentação se o modelo não estiver organizado. Da mesma forma, não há sentido em investir tempo no *feedback* se os testes não tiverem sido feitos da forma adequada.

Lembre-se também de que a organização tende a ser uma consequência quase natural de algum investimento na resposta às três questões iniciais. Da mesma forma, a simplicidade, que deve ser perseguida, está relacionada à disciplina no cumprimento das etapas, à organização etc.

E, finalmente, lembre-se: um bom modelo demanda **tempo** e **esforço**. Não crie expectativas irreais de que tudo estará uma maravilha a partir de amanhã, pois isso provavelmente não será verdade. A maioria dos modelos requer algum tempo de uso sob condições reais para que todas as suas fragilidades se revelem. Mais que isso, só o tempo poderá ajudar a ver quais são as novas potencialidades a serem buscadas a partir do modelo em uso.

Desenvolvimento de modelos em planilhas

- ✓ Prototipação
  - ✓ Flexibilidade
  - ✓ Facilidade de uso
  - ✓ Habilita simulação
  - ✓ Conceito de protótipo do modelo:
    Cíclico: protótipo ▶ feedback ▶ protótipo
- ✓ Regras básicas de modelagem
  - ✓ Cuidado com erros do modelo
  - ✓ Facilidade de compreensão
  - ✓ Documentação
  - ✓ Rotinas de segurança

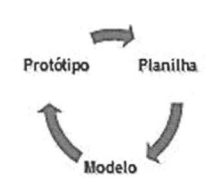

11.8. Modelagem: Transcontinental Linhas Aéreas

Nesse exercício vamos mostrar na solução como pode ser realizado o desenvolvimento de um modelo para a uma empresa de linhas aéreas: 11_08Transcon.

A Transcontinental é uma empresa de fretamento de aeronaves e vem enfrentando problemas com o cálculo dos fretes a cobrar de seus clientes esporádicos.

A área de *marketing* fez um estudo e detectou que um dos principais pontos fracos da empresa está no atendimento, que transmite uma péssima imagem ao cliente. Além da demora, raramente se chega ao mesmo resultado de preço para duas consultas iguais.

Assim, se o cliente pede o orçamento num dia e, na semana seguinte, pede outro orçamento idêntico, por vezes a defasagem chega a mais de 10% no preço à vista. Com isso, muitos clientes passaram a reclamar, achando que estavam sendo explorados e que a Transcontinental não era uma empresa séria.

O problema é que o cálculo de fretamento de aeronaves não é uma coisa trivial. Ao fazê-lo à mão, e ainda por cima sob pressão de tempo, o atendente frequentemente acaba cometendo algum erro.

Normalmente, o cliente telefona ou chega ao balcão e quer uma resposta imediata sobre o quanto vai ter que pagar. Já houve casos em que o atendente errou para menos, causando prejuízos operacionais; e já houve casos em que o cálculo foi feito a mais, e o cliente acabou fazendo a viagem com uma empresa concorrente e, o que é pior, pagando mais caro do que a Transcontinental cobraria em condições normais.

Agora a empresa quer fazer um sistema automatizado para os atendentes, de forma que estes precisem somente informar o modelo do avião, as horas de voo e as tarifas aeroportuárias dos pontos onde o voo inicia, termina e faz escala. A partir daí, o próprio sistema deve fazer os cálculos e fornecer, de imediato, o preço do frete.

O preço à vista será calculado com base no custo total, mais uma margem *(mark-up)* de 30%.

Os cálculos dos custos operacionais são feitos com base em:

1. **combustível**: custa uma média de $ 0,30 por litro e cada avião tem um consumo previsto por hora de voo;
2. **depreciação**: com um custo fixo por hora de voo, variando apenas conforme o modelo do avião;

3. **manutenção preventiva**: também com custo fixo por hora de voo, variando conforme o modelo do avião;
4. **tripulantes** técnicos: cada um custa $ 100,00 por hora de voo e, dependendo do modelo do avião, há necessidade de menos ou mais tripulantes técnicos;
5. **comissários de bordo**: cada comissário custa uma média de $ 26,00 por hora de voo, sendo que cada modelo de avião necessita de determinado número de comissários;
6. **taxas aeroportuárias**: são valores que dependem da origem, do destino e das escalas de cada voo. Esses valores são pouco significativos e podem ser informados pelo atendente;
7. **custos indiretos**: além dos custos operacionais dos aviões, a Transcontinental tem também outros custos indiretos, assim compostos: organização terrestre $ 15.000; organiz. tráfego/carga $ 45.000; outs.despesas $ 7.000; admin.geral $ 45.000. Por uma questão de simplicidade, definiu-se que esses custos seriam rateados de acordo com as horas de voo, com base em determinado fator de rateio estabelecido para cada modelo de avião.

No momento, a empresa trabalha com cinco tipos de aviões: EMB-120 (Brasília), ERJ-135, A-320, A-310 e Embraer 195.

Com os dados fornecidos, você deve montar uma pasta de trabalho, com três planilhas:
1. **demonstrativo**, que será a planilha principal de uso do atendente;
2. **detalhamento**, que fornecerá a memória de cálculo do custo do fretamento, dando detalhes sobre o cômputo de cada rubrica;
3. **aeronaves**, que conterá a tabela dos modelos e respectivas características para cálculo dos custos.

Os dados básicos de cada um dos aviões estão demonstrados a seguir:

Modelo	Depreciação ($/h)	Cons.combust. (l/h)	Manut.prevent. ($/h)	Tripul. técn.	Comiss. bordo	Fator rateio custos indir.
EMB-120	130,00	400	30,00	1	1	0,00533
ERJ-135	220,00	650	45,00	2	2	0,00768
A-320	850,00	1.000	60,00	2	5	0,00980
A-310	320,00	800	50,00	2	3	0,00851
Embraer 195	480,00	700	65,00	2	2	0,00880

A planilha de demonstrativo deve ser o mais simples e amigável possível. O atendente deverá informar somente o modelo do avião, as horas de voo e as tarifas aeroportuárias de origem, escala e destino. Com base nesses dados, o modelo deve calcular o custo do frete e o preço sugerido (igual ao custo mais uma margem de 30%).

Numa segunda versão desse modelo, seria interessante também que o atendente pudesse sugerir ao cliente algumas opções de diferentes modalidades de pagamento: à vista, parcelado sem entrada e parcelado com entrada. O cálculo das prestações foi feito com base em uma taxa de juros de 1,0% ao mês (*dica: use a função financeira PGTO para fazer esse cálculo*).

12.

Uso, evolução e tendências das planilhas

Este capítulo dedicado às planilhas eletrônicas sintetiza diversos artigos, textos e pesquisas que publicamos desde 1984. Trata do uso, do histórico, da evolução e das tendências das planilhas, com uma visão geral e crítica dos conceitos envolvidos e das rupturas nos padrões de software.

A revolução moderna na forma de calcular, analisar e resolver problemas quantitativos começa com as calculadoras eletrônicas, por volta de 1970, e continua com a revolução provocada pelas Planilhas Eletrônicas. Sua evolução teve as seguintes eras e padrões:

	Evolução dos padrões dominantes das planilhas
1979/80	**VisiCalc** nos micros de 8 bits (domina a 1ª onda até 1985)
1983/85	**Lotus 1-2-3** nos PCs de 16 bits (domina a 2ª onda até 1993)
1991/93	**Excel** no Windows de 32/64 bits (domina a 3ª onda até hoje)
201?	**Ruptura!** (dominará a 4ª onda que ainda vai emergir)

12.1. O que é uma planilha eletrônica

Existem muitos problemas ou tarefas que costumam ser resolvidos com a utilização de quatro ferramentas universais: papel, lápis, borracha e calculadora. A planilha combina a conveniência e a facilidade do uso de uma calculadora poderosa com a capacidade de armazenar (memória) e mostrar (tela) dados. A tela do micro torna-se uma janela, através da qual o usuário visualiza parte de uma grande folha, que é a planilha eletrônica.

Com a planilha eletrônica, o microcomputador substitui, com grandes vantagens, as quatro ferramentas tradicionais. A tela e a memória substituem o papel; o teclado e o cursor substituem o lápis e a borracha; e o próprio micro substitui à calculadora. Em suma, a manipulação de informações numéricas torna-se mais fácil e mais rápida com um micro do que com as ferramentas tradicionais.

Uma pergunta frequente é se uma planilha ou o Excel é uma linguagem. Sim, são linguagens ou ambientes, mas com características muito diferentes das convencionais. Por suas características, as planilhas eletrônicas recebem uma série de denominações: linguagem de altíssimo nível, aplicativo para o usuário final, programa de automação de escritório, programa ou pacote de planejamento e ferramenta, programa de suporte ou apoio a decisão, ou, simplesmente, aplicativo.

Todas essas denominações são, na realidade, nomes diferentes para uma classe de software que inclui, além das linguagens como as planilhas, os processadores de textos e os programas para apresentações e gráficos, entre outras do pacote Office, também chamadas de linguagens aplicativas pela sua proximidade com certas aplicações. Isto é, esse software já está pronto para uso, ao contrário de uma linguagem convencional, que exige a elaboração de um programa antes de entrar em uso. Essa proximidade com as aplicações e o termo em inglês *application software* dá margem a chamar a planilha de **Aplicativo**.

Em suma, as planilhas eletrônicas são linguagens (software básico – programas) bem mais próximas das aplicações e do usuário que as linguagens convencionais ditas de alto nível. São linguagens de quarta geração.

A planilha eletrônica é um programa que transforma o micro em uma ferramenta para planejamento, previsão e manipulação numérica em geral. Teve a sua origem e tem sua utilização atual predominante para planejamento e previsão financeira, mas tem muitas outras aplicações potenciais. É uma linguagem sofisticada, internamente complexa, porém muito fácil de usar e com uma estrutura muito intuitiva.

12.2. Uso e aplicações de planilhas

Uma planilha pode, por exemplo, ser usada para desenvolver todo o orçamento de uma companhia, para organizar o orçamento doméstico de uma família, para planejar e controlar a utilização de mão de obra em um projeto, para previsão de vendas – em síntese, para coletar, analisar e manipular dados em geral, em especial dados numéricos.

A lista das possíveis utilizações seria muito extensa e está relacionada com os recursos que o programa oferece, que são os convencionalmente usados para a solução de uma infinidade de problemas comuns ao dia a dia das empresas e dos profissionais liberais. O programa pode ser usado por qualquer pessoa que necessite de uma ferramenta analítica que lhe possibilite mais tempo para análises e tarefas mais úteis, em vez de ficar fazendo cálculos repetitivos. Veja mais detalhes no capítulo sobre modelos quantitativos com planilhas.

Talvez a maior vantagem do seu uso seja a capacidade de responder, de maneira fácil e rápida, a perguntas do tipo "e se?" (*what if?*). Uma vez montado o orçamento dos próximos meses, por exemplo, é muito comum surgirem perguntas do tipo: *"e se a inflação for x?"*, ou *"e se as vendas mudarem para y?"*, ou ainda *"e se o custo da matéria-prima subir para z?"*.

Em uma situação normal, cada uma das respostas envolveria uma série de cálculos simples, mas repetitivos, por vezes em grande volume e geralmente demorados. Com o programa, uma vez montado o orçamento, pode-se obter, em segundos, as respostas a todas essas perguntas. Assim, pode-se realizar um maior número de análises do tipo "e se?", ou ainda de sensibilidade dos dados, tendo a chance de tomar melhores decisões em virtude de ser possível simular mais alternativas.

O uso de análises do tipo "e se?" não se restringe à fase de planejamento e seleção de alternativas, sendo utilizado também para responder a outros tipos de perguntas, como: o que acontecerá com o orçamento após uma maxidesvalorização ou depois da criação de uma nova estrutura de impostos?

A lista com exemplos de aplicações a seguir é, na realidade, uma relação parcial de estruturas de cálculo ou modelos quantitativos mais utilizados.

Exemplos de aplicações por área e/ou assunto:
- *Administrativa*: folha de pagamento, salários, contabilidade, controle de compras, previsão de matérias-primas, tabela de preços, saldos, ponto de equilíbrio, análise das despesas planejadas, taxa para serviços, cálculo e análise, custos de vendas, custos de produção, despesas administrativas e outros demonstrativos etc.;
- *Comercial, marketing e vendas*: plano de vendas, controle de visitas, análise de mercado, controle de comissões, controle de produto, controle e lista de preços, margem de contribuição, de lucro, controle de notas fiscais, margem, sumário das vendas, sazonalidade, índices, análise do custo de promoção, previsão de vendas baseada na promoção, resultados de pesquisas, tabulação etc.;
- *Financeira e investimentos*: análise de investimentos, custos, projeção de lucros, fluxo de caixa, controle de captação de recursos, contas a pagar e a receber, balanço e análise de demonstrativos financeiros, orçamento, controle de centros de custo, simulação de custo, volume e lucro, dimensionamento do capital de giro, portfólio de ações e/ou títulos, notas promissórias, desconto, valores de empréstimo, compra à vista × leasing × aluguel, cálculo da média móvel etc.;
- *Finanças pessoais*: estoque doméstico, avaliação de bens e patrimônio, orçamento, controle de cheques e bancos, imposto de renda, custos etc.;
- *Pessoal*: agenda, orçamentos, pagamentos, controle de despesas, custos de viagens, conciliação bancário e de cartão de crédito etc.;

- *Produção*: controle de produção, controle de produtividade de máquinas, explosão de componentes, controle de estoque, controle de utilização materiais, PCP parcial, controle de refugo, previsão de fabricação, lote econômico, estimativa de estoque no final do período, valor do estoque, posição do estoque, planejamento etc.;
- *Quantitativa*: otimização, análise de decisão, análise de sensibilidade, cálculos estatísticos e matemáticos, pesquisa operacional, matemática financeira, engenharia econômica etc.

12.3. Cenário, ciclos, fases e linha do tempo

No mundo da microinformática, as evoluções têm ocorrido com velocidades espantosas. Alguns estudos recentes mostram que, após o início da revolução da microeletrônica na década de 1970, fatos significativos e novas tecnologias com impactos potenciais na evolução têm acontecido, em média, a cada 30 dias. Novos processos de fabricação, circuitos cada vez mais integrados (mais bits ou circuitos por chip), novas formas de armazenamento de informações, mais rápidas, mais eficientes, mais confiáveis e de maior capacidade, novos tipos de linguagens e formas de interação entre o homem e o computador, e uma infinidade de recursos que tornam, a cada dia que passa, os computadores e microcomputadores mais fáceis de ser usados, ao mesmo tempo que abrem novas áreas de aplicação dessa tecnologia.

Em suma, o **Cenário** dos últimos 40 anos tem mostrado que:
- Custo de Hardware diminui 33% ao ano, isto é, cai para metade a cada 18 meses. Portanto, o **Custo do Hardware tende a zero**!
- Capacidade do Hardware cresce 50% ao ano, isto é, dobra a cada 18 meses (Lei de Moore). Portanto, a **Capacidade do Hardware tende a infinito!**
- Equipamento já é tão pequeno quanto "se deseje": a limitação de tamanho é ergométrica, e não tecnológica (vide teclado e monitor);
- Hardware está bem à frente do software – que, por sua vez, está mais à frente do usuário. Portanto, o **potencial inexplorado ainda é enorme**.

O software também tem apresentado evoluções significativas nos últimos anos. Foram criadas novas linguagens e programas com recursos cada vez mais sofisticados, que ampliam a gama de aplicações e viabilizam novos conceitos de utilização e tratamento de informações, seja qual for o tipo de aplicação: pessoal, empresarial, científica etc.

Uma revolução no Software para microcomputadores foi iniciada com o lançamento do VisiCalc e tem-se configurado por ciclos com cinco grandes fases:
1. Fase de Introdução
2. Fase de Disseminação
3. Fase da Consagração
4. Fase de Amadurecimento
5. Ponto de Ruptura – Início de um novo ciclo de evolução/revolução

No caso de planilhas, os dois primeiros ciclos duraram 14 anos no total. O terceiro, dominado pelo Excel, já passou dos 18 anos e ainda está na fase de amadurecimento.

Talvez o primeiro e primordial passo nessa jornada tenha ocorrido em 1971, quando a Intel anunciou uma verdadeira revolução: seu microprocessador de 8 bits. Foi isso que possibilitou, entre outras coisas, o surgimento dos primeiros microcomputadores ainda naquela década, bem como o desenvolvimento do CP/M, primeiro sistema operacional comercialmente bem-sucedido dedicado à microinformática. A própria Microsoft surgiu naquela década, mais precisamente em 1974, desenvolvendo a linguagem de programação Basic específica para os microprocessadores de 8 bits. Na mesma época, dois jovens queriam criar uma empresa dedicada à venda de computadores pessoais (na época, apenas um brinquedo para *nerds*, sem nenhuma perspectiva de que um dia poderiam ter aplicação comercial). O capital inicial, US$ 1.300, veio da venda de seus bens mais preciosos:

Steve Jobs se desfez de seu Volkswagen e Steve Wozniak vendeu sua calculadora científica HP. Com o dinheiro, fundaram a Apple e começaram a comercializar o Apple I em 1976.

Linha do tempo das planilhas

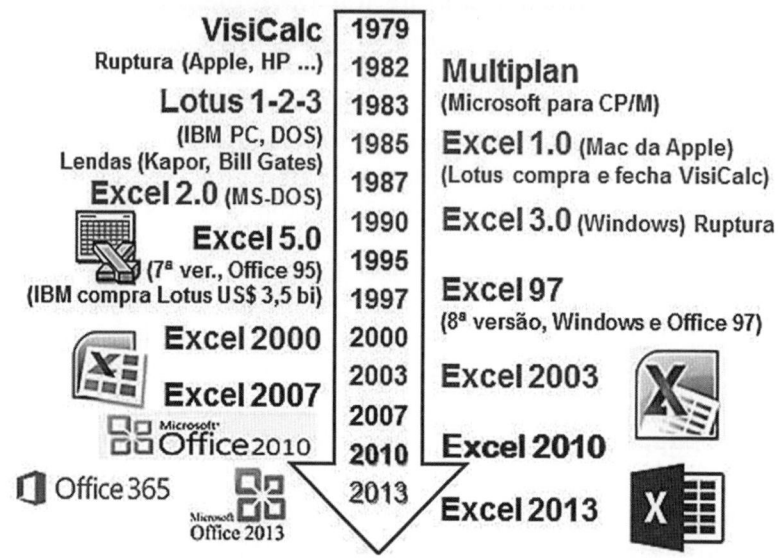

- **VisiCalc** — 1979
- Ruptura (Apple, HP ...) — 1982 — **Multiplan** (Microsoft para CP/M)
- **Lotus 1-2-3** (IBM PC, DOS) — 1983
- Lendas (Kapor, Bill Gates) — 1985 — **Excel 1.0** (Mac da Apple) (Lotus compra e fecha VisiCalc)
- **Excel 2.0** (MS-DOS) — 1987
- **Excel 5.0** — 1990 — **Excel 3.0** (Windows) Ruptura
- (7ª ver., Office 95) — 1995
- (IBM compra Lotus US$ 3,5 bi) — 1997 — **Excel 97** (8ª versão, Windows e Office 97)
- **Excel 2000** — 2000
- **Excel 2007** — 2003 — **Excel 2003**
- Microsoft Office 2010 — 2007
- Office 365 — 2010 — **Excel 2010**
- Microsoft Office 2013 — 2013 — **Excel 2013**

Uma síntese das fases, analisando as planilhas sem distinção dos 3 ciclos, teve 8 etapas:

1. **1978/80 – Fase de Introdução:** surge o VisiCalc e são introduzidas as primeiras linguagens de quarta geração, ainda um tanto incipientes;
2. **1980/82 – Fase de Desenvolvimento e Disseminação:** novos programas e aplicações – planilhas eletrônicas, processadores de texto, gerenciadores de bancos de dados, gráficos, entre outros. O uso dessas ferramentas começa a contagiar as empresas e as pessoas;
3. **1982/85 – Fase de Consagração:** nesse período, ocorre a consagração definitiva dos programas chamados *user-friendly*, que são softwares amigáveis de fácil utilização, nos quais praticamente toda a parte de gerenciamento dos recursos do hardware é realizada pelo programa, tornando os detalhes internos do sistema cada vez mais transparentes ao usuário. Surgem programas com uma interface com o usuário cada vez mais evoluída, agregando mais recursos e funções. Para confirmar e ampliar essa fase, surgem o PC (antes dele, os computadores usavam tecnologia rudimentar e não eram vistos como um instrumento de trabalho, mas como uma curiosidade, um *hobby*) e o Lotus (que, comparado ao VisiCalc, é mais ou menos como pôr, lado a lado, um avião comercial dos anos 1970 e o 14-Bis);
4. **1984/85 – Ponto de Ruptura – Início de um novo ciclo de evolução/revolução:** o ciclo do VisiCalc se encerra, e o padrão é assumido pelo Lotus. Como curiosidade, mencione-se que a VisiCorp, empresa que produzia o VisiCalc, foi comprada pela Lotus em 1985 e o pioneiro VisiCalc desapareceu completamente, seis anos após seu surgimento;
5. **1984/86 – Fase da Integração:** a evolução direciona-se para a integração, realizada em vários níveis, sendo mais frequente a integração de diversos ambientes num só programa. A Apple lança o Macintosh, com uma interface revolucionária, muito mais amigável para o usuário, que começa a delinear um novo ciclo de evolução/revolução;
6. **1986/92 – Fase de Amadurecimento:** com a crescente disseminação e contágio do uso dos micros e com a também crescente integração, surgem mais recursos, e a interface com o usuário torna-se cada vez mais amigável. Os fabricantes começam a preocupar-se com um maior balanceamento de recursos e da interface com o usuário.

Nessa fase, novos recursos começam a ser incorporados de forma mais madura, como a comunicação e as redes de micro. As planilhas tornam-se a ferramenta padrão para a construção de sistemas de apoio à decisão e modelos quantitativos. Novas versões são lançadas, surgindo outros produtos concorrentes, hoje extintos;

7. **1993/95 – Ponto de Ruptura – Início de um novo ciclo de evolução/revolução:** o ciclo do Lotus esgota-se e fica completo com o amadurecimento e a assimilação das cinco fases anteriores. Surgem o System 7 do Macintosh e o Windows, que estabelecem o novo ambiente e a filosofia de uso. O Excel para o Windows passa a ser o padrão dominante. Da mesma maneira que os dois ciclos anteriores, este do Excel também passou pelas fases já descritas e está atualmente na de amadurecimento, com participação de mais de 90% do mercado nacional e mundial, como veremos adiante no item sobre o mercado. Em resumo:

   1985/92 - Fase de Introdução

   1993/95 - Fase de Disseminação

   1995/97 - Fase da Consagração

   1997/201? - Fase de Amadurecimento

8. **201? – Ponto de Ruptura:** início de um novo ciclo de evolução/revolução!

12.4. O visual das planilhas

Existem várias ferramentas de produtividade centradas nos computadores — nas quantitativas, o Excel domina desde 1993. A planilha viabilizou uma nova abordagem que facilita e melhora a administração quantitativa; é uma poderosa ferramenta de apoio à decisão – hoje indispensável, responsável por mais de 90% da quantificação formal, mesmo com os recentes BI (Business Inteligence Software).

Visual das planilhas (VisiCalc, Lotus 123 e Excel)

A evolução visual inicia-se na figura acima, começando no primeiro quadro com o Visi-Calc, seguido do Lotus 123 para o DOS e depois com o Excel 97 e o 2007 para o Windows. Na figura a seguir de visuais atuais, temos o Excel do Mac da Apple, o Calc da OpenOrg (Software Livre ou aberto), o Excel 2010 e a última versão de planilha do Office, a 2013.

Visual de planilhas atuais

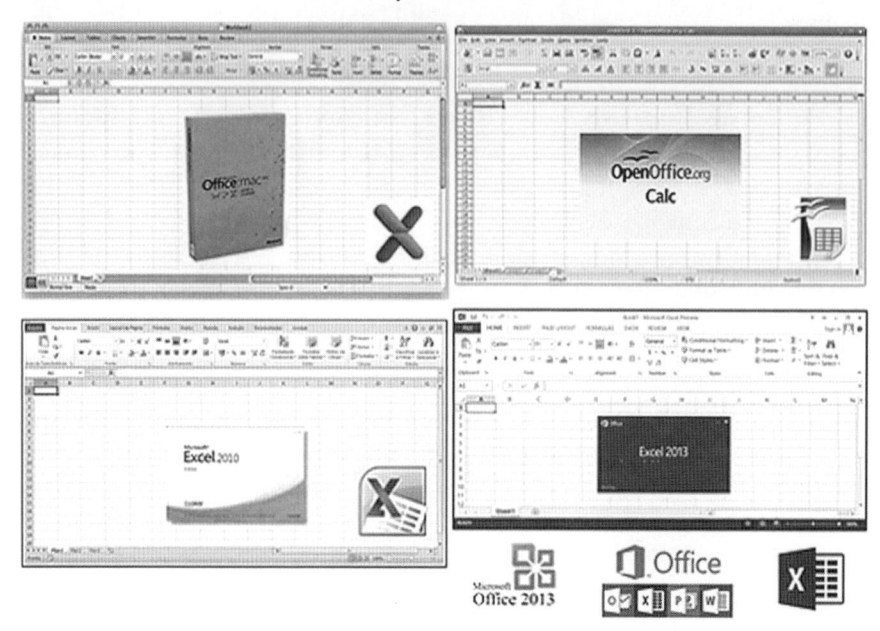

12.5. Um breve histórico — do VisiCalc ao Excel

Em meados de 1978, Daniel Bricklin, graduado no MIT e aluno do mestrado em Administração em Harvard, estava preocupado com as tarefas escolares que exigiam a montagem de planilhas para cálculos e análises. Verificando que uma parte significativa das tarefas tinha uma estrutura muito semelhante, a qual envolvia uma série de cálculos repetitivos, resolveu criar um programa que pudesse auxiliá-lo.

Na época, estavam começando a surgir os primeiros microcomputadores. Assim, ele desenvolveu, num Apple, em linguagem Basic (criada para a Apple por Bill Gates), um protótipo de uma "planilha eletrônica".

Em seguida, Bricklin mostrou o protótipo a um amigo e colega do laboratório de computação do MIT, Robert Frankston, na época consultor em computação, que passou a ajudá-lo a desenvolver uma nova versão mais operacional. O terceiro personagem dessa história é Dan Fylstra, também de Harvard, que combina, ainda em 1978, comercializar o produto por meio da sua recém-criada empresa, a Personal Software Inc.

No início de 1979, Bricklin e Frankston criam a Software Arts Inc. e um nome para o produto que estão desenvolvendo: **VisiCalc** — VISIble CALCulator. Em meados de 1979, a Personal Software muda-se de Massachusetts para o Vale do Silício, na Califórnia, e o VisiCalc é mostrado para o público. Em outubro de 1979 são comercializadas as primeiras cópias do VisiCalc para o Apple II.

O surgimento do VisiCalc é, sem dúvida, um dos marcos mais importantes na história dos micros. Talvez até tenha sido coincidência, mas o uso dos micros explodiu. Afinal, eles agora contavam com um sistema operacional, uma linguagem de programação de terceira geração (Basic, da Microsoft) e uma revolucionária ferramenta de quarta geração (VisiCalc, da VisiCorp / Software Arts).

A filosofia de utilização do VisiCalc lançou as bases da tendência moderna de software: tanto quanto possível, o modo de usar o computador deve aproximar-se ao máximo das aplicações e da forma de agir das pessoas.

Hoje, centenas de linguagens de quarta geração, chamadas "amigáveis ao usuário" *(user friendly)*, estão disponíveis para uma infinidade de aplicações.

12. Uso, evolução e tendências das planilhas

Dan Bricklin, Bob Frankston e Dan Fylstra (1979) – Michel Kapor (1983)

As versões iniciais do VisiCalc só eram compatíveis com os micros da Apple. O grande sucesso das duas empresas se confundiu. Afirma-se que, se não fosse o VisiCalc, a Apple não teria vendido tantos micros, principalmente enquanto o programa só era disponível para os seus modelos. Outros dizem que o VisiCalc não seria o que foi se não fosse o Apple.

Em 1980, o VisiCalc fica disponível para outros micros de sucesso na época, como o Commodore, HP, Atari e TRS, e, em maio de 1981, atinge 100.000 cópias, o mais vendido programa até aquela data. A Personal Software, que continuava comercializando o produto da Software Arts, muda de nome para **VisiCorp**, em fevereiro de 1982. No início de 1983, suas vendas já ultrapassavam 500.000 e ele continuava a ser o software mais vendido.

Dois outros programas pioneiros ajudaram a consolidar as bases do conceito de quarta geração. O WordStar, da MicroPro, foi o primeiro Processador de Texto – utilizado, por sinal, junto com o VisiCalc, até 1985, para produzir os primeiros documentos que deram origem a este texto. O outro grande impulsionador do uso dos micros foi o dBase II, da Ashton-Tate – um sistema gerenciador de bancos de dados com uma linguagem de consulta.

A VisiCorp passou a comercializar versões bem mais sofisticadas, além de uma série de programas que adicionavam ao VisiCalc a capacidade de realizar análises estatísticas, traçar gráficos, armazenar informações etc. A família Visi: VisiTrend (para fazer estatísticas simples), VisiPlot (para fazer gráficos – na verdade, linhas de evolução desenhadas com asteriscos), VisiGraph (também voltado a gráficos rudimentares), VisiFile (gerenciador de arquivos) e outros que deram origem à família com interface gráfica: Visi On, de 1982.

Em 1981, o então programador chefe da VisiCorp, Mitch Kapor *(foto acima),* saiu e recebeu US$ 1 milhão pelos direitos dos programas. É preciso ter uma perspectiva correta das coisas. Em 1981, US$ 1 milhão valiam muito mais do que hoje. É difícil estabelecer uma correspondência exata, mesmo porque os preços relativos se modificam ao longo do tempo. Uma aproximação razoável seria dizer que esse valor equivaleria, em 2011, a mais de R$ 16 milhões. Com o dinheiro recebido, Mitch Kapor criou a Lotus Development Corporation. Em outubro de 1982, anunciou o Lotus 1-2-3, que foi lançado em janeiro de 1983.

A IBM, que demorou a entrar nesse mercado, resolveu lançar o *PC – Personal Computer* com um antigo microprocessador Intel 8088 de 8/16 bits. Novas oportunidades surgiram, e, de certa forma, a história se repetiu: precisava-se rapidamente de um novo Sistema Operacional e de uma nova Planilha Eletrônica que explorasse os novos recursos; a linguagem de terceira geração não era tão importante e ficaria o Basic da Microsoft.

A lenda parcialmente verdadeira é que, em determinado dia, a IBM, a maior empresa do setor, teria chamado pela manhã para uma reunião Mitch Kapor, para encomendar a planilha para o PC, tendo fechado o negócio por outro milhão de dólares.

À tarde, quem foi convidado para a reunião seguinte foi Paul Allen, que, a caminho do encontro, foi abordado por seu aluno em Harvard, Bill Gates, com algumas perguntas. Paul disse que tinha uma reunião que poderia interessar a Bill e o convidou para irem juntos.

Na reunião, a IBM perguntou se Paul desenvolveria o Sistema Operacional para o PC. Olhando para Bill, ele disse que sim. A IBM teria oferecido outro milhão e Bill recusou, pedindo um valor por cópia. Para a época, essa recusa de um valor fixo em troca de um valor por cópia era inimaginável.

Ao sair da reunião, Paul reprimiu Bill, mas aceitou a negociação e perguntou: "Como vamos entregar, em meses, um programa tão complexo e que não temos?". A resposta foi dada por Bill, que viajou para a Califórnia e comprou, em segredo, um produto (QDOS, inspirado no CP/M) por 50.000 dólares (alguns o chamam do negócio do século). Ele modificou-o um pouco para entregar a IBM o que viria a ser o MS-DOS, um grande impulso para a Microsoft (Paul Allen é até hoje acionista, mas não atua na Microsoft devido a problemas de saúde).

Bill Gates e Paul Allen (1980) — Steve Jobs e Bill Gates (2008)

Em suma, nesse dia, teriam plantado duas sementes que germinaram e cresceram muito: Microsoft e Lotus. Assim, para o PC, o Sistema Operacional foi licenciado da Microsoft, o MS-DOS (Microsoft - Disk Operating System), não por acaso muito parecido com o CP/M. A Planilha foi o Lotus 1-2-3.

A lenda é parcialmente verdadeira, porque mistura datas e omite alguns fatos. A IBM tentou licenciar o CP/M para o lançamento do primeiro PC, em 1980, e não conseguiu. Só então procurou a Microsoft, que já existia desde 1975, e fechou o negócio descrito acima. Mas Gates já era o presidente da Microsoft e Allen, seu sócio. O PC de 1980 veio com o VisiCalc. A reunião com Kapor foi mais tarde, para o PC-AT.

Ironicamente, em 1985, a Lotus comprou a VisiCorp e a fechou, antes de ela completar 6 anos. O VisiCalc já tinha vendido oficialmente mais de 750.000 cópias. É curioso que isso tenha ocorrido no mesmo ano em que Steve Jobs e Steve Wozniak, os dois fundadores da Apple, deixaram a empresa pela primeira vez. Kapor também veio a deixar a Lotus um ano mais tarde, no final de 1986.

Assim, o padrão passou a ser o Lotus 1-2-3. Na época, Lotus era sinônimo de planilha eletrônica. Como já vimos no início do capítulo, esse ciclo também terminou em 1993.

Outra grande ironia: em 1995, a IBM compra a Lotus por 3,5 bilhões de dólares. Nessa época, a Lotus só tinha um produto de sucesso, o Lotus Notes (a planilha Lotus 1-2-3 estava desaparecendo devido ao Excel), e uma imagem muito negativa devido à política de preços muito altos e de licenciamento sem desconto para quantidade.

Wozniak e Jobs, com a placa mãe do Apple II em 1978

O Lotus 1-2-3 é essencialmente um programa de processamento de planilhas eletrônicas, também chamado de folha de cálculo, folha eletrônica, *worksheet* ou *spreadsheet*. Naturalmente, ofereceu, a cada nova versão, mais recursos de planilha, integrados com um conjunto balanceado de recursos para gráficos e gerenciamento de dados.

Por esse motivo, o nome 1-2-3 ou simplesmente **123** (lê-se: um dois três), **1** de **planilha**, **2** de **gráficos** e **3** de **gerenciamento de dados**.

O início desse ciclo coincide com o início do uso do microcomputador em empresas. Antes, existia uma forte resistência à sua utilização para aplicações que não fossem de lazer, jogos ou usos com a conotação de uma calculadora programável sofisticada. Com as planilhas, começou a ser viável o uso dos micros em aplicações administrativas, principalmente em situações nas quais os grandes equipamentos não eram aplicados: simulações, suporte às decisões, uso por não especialistas etc. Alguns fatores que demonstram as mudanças ocorridas com o software estão relacionados a algumas evidências:

- Só após a introdução das planilhas é que as empresas em geral começaram a perceber e considerar seriamente a utilidade de trazer um micro para o escritório;
- Muitos usuários, dentro de empresas, não conseguem justificar a compra de um micro se não incluírem nos benefícios os ganhos que uma planilha seria capaz de promover;
- O verdadeiro valor do programa é descoberto quando se verifica que é muito mais fácil e rápido usar o micro do que os tradicionais lápis, papel, borracha e calculadora;
- Em poucas horas, usuários que nunca viram um micro já estão usando planilhas;
- O programa é feito para pessoas que não são programadores;
- Criar um modelo de planejamento integrando dados e cálculos, sendo executados imediatamente na tela do micro, simplifica muito o processo.

O segredo da explosão dos micros está no software. Só para ter uma ideia, já existiam nessa época milhares de programas para os PC-compatíveis. Em 1993, são milhares de opções, mesmo sem considerar todas as opções internacionais que, teoricamente, com o fim da "Reserva de Mercado de Informática", estariam disponíveis.

A evolução do software e da forma de usar os sistemas não estaria completa sem se falar do conceito que existe por trás do Macintosh, da Apple. Um conceito "inspirado fortemente" no Smalltalk da Xerox e que se preocupa ao extremo com a interface homem-máquina orientada para o objetivo de produzir uma estação de trabalho muito fácil de ser usada, com todos os recursos necessários para tornar-se uma ferramenta poderosa.

Um conceito que usa: mouse, ícones, janelas e recursos gráficos – ou seja, um padrão gráfico de interface homem-máquina ou, mais genericamente, GUI – *Graphical User Interface*. Uma estratégia que obriga todos os programas desenvolvidos para esse ambiente operacional a seguirem rigidamente um padrão estabelecido. O resultado dessa estratégia é uma consistência que permite, a quem aprende, saber usar grande parte de todos os outros programas disponíveis para esse ambiente. Em suma, um conceito que indica a direção e a tendência dos novos sistemas.

O ciclo do VisiCalc durou seis anos (1979/85). A liderança do Lotus durou oito anos (1986/1993). A do Excel já passou dos 18 anos. Durante esse período, ampliou e amplificou a dimensão dos impactos já provocados pelo VisiCalc e pelo Lotus.

Em determinadas áreas nas empresas e em alguns casos, mais do que a língua nativa, fala-se "Exelês": milhões de pessoas "falam a linguagem da planilha eletrônica" para se comunicar quando o assunto é, por exemplo, finanças, estatística ou outro quantitativo.

A indústria de informática está na sua fase quase adulta. A indústria de software começou há menos de 50 anos; os micros, há pouco mais de 30.

Os futurólogos são unânimes ao afirmar que só vimos a ponta de um *iceberg*. Impactos e eventos significativos ainda estão por vir. Aguardem por rupturas!

Quando o Excel deixará de ser o padrão para planilhas e um dos softwares mais vendidos? Quem será o seu sucessor? Qual será o novo ambiente operacional padrão para o novo padrão de computadores emergindo?

Difícil prever quando: ruptura não é previsível por definição. Mesmo assim, essas perguntas são inexoráveis.

12.6. Mercado brasileiro de planilhas

Em 1984 as principais planilhas para os micros de 8 bits disponíveis no Brasil eram: VisiCalc, SuperVisiCalc, Microcálculo, Multiplan, Calctec e SuperCalc.

Em 1993, tivemos três episódios fundamentais nessa disputa. Termina a Reserva de Mercado de Informática no Brasil e em poucos anos as participações dos produtos de software convergem para valores próximos aos do mercado mundial. A interface gráfica do Windows começa a decolar e até hoje domina totalmente o mercado. O Excel passa o Lotus na base instalada no Brasil e internacionalmente.

Em 1992 as quatro planilhas mais vendidas foram: Lotus 1-2-3, Quattro, Excel e SuperCalc (suas participações no mercado estão no próximo diagrama, retirado da edição de 1994 da referência número 1 relacionada no último item do capítulo). Além das quatro principais, vale listar outras que foram oferecidas no mercado nacional, algumas por força da reserva e várias praticamente gêmeas do 123 — nessa época, novas versões eram oferecidas em intervalos menores do que um ano. Naquele ano, a Lotus, com 65%, continuava dominando o mercado (ainda na sua maioria no ambiente DOS), apesar de estar perdendo mercado, pois já teve mais de 75% da base instalada em 1991.

Planilhas no Brasil em 1992

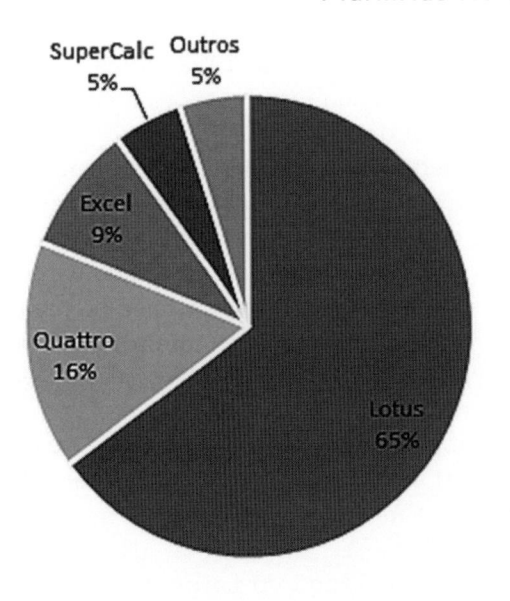

- SuperCalc 5%
- Outros 5%
- Excel 9%
- Quattro 16%
- Lotus 65%

BestCalc da Wild West
CalcStar da MicroPro
Calctec da Itautec / SSD
Excel da Microsoft
Lotus 1-2-3 da Lotus
Microcálculo da Microarte
MicroFCS da Execplan
Multiplan da Microsoft
Quattro da Borland
Samba da PC-Software
SuperCalc da CA
VP-Planner da Paperback Software
Integrados com planilhas:
Symphony da Lotus hoje IBM Lotus
Framework da Borland,
Open Access da SPI
Works da Microsoft
Br/Open/Star Office

Planilha eletrônica (total ativo nas empresas – 2013/2014)

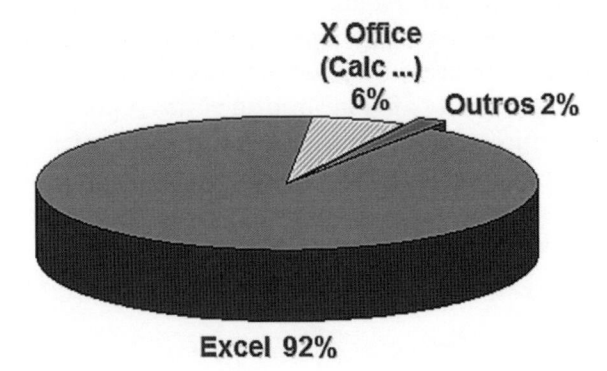

- X Office (Calc ...) 6%
- Outros 2%
- Excel 92%

12. Uso, evolução e tendências das planilhas

Existem no mercado dois tipos de programas que ofereceram planilhas: os denominados integrados e as planilhas propriamente ditas. No início, os integrados não comercializavam a planilha ou outro aplicativo separadamente. A lista anterior mostra os quatro pioneiros. Note o Symphony, que tinha embutido o Lotus 1-2-3, e o Works, comercializado até hoje. Atualmente, o conceito é de pacote (*productivity suíte*) — pode-se comprar o aplicativo separadamente, mas dificilmente vale a pena, pois o preço do pacote é normalmente um pouco maior que 2 programas separados. O pacote que domina o mercado nacional e mundial atual é o Office (acima de 90%), que contém o aplicativo Excel.

Na figura ao lado temos como estava o uso de planilhas em 2013 no Brasil e, na seguinte, a evolução dessa participação e suas tendências. Em seguida, como está distribuído o uso dos computadores nas empresas. Veja que Planilha Eletrônica só perde para navegador e correio eletrônico.

Os dados são da 24ª Pesquisa Anual do GVcia, vide referências no final do capítulo.

Nela é possível ver o final do ciclo do Lotus e o crescimento dos aqui chamados X Office, que reúnem as planilhas de vários softwares livres ou abertos (alguns voltados para o Linux), como: OpenOffice, BrOffice, StarOffice. Na rubrica Outros, temos vários produtos. Alguns significativos são: Office:mac, Google Docs, wikiCalc, escrito por Dan Bricklin, e a nova categoria de aplicativos voltados para a web.

Evolução e tendências (planilha eletrônica)

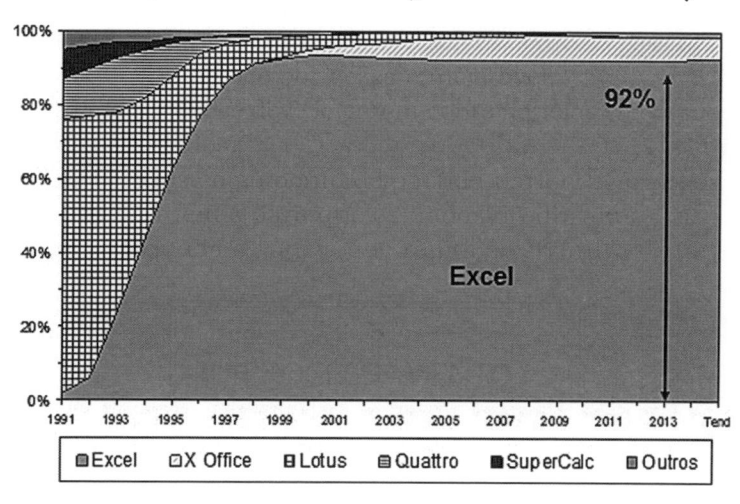

Software é fator crítico chave
Uso nas empresas brasileiras (programa para usuário final)

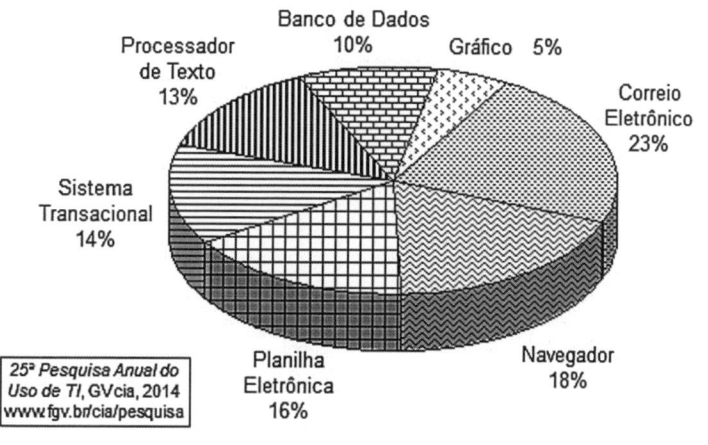

12.7. Referências – Meirelles, F.

1. Pesquisa Anual de Uso de TI – Tecnologia de Informação, GVcia – Centro de Tecnologia de Informação Aplicada da FGV-EAESP, 25ª edição, 2014 (www.fgv.br/pesquisa)
2. Visão de futuro da Tecnologia Bancária no Brasil, coautores: Fonseca, C. E., Diniz, E. e Roxo, G, RAE-FGV / Ciab Febraban, 2011
3. Tecnologia Bancária no Brasil – uma história de conquistas, uma visão de futuro, coautores: Fonseca, C. E. e Diniz, E., RAE-FGV, 1ª edição, 2010 (www.fgv.br/cia/tecban)
4. Informática: Novas Aplicações com Microcomputadores – Makron / McGraw-Hill / Pearson, São Paulo, 2ª edição, 1994 e 36ª reimpressão, 2010
5. CIOs avaliam necessidade de migração para o Windows 7. ComputerWorld, 8/2009
6. Gestores de TI analisam migração para o Windows 7. CIO Online, 8/2009
7. Windows mantém liderança do mercado corporativo no Brasil há 13 anos. IT News, 5/2009
8. Use a rede para pegar planilhas eletrônicas. Folha de S. Paulo, 09/04/2003
9. Como uma onda no mar. Revista Exame, 9/2001
10. O Impacto da Tecnologia no Mundo Corporativo. Revista Exame, 10/2000
11. A informática brasileira dez anos depois. Revista Veja, 3/1999
12. PC nas empresas. Revista Época, 7/1998
13. O Administrador × o Microcomputador. Revista RAE Light, FGV, p. 12-15, 4/1994
14. Nada será como antes na empresa: Softwares de apoio à decisão podem tornar o executivo mais criativo. Revista Informática Exame, Editora Abril, p. 106, 11/1992
15. Interface Gráfica: A migração de ambiente é uma necessidade urgente? Revista PC Mundo, ComputerWorld, p. 32-35, 9/1991
16. Modelos Quantitativos: Nova Abordagem Usando Planilhas Eletrônicas. In: Série Textos Didáticos. FGV- EAESP-NPP, 1ª ed., 1991
17. Introdução ao Micro: Usando o Lotus 1-2-3, GVcia, 1991
18. Aplicações com o Lotus 1-2-3. In: O Microcomputador na Gestão Financeira. INA – Instituto Nacional de Administração, 6ª ed., Lisboa, 1990
19. Como a Informática pode ser uma Ferramenta Produtiva. GV Executivo, RAE-FGV, 6/1990
20. Microinformática: Desenvolvimento de Aplicações com Lotus. EMC, 12ª edição, 1988
21. O Microcomputador na Gestão Financeira – Aplicações com o Lotus. EMC, 1987
22. Planilhas: A corrida para a atualização. Informática Hoje, 11/1986
23. Integrados ou Integradores – Como escolher a solução adequada? Informática Hoje, 7/1986
24. O Micro e as Profissões. Revista Exame Informática, 5/1986
25. Os Sabores e as Opções. Revista Exame Informática – Guia do Micro, Editora Abril, 4/1986
26. Lotus 1-2-3 e Artigos Selecionados – Q-1002, IMQ da EAESP-FGV, 1986
27. Informática a Serviço do Executivo, Economista e Administrador Financeiro In: XVIII Congresso Nacional de Informática – Sucesu-SP, 1985
28. Lotus 1-2-3; Multiplan; SuperCalc. Enciclopédia de Informática, Editora Abril, 1984
29. A Evolução das Planilhas Eletrônicas. Revista Bits, 4/1984
30. Escolha sua Planilha Eletrônica. Revista Bits, 11/1983

13.

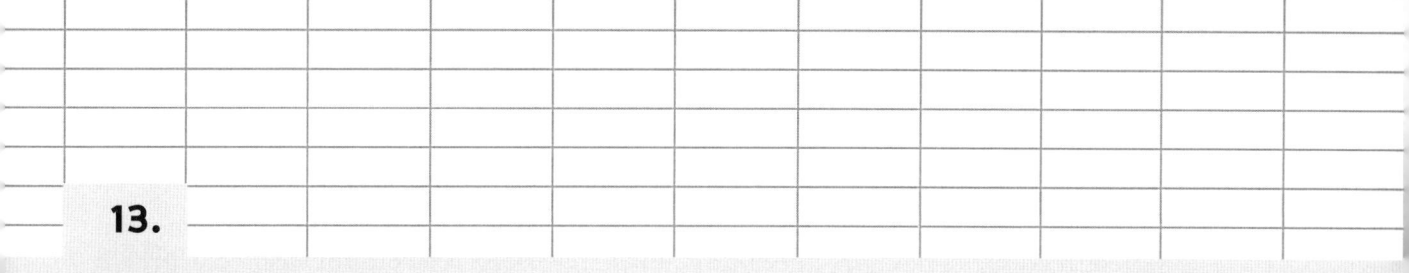

Exercícios propostos

13.1. Lancaster

O objetivo deste exercício relativamente simples é relembrar conceitos básicos de fórmulas já vistos. Abra a pasta de trabalho **13_01Lancaster**. Nela estão os dados do exercício.

	A	B	C	D	E	F	G	H	I
1	Lancaster								
2	Produtos	Qtde. Produzida	Preço	Receita	Custo unitário variavel	Custo Variável	Custo Fixo	Custo Total	Lucro
3	Camisa Manga Curta	1000	20		0,78		12000		
4	Camiseta	5525	5,5		0,5		3200		
5	Regata	834	4,5		0,4		2000		
6	Calça	2817	30		0,32		21000		
7	Bermuda	1738	15		0,045		8500		
8	Colete	534	13		0,68		10000		
9	Polo	1500	14,5		0,58		13000		
10	Short	2701	10,5		0,98		9900		
11	Jaqueta	634	50		0,369		9500		
12	Camisa Manga Longa	1500	21		0,54		12300		
13	Boné	615	15,5		0,98		5600		
14	Total								

Calcule os valores em branco na área **A2:I14** e melhore a apresentação com os recursos de formatação. Faça um gráfico com a participação no lucro de cada produto.

13.2. Eden Store

O objetivo deste exercício é relembrar funções já vistas no Excel, como Funções Matemáticas e Lógicas, Fórmulas e Impressão. Abra a pasta de trabalho **13_02Eden**.

	A	B	C	D	E
1			Eden Store		
2					
3	Controle de Vendas das Filiais			Data de hoje:	
4					
5	Ano 2010	Jan	Fev	Mar	Total
6	Filial 1	228.767,00			
7	Filial 2	260.658,00			
8	Filial 3	332.553,00			
9	TOTAL				
10	1º TRIM %				
11					
12					
13	Média dos Meses				
14	Máximo Valor				
15	Mínimo Valor				

Na célula onde está sendo solicitada a data de hoje, utilize a função que retorna a data do dia e deixe-a no formato março-01.

Os aumentos para o mês de fevereiro são calculados da seguinte forma:
- Se a soma dos valores vendidos pelas filiais no mês de janeiro for maior que 800.000, o aumento de fevereiro será de 2,49% em relação a janeiro. Caso contrário, o aumento será de 0,87% em relação a janeiro.

Os aumentos para o mês de março são calculados da seguinte forma:
- Se a média dos valores vendidos pelas filiais no mês de fevereiro for não inferior a 300.000, o aumento de março será de 8,95% em relação a fevereiro; caso contrário, o aumento será de 4,55% em relação a fevereiro.

Pede-se:
1. Calcular os totais indicados. Formate a planilha para exibir os valores em reais, com duas casas decimais;
2. Calcular a porcentagem de cada mês em relação ao total do trimestre de todas as filiais. Formate para apresentar a porcentagem com símbolo %, com duas casas decimais;
3. Calcular a média, o maior e o menor valor para cada uma das filiais nos três meses, nas linha 13, 14 e 15, respectivamente;
4. Criar um gráfico de cilindro, subtipo 7. Utilize os dados das células **A5:E9**;
5. Colocar como título controle de vendas. Títulos nos eixos (X), (Y), (Z), respectivamente: meses, filiais e valores. Não incluir legenda;
6. Exibir tabela de dados anexados ao gráfico. Colocar o gráfico em uma nova planilha;
7. Colocar o gráfico com X 40° Y 20° e perspectiva 40°;

13.3. Call Center

O objetivo deste exercício é relembrar funções já vistas no Excel, como Funções Matemáticas e Lógicas. Abra a pasta de trabalho **13_03CallCenter**.

Observe o tamanho do banco de dados: são mais de 600 registros. Classifique em ordem ascendente pela UF (Unidade Federativa).

Defina a fórmula em **E2**, sabendo-se que:
- Se o serviço foi prestado no estado de São Paulo, o valor é de R$ 45
- Se foi prestado no estado do Rio de Janeiro, o valor é de R$ 50
- Se foi prestado em Minas Gerais, o valor cobrado foi de R$ 35
- Se prestado no Espírito Santo, o valor cobrado foi de R$ 27
- Se foi prestado no Amazonas, o valor cobrado foi de R$ 255

Copie a fórmula definida em **E2** para o intervalo de **E3** até **E667**.

Calcule a média dos valores dos serviços prestados.

13.4. Club Panamá

O objetivo deste exercício é relembrar funções já vistas no Excel, como funções matemáticas e lógicas, fórmulas, inserir gráficos e impressão. Abra a pasta de trabalho **13_04Panama**.

13. Exercícios propostos

	A	B	C	D	E	F	G	H	I
1				**Club Panamá**					
3				Data Atual:					
5		Matrícula	Sócio	Cargo	Empresa	Valor Mensalidade	Vencimento	Nº de Dias em Atraso	Situação do Sócio	Total Devido
6	10	Nicole	Office boy	Serviços	R$ 41,00	02/04/11			
7	11	Priscila	Faxineira	Serviços	R$ 316,00	30/08/10			
8	12	Ana Carolina	Modelista	Benjamin Distribuidora	R$ 133,00	18/03/11			
9	13	Ana Paula	Costureira	DKS Marketing	R$ 489,00	31/03/11			
10	14	Michel	Vendedor	Vendas	R$ 292,00	01/11/10			
11	15	Pedro	Vendedor	Vendas	R$ 284,00	04/12/10			
12	16	Alexandre	Empacotador	Benjamin Distribuidora	R$ 340,00	31/12/10			
13	17	Renato	Contador	Contabilidade	R$ 338,00	26/08/10			
14	18	João	Copeiro	Serviços	R$ 267,00	07/12/10			
15	19	Laís	Costureira	Produção	R$ 331,00	04/02/11			
16	20	Antônio Carlos	Gerente loja	Eletronica Hiroshi	R$ 399,00	20/08/10			
17	21	Patrícia	Caixa	Vendas	R$ 413,00	31/01/11			

> As datas localizadas na coluna F (vencimento) são voláteis, ou seja, mudam automaticamente quando se faz um calculo. Isso para manter o exercício sempre atualizado, em função da data em que se trabalha com a planilha.

Coloque na célula **E3** a fórmula que retorna a data de hoje.

Na coluna **G**, você deverá calcular o número de dias de atraso do pagamento da mensalidade do sócio, em relação à data de hoje (célula **E3**). Utilize uma função Se para que apenas sejam apresentadas nesta coluna as mensalidades vencidas. Se o número de dias não for um número positivo, a célula deverá ficar em branco.

Na coluna Situação (**H**) você colocará três mensagens diferentes: Vencido, A Vencer e Vence Hoje, comparando a data do Vencimento com a Data Atual, já apresentada na célula **E3**. Copie essa fórmula para toda a coluna.

A coluna I - Total Devido deverá ser calculada da seguinte forma:
- Apresentará o valor a ser pago, acrescido de uma multa de 10% sobre o valor, e também dos juros pelo atraso, que serão de 6%, ou então a mensagem Contato Urgente para os títulos vencidos há mais de 150 dias.

Se o título ainda não tiver vencido, a coluna Total Devido deverá conter apenas o valor original da mensalidade.

Visualize ou imprima com e sem fórmulas.

13.5. Bônus

O objetivo deste exercício é relembrar funções já vistas no Excel, como Funções Matemáticas e Lógicas, Formatação personalizada de células e Impressão. Abra a pasta de trabalho **13_05Bonus**, selecione a planilha **2014** e veja ao lado o conteúdo das células de **A1** até **B5** na planilha 2014. Selecione a planilha Base e em seguida, selecione a planilha Vendas, ambas mostradas a seguir.

	A	B
1	**Vendedor**	**Bônus em 2013**
2	João	Sim
3	Karine	Sim
4	Tadeu	Não
5	Vera	Sim

	A	B
1	**Vendedor**	**Salário Base**
2	João	R$ 1.200,00
3	Karine	R$ 1.300,00
4	Tadeu	R$ 1.400,00
5	Vera	R$ 1.340,00

	A	B
1	**Vendedor**	**Vendas**
2	João	R$ 320.000,00
3	Karine	R$ 255.600,00
4	Tadeu	R$ 145.900,00
5	Vera	R$ 265.200,00

	A	B	C	D	E
1	**Vendedor**	**Salário Final**			
2	João			Bonus1	0,15%
3	Karine			Bonus2	0,12%
4	Tadeu			Bonus3	R$ 800,00
5	Vera				

Insira uma nova planilha e mude seu nome para Final. Vincule as células de **A1:A4** da planilha 2011. Defina o conteúdo da célula **B1** como Salário Final, como na ao lado.

Defina em **B2** a fórmula necessária para calcular o salário final dos vendedores, sabendo-se que:

- o vendedor que tiver o maior volume de vendas em R$ receberá salário base mais 0,15% de comissão sobre as vendas efetuadas;
- o vendedor que recebeu Bônus em 2013 terá um prêmio extra de R$ 800,00;
- os demais casos serão calculados da seguinte forma: salário base mais 0,12% de comissão sobre as vendas efetuadas;
- a fórmula definida em **B2** deverá ser "arrastada" / "copiada" para as células **B3** e **B5**; alterações nas planilhas 2014, Base e Vendas deverão ser refletidas na Final.

> Todas as informações acima não poderão fazer referências a endereços de células fora do intervalo de A1: B4 das planilhas 2014, Base, Vendas e Final.
> Não ponha nenhum número em fórmulas. Bônus, limites, percentuais etc. deverão estar em células específicas e nomeadas.

Após finalizar essa parte do exercício, você deverá montar um Gráfico, da seguinte forma:

1. Selecionar as colunas **A** e **B**. Escolher o gráfico tipo Pizza 3D, Layout 5. Colocar como título: Salário Final. Não incluir Legenda. Incluir Rótulo de dados e porcentagem;
2. Formatar o gráfico com Y em 25° e X em 30°;
3. Caso você tenha inserido o gráfico como nova planilha, traga-o para a mesma planilha onde estão os seus dados, pois você deverá imprimi-los em uma única página. O gráfico deverá estar num tamanho que possibilite observar todos os dados. Cuidado com esse detalhe!

13.6. Motors

O objetivo deste exercício é exercitar funções do Excel como Formatação, Fórmulas com endereços absolutos e relativos, Função se e Gráfico. Abra a pasta de trabalho **13_06Motors** e selecione a planilha **Carros**.

13_06Motors - Microsoft Excel

	A	B	C	D	E	F
1			**Distribuidora Motors**			
2			*Cálculo de Lucro Líquido*			
3	MODELOS	VALOR DE COMPRA	VALOR DE VENDA	VALOR DA COMISSÃO	TOTAL DE DESPESAS	LUCRO LÍQUIDO
4	GOL GLi 1.8		R$ 16.995,00			
5	CORSA Gli 1.8		R$ 17.000,00			
6	TWINGO EASY		R$ 13.000,00			
7	CORSA WIND 1.0		R$ 9.000,00			
8	HONDA CIVIC SEDAN EX		R$ 43.000,00			
9	VECTRA GLS 2.0		R$ 28.000,00			
10	VERSAILLES 2.0i GL 4P		R$ 24.000,00			
11	RENAULT 19 RT		R$ 25.000,00			
12	CORVETTE CABRIO		R$ 130.000,00			
13	AUDI A4 1.8		R$ 61.000,00			
14	BLAZER DLX 4p		R$ 31.000,00			
15	TOTAL					
16	MÉDIA					

Preencha a planilha da seguinte forma:
Na coluna **B**: o Valor de Compra equivale a 70% do Valor da Venda.
Na coluna **D**: cálculo da comissão:

- A comissão será de 5,8% do Valor da Venda, se o valor vendido do carro for maior que o valor da média da venda de todos os carros;
- Caso contrário, a comissão será de 2,5% do valor da venda do veículo.

Total das Despesas (coluna E) é a soma do Valor da Compra com o Valor da Comissão.
O Lucro Líquido (coluna **F**) é o Valor da Venda menos o Total das Despesas.
Preencha as linhas de Total e Média.
Após finalizada esta primeira parte do exercício, montar um Gráfico:

1. Selecionar apenas as colunas **A**, **B** e **F** (a partir da linha **6** até a linha **17**);
2. Escolher o gráfico tipo Colunas 3D;
3. Colocar como título: Distribuidora de Carros Motors. Não incluir Legenda;
4. Após concluir o gráfico, modificar a posição da sequência Lucro Líquido, que deverá ficar na frente da sequência Valor de Compra;
5. Formatar o gráfico de tal forma que o eixo X fique em 30° e o Y em 50°.
6. Caso você tenha inserido o gráfico como nova planilha, traga-o para a mesma planilha onde estão os seus dados, pois você deverá imprimi-los em uma única página. O gráfico deverá estar num tamanho que possibilite observar todos os dados. Cuidado com esse detalhe!

Imprima a planilha e o gráfico em uma única página.

13.7. Comissões

O objetivo deste exercício é exercitar funções do Excel como vínculos entre planilhas e função se. Abra a pasta de trabalho **13_07Comissoes** e selecione a planilha Vendedores.

	A	B	C
1	Vendedor	Salário Base	Valor das Vendas
2	Alexandre Chuba	R$1.000,00	R$9.691,93
3	Andre Yedid	R$1.200,00	R$6.298,69
4	Conrado Nakata	R$1.300,00	R$1.571,53
5	Erika Akemi Thinen	R$1.000,00	R$6.072,23
6	Fabiano Marques Milani	R$1.150,00	R$7.463,09
7	Fabio Andre Wohnrath	R$1.250,00	R$7.150,43
8	Fabio Freire da Costa	R$1.300,00	R$6.447,48
9	Fabio Luis Ribeiro	R$1.000,00	R$2.806,72
10	Fabio Spartano Romano	R$1.000,00	R$6.954,70

Você utilizará esta planilha para vincular dados com a planilha Salário Final, por meio dos dados Salário Base e Valor Vendido. Selecione a guia Salário Final. Nesta planilha, você calculará o Salário Final de cada um dos Vendedores.

O Salário Final será calculado da seguinte forma (utilize o recurso vínculo entre planilhas):

- Se as vendas do vendedor (na planilha Vendedores) forem maiores do que a Média das Vendas de todos os vendedores, ele receberá uma comissão de 2,85% sobre o Valor Vendido, a ser acrescida ao seu Salário Base (valor que está na planilha Vendedores);
- Caso contrário, não haverá comissão alguma: ele só receberá o Salário Base.

Visualize ou Imprima a planilha com e sem fórmulas, conforme a configuração sugerida na planilha deste Exercício (13_07Comissoes).

13.8. Panamericana

O objetivo deste exercício é exercitar funções SE do Excel Abra a pasta de trabalho **13_08Panamericana**.

Na coluna **F** deverá ser calculado o desconto que será dado sobre o valor da passagem.

Esse desconto será de 10% se o voo partir de Guarulhos e de 5% se o voo partir de Congonhas. O local de partida está na coluna **C** da planilha.

Na coluna G, calcular o preço a ser pago, que será igual ao preço da passagem (coluna **E**) menos o valor do desconto (coluna **F**).

Calculado o preço a ser pago, ache o tipo de refeição na coluna H, sabendo que: se o valor final a ser pago (coluna G) for:

	A	B	C	D	E
1		Linhas Aéreas Panamericanas			
2					
3	Nome do Passageiro	Hora da Partida	Aeroporto de Partida	Aeroporto de Destino	Preço da Passagem
4	Adriana Spazzin	23:25	Congonhas	Santos Dumont	R$ 298,00
5	Carlos Rodrigues	15:45	Congonhas	Manaus	R$ 898,00
6	Henrico Chaves	05:30	Guarulhos	Curitiba	R$ 215,00
7	Jair Noti	20:30	Guarulhos	Campo Grande	R$ 275,63
8	Marcela Trotti	19:00	Congonhas	Confins	R$ 432,00
9	Márcio Antonio	15:00	Congonhas	Santos Dumont	R$ 335,00
10	Martin Fonseca	13:00	Guarulhos	Vitória	R$ 278,65
11	Patrícia Dias	07:50	Guarulhos	Brasília	R$ 450,35
12	Paulo Sabrossa	07:00	Guarulhos	Galeão	R$ 230,00
13	Sabrina Gregi	09:50	Congonhas	Salvador	R$ 509,00
14	Tatiana Issim	16:00	Guarulhos	Cancun	R$ 1.035,15
15	Victoria Zisck	09:15	Guarulhos	Campinas	R$ 198,00

- menor que R$ 200,00, a refeição será "Nenhuma" (deverá aparecer, na coluna H, a mensagem Nenhuma);
- não inferior a R$ 200,00 e menor que R$ 300,00, a refeição será "Snacks";
- maior ou igual a R$ 300,00 e menor que R$ 400,00, a refeição será "Lanche frio";
- maior ou igual a R$ 400,00 e menor que R$ 600,00, a refeição será "Lanche quente";
- caso contrário, a refeição será "Prato quente".

Agora você deverá imprimir a planilha. A configuração da impressão deverá ser:
- Coloque no Cabeçalho seu nome e, no Rodapé, número de página;
- Configure a impressão para que sua planilha saia em uma única página, em A4;
- Não se esqueça de centralizar a planilha antes de imprimir.

Insira Título de Linha e Coluna e imprima com as Fórmulas.

13.9. Cartão Fidelidade

O objetivo deste exercício é exercitar funções do Excel como Vínculos entre planilhas e Função se. Abra a pasta de trabalho **13_09Smiles** e selecione a planilha Fidelidade.

O Cartão de Fidelidade Smiles iniciou uma parceria com a Embratel. Pelo acordo, todo associado que possuir Cartão Smiles inscrito no programa de convênio com a Embratel receberá os seguintes créditos de milhas:

Se o cartão (coluna **B**) for do tipo:
1. "Azul", o crédito (coluna **C**) será de 1.200 milhas;
2. "Prata", o crédito será de 2.000 milhas;
3. "Ouro", o crédito será de 3.000 milhas;
4. "Diamante", o crédito de será 4.000 milhas.

	A	B	C
1	ASSOCIADO SMILES	CARTÃO	CRÉDITO
2	3021662	PRATA	
3	3021664	DIAMANTE	
4	3021666	AZUL	
5	3021668	DIAMANTE	
6	3021670	DIAMANTE	
7	3021672	DIAMANTE	
8	3021674	PRATA	
9	3021676	OURO	
10	3021678	OURO	
11	3021680	AZUL	
12	3021682	AZUL	
13	3021684	AZUL	
14	3021686	OURO	

Com base nos critérios acima, determine os valores dos créditos para cada linha da faixa **C2** até **C601**.

13.10. Margem

Abra a pasta de trabalho **13_10Margem**. Inicie a primeira parte deste exercício completando o CMV (Custo das Mercadorias Vendidas), depois o Preço (Custo mais Margem). Calcule então a Receita, considerando o Volume e o Preço das mercadorias vendidas.

O Total dos itens pertinentes é solicitado na linha **17**.

Na segunda parte, cujos dados estão na próxima figura, são solicitados:

1. Part/R., é a Participação de cada produto na Receita Total;
2. Calcular o Lucro = Receita menos CMV;
3. Part/L., é a Participação de cada produto no Lucro Total;
    - Note que cada produto pertence a um Depto. (Departamento), como mostra a tabela **F20:F23** (na figura a seguir);
4. Agora a Margem da TV depende do Volume, de acordo com a tabela mostrada nas células **C19:D24**. Assim, calcule essa Margem com a função correspondente.

Mercadoria	Custo	Volume	CMV	Margem	Preço	Receita
Geladeira	600	110		0,50		
Forno	900	100		0,51		
Ferro de passar	70	250		0,48		
Torradeira	90	200		0,45		
Fogao	200	200		0,35		
Batedeira	200	180		0,55		
Enceradeira	100	200		0,42		
Aspirador	150	300		0,44		
Lavadora de roupa	750	80		0,43		
Lavadora de louca	800	50		0,38		
Secadora de roupa	700	80		0,40		
Antena	200	250		0,38		
Radio FM	100	300		0,45		
TV a cores	900	200		0,55		
Radio relogio	150	100		0,50		
TOTAL						

Finalmente, na Tabela **H21:K24** (veja a figura a seguir), você deve definir fórmulas para calcular os Valores por Depto., usando para isso funções de Banco de Dados ou Soma condicional.

	Mercadoria	Custo	Volume	CMV	Margem	Preço	Receita	Part/R.	Lucro	Part/L.	Depto.
1	Geladeira	600	110		50,0%						A
2	Forno	900	100		51,0%						A
3	Ferro de passar	70	250		48,0%						B
4	Torradeira	90	200		45,0%						A
5	Fogao	200	200		35,0%						A
6	Batedeira	200	180		55,0%						A
7	Enceradeira	100	200		42,0%						B
8	Aspirador	150	300		44,0%						B
9	Lavadora de roupa	750	80		43,0%						B
10	Lavadora de louca	800	50		38,0%						A
11	Secadora de roupa	700	80		40,0%						B
12	Antena	200	250		38,0%						C
13	Radio FM	100	300		45,0%						C
14	TV a cores	900	200								C
15	Radio relogio	150	100		50,0%						C
TOTAL											

Margem da TV a cores / Volume		Valores por Depto.				
		Depto.	Receita	Part/R.	Lucro	Part/L.
0	58,0%	A - Cozinha				
100	55,0%	B - Lmpeza				
300	50,0%	C - Uso pessoal				
500	40,0%	TOTAL				

13.11. Folha de pagamento

O objetivo deste exercício é calcular a Folha de Pagamentos de uma empresa hipotética e, dessa forma, relembrar funções já vistas no Excel, como funções matemáticas e lógicas, fórmulas, gráficos e impressão de planilhas. Abra a pasta de trabalho **13_11Folha**, mostrada abaixo.

Funcionários	Salários Base	Nº de Horas Extra	Total (R$) da Hora Extra	Nº Faltas	Total (R$) das Faltas	Nº de Dependentes	Salário Família	Convênio Médico	Desconto INPS	Desconto Imposto de Renda	Salário Líquido
Daniel	R$ 2.530,00	1		0		0					
Danilo	R$ 6.200,00	0		1		1					
Miguel	R$ 4.320,00	3		6		2					
Murilo	R$ 1.200,00	4		1		1					
Ricardo	R$ 1.450,00	7		2		0					
Débora	R$ 5.680,00	3		5		0					
Katarina	R$ 3.000,00	1		0		0					
Paulo	R$ 3.250,00	9		0		1					
Eduardo Antônio	R$ 2.500,00	2		0		0					
Beatriz	R$ 3.540,00	3		2		1					
Marco Camilo	R$ 2.650,00	6		3		1					
João Gustavo	R$ 2.564,00	5		1		2					
Maria Conceição	R$ 5.204,00	9		1		3					
Isabel	R$ 4.102,00	1		1		1					
Rodrigo	R$ 8.234,00	14		1		1					
Caio	R$ 2.145,00	2		1		0					
TOTAL											

Calcule a planilha apresentada da seguinte forma:

Valor da Hora Extra:

- Se o Salário Base for maior ou igual a R$ 3.000, então a hora extra terá um acréscimo de 30% sobre o valor da hora normal; caso contrário, o acréscimo será de 50%;
- Para o cálculo do valor da hora normal, divida o valor do Salário Base por 160 horas;
- Total da Hora Extra: valor da hora extra multiplicado pelo número de horas extras.

Valor da Falta: Calcule o valor de cada dia de trabalho (lembre-se de que o mês tem 30 dias). Este será o valor por dia de falta. O Total das Faltas é a multiplicação do Valor da Falta pelo número de faltas.

O Salário Família deve ser calculado da seguinte forma: R$ 52,00 por dependente.

O valor do Convênio Médico será calculado da seguinte forma: se o funcionário ganha mais que R$ 1.500, então ele pagará um seguro saúde no valor de R$ 32,00; caso contrário, ele não pagará nada (o Convênio Médico será subsidiado pela empresa).

O Desconto do INSS é: se o Salário Base do funcionário for superior a R$ 2.000 e ele tiver menos de 2 dependentes, o valor do desconto deverá ser de 11% do total dos ganhos (excluído o Salário-Família); caso contrário, será de 8% sobre o total dos ganhos (excluído o Salário-Família).

O Desconto do Imposto de Renda é calculado da seguinte forma: se o Salário Base for maior ou igual a R$ 2.500,00, o desconto do IR será de 27,5% sobre o total dos ganhos (excluído o Salário-Família); caso contrário será de 20%.

O Salário Líquido será calculado somando-se o Salário Base, as Horas Extras, e o Salário Família, menos os descontos e faltas. Onde necessário, use o formato moeda.

Após ter finalizado esta primeira parte, monte um Gráfico, segundo as instruções abaixo:

- Calcule o Total da Folha;
- Selecionar apenas as colunas **A**, **B** e **L** (a partir da linha **3**);
- Escolher o gráfico tipo Colunas 3D;

- Colocar como título: Folha de Pagamentos. Incluir Legenda;
- Incluir o gráfico como nova planilha;
- Traga a sequência Salário Final para o primeiro plano, de forma que a outra sequência fique por trás desta;
- Concluído o gráfico, modificar a escala da unidade principal de valores dos dados do eixo Z, de 1.000 para 500. Formatar para que X fique em 40°, Y em 20° e a Perspectiva em 20°;
- Trazer o gráfico para a mesma planilha onde estão os seus dados, pois você deverá imprimi-los em uma única página. Imprima a planilha de dados com o gráfico.

13.12. Exemplos

O objetivo deste exercício é explorar algumas funções do Excel ainda não vistas explicitamente no texto. Abra a pasta de trabalho **13_12Exemplos**.

A pasta contem 4 planilhas auto explicativas: na primeira propõe-se um cálculo com datas (com a resposta); nas outras três são mostrados cálculos usando a funções de texto, financeiras e na quarta planilha a função se combinada com argumentos lógicos.

13.13. Varejo e análise de sensibilidade com tabela de dados

A indústria Fabri K. comercializa aparelhos eletrodomésticos. Infelizmente, ela teve problemas com sua gestão e está precisando de ajuda. O exercício é o **13_13Sensibilidade**. Dados do problema:

Seguindo as instruções, resolva o exercício (10 itens):
1. Calcule o CMV, o Preço de Venda e a Receita de cada produto utilizando as fórmulas:
   - CMV = custo da mercadoria vendida = custo × volume de venda
   - Preço de venda = custo*(1+MARK-UP)
   - Receita = preço de venda × volume de venda
2. Calcule os totais;
3. Calcule a participação de cada produto na receita total: Receita / Receita total;
4. Calcule o valor da margem de contribuição de cada item e a margem total (Soma em **K38**): MC = Margem de Contribuição = Receita - CMV (em valor);
5. Qual é a participação da margem de contribuição (MC) de cada produto em relação à receita do produto (Média em **L38**) e a participação da MC total na receita total (**M40**):

   Participação da margem de contribuição = valor da MC / receita do produto;
6. Calcule a participação do valor de contribuição de cada produto em relação à receita total (Soma em **M38**);
7. Utilizando Atingir Meta, faça a Receita Total alcançar 300.000 variando o Volume de: a) Geladeira; e b) Fogão;
8. Completar o Fluxo de Caixa para 6 meses, considerando as hipóteses abaixo:
   - Hipóteses:
   - 1,0%   Crescimento mensal da Receita
   - 1,2%   Crescimento mensal da Despesa
   - 30,0%   MC%=(Receita-CMV)/Receita (em percentual)
   - CMV =   Receita*(1-MC%)
   - Lucro = MC-Despesas

	A	B	C	D	E	F	G	H	I
49		jan/10	fev/10	mar/10	abr/10	mai/10	jun/10	Total	Part.%
50	Receita	300.000							
51	CMV								
52	MC								
53	Despesa	83.600							
54	Lucro								

9. Elaborar Gráfico de Linha com as 5 variáveis do Fluxo de Caixa e Pizza da Part.%;
10. Utilize a ferramenta <u>Tabela de Dados</u> (Dados: <u>Teste de Hipóteses</u>:) para realizar uma Análise de Sensibilidade:
    1. da Receita Total (**I38**), variando o volume conforme Tabela A abaixo, de duas variáveis: Volume de Geladeira (linhas) *versus* Volume de Fogão (colunas);
    1. do Lucro Total (**H54**), variando as Hipótese de crescimento conforme Tabela B abaixo, de duas variáveis: crescimento mensal da Receita (linha) *versus* crescimento mensal da Despesa (coluna).

	B	C	D	E	F	G	H	I	J	K	L
64											
65	Tabela A - Analise de sensibilidade da Receita						Tabela B - Analise de sensibilidade do Lucro				
66	Volume: de Geladeira (linha) versus de Fogão (coluna)						Crescimento mensal em %: da Receita (linha) versus Despesa (coluna)				
67	0	110	140	170	200		0	0,60%	0,80%	1,00%	1,20%
68	60						1,60%				
69	100						1,40%				
70	140						1,20%				
71	180						1,00%				

Para entender melhor o uso da Tabela de Dados, acione a Ferramenta e depois F1. Atenção para o posicionamento das variáveis e os resultados. Ver também as fórmulas no fim do exercício.

14.

Soluções e resultados de exercícios

Os primeiros itens são de soluções e resultados de exercícios propostos nos capítulos 4 a 11. Os demais são do capítulo anterior de exercícios propostos.

As **Planilhas** referidas nos exercícios e mostradas a seguir estão em www.fgv.br/cia/excel.

14.1. Ferias2 (04.20)

Sol04_20Ferias2 - Microsoft Excel

	A	B	C	D	E	F	G	H
1		Julho	Agosto	Setembro	Outubro	Novembro	Total	Particip. %
2	Salário	400,00	380,00	370,00	420,00	400,00	1.970,00	
3	Transporte	20,00	20,00	20,00	20,00	20,00	100,00	5%
4	Alimentação	30,00	50,00	50,00	50,00	50,00	230,00	12%
5	Diversão	100,00	91,20	85,10	92,40	84,00	452,70	23%
6	Sobras p/ poupança	250,00	218,80	214,90	257,60	246,00	1.187,30	60%
7	Participação %							
8	Transporte	5%	5%	5%	5%	5%	5%	
9	Alimentação	8%	13%	14%	12%	13%	12%	
10	Diversão	25%	24%	23%	22%	21%	23%	
11	Sobras p/ poupança	63%	58%	58%	61%	62%	60%	
12								
13	Tarefa:	1) Calcular a % de cada gasto						
14		2) Fazer com que o gasto de Diversão seja calculado como						
15		a percentagem do Salário especificada na **linha 10**						
16		3) Saldo em **G6 deve resultar em 1.187,30**						
17		4) **Teste**: troque o conteúdo de B10 para 33%, Saldo = 1.155,31						

14.2. WinnerSports (05.20)

Sol05_20Winner - Microsoft Excel

	A	B	C	D	E	F	G	H
1	WinnerSports - Previsão Orçamentária para o 1º semestre							
2		Jan	Fev	Mar	Abr	Mai	Jun	Totais
3	Qtd.alunos	250	230	240	250	260	280	
4	Mensalidade	45	50	50	50	50	50	
5	Rec.mensal	11.250	11.500	12.000	12.500	13.000	14.000	**74.250**
6	Desp.pessoal	3.300	3.300	3.300	3.300	3.300	3.300	**19.800**
7	Desp.água	1.785	1.665	1.725	1.785	1.845	1.965	**10.770**
8	Desp.energia	663	642	652	663	673	694	**3.986**
9	Materiais	3.000	2.760	2.880	3.000	3.120	3.360	**18.120**
10	Diversos	2.150	2.026	2.088	2.150	2.212	2.336	**12.962**
11	Lucro	353	1.108	1.355	1.603	1.850	2.345	**8.613**
12								
13	*Constantes*							
14	Mensalidade	50,00						
15	Salários	3.300,00						
16	Cons.fixo água	380,00						
17	M3 água/aluno	8,00						
18	US$/M3 água	0,75						
19	KW/h fixos	4.000,00						
20	KW/h aluno	10,50						
21	US$/KW/h	0,10						
22	Mats/aluno	12,00						
23	Diversos fixos	600,00						
24	Divs/aluno	6,20						

Demonstrativo alunos x lucros

	A	B	C	D	E	F	G	H
1	WinnerSports							
2		Jan	Fev	Mar	Abr	Mai	Jun	Totais
3	Qtd.alunos	250	230	240	250	260	280	
4	Mensalidade	=B14*90%	50	50	50	50	50	
5	Rec.mensal	=B4*B3	=C4*C3	=D4*D3	=E4*E3	=F4*F3	=G4*G3	=SOMA(B5:G5)
6	Desp.pessoal	=$B$15	=$B$15	=$B$15	=$B$15	=$B$15	=$B$15	=SOMA(B6:G6)
7	Desp.água	=($B16+$B17*B3)*$B18	=($B16+$B17*C3)*$B18	=($B16+$B...	=($B16+$...	=($B16+$...	=($B16+$...	=SOMA(B7:G7)
8	Desp.energia	=($B19+$B20*B3)*$B21	=($B19+$B20*C3)*$B21	=($B19+$B...	=($B19+$...	=($B19+$...	=($B19+$...	=SOMA(B8:G8)
9	Materiais	=$B22*B3	=$B22*C3	=$B22*D3	=$B22*E3	=$B22*F3	=$B22*G3	=SOMA(B9:G9)
10	Diversos	=$B23+$B24*B3	=$B23+$B24*C3	=$B23+$B2...	=$B23+$E...	=$B23+$E...	=$B23+$B...	=SOMA(B10:G10)
11	Lucro	=B5-SOMA(B6:B10)	=C5-SOMA(C6:C10)	=D5-SOMA...	=E5-SOM...	=F5-SOM...	=G5-SOM...	=SOMA(B11:G11)

14.3. Maurício & Patrícia (06.20)

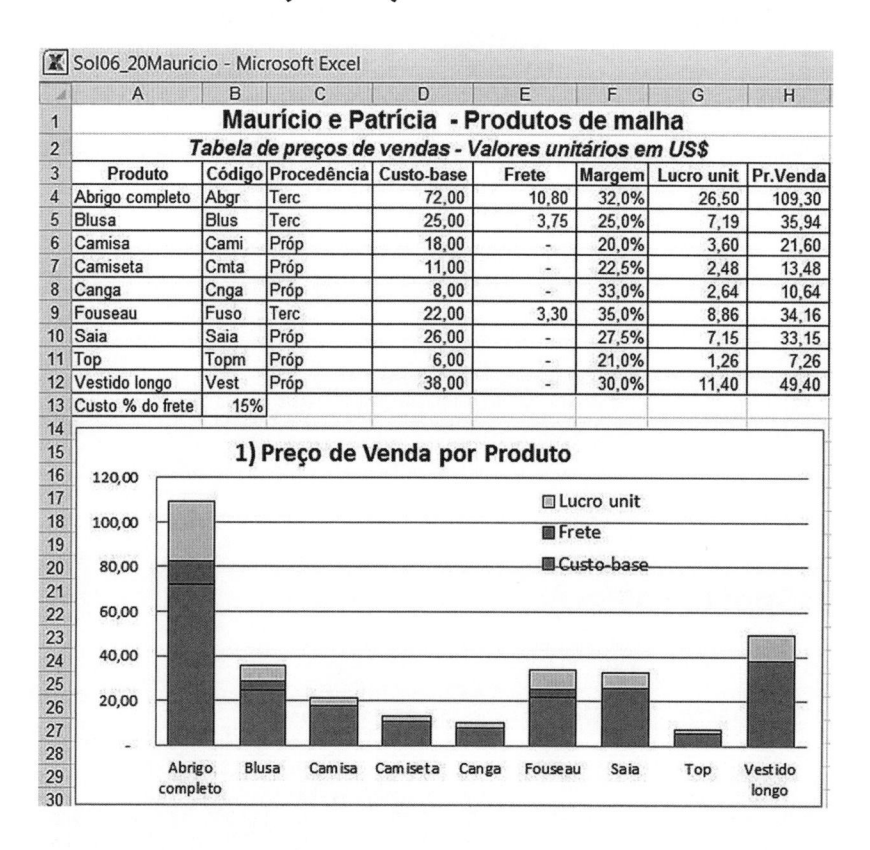

	A	B	C	D	E	F	G	H
1	Maurício e Patrícia - Produtos de malha							
2	Tabela de preços de vendas - Valores unitários em US$							
3	Produto	Código	Procedência	Custo-base	Frete	Margem	Lucro unit	Pr.Venda
4	Abrigo completo	Abgr	Terc	72,00	10,80	32,0%	26,50	109,30
5	Blusa	Blus	Terc	25,00	3,75	25,0%	7,19	35,94
6	Camisa	Cami	Próp	18,00	-	20,0%	3,60	21,60
7	Camiseta	Cmta	Próp	11,00	-	22,5%	2,48	13,48
8	Canga	Cnga	Próp	8,00	-	33,0%	2,64	10,64
9	Fouseau	Fuso	Terc	22,00	3,30	35,0%	8,86	34,16
10	Saia	Saia	Próp	26,00	-	27,5%	7,15	33,15
11	Top	Topm	Próp	6,00	-	21,0%	1,26	7,26
12	Vestido longo	Vest	Próp	38,00	-	30,0%	11,40	49,40
13	Custo % do frete	15%						

1) Preço de Venda por Produto

	C	D	E	F	G	H
1	Maurício e Patrícia - Produtos de malha					
2	Tabela de preços de vendas - Valores unitários em US$					
3	Procedência	Custo-base	Frete	Margem	Lucro unit	Pr.Venda
4	Terc	72	=SE(C4="Terc";D4*Custo___do_frete;0)	0,32	=(D4+E4)*F4	=D4+E4+G4
5	Terc	25	=SE(C5="Terc";D5*Custo___do_frete;0)	0,25	=(D5+E5)*F5	=D5+E5+G5
6	Próp	18	=SE(C6="Terc";D6*Custo___do_frete;0)	0,2	=(D6+E6)*F6	=D6+E6+G6
7	Próp	11	=SE(C7="Terc";D7*Custo___do_frete;0)	0,225	=(D7+E7)*F7	=D7+E7+G7
8	Próp	8	=SE(C8="Terc";D8*Custo___do_frete;0)	0,33	=(D8+E8)*F8	=D8+E8+G8
9	Terc	22	=SE(C9="Terc";D9*Custo___do_frete;0)	0,35	=(D9+E9)*F9	=D9+E9+G9
10	Próp	26	=SE(C10="Terc";D10*Custo___do_frete;0)	0,275	=(D10+E10)*F10	=D10+E10+G10
11	Próp	6	=SE(C11="Terc";D11*Custo___do_frete;0)	0,21	=(D11+E11)*F11	=D11+E11+G11
12	Próp	38	=SE(C12="Terc";D12*Custo___do_frete;0)	0,3	=(D12+E12)*F12	=D12+E12+G12

14. Soluções e resultados de exercícios

Sol06_20Mauricio - Microsoft Excel

	A	B	C	D	E	F	G	H	I	J	K	L	M	N	O	P	Q	R
1			Maurício e Patrícia - Produtos de malha							Resumo do mês - Lojas da Grande São Paulo								
2			Vlr.unitários			Iguatemi			Morumbi			Paulista			Total			
3	Produto	Código	Custo	Preço	Qtd	Receita	Lucro	Qtd	Receita	Lucro	Qtd	Receita	Lucro	Qtd	Receita	Part%	Lucro	Part%
4	Abrigo completo	Abgr	82,80	109,30	152	16.613	4027	115	12.569	3047	98	10.711	2597	365	39.893	39%	9.671	42%
5	Blusa	Blus	28,75	35,94	118	4.241	848	96	3.450	690	83	2.983	597	297	10.673	10%	2.135	9%
6	Camisa	Cami	18,00	21,60	114	2.462	410	89	1.922	320	108	2.333	389	311	6.718	7%	1.120	5%
7	Camiseta	Cmta	11,00	13,48	240	3.234	594	166	2.237	411	182	2.452	450	588	7.923	8%	1.455	6%
8	Canga	Cnga	8,00	10,64	35	372	92	28	298	74	42	447	111	105	1.117	1%	277	1%
9	Fouseau	Fuso	25,30	34,16	160	5.465	1417	132	4.508	1169	188	6.421	1665	480	16.394	16%	4.250	18%
10	Saia	Saia	26,00	33,15	84	2.785	601	105	3.481	751	92	3.050	658	281	9.315	9%	2.009	9%
11	Top	Topm	6,00	7,26	92	668	116	65	472	82	103	748	130	260	1.888	2%	328	1%
12	Vestido longo	Vest	38,00	49,40	85	4.199	969	47	2.322	536	36	1.778	410	168	8.299	8%	1.915	8%
13	Totais					40.039	9.075		31.259	7.080		30.923	7.006		102.221	100%	23.160	100%
14	Despesa locação						3000			2700			2150				7850	
15	Custo comissões	6,00%					2.402			1.876			1.855				6133	
16	Lucro bruto						3.672			2.504			3.001				9177	
17	Part% lucro					39%	40%		31%	27%		30%	33%		100%		100%	

	A	B	C	D
41	Gráfico 5	Iguatemi	Morumb	Paulista
42	Custo	36.366	28.755	27.922
43	Lucro	3.672	2.504	3.001
44	Receita	40.039	31.259	30.923

2) Receita e Lucro por Produto
3) Lucro por Loja
4) Receita por Loja
5) Rentabilidade

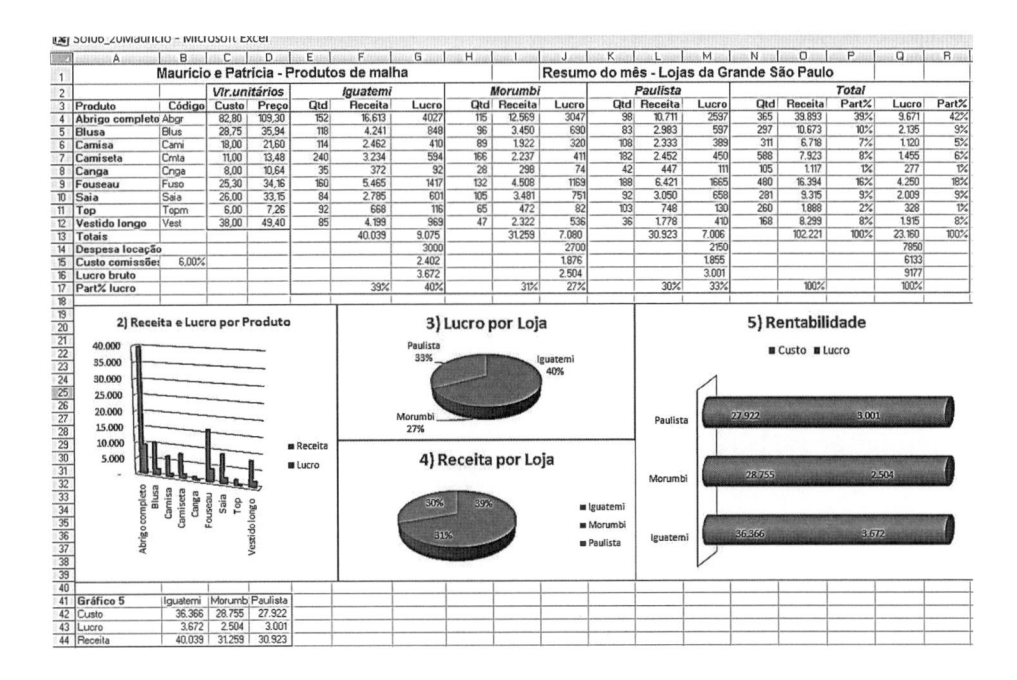

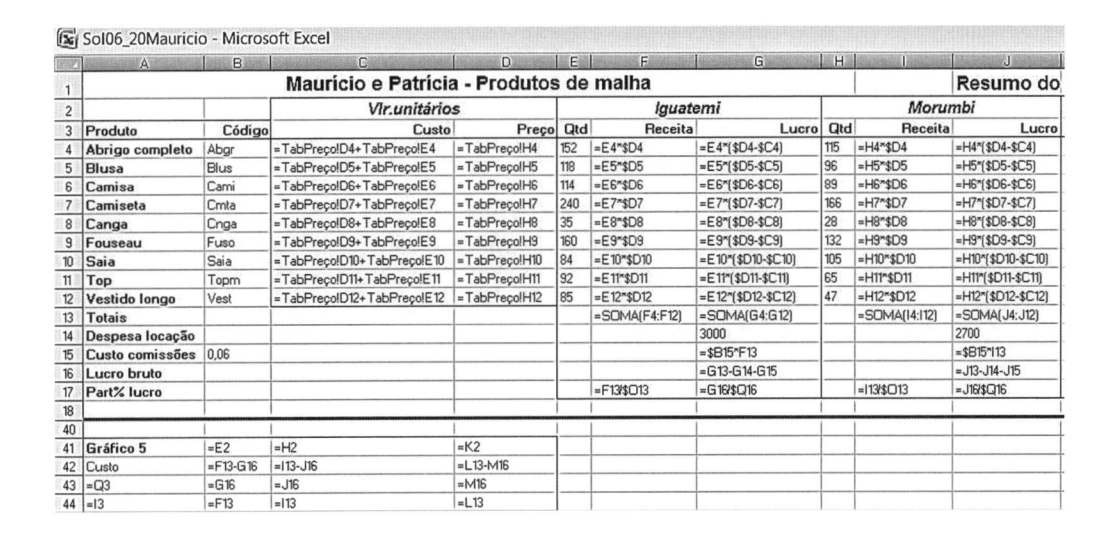

Sol06_20Mauricio - Microsoft Excel

	A	B	C	D	E	F	G	H	I	J
1			Maurício e Patrícia - Produtos de malha							Resumo do
2			Vlr.unitários			Iguatemi			Morumbi	
3	Produto	Código	Custo	Preço	Qtd	Receita	Lucro	Qtd	Receita	Lucro
4	Abrigo completo	Abgr	=TabPreço!D4+TabPreço!E4	=TabPreço!H4	152	=E4*$D4	=E4*($D4-$C4)	115	=H4*$D4	=H4*($D4-$C4)
5	Blusa	Blus	=TabPreço!D5+TabPreço!E5	=TabPreço!H5	118	=E5*$D5	=E5*($D5-$C5)	96	=H5*$D5	=H5*($D5-$C5)
6	Camisa	Cami	=TabPreço!D6+TabPreço!E6	=TabPreço!H6	114	=E6*$D6	=E6*($D6-$C6)	89	=H6*$D6	=H6*($D6-$C6)
7	Camiseta	Cmta	=TabPreço!D7+TabPreço!E7	=TabPreço!H7	240	=E7*$D7	=E7*($D7-$C7)	166	=H7*$D7	=H7*($D7-$C7)
8	Canga	Cnga	=TabPreço!D8+TabPreço!E8	=TabPreço!H8	35	=E8*$D8	=E8*($D8-$C8)	28	=H8*$D8	=H8*($D8-$C8)
9	Fouseau	Fuso	=TabPreço!D9+TabPreço!E9	=TabPreço!H9	160	=E9*$D9	=E9*($D9-$C9)	132	=H9*$D9	=H9*($D9-$C9)
10	Saia	Saia	=TabPreço!D10+TabPreço!E10	=TabPreço!H10	84	=E10*$D10	=E10*($D10-$C10)	105	=H10*$D10	=H10*($D10-$C10)
11	Top	Topm	=TabPreço!D11+TabPreço!E11	=TabPreço!H11	92	=E11*$D11	=E11*($D11-$C11)	65	=H11*$D11	=H11*($D11-$C11)
12	Vestido longo	Vest	=TabPreço!D12+TabPreço!E12	=TabPreço!H12	85	=E12*$D12	=E12*($D12-$C12)	47	=H12*$D12	=H12*($D12-$C12)
13	Totais					=SOMA(F4:F12)	=SOMA(G4:G12)		=SOMA(I4:I12)	=SOMA(J4:J12)
14	Despesa locação						3000			2700
15	Custo comissões	0,06					=$B15*F13			=$B15*I13
16	Lucro bruto						=G13-G14-G15			=I13-I14-J15
17	Part% lucro					=F13/$O13	=G16/$Q16		=I13/$O13	=J16/$Q16

	A	B	C	D	E
41	Gráfico 5	=E2	=H2		=K2
42	Custo	=F13-G16	=I13-J16		=L13-M16
43	=Q3	=G16	=J16		=M16
44	=I3	=F13	=I13		=L13

14.4. Funções (07.05)

D2 ▼ f_x =SE(MÉDIA(Vendas)>=Meta_Vendas;Vendas*Comissao_maior;Vendas*Comissao_menor)

	A	B	C	D	E
1	Funcionário	Salário Fixo	Vendas	Comissão	Salário Total
2	Carla	570	3.400	17	587
3	Geraldo	1.280	39.000	195	1.475
4	Marcelo	1.378	79.000	395	1.773
5	Patrícia	2.300	45.000	225	2.525
6	Vinicius	3.420	20.000	100	3.520
7			Média	37.280	186	1.976
8	75.000,00		Total	223.680	1.118	11.856
9		1,00%	Comissao_maior		
10		0,50%	Comissao_menor		

	A	B	C	D	E
1	Funcionário	Salário Fixo	Vendas		Comissão	Salário Total
2	Carla	570	3400	=SE(MÉDIA(Vendas)>=Meta_Vendas;Vendas*Comissao_maior;Vendas*Comissao_menor)	=B2+D2
3	Geraldo	1280	39000	=SE(MÉDIA(Vendas)>=Meta_Vendas;Vendas*Comissao_maior;Vendas*Comissao_menor)	=B3+D3
4	Marcelo	1378	79000	=SE(MÉDIA(Vendas)>=Meta_Vendas;Vendas*Comissao_maior;Vendas*Comissao_menor)	=B4+D4
5	Patrícia	2300	45000	=SE(MÉDIA(Vendas)>=Meta_Vendas;Vendas*Comissao_maior;Vendas*Comissao_menor)	=B5+D5
6	Vinicius	3420	20000	=SE(MÉDIA(Vendas)>=Meta_Vendas;Vendas*Comissao_maior;Vendas*Comissao_menor)	=B6+D6
7			Média	=MÉDIA(C2:C6)	=MÉDIA(D2:D6)	=MÉDIA(E2:E6)
8	75000		Total	=SOMA(C2:C7)	=SOMA(D2:D7)	=SOMA(E2:E7)
9	0,01		Comissao_		
10	0,005		Comissao_		

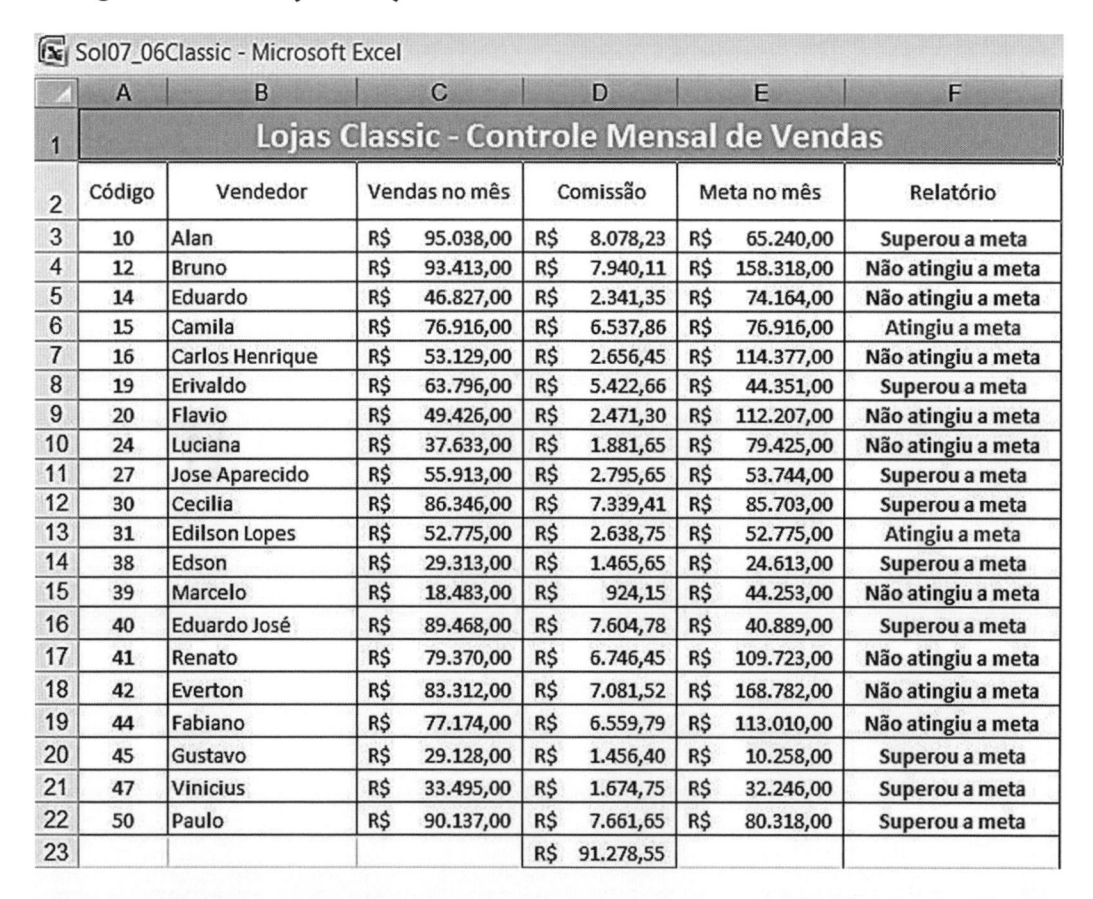

14.5. Lojas Classic (07.06)

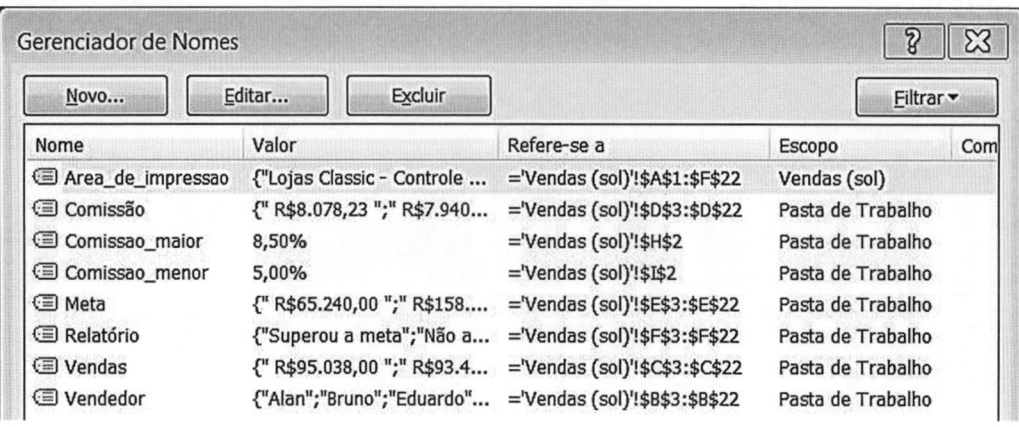

Lojas Classic - Controle Mensal de Vendas

	A	B	C	D	E	F
2	Código	Vendedor	Vendas no mês	Comissão	Meta no mês	Relatório
3	10	Alan	R$ 95.038,00	R$ 8.078,23	R$ 65.240,00	Superou a meta
4	12	Bruno	R$ 93.413,00	R$ 7.940,11	R$ 158.318,00	Não atingiu a meta
5	14	Eduardo	R$ 46.827,00	R$ 2.341,35	R$ 74.164,00	Não atingiu a meta
6	15	Camila	R$ 76.916,00	R$ 6.537,86	R$ 76.916,00	Atingiu a meta
7	16	Carlos Henrique	R$ 53.129,00	R$ 2.656,45	R$ 114.377,00	Não atingiu a meta
8	19	Erivaldo	R$ 63.796,00	R$ 5.422,66	R$ 44.351,00	Superou a meta
9	20	Flavio	R$ 49.426,00	R$ 2.471,30	R$ 112.207,00	Não atingiu a meta
10	24	Luciana	R$ 37.633,00	R$ 1.881,65	R$ 79.425,00	Não atingiu a meta
11	27	Jose Aparecido	R$ 55.913,00	R$ 2.795,65	R$ 53.744,00	Superou a meta
12	30	Cecilia	R$ 86.346,00	R$ 7.339,41	R$ 85.703,00	Superou a meta
13	31	Edilson Lopes	R$ 52.775,00	R$ 2.638,75	R$ 52.775,00	Atingiu a meta
14	38	Edson	R$ 29.313,00	R$ 1.465,65	R$ 24.613,00	Superou a meta
15	39	Marcelo	R$ 18.483,00	R$ 924,15	R$ 44.253,00	Não atingiu a meta
16	40	Eduardo José	R$ 89.468,00	R$ 7.604,78	R$ 40.889,00	Superou a meta
17	41	Renato	R$ 79.370,00	R$ 6.746,45	R$ 109.723,00	Não atingiu a meta
18	42	Everton	R$ 83.312,00	R$ 7.081,52	R$ 168.782,00	Não atingiu a meta
19	44	Fabiano	R$ 77.174,00	R$ 6.559,79	R$ 113.010,00	Não atingiu a meta
20	45	Gustavo	R$ 29.128,00	R$ 1.456,40	R$ 10.258,00	Superou a meta
21	47	Vinicius	R$ 33.495,00	R$ 1.674,75	R$ 32.246,00	Superou a meta
22	50	Paulo	R$ 90.137,00	R$ 7.661,65	R$ 80.318,00	Superou a meta
23				R$ 91.278,55		

Gerenciador de Nomes

Nome	Valor	Refere-se a	Escopo
Area_de_impressao	{"Lojas Classic - Controle ...	='Vendas (sol)'!$A$1:$F$22	Vendas (sol)
Comissão	{" R$8.078,23 ";" R$7.940...	='Vendas (sol)'!$D$3:$D$22	Pasta de Trabalho
Comissao_maior	8,50%	='Vendas (sol)'!$H$2	Pasta de Trabalho
Comissao_menor	5,00%	='Vendas (sol)'!$I$2	Pasta de Trabalho
Meta	{" R$65.240,00 ";" R$158...	='Vendas (sol)'!$E$3:$E$22	Pasta de Trabalho
Relatório	{"Superou a meta";"Não a...	='Vendas (sol)'!$F$3:$F$22	Pasta de Trabalho
Vendas	{" R$95.038,00 ";" R$93.4...	='Vendas (sol)'!$C$3:$C$22	Pasta de Trabalho
Vendedor	{"Alan";"Bruno";"Eduardo"...	='Vendas (sol)'!$B$3:$B$22	Pasta de Trabalho

14. Soluções e resultados de exercícios

D3			fx	=SE(Vendas>MÉDIA(Vendas);Vendas*8,5%;Vendas*5%)	
	A	B	C	D	E	F
2	Código	Vendedor	Vendas no mês	Comissão	Meta no mês	Relatório
3	1	Eduardo Augusto	R$ 20.366,00	R$ 1.731,11	R$ 33.604,00	Não atingiu a meta

F4			fx	=SE(Vendas=Meta;"Atingiu a meta";SE(Vendas>Meta;"Superou a meta";"Não atingiu a meta"))				
	A	B	C	D	E	F	G	H	I
2	Código	Vendedor	Vendas no mês	Comissão	Meta no mês	Relatório			
3	1	Eduardo Augusto	R$ 20.366,00	R$ 1.731,11	R$ 33.604,00	Não atingiu a meta			
4	11	Patricia	R$ 29.424,00	R$ 2.501,04	R$ 27.570,00	Superou a meta			

14.6. Caribbean Shop (07.07)

Sol07_07Caribbean - Microsoft Excel

	A	B	C	D	E	F
1			CARIBBEAN SHOP S/A			
2						
3						
4	Planilha de Resultado Trimestral					
5						
6	Despesas		Janeiro	Fevereiro	Março	Totais
7	Aluguel		R$ 7.500,00	R$ 9.375,00	R$ 11.718,75	R$ 28.593,75
8	Pessoal		R$ 4.900,00	R$ 6.002,50	R$ 7.353,06	R$ 18.255,56
9	Material		R$ 3.200,00	R$ 3.946,56	R$ 4.867,29	R$ 12.013,85
10	Contas		R$ 3.000,00	R$ 3.699,90	R$ 4.563,09	R$ 11.262,99
11	Totais		R$ 18.600,00	R$ 23.023,96	R$ 28.502,19	R$ 70.126,15
12						
13	Receitas					
14	Norte		R$ 4.500,00	R$ 4.891,50	R$ 5.317,06	R$ 14.708,56
15	Sul		R$ 5.700,00	R$ 6.195,90	R$ 6.734,94	R$ 18.630,84
16	Leste		R$ 9.200,00	R$ 10.000,40	R$ 10.870,43	R$ 30.070,83
17	Oeste		R$ 2.500,00	R$ 2.717,50	R$ 2.953,92	R$ 8.171,42
18	Exportações		R$ 5.475,00	R$ 5.951,33	R$ 6.469,09	R$ 17.895,42
19	Totais		R$ 27.375,00	R$ 29.756,63	R$ 32.345,45	R$ 89.477,08
20						
21	Resultado		R$ 8.775,00	R$ 6.732,67	R$ 3.843,26	R$ 19.350,92

	C	D	E	F
	CARIBBEAN SHOP S/A			
	Abril	Maio	Junho	Totais
	R$ 14.648,44	R$ 18.310,55	R$ 22.888,18	R$ 55.847,17
	R$ 9.007,50	R$ 11.034,19	R$ 13.516,88	R$ 33.558,57
	R$ 6.002,83	R$ 7.403,29	R$ 9.130,48	R$ 22.536,60
	R$ 5.627,65	R$ 6.940,59	R$ 8.559,83	R$ 21.128,07
	R$ 35.286,43	R$ 43.688,62	R$ 54.095,37	R$ 133.070,41
	R$ 5.779,64	R$ 6.282,47	R$ 6.829,05	R$ 18.891,17
	R$ 7.320,88	R$ 7.957,80	R$ 8.650,13	R$ 23.928,81
	R$ 11.816,16	R$ 12.844,17	R$ 13.961,61	R$ 38.621,94
	R$ 3.210,91	R$ 3.490,26	R$ 3.793,92	R$ 10.495,09
	R$ 15.188,91	R$ 16.510,34	R$ 17.946,74	R$ 49.645,99
	R$ 43.316,51	R$ 47.085,05	R$ 51.181,45	R$ 141.583,00
	R$ 8.030,09	R$ 3.396,43	R$ (2.913,93)	R$ 8.512,59

	C	D	E	F
6	Janeiro	Fevereiro	Março	Totais
7	7500	=C7*(1+Reajuste_aluguel)	=D7*(1+Reajuste_	=SOMA(C7:E7)
8	4900	=SE(D7<=Gasto_minimo;C8*(1+Reajuste_pessoal_maior);C8*(1+Reajuste_pessoal_menor))	=SE(E7<=Gasto_	=SOMA(C8:E8)
9	3200	=C9*(1+Reajuste_material_e_contas)	=D9*(1+Reajuste_	=SOMA(C9:E9)
10	3000	=C10*(1+Reajuste_material_e_contas)	=D10*(1+Reajuste	=SOMA(C10:E10)
11	=SOMA(C7:C10)	=SOMA(D7:D10)	=SOMA(E7:E10)	=SOMA(C11:E11)
12				
13				
14	4500	=SE(SOMA(C$14:C$17)>=Valor_das_filiais;C14*(1+Reajuste_maior);C14*(1+Reajuste_menor))	=SE(SOMA(D$14:	=SOMA(C14:E14)
15	5700	=SE(SOMA(C$14:C$17)>=Valor_das_filiais;C15*(1+Reajuste_maior);C15*(1+Reajuste_menor))	=SE(SOMA(D$14:	=SOMA(C15:E15)
16	9200	=SE(SOMA(C$14:C$17)>=Valor_das_filiais;C16*(1+Reajuste_maior);C16*(1+Reajuste_menor))	=SE(SOMA(D$14:	=SOMA(C16:E16)
17	2500	=SE(SOMA(C$14:C$17)>=Valor_das_filiais;C17*(1+Reajuste_maior);C17*(1+Reajuste_menor))	=SE(SOMA(D$14:	=SOMA(C17:E17)
18	=Aliquota_exporta	=Aliquota_exportações*SOMA(D14:D17)	=Aliquota_exporta	=SOMA(C18:E18)
19	=SOMA(C14:C18)	=SOMA(D14:D18)	=SOMA(E14:E18)	=SOMA(F14:F18)
20				
21	=C19-C11	=D19-D11	=E19-E11	=F19-F11

	A	B	C	D	E	F	G	H
1			Planilha de Resultado Semestral					
3								
4			Janeiro	Fevereiro	Março	Abril	Maio	Junho	Totais
5								
6	Despesas		='1ºTRIM (sol)'!C11	='1ºTRIM (sol)'!D11	='1ºTRIM (sol)'!E11	='2ºTRIM (sol)'!C11	='2ºTRIM (sol)'!D11	='2ºTRIM (sol)'!E11	=SOMA(B6:G6)
7								
8	Receitas		='1ºTRIM (sol)'!C19	='1ºTRIM (sol)'!D19	='1ºTRIM (sol)'!E19	='2ºTRIM (sol)'!C19	='2ºTRIM (sol)'!D19	='2ºTRIM (sol)'!E19	=SOMA(B8:G8)
9								
10	Resultado	=B8-B6	=C8-C6	=D8-D6	=E8-E6	=F8-F6	=G8-G6	=SOMA(B10:G10)

Gerenciador de Nomes

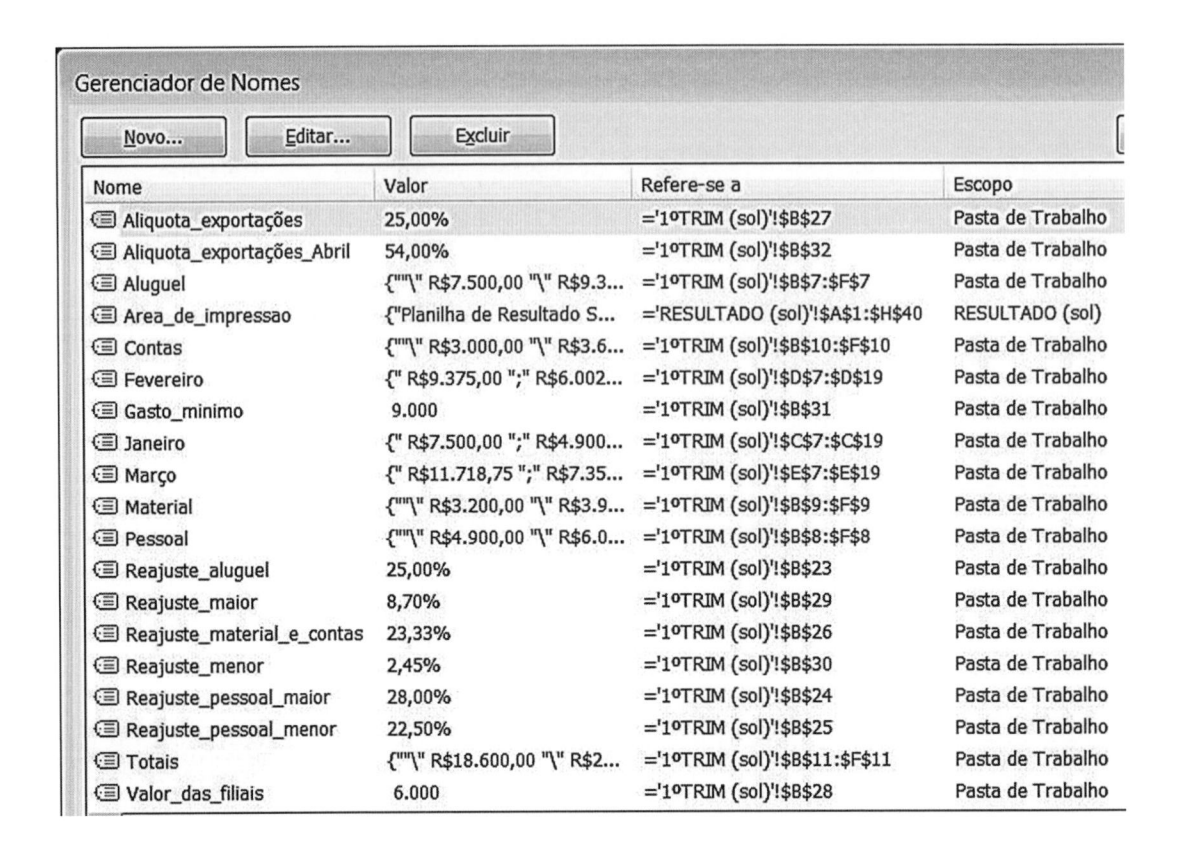

Nome	Valor	Refere-se a	Escopo
Aliquota_exportações	25,00%	='1ºTRIM (sol)'!$B$27	Pasta de Trabalho
Aliquota_exportações_Abril	54,00%	='1ºTRIM (sol)'!$B$32	Pasta de Trabalho
Aluguel	{""\" R$7.500,00 "\" R$9.3...	='1ºTRIM (sol)'!$B$7:$F$7	Pasta de Trabalho
Area_de_impressao	{"Planilha de Resultado S...	='RESULTADO (sol)'!$A$1:$H$40	RESULTADO (sol)
Contas	{""\" R$3.000,00 "\" R$3.6...	='1ºTRIM (sol)'!$B$10:$F$10	Pasta de Trabalho
Fevereiro	{" R$9.375,00 ";" R$6.002...	='1ºTRIM (sol)'!$D$7:$D$19	Pasta de Trabalho
Gasto_minimo	9.000	='1ºTRIM (sol)'!$B$31	Pasta de Trabalho
Janeiro	{" R$7.500,00 ";" R$4.900...	='1ºTRIM (sol)'!$C$7:$C$19	Pasta de Trabalho
Março	{" R$11.718,75 ";" R$7.35...	='1ºTRIM (sol)'!$E$7:$E$19	Pasta de Trabalho
Material	{""\" R$3.200,00 "\" R$3.9...	='1ºTRIM (sol)'!$B$9:$F$9	Pasta de Trabalho
Pessoal	{""\" R$4.900,00 "\" R$6.0...	='1ºTRIM (sol)'!$B$8:$F$8	Pasta de Trabalho
Reajuste_aluguel	25,00%	='1ºTRIM (sol)'!$B$23	Pasta de Trabalho
Reajuste_maior	8,70%	='1ºTRIM (sol)'!$B$29	Pasta de Trabalho
Reajuste_material_e_contas	23,33%	='1ºTRIM (sol)'!$B$26	Pasta de Trabalho
Reajuste_menor	2,45%	='1ºTRIM (sol)'!$B$30	Pasta de Trabalho
Reajuste_pessoal_maior	28,00%	='1ºTRIM (sol)'!$B$24	Pasta de Trabalho
Reajuste_pessoal_menor	22,50%	='1ºTRIM (sol)'!$B$25	Pasta de Trabalho
Totais	{""\" R$18.600,00 "\" R$2...	='1ºTRIM (sol)'!$B$11:$F$11	Pasta de Trabalho
Valor_das_filiais	6.000	='1ºTRIM (sol)'!$B$28	Pasta de Trabalho

14.7. Médias Finais (07.08)

	A	B	C	D	E	F	G	H	I	J	K
1					MÉDIAS FINAIS						
2			1ª PROVA	2ª PROVA	3ª PROVA	Exercícios	Trabalho	MÉDIA FINAL	Mensalidade	Bônus	A Pagar	Situação
3	Peso	20%	20%	30%	10%	20%					
4	CATERINA	2,0	3,5	5,0	5,0	5,0	4,1	R$ 2.100,00	R$ 336,00	R$ 1.764,00	REPROVADO
5	KARINA	2,0	3,0	3,0	7,0	5,0	3,6	R$ 2.100,00	R$ 336,00	R$ 1.764,00	REPROVADO
6	ALEXANDRE	2,5	5,0	8,0	8,0	10,0	6,7	R$ 1.680,00	R$ -	R$ 1.680,00	APROVADO
7	ANA LUCIA	2,5	2,5	4,0	6,0	5,0	3,8	R$ 2.100,00	R$ 336,00	R$ 1.764,00	REPROVADO
8	DANIEL	2,5	6,5	6,0	5,0	10,0	6,1	R$ 1.680,00	R$ -	R$ 1.680,00	APROVADO
9	FERNANDO	2,5	7,3	7,0	9,0	10,0	7,0	R$ 1.680,00	R$ -	R$ 1.680,00	APROVADO
10	FLAVIA	2,5	6,0	2,0	4,0	5,0	3,7	R$ 2.100,00	R$ 336,00	R$ 1.764,00	REPROVADO
11	VIRGINIA	3,0	3,0	3,0	5,0	5,0	3,6	R$ 2.100,00	R$ 336,00	R$ 1.764,00	REPROVADO
12	MARCIO	3,5	3,5	3,0	3,0	5,0	3,6	R$ 2.100,00	R$ 336,00	R$ 1.764,00	REPROVADO
13	FERNANDO	4,0	3,5	4,0	5,0	10,0	5,2	R$ 2.100,00	R$ 336,00	R$ 1.764,00	APROVADO
14	GIOVANA	5,0	6,0	0,5	7,0	10,0	5,1	R$ 2.100,00	R$ 336,00	R$ 1.764,00	APROVADO
15	GISELE	4,0	0,5	3,0	8,0	5,0	3,6	R$ 2.100,00	R$ 336,00	R$ 1.764,00	REPROVADO
16	ISABEL	4,5	5,5	2,0	6,0	10,0	5,2	R$ 2.100,00	R$ 336,00	R$ 1.764,00	APROVADO
17	CAROLINA	5,0	5,0	2,0	5,0	10,0	5,1	R$ 2.100,00	R$ 336,00	R$ 1.764,00	APROVADO
18	FRANCISCO	5,0	3,5	3,0	9,0	10,0	5,5	R$ 2.100,00	R$ 336,00	R$ 1.764,00	APROVADO
19	JOSE GUILHERME	5,0	6,0	3,0	4,0	10,0	5,5	R$ 2.100,00	R$ 336,00	R$ 1.764,00	APROVADO
20	PAULA	5,0	0,5	3,0	5,0	5,0	3,5	R$ 2.100,00	R$ 336,00	R$ 1.764,00	REPROVADO
21	PEDRO JOSE	5,0	5,5	4,0	3,0	10,0	5,6	R$ 2.100,00	R$ 336,00	R$ 1.764,00	APROVADO
22	VANESSA	5,0	5,0	3,0	5,0	10,0	5,4	R$ 2.100,00	R$ 336,00	R$ 1.764,00	APROVADO
23	VIVIAN	5,0	4,0	5,0	7,0	10,0	6,0	R$ 2.100,00	R$ 336,00	R$ 1.764,00	APROVADO
24	ANA	5,5	2,5	4,0	8,0	10,0	5,6	R$ 2.100,00	R$ 336,00	R$ 1.764,00	APROVADO
25	RICARDO	5,5	7,5	5,0	6,0	10,0	6,7	R$ 1.680,00	R$ -	R$ 1.680,00	APROVADO
26											
27							6,95	MAIOR MÉDIA			
28							3,50	MENOR MÉDIA			
29							5,00	MÉDIA GLOBAL			
30											
31						Dados	4	5	2100	1700	
32							5	6	80%	16%	
33							10				

14. Soluções e resultados de exercícios

Sol_07_08Media - Microsoft Excel

	A	B	C	D	E	F	G
1							MÉDIAS FINAIS
2		1ª PROVA	2ª PROVA	3ª PROVA	Exercícios	Trabalho	MÉDIA FINAL
3	Peso	0,2	0,2	0,3	0,1	0,2	
4	CATERINA	2	3,5	5	5	=SE(MÉDIA(B4:E4)>=$F$31;$F$33;$F$32)	=B4*_1ª_PROVA+C4*_2ª_PROVA+D4*_3ª_PROVA+E4*Exercícios+F4*Trabalho
5	KARINA	2	3	3	7	=SE(MÉDIA(B5:E5)>=$F$31;$F$33;$F$32)	=B5*_1ª_PROVA+C5*_2ª_PROVA+D5*_3ª_PROVA+E5*Exercícios+F5*Trabalho
6	ALEXANDRE	2,5	5	8	8	=SE(MÉDIA(B6:E6)>=$F$31;$F$33;$F$32)	=B6*_1ª_PROVA+C6*_2ª_PROVA+D6*_3ª_PROVA+E6*Exercícios+F6*Trabalho
7	ANA LUCIA	2,5	2,5	4	6	=SE(MÉDIA(B7:E7)>=$F$31;$F$33;$F$32)	=B7*_1ª_PROVA+C7*_2ª_PROVA+D7*_3ª_PROVA+E7*Exercícios+F7*Trabalho
8	DANIEL	2,5	6,5	6	5	=SE(MÉDIA(B8:E8)>=$F$31;$F$33;$F$32)	=B8*_1ª_PROVA+C8*_2ª_PROVA+D8*_3ª_PROVA+E8*Exercícios+F8*Trabalho
9	FERNANDO	2,5	7,25	7	9	=SE(MÉDIA(B9:E9)>=$F$31;$F$33;$F$32)	=B9*_1ª_PROVA+C9*_2ª_PROVA+D9*_3ª_PROVA+E9*Exercícios+F9*Trabalho
10	FLAVIA	2,5	6	2	4	=SE(MÉDIA(B10:E10)>=$F$31;$F$33;$F$32)	=B10*_1ª_PROVA+C10*_2ª_PROVA+D10*_3ª_PROVA+E10*Exercícios+F10*Trabalho
11	VIRGINIA	3	3	3	5	=SE(MÉDIA(B11:E11)>=$F$31;$F$33;$F$32)	=B11*_1ª_PROVA+C11*_2ª_PROVA+D11*_3ª_PROVA+E11*Exercícios+F11*Trabalho
12	MARCIO	3,5	3,5	3	3	=SE(MÉDIA(B12:E12)>=$F$31;$F$33;$F$32)	=B12*_1ª_PROVA+C12*_2ª_PROVA+D12*_3ª_PROVA+E12*Exercícios+F12*Trabalho
13	FERNANDO	4	3,5	4	5	=SE(MÉDIA(B13:E13)>=$F$31;$F$33;$F$32)	=B13*_1ª_PROVA+C13*_2ª_PROVA+D13*_3ª_PROVA+E13*Exercícios+F13*Trabalho
14	GIOVANA	5	6	0,5	7	=SE(MÉDIA(B14:E14)>=$F$31;$F$33;$F$32)	=B14*_1ª_PROVA+C14*_2ª_PROVA+D14*_3ª_PROVA+E14*Exercícios+F14*Trabalho
15	GISELE	4	0,5	3	8	=SE(MÉDIA(B15:E15)>=$F$31;$F$33;$F$32)	=B15*_1ª_PROVA+C15*_2ª_PROVA+D15*_3ª_PROVA+E15*Exercícios+F15*Trabalho
16	ISABEL	4,5	5,5	2	6	=SE(MÉDIA(B16:E16)>=$F$31;$F$33;$F$32)	=B16*_1ª_PROVA+C16*_2ª_PROVA+D16*_3ª_PROVA+E16*Exercícios+F16*Trabalho
17	CAROLINA	5	5	2	5	=SE(MÉDIA(B17:E17)>=$F$31;$F$33;$F$32)	=B17*_1ª_PROVA+C17*_2ª_PROVA+D17*_3ª_PROVA+E17*Exercícios+F17*Trabalho
18	FRANCISCO	5	3,5	3	9	=SE(MÉDIA(B18:E18)>=$F$31;$F$33;$F$32)	=B18*_1ª_PROVA+C18*_2ª_PROVA+D18*_3ª_PROVA+E18*Exercícios+F18*Trabalho
19	JOSE GUILHERME	5	6	3	4	=SE(MÉDIA(B19:E19)>=$F$31;$F$33;$F$32)	=B19*_1ª_PROVA+C19*_2ª_PROVA+D19*_3ª_PROVA+E19*Exercícios+F19*Trabalho
20	PAULA	5	0,5	3	5	=SE(MÉDIA(B20:E20)>=$F$31;$F$33;$F$32)	=B20*_1ª_PROVA+C20*_2ª_PROVA+D20*_3ª_PROVA+E20*Exercícios+F20*Trabalho
21	PEDRO JOSE	5	5,5	4	3	=SE(MÉDIA(B21:E21)>=$F$31;$F$33;$F$32)	=B21*_1ª_PROVA+C21*_2ª_PROVA+D21*_3ª_PROVA+E21*Exercícios+F21*Trabalho
22	VANESSA	5	5	3	5	=SE(MÉDIA(B22:E22)>=$F$31;$F$33;$F$32)	=B22*_1ª_PROVA+C22*_2ª_PROVA+D22*_3ª_PROVA+E22*Exercícios+F22*Trabalho
23	VIVIAN	5	4	5	7	=SE(MÉDIA(B23:E23)>=$F$31;$F$33;$F$32)	=B23*_1ª_PROVA+C23*_2ª_PROVA+D23*_3ª_PROVA+E23*Exercícios+F23*Trabalho
24	ANA	5,5	2,5	4	8	=SE(MÉDIA(B24:E24)>=$F$31;$F$33;$F$32)	=B24*_1ª_PROVA+C24*_2ª_PROVA+D24*_3ª_PROVA+E24*Exercícios+F24*Trabalho
25	RICARDO	5,5	7,5	5	6	=SE(MÉDIA(B25:E25)>=$F$31;$F$33;$F$32)	=B25*_1ª_PROVA+C25*_2ª_PROVA+D25*_3ª_PROVA+E25*Exercícios+F25*Trabalho
27							=MÁXIMO(G4:G25)
28							=MÍNIMO(G4:G25)
29							=MÉDIA(G4:G25)

Sol07_08Media - Microsoft Excel

	H	I	J	K
2	Mensalidade	Bônus	A Pagar	Situação
4	=SE(G4>$G$32;$H$32*Mensalidade;Mensalidade)	=SE(H4>Lim_Bonus;H4*$I$32;0)	=H4-I4	=SE(G4>=$G$31;"APROVADO";"REPROVADO")
5	=SE(G5>$G$32;$H$32*Mensalidade;Mensalidade)	=SE(H5>Lim_Bonus;H5*$I$32;0)	=H5-I5	=SE(G5>=$G$31;"APROVADO";"REPROVADO")
6	=SE(G6>$G$32;$H$32*Mensalidade;Mensalidade)	=SE(H6>Lim_Bonus;H6*$I$32;0)	=H6-I6	=SE(G6>=$G$31;"APROVADO";"REPROVADO")
7	=SE(G7>$G$32;$H$32*Mensalidade;Mensalidade)	=SE(H7>Lim_Bonus;H7*$I$32;0)	=H7-I7	=SE(G7>=$G$31;"APROVADO";"REPROVADO")
8	=SE(G8>$G$32;$H$32*Mensalidade;Mensalidade)	=SE(H8>Lim_Bonus;H8*$I$32;0)	=H8-I8	=SE(G8>=$G$31;"APROVADO";"REPROVADO")
9	=SE(G9>$G$32;$H$32*Mensalidade;Mensalidade)	=SE(H9>Lim_Bonus;H9*$I$32;0)	=H9-I9	=SE(G9>=$G$31;"APROVADO";"REPROVADO")
10	=SE(G10>$G$32;$H$32*Mensalidade;Mensalidade)	=SE(H10>Lim_Bonus;H10*$I$32;0)	=H10-I10	=SE(G10>=$G$31;"APROVADO";"REPROVADO")

14.8. Confeitaria Docella (09.04)

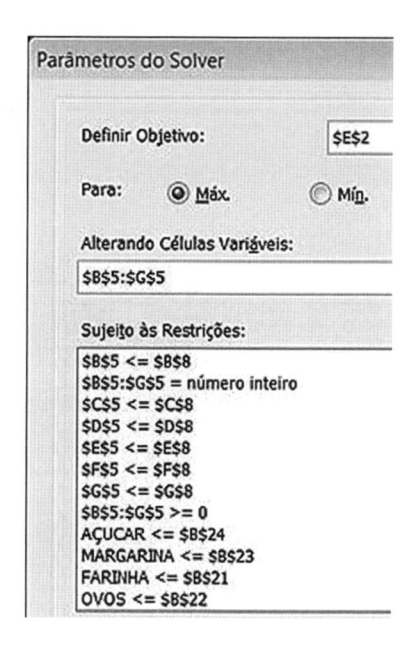

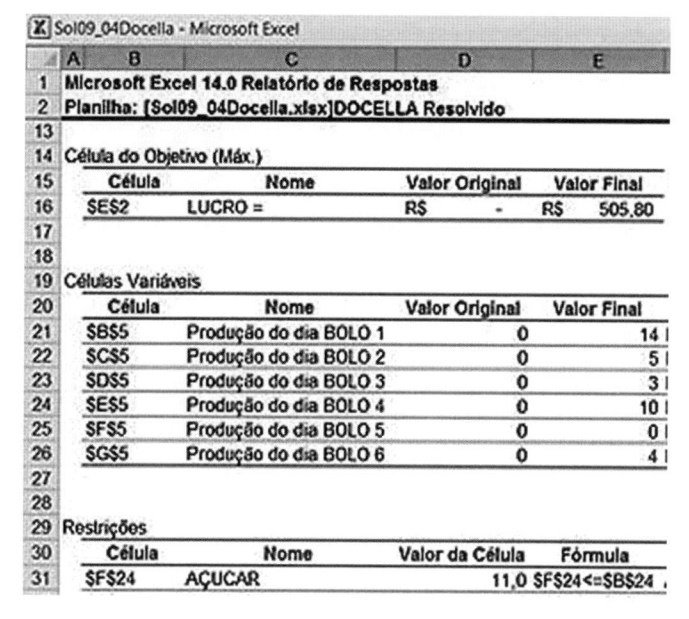

Parâmetros do Solver

Definir Objetivo: $E$2

Para: ● Máx.   ○ Mín.

Alterando Células Variáveis:
$B$5:$G$5

Sujeito às Restrições:
- $B$5 <= $B$8
- $B$5:$G$5 = número inteiro
- $C$5 <= $C$8
- $D$5 <= $D$8
- $E$5 <= $E$8
- $F$5 <= $F$8
- $G$5 <= $G$8
- $B$5:$G$5 >= 0
- AÇUCAR <= $B$24
- MARGARINA <= $B$23
- FARINHA <= $B$21
- OVOS <= $B$22

Sol09_04Docella - Microsoft Excel

	A	B	C	D	E
1	Microsoft Excel 14.0 Relatório de Respostas				
2	Planilha: [Sol09_04Docella.xlsx]DOCELLA Resolvido				
14	Célula do Objetivo (Máx.)				
15	Célula	Nome		Valor Original	Valor Final
16	$E$2	LUCRO =		R$ -	R$ 505,80
19	Células Variáveis				
20	Célula	Nome		Valor Original	Valor Final
21	$B$5	Produção do dia BOLO 1		0	14
22	$C$5	Produção do dia BOLO 2		0	5
23	$D$5	Produção do dia BOLO 3		0	3
24	$E$5	Produção do dia BOLO 4		0	10
25	$F$5	Produção do dia BOLO 5		0	0
26	$G$5	Produção do dia BOLO 6		0	4
29	Restrições				
30	Célula	Nome		Valor da Célula	Fórmula
31	$F$24	AÇUCAR		11,0	$F$24<=$B$24

CONFEITARIA DOCELLA

	A	B	C	D	E	F	G
1	**CONFEITARIA DOCELLA**						
2	FUNÇÃO A SER MAXIMIZADA:			LUCRO =	R$ 505,80		
4	MIX DE PRODUÇÃO	BOLO 1	BOLO 2	BOLO 3	BOLO 4	BOLO 5	BOLO 6
5	Produção do dia	14	5	3	10	0	4
7	MERCADO						
8	Consumo máximo diário	15	15	10	10	5	5
10	MARGEM (R$)	BOLO 1	BOLO 2	BOLO 3	BOLO 4	BOLO 5	BOLO 6
11	Lucro por unid. vendida	R$ 9,70	R$ 12,30	R$ 12,50	R$ 17,10	R$ 17,20	R$ 25,00
13	Ingredientes básicos	BOLO 1	BOLO 2	BOLO 3	BOLO 4	BOLO 5	BOLO 6
14	Farinha (kg)	0,35	0,4	0,3	0,5	0,6	0,3
15	Ovos (un)	2	3	3	4	4	7
16	Margarina (kg)	0,15	0,15	0,2	0,25	0,15	0,25
17	Açúcar (kg)	0,2	0,2	0,3	0,35	0,4	0,7
18	*Entre outros ingredientes que não possuem restrição (estoque suficiente), como: fermento, leite, chocolate, canela, frutas e outros.*						

	Estoque de ingredientes básicos deste dia			Consumo de ingredientes deste dia	
21	F - Farinha (kg)	14	>= F	F =	14,0
22	O - Ovos (un)	120	>= O	O =	120,0
23	M - Margarina (kg)	7	>= M	M =	7,0
24	A - Açúcar (kg)	11	>= A	A =	11,0

RESPOSTAS:
Função maximizada: E2=B11*B5+C11*C5+D11*D5+E11*E5+F11*F5+G11*G5
Restrições no Solver: B5:G5>=0
B5:G5 num número
$B$5<=$B$8
$C$5<=$C$8
$D$5<=$D$8
$E$5<=$E$8
$F$5<=$F$8
$G$5<=$G$8
$F$21<=$B$21
$F$22<=$B$22
$F$23<=$B$23
$F$24<=$B$24

ENUNCIADO / DOCELLA Resolvido / Relatório de Respostas 1

14.9. Combinação (09.05)

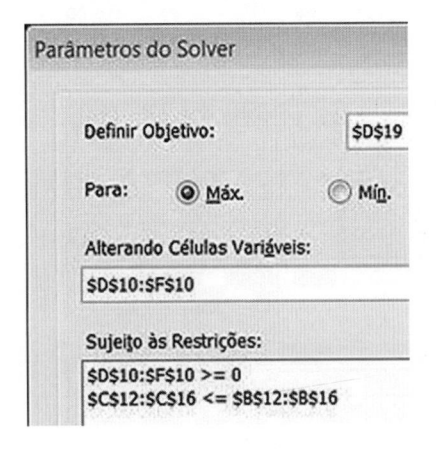

Parâmetros do Solver

Definir Objetivo: $D$19

Para: ● Máx.   ○ Mín.

Alterando Células Variáveis:
$D$10:$F$10

Sujeito às Restrições:
$D$10:$F$10 >= 0
$C$12:$C$16 <= $B$12:$B$16

Sol09_05Combinacao - Microsoft Excel

Célula do Objetivo (Máx.)

Célula	Nome	Valor Original	Valor Final
$D$19	Total Lucros:	R$ 10.095	R$ 14.917

Células Variáveis

Célula	Nome	Valor Original	Valor Final
$D$10	Número a ser produzido Aparelho de TV	100	160
$E$10	Número a ser produzido Blu-Ray player	100	200
$F$10	Número a ser produzido Controle remoto	100	80

Restrições

Célula	Nome	Valor da Célula	Fórmula
$C$12	Chassi N° Usado	360	$C$12<=$B$12
$C$13	Monitor LCD N° Usado	160	$C$13<=$B$13
$C$14	Saída HDMI N° Usado	800	$C$14<=$B$14
$C$15	Fonte de energia N° Usado	360	$C$15<=$B$15
$C$16	Componentes eletrônicos N° Usado	600	$C$16<=$B$16
$D$10	Número a ser produzido Aparelho de TV	160	$D$10>=0
$E$10	Número a ser produzido Blu-Ray Player	200	$E$10>=0
$F$10	Número a ser produzido Saída HDMI	80	$F$10>=0

14. Soluções e resultados de exercícios

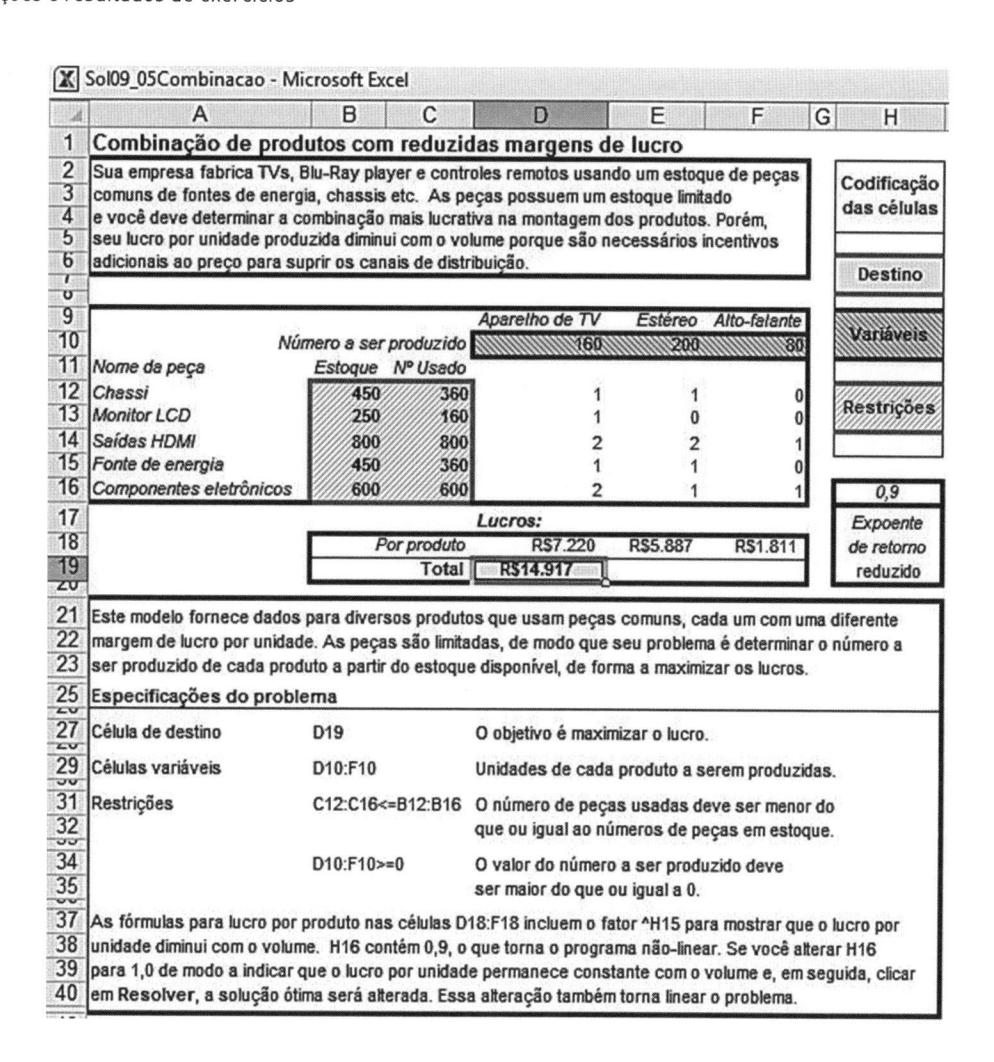

14.10. Rotas de transporte (09.06)

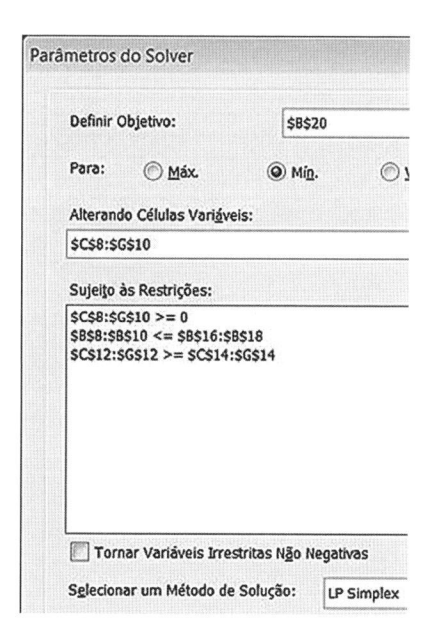

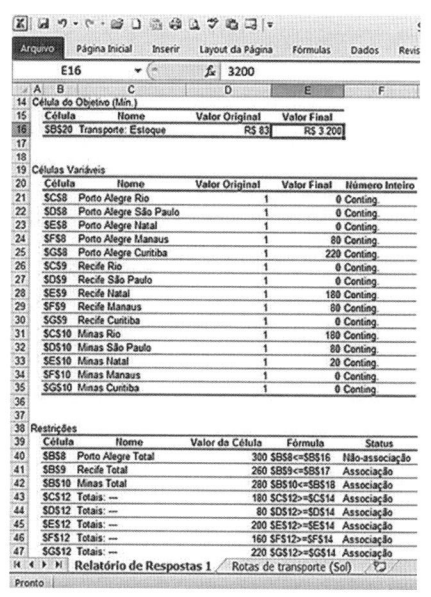

[Sol09_06Transporte - Microsoft Excel]

	A	B	C	D	E	F	G	H
1	Problema de otimização de rotas de transporte							
2	Minimiza os custos de transporte de mercadorias de fábricas para armazéns próximos aos centros							
3	de demanda metropolitanos, sem exceder o estoque disponível em cada fábrica e atendendo							
4	à demanda de cada área metropolitana.							
6			*Número a transportar da fábrica x para o armazém y (na interseção):*					
7	*Fábricas:*	*Total*	*Rio*	*São Paulo*	*Natal*	*Manaus*	*Curitiba*	
8	Porto Alegre	300	0	0	0	80	220	
9	Recife	260	0	0	180	80	0	
10	Minas	280	180	80	20	0	0	
11		—	—	—	—	—	—	
12	Totais:		180	80	200	160	220	
14	*Demanda por armazém →*		180	80	200	160	220	840
15	*Fábricas:*	*Estoque*	*Custo de transporte da fábrica x para o armazém y (na interseção):*					
16	Porto Alegre	310	10	8	6	5	4	
17	Recife	260	6	5	4	3	6	
18	Minas	280	3	4	5	5	9	
20	*Transporte:*	**R$3.200**	R$540	R$320	R$820	R$640	R$880	
22	O problema apresentado nesse modelo envolve o transporte de mercadorias de três fábricas para							
23	cinco armazéns regionais. As mercadorias podem ser transportadas de qualquer fábrica para qualquer							
24	armazém, porém o custo para transportar mercadorias em longas distâncias é maior que em curtas. O							
25	problema é determinar a quantidade a ser transportada de cada fábrica para cada armazém, a um							
26	custo mínimo, de forma a atender à demanda regional, sem exceder o estoque da fábrica.							
28	**Especificações do problema**							
30	Célula de destino	B20		O objetivo é minimizar o custo total de transporte				
31	Células variáveis	C8:G10		Quantidade a ser transportada de cada				
32				fábrica para cada armazém.				
33	Restrições	B8:B10<=B16:B18		O total transportado deve ser menor do que ou				
34				igual ao estoque da fábrica.				
35		C12:G12>=C14:G14		O total transportado deve ser maior do que ou				
36				igual à demanda do armazém.				
37		C8:G10>=0		O número a ser transportado deve ser maior do				
38				que ou igual a 0.				
40	Para resolver esse problema rapidamente, selecione a caixa de verificação **Presumir modelo**							
41	**linear**, na caixa de diálogo **Opções do Solver**, antes de clicar em **Resolver**. Um problema							
42	deste tipo tem uma solução ótima, onde as quantidades a serem transportadas são inteiros, se todos							

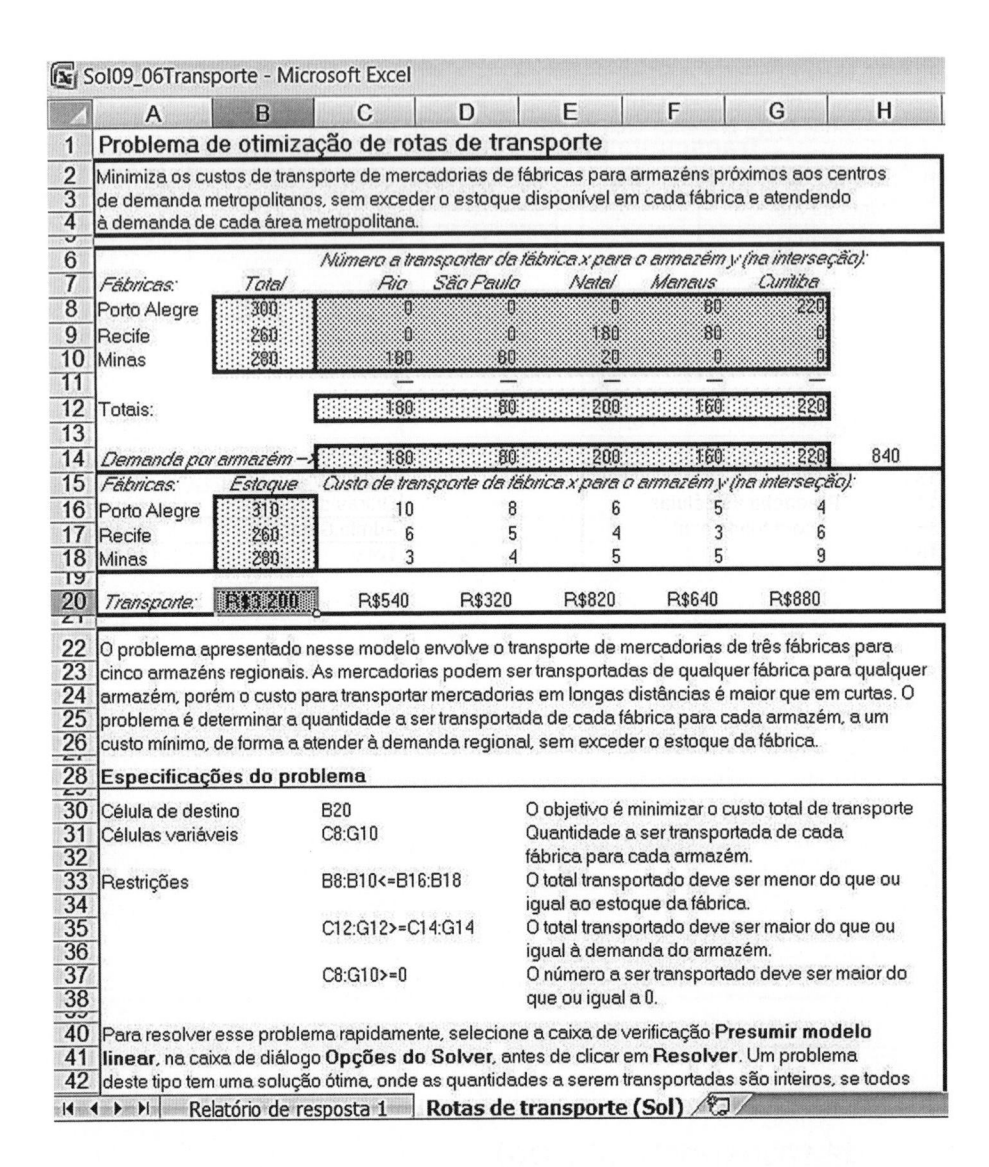

Relatório de resposta 1 / **Rotas de transporte (Sol)**

14.11. Transcontinental – fretamento de aeronaves (11.08)

Analise a seguir a primeira planilha do modelo (tela de atendimento) e observe:
- os resultados procurados (preço e formas de pagamento) estão bem à vista;
- todas as informações que o atendente vai usar estão disponíveis em uma única tela;
- a tela está organizada em os blocos facilmente identificáveis;
- existe uma clara indicação do que deve ser preenchido;
- os modelos de aeronaves estão listados, bem à vista, evitando que o atendente precise ficar procurando as opções disponíveis;
- os custos indiretos estão claramente identificados e, em caso de necessidade, podem ser prontamente alterados; a mesma observação vale para os valores constantes.

14. Soluções e resultados de exercícios

Sol11_08Transcon - Microsoft Excel

	A	B	C	D	E	F	G
1	Transcontinental - Fretamento de Aeronaves						
2	Modelo	A-320		Tab.modelos		Tabelas básicas	
3	Horas de vôo	3,00		EMB-120			
4	Tarifa aerop.origem	12,00		ERJ-135		Valores constantes	
5	Tarifa aerop. escala	20,00		A-320		Sal.tripulaç.técn.($/h)	100,00
6	Tarifa aerop.destino	15,00		A-310		Sal.Comiss.Bordo ($/h)	26,00
7	Custo total	7.959,80		Embraer 195		Preço combustível ($/l)	0,30
8	Preço à vista	10.347,74				Margem (mark-up)	30,00%
9	Qtde. parcelas	3				Taxa de juros	1,00%
10	3 parcelas s/entrada	3.518,46					
11	1 + 2 parcelas	3.483,62				Custos indiretos mensais	
12						Organiz.terrestre	15.000,00
13						Organiz.tráfego-carga	45.000,00
14	Preencha as células					Outras despesas	7.000,00
15	com fundo azul					Admin.Geral	45.000,00
16						Total	112.000,00

	A	B	C	D
2	Modelo	fokker-100		Tab.modelos
3	Horas de vôo	3		=""&Aeronaves!A4
4	Tarifa aerop.origem	12		=""&Aeronaves!A5
5	Tarifa aerop. escala	20		=""&Aeronaves!A6
6	Tarifa aerop.destino	15		=""&Aeronaves!A7
7	Custo total	=Detalhamento!E10		=""&Aeronaves!A8
8	Preço à vista	=B7*(1+G8)		=""&Aeronaves!A9
9	Qtde. parcelas	3		=""&Aeronaves!A10
10	=" "&SE(B9>1;B9&" parcelas s/entrada";SE(B9=1;"Parcela única s/entr.";""))	=SE(B9>0;-PGTO(G9;B9;B8;;0);"")		=""&Aeronaves!A11
11	=" "&SE(B9>1;"1 + "&(B9-1)&" parcelas";"")	=SE(B9>1;-PGTO(G9;B9;B8;;1);"")		

Sol11_08Transcon - Microsoft Excel

	A	B	C	D	E
1	Demonstrativo detalhado do custo do fretamento				
2		Vlr.unitário	Horas	Base cálculo	Valor
3	Combustível	0,30	3,00	1.000 litros/h	900,00
4	Depreciação	850,00	3,00		2.550,00
5	Manut. preventiva	60,00	3,00		180,00
6	Tripulantes técnicos	100,00	3,00	2 tripul.	600,00
7	Comiss. bordo	26,00	3,00	5 comiss.	390,00
8	Tx.aeroportuárias	47,00			47,00
9	Custos indiretos	112.000,00	3,00	fator 0,00980	3.292,80
10	Total				7.959,80

Todas as células do modelo estão com a proteção travada, exceto:
- na planilha Demonstrativo: **B3:B7**, **B10**, **G6:G10** e **G13:G17**;
- na planilha Aeronaves: **A4:G8**.

Sol11_06Transcon - Microsoft Excel

	A	B	C	D	E
2			Vlr.unitário	Base cálculo	Valor
3	Combustível	=Demonstrativo!G7	=horas	=PROCV(Modelo;tabela;3;FALSO)	=B3*C3*D3
4	Depreciação	=PROCV(Modelo;tabela;2;FALSO)	=horas		=B4*C4
5	Manut. preventiva	=PROCV(Modelo;tabela;4;FALSO)	=horas		=B5*C5
6	Tripulantes técnicos	=Demonstrativo!G5	=horas	=PROCV(Modelo;tabela;5;FALSO)	=B6*C6*D6
7	Comiss. bordo	=Demonstrativo!G6	=horas	=PROCV(Modelo;tabela;6;FALSO)	=B7*C7*D7
8	Tx.aeroportuárias	=Demonstrativo!B4+Demonstrativo!B5+Demonstrativo!B6			=B8
9	Custos indiretos	=Demonstrativo!G16	=horas	=PROCV(Modelo;tabela;7;FALSO)	=B9*C9*D9
10	Total				=SOMA(E3:E9)

14.12. Lancaster (13.01)

	A	B	C	D	E	F	G	H	I
1				Lancaster					
2	Produtos	Qtde. Produzida	Preço	Receita	Custo unitário variável	Custo Variável	Custo Fixo	Custo Total	Lucro
3	Camisa Manga Curta	1.000	20,00	20.000	0,780	780	12.000	12.780	7.220
4	Camiseta	5.525	5,50	30.388	0,500	2.763	3.200	5.963	24.425
5	Regata	834	4,50	3.753	0,400	334	2.000	2.334	1.419
6	Calça	2.817	30,00	84.510	0,320	901	21.000	21.901	62.609
7	Bermuda	1.738	15,00	26.070	0,045	78	8.500	8.578	17.492
8	Colete	534	13,00	6.942	0,680	363	10.000	10.363	(3.421)
9	Polo	1.500	14,50	21.750	0,580	870	13.000	13.870	7.880
10	Short	2.701	10,50	28.361	0,980	2.647	9.900	12.547	15.814
11	Jaqueta	634	50,00	31.700	0,369	234	9.500	9.734	21.966
12	Camisa Manga Longa	1.500	21,00	31.500	0,540	810	12.300	13.110	18.390
13	Boné	615	15,50	9.533	0,980	603	5.600	6.203	3.330
14	TOTAL	19.398		294.506			107.000	117.382	177.123

	D	E	F	G	H	I
2	Receita	Custo unitário variável	Custo Variável	Custo Fixo	Custo Total	Lucro
3	=B3*C3	0,78	=E3*B3	12000	=G3+F3	=D3-H3
4	=B4*C4	0,5	=E4*B4	3200	=G4+F4	=D4-H4
5	=B5*C5	0,4	=E5*B5	2000	=G5+F5	=D5-H5
6	=B6*C6	0,32	=E6*B6	21000	=G6+F6	=D6-H6
7	=B7*C7	0,045	=E7*B7	8500	=G7+F7	=D7-H7
8	=B8*C8	0,68	=E8*B8	10000	=G8+F8	=D8-H8
9	=B9*C9	0,58	=E9*B9	13000	=G9+F9	=D9-H9
10	=B10*C10	0,98	=E10*B10	9900	=G10+F10	=D10-H10
11	=B11*C11	0,369	=E11*B11	9500	=G11+F11	=D11-H11
12	=B12*C12	0,54	=E12*B12	12300	=G12+F12	=D12-H12
13	=B13*C13	0,98	=E13*B13	5600	=G13+F13	=D13-H13
14	=SOMA(D3:D13)			=SOMA(G3:G13)	=SOMA(H3:H13)	=SOMA(I3:I13)

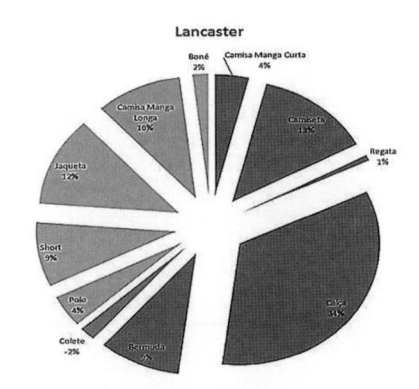

14.13. Eden Store (13.02)

	A	B	C	D	E
1			Eden Store		
2					
3	Controle de Vendas das Filiais			Data de hoje:	fev-11
4					
5	Ano 2010	Jan	Fev	Mar	Total
6	Filial 1	R$ 228.767,00	R$ 234.463,30	R$ 245.131,38	R$ 708.361,68
7	Filial 2	R$ 260.658,00	R$ 267.148,38	R$ 279.303,64	R$ 807.110,02
8	Filial 3	R$ 332.553,00	R$ 340.833,57	R$ 356.341,50	R$ 1.029.728,07
9	TOTAL	R$ 821.978,00	R$ 842.445,25	R$ 880.776,51	R$ 2.545.199,76
10	1º TRIM %	32,30%	33,10%	34,61%	100,00%
11					
12					
13	Média dos Meses	R$ 273.992,67	R$ 280.815,08	R$ 293.592,17	
14	Máximo Valor	R$ 332.553,00	R$ 340.833,57	R$ 356.341,50	
15	Mínimo Valor	R$ 228.767,00	R$ 234.463,30	R$ 245.131,38	

Controle de Vendas

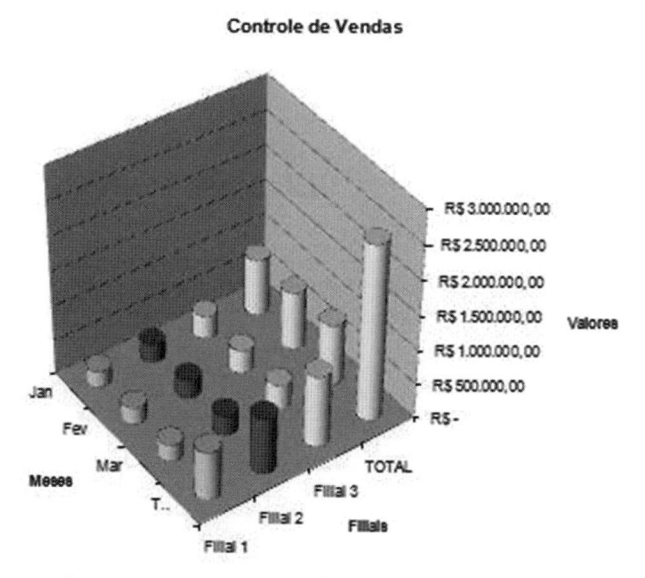

	Jan	Fev	Mar	Total
☐ Filial 1	R$ 228.767,00	R$ 234.463,30	R$ 245.131,38	R$ 708.361,68
■ Filial 2	R$ 260.658,00	R$ 267.148,38	R$ 279.303,64	R$ 807.110,02
☐ Filial 3	R$ 332.553,00	R$ 340.833,57	R$ 356.341,50	R$ 1.029.728,07
☐ TOTAL	R$ 821.978,00	R$ 842.445,25	R$ 880.776,51	R$ 2.545.199,76

	B	C	D	E
3			Data de hoje:	=HOJE()
4				
5	**Jan**	**Fev**	**Mar**	**Total**
6	228767	=SE(SOMA($B$6:$B$8)>800000;B6*102,49%;B6*100,87%)	=SE(MÉDIA($C$6:$C$8)>=300000;C6*108,95%;C6*104,55%)	=SOMA(B6:D6)
7	260658	=SE(SOMA($B$6:$B$8)>800000;B7*102,49%;B7*100,87%)	=SE(MÉDIA($C$6:$C$8)>=300000;C7*108,95%;C7*104,55%)	=SOMA(B7:D7)
8	332553	=SE(SOMA($B$6:$B$8)>800000;B8*102,49%;B8*100,87%)	=SE(MÉDIA($C$6:$C$8)>=300000;C8*108,95%;C8*104,55%)	=SOMA(B8:D8)
9	=SOMA(B6:B8)	=SOMA(C6:C8)	=SOMA(D6:D8)	=SOMA(E6:E8)
10	=B9*$E$9	=C9*$E$9	=D9*$E$9	=E9*$E$9
11				
12				
13	=MÉDIA(B6:B8)	=MÉDIA(C6:C8)	=MÉDIA(D6:D8)	
14	=MÁXIMO(B6:B8)	=MÁXIMO(C6:C8)	=MÁXIMO(D6:D8)	
15	=MÍNIMO(B6:B8)	=MÍNIMO(C6:C8)	=MÍNIMO(D6:D8)	

14.14. Call Center (13.03)

Sol13_03CallCenter - Microsoft Excel

	A	B	C	D	E
1	Número do Serviço	UF	Data de Atendimento	Hora do Atendimento	Valor do Serviço
2	35714	SP	01/04/2010	12:45	R$45,00
3	35672	SP	01/04/2010	08:22	R$45,00
4	35673	SP	01/04/2010	08:36	R$45,00
5	35674	RJ	01/04/2010	08:40	R$50,00
6	35675	RJ	01/04/2010	09:21	R$50,00
7	35676	MG	01/04/2010	09:50	R$35,00
8	35677	ES	01/04/2010	10:45	R$27,00
9	35678	SP	01/04/2010	11:28	R$45,00
10	35679	SP	01/04/2010	11:32	R$45,00
11	35680	SP	01/04/2010	11:46	R$45,00
12	35681	RJ	01/04/2010	11:51	R$50,00
13	35682	RJ	01/04/2010	12:14	R$50,00
14	35683	MG	01/04/2010	13:16	R$35,00

	A	B	C	D	E	F	G	H	I	J
	\multicolumn{2}{l}{E2}		fx	\multicolumn{6}{l}{=SE(B2="SP";45;SE(B2="RJ";50;SE(B2="MG";35;SE(B2="ES";27;255))))}
1	Número do Serviço	UF	Data de Atendimento	Hora do Atendimento	Valor do Serviço					
2	35714	SP	01/04/2001	12:45	R$45,00					
3	35672	SP	01/04/2001	08:22	R$45,00					
4	35673	SP	01/04/2001	08:36	R$45,00					

14.15. Club Panamá (13.04)

Sol13_04Panama - Microsoft Excel

	A	B	C	D	E	F	G	H	I
1					Club Panamá				
3				Data Atual:	07/02/2011				
5		Matrícula	Sócio	Cargo	Empresa	Valor Mensalidade	Vencimento	Nº de Dias em Atraso	Situação do Sócio	Total Devido
6	10	Nicole	Office boy	Serviços	R$ 41,00	26/12/10	43	Vencida	R$ 47,81
7	11	Priscila	Faxineira	Serviços	R$ 316,00	31/07/10	191	Vencida	Contato Urgente
8	12	Ana Carolina	Modelista	Benjamin Distribuidora	R$ 133,00	21/02/11		A vencer	R$ 133,00
9	13	Ana Paula	Costureira	DKS Marketing	R$ 489,00	16/10/10	114	Vencida	R$ 570,17
10	14	Michel	Vendedor	Vendas	R$ 292,00	30/08/10	161	Vencida	Contato Urgente
11	15	Pedro	Vendedor	Vendas	R$ 284,00	07/01/11	31	Vencida	R$ 331,14
12	16	Alexandre	Empacotador	Benjamin Distribuidora	R$ 340,00	15/03/11		A vencer	R$ 340,00
13	17	Renato	Contador	Contabilidade	R$ 338,00	15/05/11		A vencer	R$ 338,00
14	18	João	Copeiro	Serviços	R$ 267,00	29/10/10	101	Vencida	R$ 311,32
15	19	Laís	Costureira	Produção	R$ 331,00	15/02/11		A vencer	R$ 331,00
16	20	Antônio Carlos	Gerente loja	Eletronica Hiroshi	R$ 399,00	21/09/10	139	Vencida	R$ 465,23
17	21	Patrícia	Caixa	Vendas	R$ 413,00	02/05/11		A vencer	R$ 413,00
18	22	Rachel	Costureira	Produção	R$ 498,00	07/02/11		Vence hoje	R$ 498,00
19	23	Regina	Vendedor	Vendas	R$ 271,00	21/01/11	17	Vencida	R$ 315,99

	F	G	H
5	Vencimento	Nº de Dias em Atraso	Situação do Sócio
6	=ALEATÓRIOENTRE(HOJE()-200;HOJE()+100)	=SE(hoje<=Vencimento;"";hoje-Vencimento)	=SE(hoje=Vencimento;"Vence hoje";SE(hoje>Vencimento;"Vencida";"A vencer"))
7	=ALEATÓRIOENTRE(HOJE()-200;HOJE()+100)	=SE(hoje<=Vencimento;"";hoje-Vencimento)	=SE(hoje=Vencimento;"Vence hoje";SE(hoje>Vencimento;"Vencida";"A vencer"))
8	=ALEATÓRIOENTRE(HOJE()-200;HOJE()+100)	=SE(hoje<=Vencimento;"";hoje-Vencimento)	=SE(hoje=Vencimento;"Vence hoje";SE(hoje>Vencimento;"Vencida";"A vencer"))
9	=ALEATÓRIOENTRE(HOJE()-200;HOJE()+100)	=SE(hoje<=Vencimento;"";hoje-Vencimento)	=SE(hoje=Vencimento;"Vence hoje";SE(hoje>Vencimento;"Vencida";"A vencer"))
10	=ALEATÓRIOENTRE(HOJE()-200;HOJE()+100)	=SE(hoje<=Vencimento;"";hoje-Vencimento)	=SE(hoje=Vencimento;"Vence hoje";SE(hoje>Vencimento;"Vencida";"A vencer"))

	I
5	Total Devido
6	=SE(Nº_de_Dias_em_Atraso="";Valor_Mensalidade;SE(Nº_de_Dias_em_Atraso>150;"Contato Urgente";Valor_Mensalidade*1,1*1,06))
7	=SE(Nº_de_Dias_em_Atraso="";Valor_Mensalidade;SE(Nº_de_Dias_em_Atraso>150;"Contato Urgente";Valor_Mensalidade*1,1*1,06))
8	=SE(Nº_de_Dias_em_Atraso="";Valor_Mensalidade;SE(Nº_de_Dias_em_Atraso>150;"Contato Urgente";Valor_Mensalidade*1,1*1,06))
9	=SE(Nº_de_Dias_em_Atraso="";Valor_Mensalidade;SE(Nº_de_Dias_em_Atraso>150;"Contato Urgente";Valor_Mensalidade*1,1*1,06))
10	=SE(Nº_de_Dias_em_Atraso="";Valor_Mensalidade;SE(Nº_de_Dias_em_Atraso>150;"Contato Urgente";Valor_Mensalidade*1,1*1,06))

14.16. Bônus (13.05)

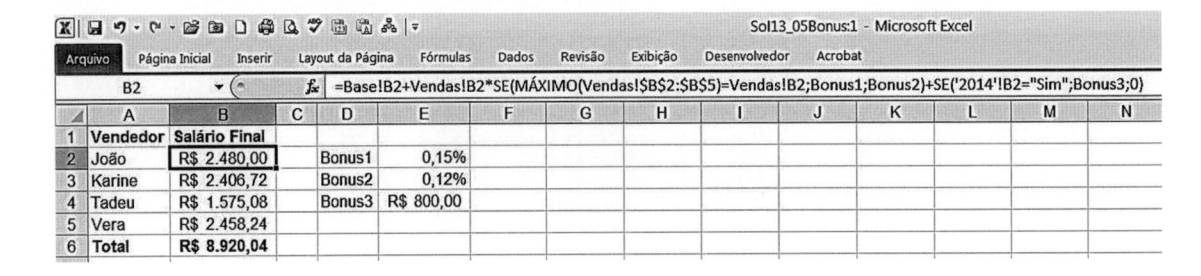

Sol13_05Bonus:1 - Microsoft Excel

B2 fx =Base!B2+Vendas!B2*SE(MÁXIMO(Vendas!$B$2:$B$5)=Vendas!B2;Bonus1;Bonus2)+SE('2014'!B2="Sim";Bonus3;0)

	A	B	C	D	E
1	Vendedor	Salário Final			
2	João	R$ 2.480,00		Bonus1	0,15%
3	Karine	R$ 2.406,72		Bonus2	0,12%
4	Tadeu	R$ 1.575,08		Bonus3	R$ 800,00
5	Vera	R$ 2.458,24			
6	Total	R$ 8.920,04			

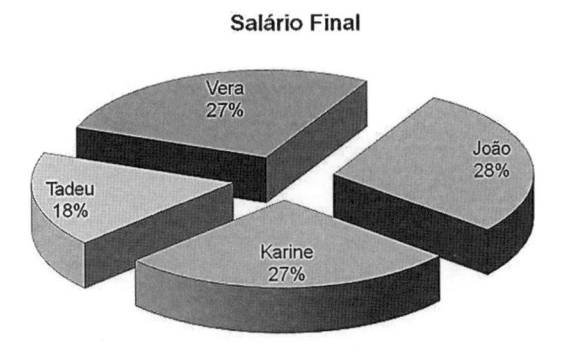

14.17. Motors (13.06)

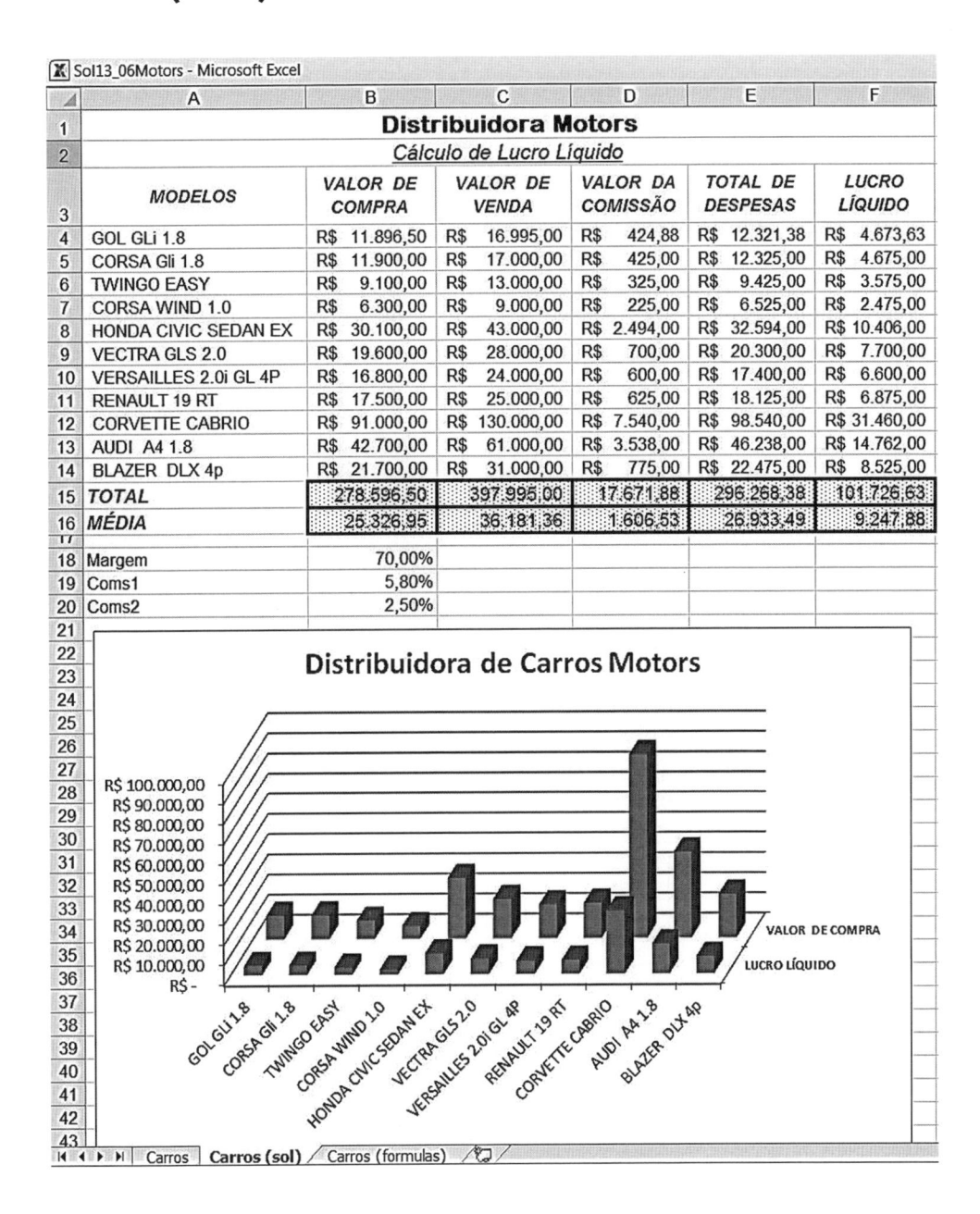

MODELOS	VALOR DE COMPRA	VALOR DE VENDA	VALOR DA COMISSÃO	TOTAL DE DESPESAS	LUCRO LÍQUIDO
Distribuidora Motors					
Cálculo de Lucro Líquido					
GOL GLi 1.8	R$ 11.896,50	R$ 16.995,00	R$ 424,88	R$ 12.321,38	R$ 4.673,63
CORSA Gli 1.8	R$ 11.900,00	R$ 17.000,00	R$ 425,00	R$ 12.325,00	R$ 4.675,00
TWINGO EASY	R$ 9.100,00	R$ 13.000,00	R$ 325,00	R$ 9.425,00	R$ 3.575,00
CORSA WIND 1.0	R$ 6.300,00	R$ 9.000,00	R$ 225,00	R$ 6.525,00	R$ 2.475,00
HONDA CIVIC SEDAN EX	R$ 30.100,00	R$ 43.000,00	R$ 2.494,00	R$ 32.594,00	R$ 10.406,00
VECTRA GLS 2.0	R$ 19.600,00	R$ 28.000,00	R$ 700,00	R$ 20.300,00	R$ 7.700,00
VERSAILLES 2.0i GL 4P	R$ 16.800,00	R$ 24.000,00	R$ 600,00	R$ 17.400,00	R$ 6.600,00
RENAULT 19 RT	R$ 17.500,00	R$ 25.000,00	R$ 625,00	R$ 18.125,00	R$ 6.875,00
CORVETTE CABRIO	R$ 91.000,00	R$ 130.000,00	R$ 7.540,00	R$ 98.540,00	R$ 31.460,00
AUDI A4 1.8	R$ 42.700,00	R$ 61.000,00	R$ 3.538,00	R$ 46.238,00	R$ 14.762,00
BLAZER DLX 4p	R$ 21.700,00	R$ 31.000,00	R$ 775,00	R$ 22.475,00	R$ 8.525,00
TOTAL	278.596,50	397.995,00	17.671,88	296.268,38	101.726,63
MÉDIA	25.326,95	36.181,36	1.606,53	26.933,49	9.247,88

Margem	70,00%
Coms1	5,80%
Coms2	2,50%

Sol13_06Motors - Microsoft Excel

Distribuidora Motors
Cálculo de Lucro Líquido

MODELOS	VALOR DE COMPRA	VALOR DE VENDA	VALOR DA COMISSÃO	TOTAL DE DESPESAS	LUCRO LÍQUIDO
GOL GLi 1.8	=C4*Margem	16995	=SE(C4>MÉDIA($C$4:$C$14);Coms1*C4;Coms2*C4)	=B4+D4	=C4-E4
CORSA Gli 1.8	=C5*Margem	17000	=SE(C5>MÉDIA($C$4:$C$14);Coms1*C5;Coms2*C5)	=B5+D5	=C5-E5
TWINGO EASY	=C6*Margem	13000	=SE(C6>MÉDIA($C$4:$C$14);Coms1*C6;Coms2*C6)	=B6+D6	=C6-E6
CORSA WIND 1.0	=C7*Margem	9000	=SE(C7>MÉDIA($C$4:$C$14);Coms1*C7;Coms2*C7)	=B7+D7	=C7-E7
HONDA CIVIC SEDAN EX	=C8*Margem	43000	=SE(C8>MÉDIA($C$4:$C$14);Coms1*C8;Coms2*C8)	=B8+D8	=C8-E8
VECTRA GLS 2.0	=C9*Margem	28000	=SE(C9>MÉDIA($C$4:$C$14);Coms1*C9;Coms2*C9)	=B9+D9	=C9-E9
VERSAILLES 2.0i GL 4P	=C10*Margem	24000	=SE(C10>MÉDIA($C$4:$C$14);Coms1*C10;Coms2*C10)	=B10+D10	=C10-E10
RENAULT 19 RT	=C11*Margem	25000	=SE(C11>MÉDIA($C$4:$C$14);Coms1*C11;Coms2*C11)	=B11+D11	=C11-E11
CORVETTE CABRIO	=C12*Margem	130000	=SE(C12>MÉDIA($C$4:$C$14);Coms1*C12;Coms2*C12)	=B12+D12	=C12-E12
AUDI A4 1.8	=C13*Margem	61000	=SE(C13>MÉDIA($C$4:$C$14);Coms1*C13;Coms2*C13)	=B13+D13	=C13-E13
BLAZER DLX 4p	=C14*Margem	31000	=SE(C14>MÉDIA($C$4:$C$14);Coms1*C14;Coms2*C14)	=B14+D14	=C14-E14
TOTAL	=SOMA(B4:B14)	=SOMA(C4:C14)	=SOMA(D4:D14)	=SOMA(E4:E14)	=SOMA(F4:F14)

14.18. Comissões (13.07)

Sol13_07Comissoes - Microsoft Excel

B2: `=SE(Vendas!C2>MÉDIA(Vendas!$C$2:$C$71);2,85%*Vendas!C2;0)+Vendas!B2`

	Vendedor	Salário Final
2	Alexandre Chuba	R$1.276,22
3	Andre Yedid	R$1.379,51

14.19. Panamericanas (13.08)

Sol13_08Panamericana - Microsoft Excel

Linhas Aéreas Panamericanas

Nome do Passageiro	Hora da Partida	Aeroporto de Partida	Aeroporto de Destino	Preço da Passagem	Desconto	Preço final	Refeição
Adriana Spazzin	23:25	Congonhas	Santos Dumont	R$ 298,00	R$ 14,90	R$ 283,10	Snacks
Carlos Rodrigues	15:45	Congonhas	Manaus	R$ 898,00	R$ 44,90	R$ 853,10	Prato quente
Enrico Chaves	05:30	Guarulhos	Curitiba	R$ 215,00	R$ 21,50	R$ 193,50	Nenhuma
Ir Noti	20:30	Guarulhos	Campo Grande	R$ 275,63	R$ 27,56	R$ 248,07	Snacks
Marcela Trotti	19:00	Congonhas	Confins	R$ 432,00	R$ 21,60	R$ 410,40	Lanche quente
Márcio Antonio	15:00	Congonhas	Santos Dumont	R$ 335,00	R$ 16,75	R$ 318,25	Lanche frio
Martin Fonseca	13:00	Guarulhos	Vitória	R$ 278,65	R$ 27,87	R$ 250,79	Snacks
Patrícia Dias	07:50	Guarulhos	Brasília	R$ 450,35	R$ 45,04	R$ 405,32	Lanche quente
Paulo Sabrossa	07:00	Guarulhos	Galeão	R$ 230,00	R$ 23,00	R$ 207,00	Snacks
Sabrina Gregi	09:50	Congonhas	Salvador	R$ 509,00	R$ 25,45	R$ 483,55	Lanche quente
Tatiana Issim	16:00	Guarulhos	Cancun	R$ 1.035,15	R$ 103,52	R$ 931,64	Prato quente
Victoria Zisck	09:15	Guarulhos	Campinas	R$ 198,00	R$ 19,80	R$ 178,20	Nenhuma

Dados			
Guarulhos	10%	200	Nenhuma
Congonhas	5%	300	Snacks
		400	Lanche frio
		600	Lanche quente

Sol13_08Panamericana - Microsoft Excel

	A	F	G
3	Nome do Passageiro	Desconto	Preço final
4	Adriana Spazzin	=SE(Aeroporto_de_Partida=A$18;B$18*Preço_da_Passagem;B$19*Preço_da_Passagem)	=Preço_da_Passagem-Desconto

	A	H
3	Nome do Passageiro	Refeição
4	Adriana Spazzin	=SE(Preço_final<C$18;D$18;SE(Preço_final<C$19;D$19;SE(Preço_final<C$20;D$20;SE(Preço_final<C$21;D$21;D$22))))

14. Soluções e resultados de exercícios

14.20. Smiles (13.09)

C2: `=SE(CARTÃO=F$2;E$2;SE(CARTÃO=F$3;E$3;SE(CARTÃO=F$4;E$4;E$5)))`

	A	B	C	D	E	F
1	ASSOCIADO SMILES	CARTÃO	CRÉDITO		Dados:	
2	3021662	PRATA	2.000		1200	AZUL
3	3021664	DIAMANTE	4.000		2000	PRATA
4	3021666	AZUL	1.200		3000	OURO
5	3021668	DIAMANTE	4.000		4000	DIAMANTE
6	3021670	DIAMANTE	4.000			
7	3021672	DIAMANTE	4.000			
8	3021674	PRATA	2.000			
9	3021676	OURO	3.000			

14.21. Margem (13.10)

	A	B	C	D	E	F	G	H	I	J	K	L
1		Mercadoria	Custo	Volume	CMV	Margem	Preço	Receita	Part/R.	Lucro	Part/L.	Depto.
2	1	Geladeira	600	110	66.000	50,0%	900	99.000	8,8%	33.000	9,2%	A
3	2	Forno	900	100	90.000	51,0%	1.359	135.900	12,1%	45.900	4,1%	A
4	3	Ferro de passar	70	250	17.500	48,0%	104	25.900	2,3%	8.400	0,7%	B
5	4	Torradeira	90	200	18.000	45,0%	131	26.100	2,3%	8.100	0,7%	A
6	5	Fogao	200	200	40.000	35,0%	270	54.000	4,8%	14.000	1,2%	A
7	6	Batedeira	200	180	36.000	55,0%	310	55.800	5,0%	19.800	1,8%	A
8	7	Enceradeira	100	200	20.000	42,0%	142	28.400	2,5%	8.400	0,7%	B
9	8	Aspirador	150	300	45.000	44,0%	216	64.800	5,8%	19.800	1,8%	B
10	9	Lavadora de roupa	750	80	60.000	43,0%	1.073	85.800	7,6%	25.800	2,3%	B
11	10	Lavadora de louca	800	50	40.000	38,0%	1.104	55.200	4,9%	15.200	1,4%	A
12	11	Secadora de roupa	700	80	56.000	40,0%	980	78.400	7,0%	22.400	2,0%	B
13	12	Antena	200	250	50.000	38,0%	276	69.000	6,1%	19.000	1,7%	C
14	13	Radio FM	100	300	30.000	45,0%	145	43.500	3,9%	13.500	1,2%	C
15	14	TV a cores	900	200	180.000	55,0%	1.395	279.000	24,8%	99.000	8,8%	C
16	15	Radio relogio	150	100	15.000	50,0%	225	22.500	2,0%	7.500	0,7%	C
17		TOTAL			763.500	47,1%		1.123.300		359.800		

	A	B	C	D	E	F	G	H	I	J
19				Margem da TV a cores / Volume			Valores por Depto.			
20						Depto.	Receita	Part/R.	Lucro	Part/L.
21				0	58,0%	A - Cozinha	426.000	37,9%	136.000	37,8%
22				100	55,0%	B - Lmpeza	283.300	25,2%	84.800	23,6%
23				300	50,0%	C - Uso pessoal	414.000	36,9%	139.000	38,6%
24				500	40,0%	TOTAL	1.123.300		359.800	

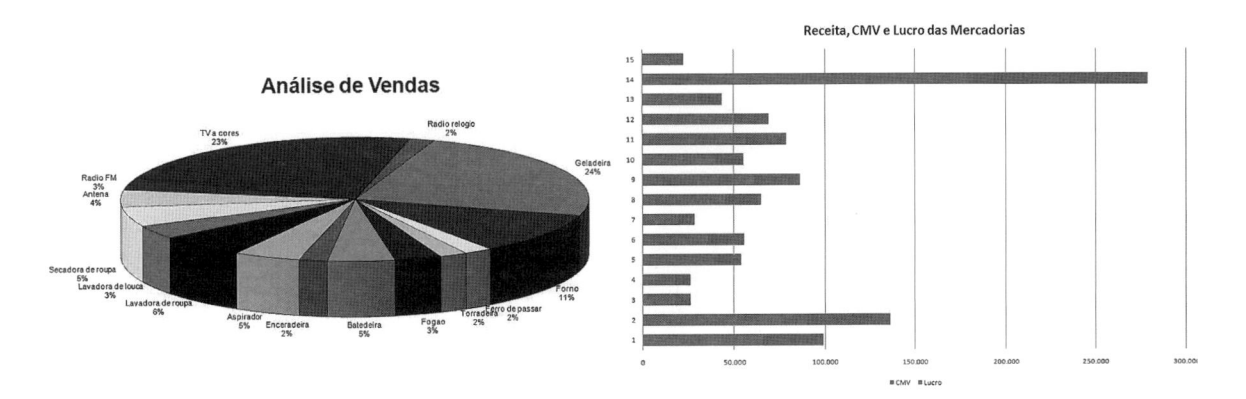

	A	B	C	D	E	F	G
1	Mercadoria	Custo	Volume	CMV	Margem	Preço	Receita
2	Geladeira	600	110	=C2*B2	0,5	=B2*(1+E2)	=C2*F2
3	Forno	900	100	=C3*B3	0,51	=B3*(1+E3)	=C3*F3
4	Ferro de passar	70	250	=C4*B4	0,48	=B4*(1+E4)	=C4*F4
5	Torradeira	90	200	=C5*B5	0,45	=B5*(1+E5)	=C5*F5
6	Fogao	200	200	=C6*B6	0,35	=B6*(1+E6)	=C6*F6
7	Batedeira	200	180	=C7*B7	0,55	=B7*(1+E7)	=C7*F7
8	Enceradeira	100	200	=C8*B8	0,42	=B8*(1+E8)	=C8*F8
9	Aspirador	150	300	=C9*B9	0,44	=B9*(1+E9)	=C9*F9
10	Lavadora de roupa	750	80	=C10*B10	0,43	=B10*(1+E10)	=C10*F10
11	Lavadora de louca	800	50	=C11*B11	0,38	=B11*(1+E11)	=C11*F11
12	Secadora de roupa	700	80	=C12*B12	0,4	=B12*(1+E12)	=C12*F12
13	Antena	200	250	=C13*B13	0,38	=B13*(1+E13)	=C13*F13
14	Radio FM	100	300	=C14*B14	0,45	=B14*(1+E14)	=C14*F14
15	TV a cores	900	200	=C15*B15	0,55	=B15*(1+E15)	=C15*F15
16	Radio relogio	150	100	=C16*B16	0,5	=B16*(1+E16)	=C16*F16
17	TOTAL			=SOMA(D2:D16)	=G17/D17-1		=SOMA(G2:G16)

Sol13_10Margem - Microsoft Excel

	E	F	G	H	I	J	K
1	CMV	Margem	Preço	Receita	Part/R.	Lucro	Part/L.
2	=C2*D2	0,5	=C2*(1+F2)	=D2*G2	=(H2/$H$17)	=H2-E2	=(J2/J17)
3	=C3*D3	0,51	=C3*(1+F3)	=D3*G3	=(H3/$H$17)	=H3-E3	=(J3/$H$17)
4	=C4*D4	0,48	=C4*(1+F4)	=D4*G4	=(H4/$H$17)	=H4-E4	=(J4/$H$17)
5	=C5*D5	0,45	=C5*(1+F5)	=D5*G5	=(H5/$H$17)	=H5-E5	=(J5/$H$17)
6	=C6*D6	0,35	=C6*(1+F6)	=D6*G6	=(H6/$H$17)	=H6-E6	=(J6/$H$17)
7	=C7*D7	0,55	=C7*(1+F7)	=D7*G7	=(H7/$H$17)	=H7-E7	=(J7/$H$17)
8	=C8*D8	0,42	=C8*(1+F8)	=D8*G8	=(H8/$H$17)	=H8-E8	=(J8/$H$17)
9	=C9*D9	0,44	=C9*(1+F9)	=D9*G9	=(H9/$H$17)	=H9-E9	=(J9/$H$17)
10	=C10*D10	0,43	=C10*(1+F10)	=D10*G10	=(H10/$H$17)	=H10-E10	=(J10/$H$17)
11	=C11*D11	0,38	=C11*(1+F11)	=D11*G11	=(H11/$H$17)	=H11-E11	=(J11/$H$17)
12	=C12*D12	0,4	=C12*(1+F12)	=D12*G12	=(H12/$H$17)	=H12-E12	=(J12/$H$17)
13	=C13*D13	0,38	=C13*(1+F13)	=D13*G13	=(H13/$H$17)	=H13-E13	=(J13/$H$17)
14	=C14*D14	0,45	=C14*(1+F14)	=D14*G14	=(H14/$H$17)	=H14-E14	=(J14/$H$17)
15	=C15*D15	=PROCV(D15;C21:D24;2)	=C15*(1+F15)	=D15*G15	=(H15/$H$17)	=H15-E15	=(J15/$H$17)
16	=C16*D16	0,5	=C16*(1+F16)	=D16*G16	=(H16/$H$17)	=H16-E16	=(J16/$H$17)
17	=SOMA(E2:E16)	=H17/E17-1		=SOMA(H2:H16)		=SOMA(J2:J16)	
18							
19				Valores por Depto.			
20			Depto.	Receita	Part/R.	Lucro	Part/L.
21			A - Cozinha	=BDSOMA($B$1:$L$16;7;$F$26:$F$27)	=H21/$H$24	=BDSOMA($B$1:$L$16;9;$F$26:$F$27)	=J21/$J$24
22			B - Lmpeza	=BDSOMA($B$1:$L$16;7;$G$26:$G$27)	=H22/$H$24	=BDSOMA($B$1:$L$16;9;$G$26:$G$27)	=J22/$J$24
23			C - Uso pessoal	=BDSOMA($B$1:$L$16;7;$H$26:$H$27)	=H23/$H$24	=BDSOMA($B$1:$L$16;9;$H$26:$H$27)	=J23/$J$24
24			TOTAL	=SOMA(H21:H23)		=SOMA(J21:J23)	

14.22. Folha de pagamento (13.11)

D3 fx =ARRED(B3/Horas*(1+SE(B3>=TetoExt;Hora1;Hora2))*C3;2)

	A	B	C	D	E	F	G	H
2	Funcionários	Salários Base	N° de Horas Extra	Total (R$) da Hora Extra	N° Faltas	Total (R$) das Faltas	N° de Depen dentes	Salário Família
3	Daniel	2530	1	=ARRED(B3/Horas*(1+SE(B3>=TetoExt;Hora1;Hora2))*C3;2)	0	=B3/30*E3	0	=SalFam*G3
4	Danilo	6200	0	=ARRED(B4/Horas*(1+SE(B4>=TetoExt;Hora1;Hora2))*C4;2)	1	=B4/30*E4	1	=SalFam*G4
5	Miguel	4320	3	=ARRED(B5/Horas*(1+SE(B5>=TetoExt;Hora1;Hora2))*C5;2)	6	=B5/30*E5	2	=SalFam*G5

J3 fx =TRUNCAR(SE(E(B3>TetoINSS;G3<Depen);INSS2;INSS1)*B3;2)

	I	J	K	L
2	Convênio Médico	Desconto INPS	Desconto Imposto de Renda	Salário Líquido
3	=SE(B3>TetoConv;Conv;0)	=TRUNCAR(SE(E(B3>TetoINSS;G3<Depen);INSS2;INSS1)*B3;2)	=TRUNCAR(B3*SE(B3>TetoIR;MaxIR;MinIR);2)	=B3+D3+H3-F3-I3-J3-K3
4	=SE(B4>TetoConv;Conv;0)	=TRUNCAR(SE(E(B4>TetoINSS;G4<Depen);INSS2;INSS1)*B4;2)	=TRUNCAR(B4*SE(B4>TetoIR;MaxIR;MinIR);2)	=B4+D4+H4-F4-I4-J4-K4
5	=SE(B5>TetoConv;Conv;0)	=TRUNCAR(SE(E(B5>TetoINSS;G5<Depen);INSS2;INSS1)*B5;2)	=TRUNCAR(B5*SE(B5>TetoIR;MaxIR;MinIR);2)	=B5+D5+H5-F5-I5-J5-K5

14. Soluções e resultados de exercícios

Sol13_11Folha - Microsoft Excel

Folha de Pagamentos

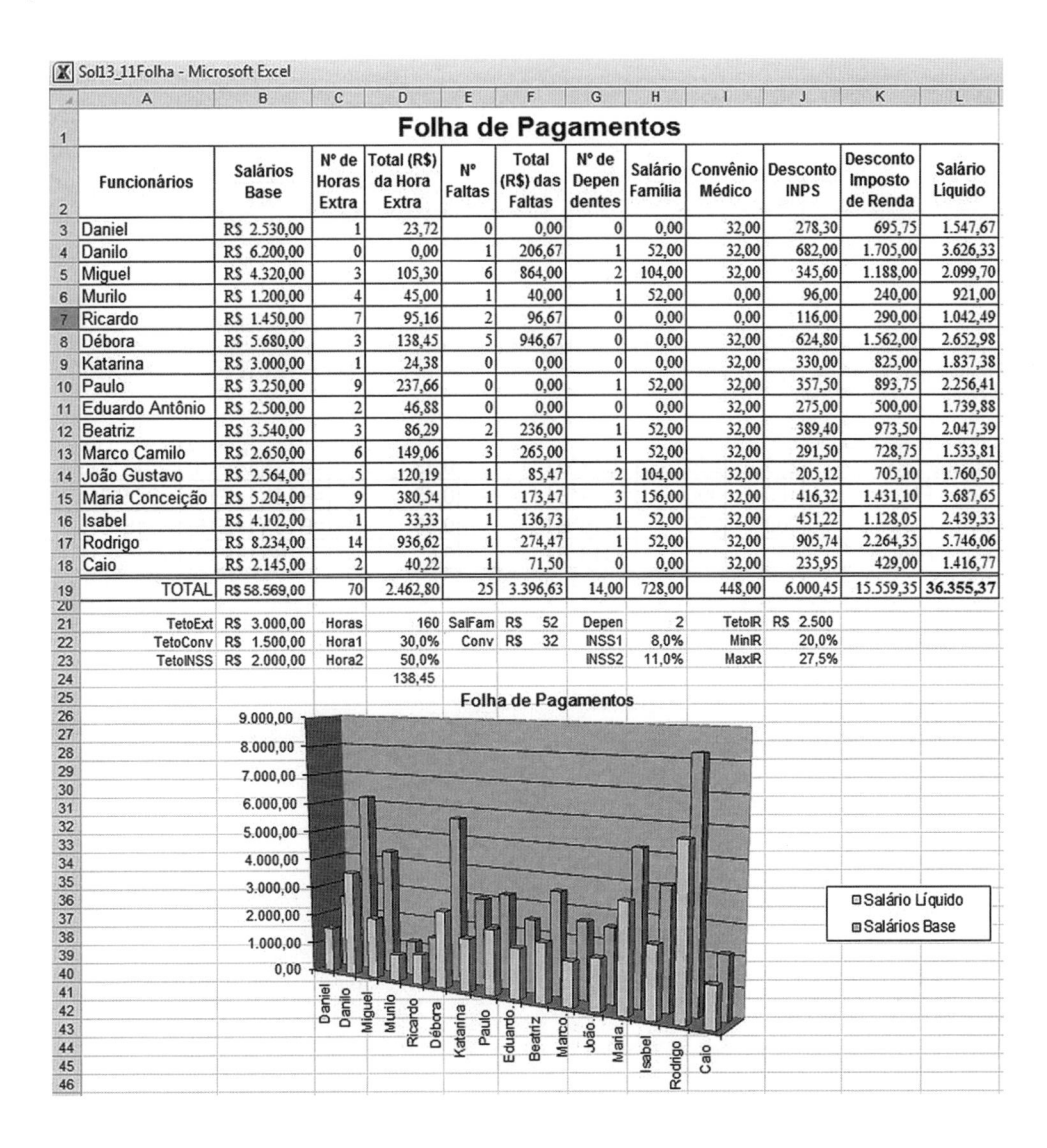

Funcionários	Salários Base	Nº de Horas Extra	Total (R$) da Hora Extra	Nº Faltas	Total (R$) das Faltas	Nº de Depen dentes	Salário Família	Convênio Médico	Desconto INPS	Desconto Imposto de Renda	Salário Líquido
Daniel	R$ 2.530,00	1	23,72	0	0,00	0	0,00	32,00	278,30	695,75	1.547,67
Danilo	R$ 6.200,00	0	0,00	1	206,67	1	52,00	32,00	682,00	1.705,00	3.626,33
Miguel	R$ 4.320,00	3	105,30	6	864,00	2	104,00	32,00	345,60	1.188,00	2.099,70
Murilo	R$ 1.200,00	4	45,00	1	40,00	1	52,00	0,00	96,00	240,00	921,00
Ricardo	R$ 1.450,00	7	95,16	2	96,67	0	0,00	0,00	116,00	290,00	1.042,49
Débora	R$ 5.680,00	3	138,45	5	946,67	0	0,00	32,00	624,80	1.562,00	2.652,98
Katarina	R$ 3.000,00	1	24,38	0	0,00	0	0,00	32,00	330,00	825,00	1.837,38
Paulo	R$ 3.250,00	9	237,66	0	0,00	1	52,00	32,00	357,50	893,75	2.256,41
Eduardo Antônio	R$ 2.500,00	2	46,88	0	0,00	0	0,00	32,00	275,00	500,00	1.739,88
Beatriz	R$ 3.540,00	3	86,29	2	236,00	1	52,00	32,00	389,40	973,50	2.047,39
Marco Camilo	R$ 2.650,00	6	149,06	3	265,00	1	52,00	32,00	291,50	728,75	1.533,81
João Gustavo	R$ 2.564,00	5	120,19	1	85,47	2	104,00	32,00	205,12	705,10	1.760,50
Maria Conceição	R$ 5.204,00	9	380,54	1	173,47	3	156,00	32,00	416,32	1.431,10	3.687,65
Isabel	R$ 4.102,00	1	33,33	1	136,73	1	52,00	32,00	451,22	1.128,05	2.439,33
Rodrigo	R$ 8.234,00	14	936,62	1	274,47	1	52,00	32,00	905,74	2.264,35	5.746,06
Caio	R$ 2.145,00	2	40,22	1	71,50	0	0,00	32,00	235,95	429,00	1.416,77
TOTAL	R$ 58.569,00	70	2.462,80	25	3.396,63	14,00	728,00	448,00	6.000,45	15.559,35	36.355,37

TetoExt	R$ 3.000,00	Horas	160	SalFam	R$ 52	Depen	2	TetoIR	R$ 2.500	
TetoConv	R$ 1.500,00	Hora1	30,0%	Conv	R$ 32	INSS1	8,0%	MinIR	20,0%	
TetoINSS	R$ 2.000,00	Hora2	50,0%			INSS2	11,0%	MaxIR	27,5%	
			138,45							

14.23. Exemplo de data e hora (13.12)

Sol13_12Exemplos - Microsoft Excel

	A	B	C	D	E	F
	Entrada	**Intervalo para almoço**		**Saída**	**Tempo Total**	**Valor a receber**
		Início	Término			
10	07:00	12:00	13:00	17:00	9,00	270,00
11	10:00	13:00	14:00	18:00	7,00	210,00
12	08:30			18:00	9,50	285,00
13	13:00	18:00	19:00	23:00	9,00	270,00
14	10:15	14:15	15:15	17:00	5,75	172,50
15					Total	1.207,50

	E	F
8 9	Tempo Total	Valor a receber
10	=(D10-A10-C10+B10)*24	=E10*B$17
11	=(D11-A11-C11+B11)*24	=E11*B$17
12	=(D12-A12-C12+B12)*24	=E12*B$17
13	=(D13-A13-C13+B13)*24	=E13*B$17
14	=(D14-A14-C14+B14)*24	=E14*B$17
15	Total	=SOMA(F10:F14)

14.24. Análise de sensibilidade com tabela de dados (13.13)

Sol13_13Sensibilidade - Microsoft Excel

												Atingir Meta:
										Volume de Geladeira:		180,5
										Volume de Fogão:		177,6

Item	Mercadoria	Custo	Volume de Venda	CMV	MARK-UP	Preço de Venda	Receita	Participação na Receita	Margem na própria receita	Participação na própria receita	Participação da MC na receita total	Maximo de desconto sobre preço
1	Geladeira	600	110	66.000	50,0%	900	99.000	41,9%	33.000	33,33%	13,95%	33,33%
2	Fogão	400	60	24.000	35,0%	540	32.400	13,7%	8.400	25,93%	3,55%	25,93%
3	Ventilador	250	80	20.000	28,0%	320	25.600	10,8%	5.600	21,88%	2,37%	21,88%
4	Maquina de lavar	345	30	10.350	45,0%	500	15.008	6,3%	4.658	31,03%	1,97%	31,03%
5	Armário	250	25	6.250	34,0%	335	8.375	3,5%	2.125	25,37%	0,90%	25,37%
6	Mesa	125	15	1.875	12,0%	140	2.100	0,9%	225	10,71%	0,10%	10,71%
7	Cadeiras	200	25	5.000	34,0%	268	6.700	2,8%	1.700	25,37%	0,72%	25,37%
8	Biombo	80	20	1.600	45,0%	116	2.320	1,0%	720	31,03%	0,30%	31,03%
9	Jogo de facas	130	15	1.950	23,0%	160	2.399	1,0%	449	18,70%	0,19%	18,70%
10	Jogo de copos	250	25	6.250	35,0%	338	8.438	3,6%	2.188	25,93%	0,92%	25,93%
11	Copos de cristal	450	15	6.750	70,0%	765	11.475	4,9%	4.725	41,18%	2,00%	41,18%
12	Toalha portuguesa	100	50	5.000	45,0%	145	7.250	3,1%	2.250	31,03%	0,95%	31,03%
13	Jogo de pratos	250	25	6.250	23,0%	308	7.688	3,3%	1.438	18,70%	0,61%	18,70%
14	Banquinho	75	30	2.250	45,0%	109	3.263	1,4%	1.013	31,03%	0,43%	31,03%
15	Torradeira	90	30	2.700	67,0%	150	4.509	1,9%	1.809	40,12%	0,76%	40,12%
	TOTAL			166.225			236.523		70.298	27,42%	29,72%	
										MC média	M38 = M40 !!! Porque?	
					MC = Margem de Contribuição em Relação à Receita Total						29,72%	

Sol13_13Sensibilidade - Microsoft Excel

	A	B	C	D	E	F	G	H	I
49		jan/10	fev/10	mar/10	abr/10	mai/10	jun/10	Total	Part.%
50	Receita	300.000	303.000	306.030	309.090	312.181	315.303	1.845.605	
51	CMV	210.000	212.100	214.221	216.363	218.527	220.712	1.291.923	70,0%
52	MC	90.000	90.900	91.809	92.727	93.654	94.591	553.681	30,0%
53	Despesa	83.600	84.603	85.618	86.646	87.686	88.738	516.891	28,0%
54	Lucro	6.400	6.297	6.191	6.081	5.969	5.853	**36.790**	2,0%

Sol13_13Sensibilidade - Microsoft Excel

	B	C	D	E	F	G	H	I	J	K	L
65	Tabela A - Analise de sensibilidade da Receita						Tabela B - Analise de sensibilidade do Lucro				
66	Volume: de Geladeira (linha) versus de Fogão (coluna)						Crescimento mensal em %: da Receita (linha) versus Despesa (coluna)				
67	236.523	110	140	170	200		36.790	0,60%	0,80%	1,00%	1,20%
68	60	236.523	263.523	290.523	317.523		1,60%	26.068	28.819	31.584	34.364
69	100	258.123	285.123	312.123	339.123		1,40%	28.678	31.429	34.194	36.974
70	140	279.723	306.723	333.723	360.723		1,20%	31.274	34.025	36.790	39.571
71	180	301.323	328.323	355.323	382.323		1,00%	33.857	36.607	39.373	42.153

14. Soluções e resultados de exercícios

Sol13_13Sensibilidade - Microsoft Excel

	A	F	G	H	I	J	K	L	M	N
22	Item	CMV	MARK-UP	Preço de Venda	Receita	Participação na Receita	Margem na própria receita	Participação na própria receita	Participação da MC na receita total	Maximo de desconto sobre preço
23	1	=E23*D23	0,5	=D23*(1+G23)	=H23*E23	=I23/$I$38	=I23-F23	=K23/I23	=K23/$I$38	=(H23-D23)/H23
24	2	=E24*D24	0,35	=D24*(1+G24)	=H24*E24	=I24/$I$38	=I24-F24	=K24/I24	=K24/$I$38	=(H24-D24)/H24
25	3	=E25*D25	0,28	=D25*(1+G25)	=H25*E25	=I25/$I$38	=I25-F25	=K25/I25	=K25/$I$38	=(H25-D25)/H25
26	4	=E26*D26	0,45	=D26*(1+G26)	=H26*E26	=I26/$I$38	=I26-F26	=K26/I26	=K26/$I$38	=(H26-D26)/H26
27	5	=E27*D27	0,34	=D27*(1+G27)	=H27*E27	=I27/$I$38	=I27-F27	=K27/I27	=K27/$I$38	=(H27-D27)/H27
28	6	=E28*D28	0,12	=D28*(1+G28)	=H28*E28	=I28/$I$38	=I28-F28	=K28/I28	=K28/$I$38	=(H28-D28)/H28
29	7	=E29*D29	0,34	=D29*(1+G29)	=H29*E29	=I29/$I$38	=I29-F29	=K29/I29	=K29/$I$38	=(H29-D29)/H29
30	8	=E30*D30	0,45	=D30*(1+G30)	=H30*E30	=I30/$I$38	=I30-F30	=K30/I30	=K30/$I$38	=(H30-D30)/H30
31	9	=E31*D31	0,23	=D31*(1+G31)	=H31*E31	=I31/$I$38	=I31-F31	=K31/I31	=K31/$I$38	=(H31-D31)/H31
32	10	=E32*D32	0,35	=D32*(1+G32)	=H32*E32	=I32/$I$38	=I32-F32	=K32/I32	=K32/$I$38	=(H32-D32)/H32
33	11	=E33*D33	0,7	=D33*(1+G33)	=H33*E33	=I33/$I$38	=I33-F33	=K33/I33	=K33/$I$38	=(H33-D33)/H33
34	12	=E34*D34	0,45	=D34*(1+G34)	=H34*E34	=I34/$I$38	=I34-F34	=K34/I34	=K34/$I$38	=(H34-D34)/H34
35	13	=E35*D35	0,23	=D35*(1+G35)	=H35*E35	=I35/$I$38	=I35-F35	=K35/I35	=K35/$I$38	=(H35-D35)/H35
36	14	=E36*D36	0,45	=D36*(1+G36)	=H36*E36	=I36/$I$38	=I36-F36	=K36/I36	=K36/$I$38	=(H36-D36)/H36
37	15	=E37*D37	0,67	=D37*(1+G37)	=H37*E37	=I37/$I$38	=I37-F37	=K37/I37	=K37/$I$38	=(H37-D37)/H37
38		=SOMA(F23:F37)			=SOMA(I23		=SOMA(K	=MÉDIA(L23:L37)	=SOMA(M23:M37)	
39									MC média	M38 = M40 !!! Porqu
40									) à Receita Total	=(I38-F38)/I38

Sol13_13Sensibilidade - Microsoft Excel

	A	B	C	D	E	F	G	H	I
49		40179	40210	40238	40269	40299	40330	Total	Part.%
50	Receita	300000	=B50*(1+$B43)	=C50*(1+$B43)	=D50*(1+$B43)	=E50*(1+$B43)	=F50*(1+$B43)	=SOMA(B50:G50)	
51	CMV	=B50*(1-$B$45)	=C50*(1-$B$45)	=D50*(1-$B$45)	=E50*(1-$B$45)	=F50*(1-$B$45)	=G50*(1-$B$45)	=SOMA(B51:G51)	=H51/H$50
52	MC	=B50-B51	=C50-C51	=D50-D51	=E50-E51	=F50-F51	=G50-G51	=SOMA(B52:G52)	=H52/H$50
53	Despesa	83600	=B53*(1+$B44)	=C53*(1+$B44)	=D53*(1+$B44)	=E53*(1+$B44)	=F53*(1+$B44)	=SOMA(B53:G53)	=H53/H$50
54	Lucro	=B52-B53	=C52-C53	=D52-D53	=E52-E53	=F52-F53	=G52-G53	=SOMA(B54:G54)	=H54/H$50

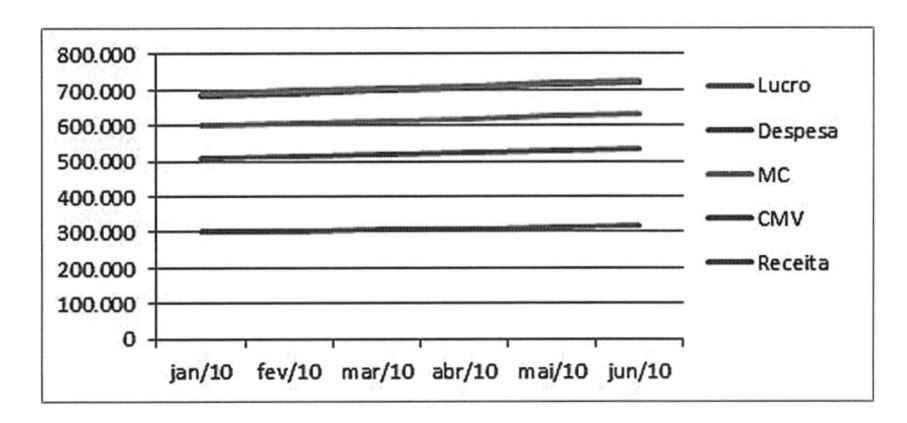

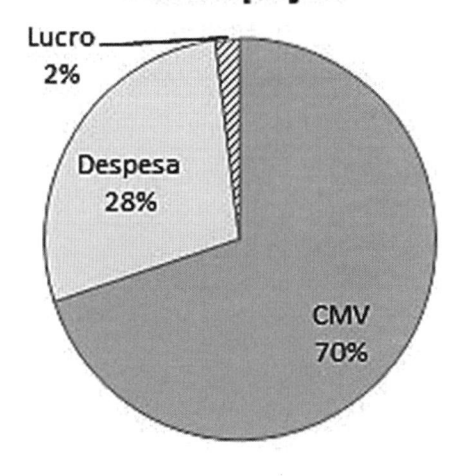

Planilhas e notas de aula em www.fgv.br/cia/excel

A tabela abaixo relaciona as **Planilhas** disponíveis para *download* em www.fgv.br/cia/excel — Abrir e Salvar individualmente ou baixar um arquivo com todas. Além das planilhas, estão disponíveis as **Notas de Aula** — apresentações em PowerPoint (no formato .PPTx e .PDF) de todo o texto, divididas em 6 arquivos (Excel46a até Excel46f).

As planilhas estão arranjadas na tabela em ordem crescente de uso no texto. A lógica dos nomes é o Capítulo_ItemNome da Planilha ou da Pasta de Trabalho ou ainda do problema ou exercício em questão. Por exemplo, a primeira 04_04Ferias é a planilha correspondente ao exercício Férias do Capítulo 4 Item 4.

Como dito na Introdução, são todos os exercícios e os principais passos dos problemas abordados e construídos ao longo do texto, desde a planilha com os dados até a sua solução completa.

São 96 planilhas e pastas de trabalho que apoiam a didática utilizada neste texto. A relação é dos arquivos disponíveis quando da publicação deste texto; periodicamente seu conteúdo será atualizado e ampliado.

Capítulos 4 a 6	Capítulos 6 a 8	Capítulos 9 a 13	14 Soluções - Sol
04_04Ferias	06_11TeleVideo	09_01Minimizar	Sol04_20Ferias2
04_18Ferias	06_13TeleVideo	09_02Minimizar	Sol05_20Winner
04_20Ferias2	06_14TeleVideo	09_03Minimizar	Sol06_20Mauricio
05_01TeleVideo	06_16Cinema	09_04Docella	Sol07_05Funções
05_02TeleVideo	06_16Cinema_b	09_05Combinacao	Sol07_06Classic
05_03TeleVideo	06_17TeleVideo	09_06Transporte	Sol07_07Caribbean
05_04TeleVideo	06_17TeleVideo_b	10_01LeiaBem	Sol07_08Medias
05_05TeleVideo	06_20Mauricio	10_02LeiaBem	Sol09_04Docella
05_06TeleVideo	07_01LeiaBem	10_04LeiaBem	Sol09_05Combinacao
05_11TeleVideo	07_02LeiaBem	10_06LeiaBem	Sol09_06Transporte
05_13TeleVideo	07_03LeiaBem	11_08Transcon	Sol11_08Transcon
05_13TeleVideo_b	07_04LeiaBem	13_01Lancaster	Sol13_01Lancaster
05_14TeleVideo	07_05Funções	13_02Eden	Sol13_02Eden
05_14TeleVideo_b	07_06Classic	13_03CallCenter	Sol13_03CallCenter
05_15TeleVideo	07_07Caribbean	13_04Panama	Sol13_04Panama
05_16TeleVideo	07_08Medias	13_05Bonus	Sol13_05Bonus
05_20Winner	08_01LeiaBem	13_06Motors	Sol13_06Motors
06_01TeleVideo	08_02LeiaBem	13_07Comissoes	Sol13_07Comissoes
06_03TeleVideo	08_03LeiaBem	13_08Panamericana	Sol13_08Panamericana
06_03TeleVideo_b	08_03LeiaBem_b	13_09Smiles	Sol13_09Smiles
06_04TeleVideo	08_04LeiaBem	13_10Margem	Sol13_10Margem
06_05TeleVideo	08_05LeiaBem	13_11Folha	Sol13_11Folha
06_06TeleVideo	08_06LeiaBem	13_12Exemplos	Sol13_12Exemplos
06_07TeleVideo	08_06LeiaBem_b	13_13Sensibilidade	Sol13_13Sensibilidade

Planilhas e Pastas de Trabalho parciais e completas dos exercícios e suas soluções de "Excel na prática". ***Tente resolver antes de abrir a Sol - Solução!***